经济科学译库

税收筹划原理
——经营和投资规划的税收原则（第十一版）

萨莉·M·琼斯
Sally M. Jones

谢利·C·罗兹-卡塔纳奇
Shelley C. Rhoades-Catanach

／著

梁云凤／译

Principles of Taxation
for Business and Investment Planning ,11e

中国人民大学出版社

·北京·

税收在公司决策中有着广泛和重要的作用。税收筹划是能够给公司带来竞争优势的领域，作为公司管理人员，完整理解能够产生税收筹划机会的决策环境，进而将税收嵌入公司整体决策以及业务结构的变化，会对税后现金流带来利好冲击。

《税收筹划原理——经营和投资规划的税收原则》（第十一版）是满足21世纪商界税收教育需求的新范例。税收筹划作为一种科学方法，如何实践于各种复杂的商业环境，是商业界人士需要思考的问题。本书将微观经济学的基本原理与税收环境和公司财务相结合，注重基本概念的同时为未来研究高级税收问题提供了可供参考的永久框架。目标是使人们明白税法是复杂经济环境的有机组成部分，税收如何驱使人们和机构致力于某项交易，进而识别与经营理财交易相关的主要涉税事项。本书是美国各大学商学院通用的税收筹划学科教学的系列著作的原理部分。本系列著作充分体现了税收筹划学科的特色，具有学科代表性和国际前沿性，对我国税收筹划学科的发展和教学具有引领性和指导性，是我国税收筹划实践中不可多得的操作指南。

为了使本书更加适用于中国的税收法律和企业经营特色，我们在翻译原著的过程中，在充分尊重原著框架安排和行文风格的基础上，对不适用中国国情的章节进行了删减，对适用于中国的税收筹划理念和现行的税收、财务会计等法规进行了补充，使本书不但具有中国的本土特色，而且极具操作性。

本书适用于公司财务、战略咨询、投资银行、货币管理、风险投资等专业人士，主要服务对象是公司高层管理人员和财务金融专业人士，主要的学生对象是经济管理、商务策划管理的高年级本科生、研究生以及 MBA 学生，重要的专业对象是税收专业人士，包括财务经理、税务经理、税务顾问、税务律师等。

参加本书编译的还有李光琴、王伟、王小飞、张颖、胡晓辉、董桂玲等。

梁云凤

《税收筹划原理——经营和投资规划的税收原则》（第十一版）是学习税收课程的一种特殊方式。本书是为商业课程计划的本科或者研究生设计的，是他们的税收入门课程。目的是用来让学生认识到商业经营和财务交易中固有的主要税收问题。本书重视基本概念，它们为将来高级税收专题的学习提供了永久的参考框架。与传统教科书不同，本书不重视技术细节，而这些细节使商务专业学生认为税收的学习就像一场噩梦。传统的教材常常以遵从为中心，使许多同学认为税法太复杂、太具体了，因而与他们将来的职业无关。这本书恰恰相反，它使学生认识到他们对税收的了解对他们在商场上的成功来说不仅仅是相关的，更是决定性的。

《税收筹划原理——经营与投资规划的税收原则》（第十一版）源于 1989 年由八大公共会计师事务所联合出版的白皮书：《教育的未来：会计职业成功的潜质》（*Perspectives on Education：Capabilities for Success in the Accounting Profession*）。这本白皮书对本科会计课程较窄的技术关注非常失望，要求学校重视职业成功所需要的一系列经营技能的培养。会计教育改革委员会（AECC）得到美国注册会计师协会的支持，它欣然接受了这个白皮书所反映的哲学思想。在 1990 年 9 月，它出版了它的第一号立场声明：《会计人员教育的目标》。这个报告重申，本科商业专业教育应为学生终生学习打下基础。

尽管要求改革，但许多本科的税收课程还是按照半个世纪前形成的传统模式来教授。在现代商业教育中，第一代税收教师是实务人员，比如会计人员或律师，他们被聘为兼职员工来向学生传授新颁布的 1954 年《国内税收法典》。这些实务人员向学生授课的方式与训练他们的员工一样。这样，他们就形成了以遵从为中心的模式。在今天的世界，这种传统模式是过时的。商业专业的学生不需要知道税收信息是如何产生的。相反，他们必须知道在进行经营财务决策时，如何使用税收信息。

引导性税收课程的新模式

《税收筹划原理——经营和投资规划的税收原则》（第十一版）提供了一个满足 21 世纪税收学生教育需要的新模式。这个模式建立在下面的三个假设之上：

● 假设 1：学生应将税法作为复杂的经济环境不可分割的一部分来学习。他们必须认识到税收在财务决策制定中的作用，必须理解税收如何激励人们和进行特定交易的习惯。

● 假设 2：学生应该把税法作为一个有机整体理解，而不是认为税法只是条例和规则的支离破碎的集合。他们应学习一般税收法规，而不是学习使一般规则更困惑而不是更清楚的大量例外法规。他们在学习一些适用于特定纳税主体的具体法规之前，应理解一般法规是如何适用于所有的纳税主体。最后，他们应知道税法怎样适用于多种类的交易而不是一种特殊交易。

● 假设 3：学习了基础概念的学生拥有一个可以将税法细微的技术性改变整合到一起的参考性框架。由于税法的快速演进，本科教材中包含的细节信息的寿命非常短暂。然而税法的主要部分——法定和司法的部分——并不随每条新的收入法案的改变而改变。那些真正掌握了这些基本内容的学生，为终生的学习奠定了基础。

作者知道，传统模式的消亡非常艰难，教育的改革也非常困难。然而我们仍应相信，学院和大学税收授课方式的变化是不可避免的，也是值得的。我们对学生的责任是使他们能够适应这个不容忍过时技术和不相关知识的现代商业社会。我们希望《税收筹划原理——经营和投资规划的税收原则》（第十一版）能够帮助我们完成这个任务。

税收课程的第一学期使用本书

《税收筹划原理——经营和投资规划的税收原则》（第十一版）一书是需要一个学期（15 周）的税收入门课程。老师可以在这些章节中选择哪些章需要一周的时间，哪些章不用一周的时间。老师也可以省略一些与他们学生的教育需求似乎不相关的章节。

学生用一个学期学完这本书的课程后，将能够在现代的税收环境中施展才能。如果他们被要求（或被选择）学习第二门税收课程，那么他们将拥有稳固的、系统的理论基础。第二门税收课程通常包括经营主体税收的较深研究，比如股份公司、合伙、有限责任公司和个人独资公司。

我们不能因为税法过于冗长，就认为本书没有技术性错误或包含了所有相关的主题。本书的使用者将会有许多好的建议来改进我们的下一版，我们欢迎任何批评，并鼓励教师同仁们通过电子邮件与我们交流（smj7q@virginia. edu 和 shelley. rhoades@villanova. edu）。

萨莉·M·琼斯

谢利·C·罗兹-卡塔纳奇

主要特征

第一部分包括两章，它们使学生熟悉全球的税收环境。第 1 章通过税种、纳税人和政府之间的法律关系介绍了税收环境，定义了一些主要的术语，区分了主要税种。第 2 章从标准的角度考虑了税收环境，它提出了这样一个问题："优质税种的特征是什么？"本章介绍了税收效率和税收公平这些概念，使学生认识到不同的效率和公平的政治理念是如何影响税收环境的。

第二部分主要是寻找一种将税收因素包含到经营决策中的一种方法。第 3 章介绍了在评价财务方案时，现金流净现值的关键作用。学生学会了怎样计算税收成本和税收节约，以及如何把它们转化为现金流。第 4 章包括了所得税筹划的原则，揭示了产生税收筹划机会的税法特征，而且分析了利用这些机会的一般技术。第 5 章提供了税务调研程序的一个简要介绍，使学生能够解决每章最后的调研问题。这一章揭示了税务调研中的六个步骤，而且包含了一个连续的例子，介绍了每一步在这个调研实例中的运用。

本书的内容和安排与美国注册会计师协会提出的范例税收课程是一致的。美国注册会计师协会认为，初级税收课程应该向学生介绍大量的税收概念，并且强调税收在经营决策制定过程中的作用。在范例的课程中，学生首先学习经营和财产交易产生的应纳税所得额的计量，然后介绍不同类型的经营主体和他们的税收考虑因素。个人税收应该是所有主题的最后一个，而非课程重点关注部分。因为《税收筹划原理——经营和投资规划的税收原则》（第十一版）反映了这个推荐的教学方式，所以本书是美国注册会计师协会的范例税收课程的最理想的教材。

第三部分聚焦在经营应税所得的确认。第 6 章包括了持续商业活动的收入或损失的计算，特别注重区分应税所得和财务报表目的净收入的不同。第

7章和第8章探讨了经营财产取得和配置的税收含义。第9章介绍了免税交易。

第四部分阐述了如何计算经营所得的税收。第10章描述了独资企业、合伙企业、有限责任公司和S型公司，把它们作为收入的主要来源。第11章讨论了企业纳税人作为纳税主体，总是从自己的利益考虑问题。第12章建立在前面两章的基础上，探索了经营主体选择的税收筹划含义。第13章扩大了讨论范围，考虑了在不止一个税收管辖区经营的公司的特殊问题。这一章介绍了跨地区和跨国的税收筹划策略。

第五部分集中在适用于个人的税收条例和准则。第14章提供了个人税收公式，并使学生认识到个人应纳税所得计算的复杂性。第15章包含了补偿和退休计划。

第六部分包括第16章，它介绍了纳税人有可能遇到的重要的程序性和行政性问题，包含了支付税款和填写纳税申报表以及纳税人违反税法的惩罚的基本规则。第16章也介绍了解决纳税人和财政部争端的司法程序。

教师手册

教师手册包括一个学期的初级税收课程的课程大纲、课堂讨论的主题和教学忠告。教师手册也提供了课后案例的参考解决方案。

试题库

试题库建立在 Windows 平台之上，包括判断题和多选题。

计算机化的试题库

Brownstone 提供了一个计算机化的试题库，这个试题库是使用者友好型的测试系统，它能够使教员轻松地生成考卷。

这些补充的所有的资源包含在教师 CD 中。

在线学习中心

网页包括了对教师和学生都有价值的资料。包括相关的网络链接和每章

---

* 上述补充资料均未购买版权，采用该书作为教材的教师可向 McGraw-Hill 公司北京代表处联系索取教学课件资料，传真：（010）62790292，电子邮件：webmaster @ mcgraw-hill.com.cn。

的网络调研问题、幻灯片以及给学生的带有解决方案和基本原理的小测验。所有的网络资料是由作者提供的。在线学习中心可以以许多方式传递——教师和学生可以通过本书的网站、页面调出站点或者一个课程管理系统直接进入（例如，WebCT，Blackboard，Topclass 或者 eCollege）。

致 谢

　　感谢我们的很多朋友和同事，他们一直与我们分享他们关于本书的想法。特别感谢帕特·威尔基教授（Pat Wilkie，弗吉尼亚大学）和吉姆·扬教授（Jim Young，北伊利诺伊大学）的贡献。他们的文章《教授初级税收课程：联邦所得税、纳税人行为和纳税主体的样板》（Teaching the Introductory Tax Course：A Template of the Federal Income Tax Formula, Taxpayer Activities, and Taxpayer Entities），深深地影响了本书最后的结构，这篇文章发表在《美国税收协会杂志》（Journal of the American Taxation Association）上（1997 年秋）。谢谢那些看过本书第十版的所有人，他们的专业评论是无价的，而且这本书由于他们的参与而得到较大的改进。我们要特别感谢威廉姆·帕德勒（麦迪逊区技术学院）和达勒纳·普列姆（西德州农工大学）。

　　我们非常感谢 McGraw - Hill/Irwin 整个团队的专业支持。特别感谢斯图尔特·迈特逊、提姆·沃特沃克、梅丽莎·拉蒙、苏珊·瑞戴尔、马修·鲍德温、吉娜·洪戈什、艾丽莎贝斯·马沃斯、马修·佩里、和莫瑞·麦克法兰。我们也要感谢查尔斯出版服务部的开发编辑贝斯·鲍夫。

萨莉·M·琼斯

弗吉尼亚大学

谢利·C·罗兹-卡塔纳奇

维拉诺瓦大学

给学生的导言

《税收筹划原理——经营和投资规划的税收原则》（第十一版）探究了税收在我们现代生活中所扮演的角色。本书是为那些在会计学和财务学中学习过入门课程，并熟悉基本商业概念的学生而写的。符合上述条件的人，不管将来的职业是什么，他们在做决定时都必须考虑税收的影响。在最基本的层面上，所有商业决定都有相同的经济目标：通过提高现金流量使长期财富最大化。任何交易的现金流都依赖于税收结果。因而，商界人士在做出明智决策之前，不管是出于公司利益还是个人利益都必须了解税收的作用。

作为经营成本的税收

当要求商界人士指出所有经营决策的共同目标时，他们马上的反应是增加利润。当让他们思考最近几年的情况时，大多数最终答案是，经营决策的长期目标是公司价值最大化。在本书中，**企业**是一类商业组织，包括个人独资企业、合伙企业、有限责任公司、S型公司和普通公司，以及任何其他以营利为目的的组织。企业管理者知道，当经营成本（包括税收）得到控制时，短期利润和长期价值都将提高。有经验的管理者从不将税收作为固定或者不可逃避的成本。你很快会发现，有很多机会可以控制经营中的税收成本。

接下来的一段表明，税收筹划意味着降低税收成本来最大化公司的价值。企业可以利用任何策略来降低税收。然而，税收成本只是经理们在制定决策时必须考虑的一个因素。一个使税收降低的策略还可能产生不希望出现的后果，比如降低财政收入或者提高非税成本。由于非税因素，税收成本最小化的策略不一定是最好的策略。

因而，仅仅追求税收最小化是短视的。以下这一点虽然非常基本但是非常重要，即有效的税收筹划必须考虑到税收因素和非税因素。当遇到相互竞争的策略时，经理必须实施能够使公司价值最大化的策略，即使它的税收成本比另一个要高。换句话说，经理们不能舍"企业"之本，逐"税收"之末。

作为家庭支出的税收

《税收筹划原理——经营和投资规划的税收原则》（第十一版）集中分析了经营活动和组织的所得税。这并不意味着适用于个人的税收准则被忽视了。恰恰相反，计算所得税时，个人和他们参与的产生利润的活动也被包括进来。因为我们会不断发现，每一项商业活动中的最终纳税人都是那些拥有和经营该活动的人。

就像你在本书中学到的那样，我们是终生的纳税人。不管你是谁，你在哪里居住，你如何赚取和花费你的金钱，你都要向政府支付基于合理基础的税收。实际上，在美国，税收是最大的一项家庭支出（见图1）。

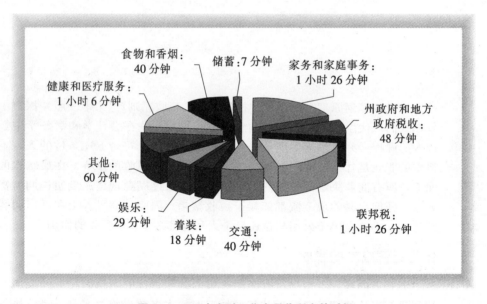

图1　一天八个小时工作中税收所占的时间

资料来源：Tax Foundation.

上面的饼状图表明，一天工作8个小时的人，几乎三个小时的工作是为了支付当地、州和联邦的税收。

不了解税收的人，在参与到一个他们不理解而且对其没有任何控制的税收制度中时，一定会采取消极态度。相反，如果你了解税收如何与你的生活相关联，你将采取积极的态度，你可以采取积极的措施减少你的个人税收，以达到对税法的最大利用。通过利用节税机会，你可以做出比较明智的决策。你也可以对现存税法的效率和公平作出合理的评价，而且可以评价相互竞争的税收改革提案的优缺点。最后，你可以通过在民主程序中投票来改变税收制度。

本书的目标

《税收筹划原理——经营和投资规划的税收原则》（第十一版）有三个目标，从这些目标出发展开了本书的整个安排、主题的选择和顺序以及每个主题的分析。

介绍税收政策问题

第一个目标是，让你熟悉政府用来筹集收入的税收制度的经济和社会政策的含义。本书中的许多主题与今天的税收环境相关，并关注成功的商业活动如何适应和利用这些环境。但是本书也包括关于税收环境诸多特征中涉及效率和公平标准的规范性问题。你会了解到税法中的特定条款是如何实现政府的财政政策目标的。你需要评价这些目标，并评价税收制度是否是实现这些目标的合适机制。本书指明了税收环境未来的消极方面。它解释了税收怎样逆向影响了个人的行为，或者怎样导致了不希望出现的和不尽如人意的结果。本书将会要求你考虑税法的一些条款是否会对一些纳税人比对另一些纳税人更有利，考虑这些优惠在道德领域是否合理，指出现有税收制度的长处和缺陷后，关于税收制度如何改进，你将会得出自己的结论。

架起财务和税收之间的桥梁

本书的第二个目标是架起财务理论研究和税法研究之间的学术桥梁。财务课程教学生如何在税后现金流的基础上做出决策。然而，关于交易的税收结果的确定，这些课程只给出了初步指导，而忽略了通过控制税收成本使现金流量最大化的可能性。

传统的税法课程恰恰相反。这些课程使学生学会将法定规则用于定义恰当、与事实接近的情况，并确定其税收结果。规则的正确运用是学习的一个目标，并不要求学生将交易的税收后果整合到经营决策制定的框架中。换言之，他们并不将税收后果转化成现金流。传统的法律课程不能激励学生考虑如何重新组织贴近现实的情况来改变税收结果和改进财务结果。相应地，学生通常养成了一种从向后看的遵从角度而非向前看的筹划角度来分析交易的习惯。

《税收筹划原理——经营和投资规划的税收原则》（第十一版）关注的焦点是财务理论和税法共享的区域。两门学科之间的联系在整本书中都有介绍。你会了解有效的经营筹划如何依赖于相关税收因素的准确评价。无可否认，在决策制定框架的内容中介绍和解释税收规定很难掌握。但以下两个观点可以使你恢复信心。第一，虽然税法非常具有技术性也十分复杂，但是它隐含的关于经营决策制定的原理的应用是相当直观的。第二，你根本不需要成为一个税收专家，就可以通过学习掌握税收筹划策略。

所得税的教学框架

《税收筹划原理——经营和投资规划的税收原则》（第十一版）的第三个目标是教授联邦所得税的框架，联邦所得税是当今税收环境的主要特征。这个框架一直是非常稳定的，虽然法律细节每年都在变动。学习这一框架的学生不用担心国会颁布下一个税收法案时他们的知识会过时。

联邦所得税制度被恶评为一个不可理解的、很难应付的法律体系。虽然所得税法在细节上非常复杂，就像一些评论所说的那样，但是它的框架包括了大量可以控制的基本原则。这些原则是能够自圆其说的，而且是构成一些技术性条款的基础。集中学习这些原理，你就可以在基础性课程中具有足够的税收知识水平。虽然你不会成为税收专家，但是，你将是一个税收智者。你可能无法实施一个复杂的税收筹划策略，但是你可以理解这些策略是如何改进现金流和最大化财富的。

因为本书是对税法的一些概念性介绍，所以并没有重点介绍一些应用较窄的条款、例外条款、限制和一些特殊案例。使税收原则更模糊而非更清晰的细节，通常被放在注释中。当我们检验法律的一些细节条款时，这些细节应该能解释隐含的概念，或者我们可能会讨论一个棘手的技术规则，将重点放在税收专家们遇到的现实困难上，而这些专家没有精力分析这些概念。

这些概念的学习可以使你对交易的税收内涵敏感，培养你提出有价值的税收问题的能力。这种方式降低了这些问题答案的重要性。知道问题的答案，或者更确切地说，找到这些税收问题的答案是会计人员和律师的工作——他们在图书馆中花费较长的时间就是为了达到这一目的。一个对税收敏感的企业管理人员知道什么时候咨询这些专家，而且可以帮助专家找出这些必须解决的税收问题。本书的重点在于问题的确认，而非问题的解决，这可以反映在每章最后的问题中。许多问题要求你分析事实，或只是识别税收相关问题或机会；其他问题则提供了一些事实，它们只提出了税收问题，而没有正确的解决方法。

给会计专业学生的话

《税收筹划原理——经营和投资规划的税收原则》（第十一版）对那些专注于会计学和打算成为税收专家的人来说，是一本理想的初级教程。将所得税框架的学习作为你职业教育的第一步，你将会受益匪浅，它是将来一些高级专题学习的基础。你将会掌握基本原理，这是你形成专业直觉所必须依靠的——诊断陌生和非经常交易引起的税收问题的能力。

概念性方法对于第一门税收课程来说是合适的，因为它关注与大多数纳税人有关的普遍性问题。如果了解了这些问题，你将能够通过职业经验来扩大和加深你的税收知识；你将会明白税收只是经济决策制定程序中的一个方面。由于这些认识，你们当中那些成为税收专家的人将会作为企业顾问而非仅仅是税收专家为顾客服务。

注册会计师考试的准备

本书将会为注册会计师考试提供充分的准备。本书大约覆盖了该考试准则部分中的具体联邦税法的90％，其余10％包括较高级的专题，一般在第二学期的研究生税收课程中学习。

新的注册会计师考试包含大量相互联系的问题，它们用来考查你的税法知识以及在现实情形中应用税法的能力。许多问题是以模拟操作的形式提出的：在这些小案例中，你必须表现出你的税务调研和分析技能。这些技能才是你在使用《税收筹划原理——经营和投资规划的税收原则》（第十一版）一书时，需要学习、练习和强化的。

结　论

作者希望通过这篇序言传递一个信息，即那些不考虑税收结果而只依靠一系列行为就做出决策的商界人士所作出的决策可能是不全面的，甚至可能是不正确的。通过本书的学习，你将学会识别所有交易的税收含义。在步入商界时，通过这些知识的学习，你将能够做出决策。在税收问题出现时，你将能够识别它们，而且能够在一项有复杂税收后果的交易发生之前而不是之后求助于税收专家。最后，你将认识到有效的税收筹划将比认真遵守规定节约更多的金钱。

目录

第一部分 税收环境探索

第二部分　税收筹划基础

第三部分 应税所得的计量

第四部分 企业所得税

第六部分 税收遵从程序

第 16 章 纳税遵从程序

第一部分

税收环境探索

第 1 章

税收种类与税收征管权

学习目标

通过本章的学习，你应该能够：

1. 定义以下术语：税收、纳税人、税负归宿及税收征管权。
2. 用公式表示税基、税率及税收收入之间的关系。
3. 描述由地方政府、州政府及联邦政府开征的税。
4. 解释为什么不同的税收征管地竞争同一个纳税人的收入。
5. 明确政府修改税收体制的原因。
6. 描述联邦税法的三种主要来源。

　　一个探险者计划前往某一未知区域的一次旅行，他考察了这个地区的地图，慢慢熟悉了诸如主要公路、山脉范围、湖泊和河流以及人口中心等地形特征，并收集了关于当地气候、语言和居民风俗习惯的信息，这些关于环境的初步知识帮助探险者绘制路线图，降低了不可预见的环境阻碍前进步伐的危险。

　　对于刚开始学习税收的同学们来说，个人和组织所处的税收环境是一个未知的领域。第 1 章将会成为这个未知领域的地图，首先它将通过税收、纳税人以及政府三者之间的基本关系描述税收环境，识别出商业活动中常常遇到的主要税收种类并探究具有重叠管辖权的政府如何竞争税收收入。通过阅读本章，你将会熟悉税收环境，它还将帮助你理解在经营决策过程中税收所扮演的角色。

　　这一章中，你应当注意税收环境的两个重要特征：第一，税收是普遍的，因为它们的范围是如此宽广，种类是如此之多，以至于几乎影响了现代生活的各个方面。第二，税收是变化的，因为税法经常变动。税率的变动揭示了这样一个事实，即税收结构的经济政治假设的基础是不断变化的。这两个特征使得税收环境对商业管理者来说是一个挑战，同时也创造了一种活力，使得税收筹划这门学问具有如此大的吸引力。

基本术语

目标 1

定义以下术语：税收、纳税人、税负归宿及税收征管权。

在开始探索税收环境之前，我们必须定义一些基本的术语，税收可以被定义为是为支付政府开支所缴纳的款项。税收不同于政府所强加的罚款或处罚，因为税收的目的并不是为了阻止或惩罚那些不被接受的行为。另一方面，对于纳税人来说，税收是强制的，而不是自愿的。税收不同于用户所缴纳的费用，它并不给予纳税人具体的物品或提供某项具体的服务作为回报。理论上说，每个公民都能从政府征税中得到好处。但是，每个特定公民从政府那里得到的利益与他所必须缴纳的税款是没有关系的，正如最高法院所解释的那样：

> 税收并不是利益的估价，它是政府成本负担分配的一种方式。宪法赋予纳税人的唯一好处，就是他享有生活在一个有秩序的社会中的权利，而这样的有秩序的社会是由用于公共目的的税收来建立和保卫的。[①]

纳税人是法律规定的向政府当局缴纳税款的个人或组织。在美国"人"一词既指自然人（单个的人）又指法人，法人是依照 50 个州中的一个州或哥伦比亚特区的法律而成立的实体组织。这些公司实体通常与个人享有同等的法定权利、特殊权利以及受到保护的权利。美国的税收征管权一律把法人看做是与其股东相分离、相区别的实体。因此，法人凭自身的权利成为了纳税人。

税负归宿指的是税收所体现的最终经济负担。大多数人匆匆下结论，认为那些直接向政府支付税款的个人或组织承担了这些税收负担。但是在一些情况下，纳税人可以将税收负担转嫁给第三方。思考下面的例子：

所得税税负

G 政府对公司营业利润开征了一种新税。一家制造企业垄断了一种公众有巨大需求的产品，它对新税收的反应是，提高该产品的零售价格。在这个案例中，公司是名义上的纳税人，它必须将新税上缴政府，但税收的经济负担落在了顾客的身上，这些顾客通过为此种产品支付高价款的方式间接承担了税负。

[①] *Carmichael v. Southern Coal & Coke Co.*, 301 U. S. 495, 522 (1937).

财产税税负   布莱尔先生拥有一栋 8 单元的公寓大楼。目前，这些房客每单元付 6 000 美元的年租。当地政府通知布莱尔先生他的房屋财产税下一年将会增加 2 400 美元，于是布莱尔先生通知他的房客告诉他们下一年的租金将会增加 300 美元。所以，布莱尔先生的总收益将会增加 2 400 美元。虽然布莱尔先生是必须向政府缴纳财产税的纳税人，但税收增加的负担却是由那些房客通过更高的租金来间接支付的。

政府向特定的个人或组织征税的权力被称作**税收征管权**。征管权的存在是因为在政府和纳税人之间存在着某种合理的联系。例如：我们的联邦政府对每一个美国公民或是永久在本国居住的个人拥有征管权，同时政府也对那些既非美国公民又非常住居民（非常住外国居民），但有来源于美国的所得的个人拥有征管权。

美国对非常住外国居民的税收征管权   科哈拉先生是西班牙居民，居住在马德里，他在一家按照佛罗里达州的法律——该法律规范着该州的经济活动——成立的合伙公司中拥有股份，虽然他是一名非常住外国居民，但是美国却对他在合伙公司的所得份额拥有税收征管权，因为该收入是在美国获得的。

税基、税率和税收收入间的关系

目标 2
用公式表示税基、税率及税收收入之间的关系。
　　税种通常是根据它们的税基来区分的。**税基**可以是一个事件、一项交易或者与征税有关的活动，它通常是以货币形式来表现的①，例如不动产税是对土地和建筑的所有权征收的一种税，它们的货币价值就是税基。当设计一个新税种时，政府总试图使用那些纳税人不容易逃避和隐匿的税基。在这方面，不动产就是一个非常良好的税基，因为不动产不能移动或隐藏，而且它的所有权是有公共记录的。
　　税额是用税基和税率的乘积来计算的，税率通常用百分比来表示，这种关系可以用下面的公式来表示：

税额（T）＝税率（r）×税基（B）

当一个单一的百分比适用于整个税基时，我们把它称作**单一税率**；许多税种采用**累进税率**结构，累进税率是由适用于税基的不同比例或**等级**的多个百分比构成的。

累进税率结构   J 征管地对其税收征管范围之内的不动产开征了一种税，此税以不动产的市场价值为基础，并且包括三个税率等级：

---

①　税收要求每个人按税法规定向政府缴纳相同数量的税款。这种废弃的税种是没有货币基础的。

税率	级距（美元）
1%	价值　0～$100 000
2%	价值　$100 000～$225 000
3%	价值　$225 000 以上

C公司拥有价值500 000美元的不动产，该不动产应纳税额为11 750美元。

100 000 ×1%（第一级）	$1 000
125 000×2%（第二级）	2 500
275 000×3%（第三级）	8 250
总税收	$11 750

税收收入指的是政府课征的用于公共事业的全部税款。在等式"税额＝税率×税基"中，税额是税率和税基共同作用的结果。这种数学关系表明，政府在设计税收体系时，可以通过提高这两个变量中的任意一个来增加税收收入。

以交易或行为为基础的税种

税种可以通过对它们的征收频率来进行识别，一项税收可以以一个事件或一项交易为基础。因此只有当某个事件发生或某项交易进行时，税才会产生。一个人们比较熟悉的例子是以零售商品和服务为课税对象的销售税。第二个例子就是财产转移给继承人时所征收的遗产税，纳税人可能对缴纳的这些种类的税款有一定程度的控制。纳税人通过避免事件或交易的发生来达到逃避纳税的目的，对于一些特定的税种，比如对酒精和烟草征收的消费税，人们有足够的判断力来断定他们是否应该纳税。通过选择不喝酒精饮料或不吸烟，他们也就选择了不必缴纳消费税。相反，没有人能够在接近死亡的时候通过无限期地延迟引起纳税义务事件的发生来偷逃继承税和遗产税。

一种可以被描述为以**行为活动为基础**的税，是对一种持续行为的累积结果征税。纳税人必须保留行为活动的记录，并在一定期限内加总合计并缴纳相应的税款。年度所得税就是以行为活动为基础的税种的最好例子。

所得税是以某人由经济活动所带来的周期性的财富流入为征税对象的。对于那些只从事有限数量或种类的经济活动的纳税人来说，他们应纳税额的计算就变得相对简单了。而对于那些从事包含许多经济交易的复杂行为活动的人来说，他们应纳税额的计算就是一个复杂的过程。

特定目的税

另一个区别税种的方法就是把它们与具体的政府支出相联系。一些税种的收入用于特定的财政规划项目。例如，来源于当地不动产税的收入专门用于支持公共学校体系的建设。联邦工薪税和自营者税产生的收入用于社会保障体系（老年、生存、伤残保险信托基金）和医疗保险（健康保险信托基金）。对企业征收的所谓环境消费税的收入用于环境保护机构的有害物质专项基金，用于有毒废物的清理和处理。与这些专项基金相比，构成公共基金的税收收入可用于任何政府规定的公共目的。

税收的一般特性

在论及美国税收环境的特性时，最高法院的波特·斯图尔特（Potter Stewart）大法官做出了敏锐的评论：

> 实际上，这个国家的所有人和物都存在税收方面的问题……每天的经济行为都产生数以千计的销售、贷款、赠与、购买、租赁和遗嘱，以及类似的活动，这样它们就可能给某些人带来税收方面的问题。我们的经济活动几乎在每个方面都与税收息息相关。[1]

为什么税收在现代社会如此普遍？一个原因就是在人们的商业经营活动中税收征管权的多重性。在几个地方同时经营的每个公司都面临着一个或多个政府的征管权。当地政府包括城镇、城市、乡、村和社区，所有这些地区的财政预算都来自于税收。地方政府要服从于州政府的领导，州的法规和法令管制着地方税收的性质和征收程度。

50 个州政府和哥伦比亚特区政府都向在其地理区域内从事商业活动的公司征税。同样，各州的税收征管权又服从于联邦体制和法规的限制。联邦政府又代表了对美国境内的商业活动征税的另一项征管权。因此，即使国内最小的企业也通常需要向至少三个不同层次的政府缴纳税款。如果国内企业在国外也有经营活动，那么潜在的税收征管权更多。

公司经理要想控制税收成本，必须清楚公司负有纳税义务或者可能负有纳税义务的地方政府、州政府、联邦政府或国外政府征收的任何一种税款。在第 1 章的这一部分，我们将会研究为政府财政提供资金的这些由不同征管部门征收的税收种类。

地方税

目标 3
描述由地方政府开征的税种。

地方政府主要依靠不动产税和个人财产税，这些税种通常被称作**从价税**。根据最近的绝大多数普查数据，这两种税占了地方政府税收收入的 75% 以上。[2]

不动产税

50 个州都允许地方征管部门对位于其管辖权范围内的不动产所有权进行征税。不动产或房产是指土地以及在土地上建立或生长或永久附着的任何东

---

① *United States v. Biscegia*, 420 U. S. 141, 154 (1975).

② 这里和后面的数据来自于《联邦、州和地方税收收入的季度摘要》（*Quarterly Summaries of Federal, State, and Local Tax Revenues*），美国商务部人口普查局。

西。这个定义包含了任何地表下的物质，比如矿藏。

不动产税按年征收，并以地方政府自己确定的市场价值为基础。税务顾问是被选定的或者任命的政府官员，他们有责任推算出不动产的价值并通知财产的所有者。不同意不动产估价的不动产所有者，可以通过行政或司法程序质疑该价值。不动产税的一个特点就是，税率是税收征管部门每年根据特定预算年度对税收收入的需要决定的。

财产税税率　　斯普林菲尔德市议会决定在下一个财政年度内必须征收 120 万美元的不动产税。因为该城市的税务顾问认为该市不动产的总价值为 2 300 万美元，委员会设定的来年的名义税率是 5.22‰（120 万美元÷2 300 万美元）。该税率每年根据该市未来收入需要和不动产税基价值的变动进行调整。

地方政府会为不同类别的财产设定不同的税率，例如，城镇级政府对经营性不动产征收的税率比对居住性不动产征收的税率更高，或者县级政府对农业用途的土地比对旅游用途的土地适用更高的税率。政府可能对于慈善机构、宗教组织或教育机构及公共所有的不动产给予永久免税待遇。税收减免只是政府在限定的某个期限内给予的免税优惠。政府经常用提供税收减免的方法来吸引商业企业进驻它们的管辖地区，以便增加就业机会，给当地经济带来利益。从公司经理的角度看，通过税收减免来达到税款的节约是非常重要的。因此，当一个公司考虑在一个新地区扩张时，在购买或开始建造不动产之前，它们经常会为财产税的减免进行谈判。

地方税减免　　在 2004 年下半年，计算机制造商戴尔公司（Dell）宣布计划在北卡罗来纳州建造一个新的制造工厂。这个消息在北卡罗来纳州的市和县之间掀起了一场竞标风暴以吸引戴尔公司在其管辖区内建厂。温斯顿塞勒姆和福赛斯通过为戴尔提供价值为 3 700 万美元的一揽子税收优惠而赢得了胜利。

动产税

41 个州允许地方对动产的所有权征税，动产是相对于不动产而定义的。像不动产税一样，动产税也是以应税财产的价值为基础的。然而，这个价值并不是由地方政府估定的。相反，个人和组织必须确定他们应税动产的价值，并向估税人员汇报。

应税动产通常有三个种类：家用有形资产、经营性有形资产和无形资产。[①] 应税的家用有形资产通常包括机动车和休闲用车、游艇及私人飞机。应税的经营性有形资产包括存货、设备、房屋、机器等。最普通的应缴纳动产税的无形资产是可交易有价证券（股票和债券）。

---

① 有形财产具有能够被看到或触摸到的物理实体，无形资产没有物理实体。

在 20 世纪，动产税作为一种税收来源一直在平稳下降。下降的一个原因是这个税种比其他税种更难实施。动产是根据它的流动性区分的。所有人可以轻易地隐藏他们的财产或者把财产转移到另一个地区。政府主动查找动产，特别是家庭有形资产的行为，可能会侵犯公民的个人隐私权，政府部门通过把动产税的缴纳同资产登记和发放许可证联系起来以应对这些实际问题。

州税

目标 3

描述由州政府开征的税种。

总体来说，州政府对销售税和所得税的依赖程度几乎相等，并把它们作为财政收入的主要来源，这两个税种的收入大约占了整个州税收收入的 90%。

零售销售税、使用税和消费税

45 个州和哥伦比亚特区对本州内有形动产的销售和几项服务征税（阿拉斯加、特拉华、蒙大拿、新罕布什尔和俄勒冈州除外）。另外，33 个州允许地方政府征收额外的销售税。在上个世纪，销售税是州政府增长比较快的税种之一。[1] 在 1930 年，只有两个州开征销售税，在经济衰退期间，财政匮乏的州开始征收临时性销售税作为应急措施。事实证明这些税种既简单又实用，并且很快成为了州政府税制的永久特色。销售税每年带来大约 2 000 亿美元的收益，大约相当于州税总额的 1/3，销售税也成为了地方政府的一个重要的税收来源，尽管财产税仍是政府收入最主要的来源。

销售税是典型的以有形动产的销售额为基础征收的税，州政府和地方政府的加总税率范围为销售交易额的 4%～11%。销售税的税基广，它适用于绝大多数消费品甚至电话、有线电视这类具有消费性质的服务。[2] 这种税可能采取销售税的形式征加在卖者身上，更普遍的是，以消费税的形式征加在买者身上。无论采取什么形式，卖者都有义务在销售时，收取税款并且上交给政府。

税收讨论

对于州和地方税率总和来说，纽约居民承受着 14.7% 的最重税负，而田纳西州居民却承受着 9% 的最轻税负。美国平均税率为 11%。

征收销售税的每个州对其州内的所有权、控制权和消费征收一种与销售税相辅相成的使用税，只有当物品被购买而物品所有者却没有向州政府缴纳销售税时，使用税才适用。使用税是销售税的补充，通过限制当地居民在邻近税率较低地区购买商品来实现。销售税和使用税的强强联合，在理论上确保了本州居民从任何地方购买的任何消费品都缴纳了税款。因此，相对于在低税区经营的批发商，在高税区经营的批发商在竞争中并不处于劣势。

一般来说，消费者可以用其他州的销售税抵免本州的使用税。

使用税的计算　　　古德女士是爱达荷州的居民，该地的销售税和使用税的税率为 7%。当她在夏威夷度假时，古德女士花费 7 600 美元买了一个钻石手镯，并且支付了 304 美元的销售税（税率 4%）。因为她没有向她所居

---

① Hellerstein and Hellerstein, *State Taxation*，Vol. II（Boston：Warren，Gorham & Lamont，1993），p. 12-1.
② 许多州为生活必需品提供税收减免政策，比如食物和处方药。

住的州缴纳销售税，所以她欠爱达荷州 228 美元的使用税。使用税就是 532 美元（7 600 美元×7%）减去她向夏威夷所付的 304 美元。如果她在加利福尼亚度假，并且为她的镯子付了 8.25% 的销售税率，那么她就不再欠爱达荷州任何税款。

很多人或者没有意识到他们在其他州购买商品或通过邮购购买时有缴纳使用税的义务，或者忽略了他们自身估算税额的义务。目前各州在向他们的居民征缴使用税时变得更主动，并且在分享销售税和使用税的审计信息方面达成了相互合作的一致意见。有 18 个州已经在他们的个人所得税申报单中增添了新的条款，这样，纳税人必须申报在其他州购买和订购的商品的使用税。

密歇根州对使用税的创新

1937 年，密歇根州就征收了使用税，为了征收使用税，密歇根州在个人所得税申报表上增加了一项新条款，即纳税人必须申报每年的使用税。在这一条添加的第一年，大约 64 000 人缴纳了使用税，从而为该州多带来 280 万美元的收入。

消费税是对特定物品的零售（比如汽油、烟草、酒精饮料）和特定的服务（比如旅店住宿服务或汽车旅馆服务）征收的一种税。州政府可能对特定商品或服务征收消费税来补充或替代通常的销售税。在任何情况下，卖者都负有收取和上缴消费税的义务。消费税可能相当重，蒙大拿州每一加仑汽油要征收 27 美分的消费税，罗得岛每一包卷烟征收 2.46 美元的消费税，而田纳西州每一加仑酒精饮料要征收 4.40 美元的消费税。

个人所得税

43 个州和哥伦比亚特区都对居住在本州的个人和不在本州居住却在本州取得收入的个人征收一定形式的个人所得税（阿拉斯加、佛罗里达、内华达、南达科他、得克萨斯、华盛顿和怀俄明州除外）。每个州对应纳税所得额计算的技术细节各不相同，但是税率都是适度的。目前最高税率的范围是从伊利诺伊州的 3.0% 到佛蒙特州的 9.5%。

企业所得税

45 个州和哥伦比亚地区都对企业的可归属于本州的净所得征税（密歇根、内华达、南达科他、华盛顿和怀俄明州除外），许多州允许它们的市和县对在本地范围内经营的法人和非法人公司的毛收入或净所得征税。

企业应纳税所得额的计算是由州政府法律规定的。从概念上来说，每个州都应有自己单独的计算标准。以至于一个在 46 个税收管辖区经营的企业可能会被要求按 46 种不同的计算方法来计算应纳税所得额。对美国企业来说，幸运的是，计算方法的不同只是例外情况而不是一般规定。所有 46 个征税区都是按照联邦的应纳税所得的定义，作为它们计算州应纳税所得额的起点。州企业净所得测定的一个显著特点是，它们都广泛遵从联邦所得税的计算结果。①

州和联邦所得税法一致的一个主要优点是简便。州立法机关不用自己再独立制定一套全面的所得税体制。负责州所得税管理的行政机关可以参考联邦法律的规章和司法解释。第二个好处就是州税法和联邦税法相一致能够减轻企业纳税人的合规负担。主要的缺点是各州对其企业所得税收入缺乏控制。每次美国国会修改应纳税所得的定义时，与其相一致的各州所得税的税基也就相应自动地增加或减小。

企业所得税率在每个州都是不同的。绝大多数州都采用单一税率，其余州采用比较温和的累进税率结构。目前，最高税率的幅度是从科罗拉多州的4.63％到衣阿华州的12％。

联邦税

目标 3
描述联邦政府开征的税种。

美国政府以所得税作为收入的主要来源，联邦所得税既适用于个人和企业；也适用于信托财产和不动产。联邦所得税的结构和操作主要在第三、四、五部分详细介绍。在这里，只须知道联邦所得税在经济环境中极其重要就足够了。

所得税的历史

在美国，现代所得税的历史并不是很久远。联邦政府颁布的第一部个人所得税法是在 1861 年，目的是给内战中的联合军提供支持。虽然国会要求该税种在 1872 年结束征收，但是它产生收入的能力却在立法历史上留下了持久的印象。1894 年，国会需要长期资金来源，于是决定再重新开征个人所得税。然而在"波洛克诉农民贷款和信托有限公司"② 这个里程碑的案件中，最高法院认为美国宪法没有赋予联邦政府征收全国性所得税的权力。国会决定坚持己见，于是发起了修宪运动。最终，国会于 1913 年 2 月 25 日以胜利宣告结束。同时怀俄明州成为了通过第 16 条修正案的第 36 个州。

国会有权设置和开征任何来源的所得税，而且不用在一些州之间进行分配，也不用进行人口调查或列出清单。

1913 年，国会马上执行了它被新赋予的权力，通过了《1913 年税收法案》（Revenue Act of 1913）。此后，所得税就成为美国生活的永久特征。1939 年，国会重组了所有的联邦法律（所得税法和其他税法），形成了《国内税收法典》（Internal Revenue Code）并生效。这一版法典经过实质性的修订，成为 1954 年的《国内税收法典》，1986 年又再次修订。

第十六条修正案：支持与反对

第十六条修正案的支持者称赞这个新所得税，因为它只适用于富人并且强制"卡内基、范德比尔特、摩根和洛克菲勒家族"纳税，同时减轻中产阶级的痛苦。但是，反对者却警告说：当人们养成了随便

---

① Hellerstein, op. cit, p. 7-3.
② 157 U. S. 429 (1895).

使用别人财产的习惯时，他们就不容易矫正这个习惯。①

就业税和失业税

联邦政府资助的两个最大的项目是社会保障体系和医疗保险。社会保障体系每月向具备资格的市民和居民提供老年、生存和残疾补助金。医疗保险为老年人和残疾人提供医院保险。这些项目的资金并不是来源于所得税，而是来源于**联邦就业税**。这些税种是以雇主每年发给雇员的工资和个体经营的净收入为计税基础的。这些重要税种的细节将在第 10 章讨论。

联邦和州政府共同为那些不是因为自身原因而暂时失业的人员提供资金补助。国家失业保险体系由州政府管理，通过联邦和州政府直接向雇主征收的税进行筹资。这些**失业税**是以每年向雇员支付的薪酬为基础的。实际上，这个国家内的各个企业都要缴纳有关其劳动力的失业税，而且也确实存在着控制这项特殊支出的重要税收筹划机会。不过，由于失业税的范围很窄，我们在本书就不再继续讨论了。

其他联邦税

税收讨论

联邦政府已经停止征收长途电话的消费税。纳税人在他们 2006 年的所得税申报表上，可以要求返还 2003 年 2 月 28 日之后缴纳的消费税。

联邦政府从消费税中获得一般性收入。消费税的征税对象是购买的特定商品和服务，比如烟草制品、豪华汽车、军火等。联邦政府的转让税是以个人赠予或死后转让的个人财富的价值为基础而征收的，它也是政府收入的一个来源。转让税在家庭的税收筹划中有着非常重要的影响。如图 1.1 所示，

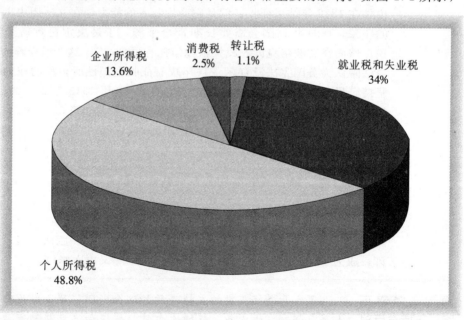

图 1.1　2005 财政年度联邦税收收入

---

① "Unleashing America's Potential: A Pro-Growth, Pro-Family Tax System for the 21st Century", National Commission on Economic Growth and Tax Reform. 70 Tax Notes 413, 418.

这两种税是联邦财政资金来源中很小的部分。在 2005 财政年度，消费税只占联邦税收收入的 2.5%，而转让税则只占了 1.1%。

国外征管地所开征的税

公司在从国内市场向国际市场扩张时所遇到的税种与全球环境下的语言、政治和文化一样多样。许多国外的税种有相似的结构，国家政府及其政治分区开征所得税、财产税和销售税。其他一些税种在美国国内可能没有与之相对应的税种。因此对于在国外经营的国内企业来说，这些税种是陌生的。例如，许多工业化国家都开征很重的增值税作为政府收入的一个来源。增值税向处于产品任何生产阶段的企业征收，以厂商生产经营中的增加值为征税基础。

增值税

　　M 公司和 W 公司在一个增值税税率为 5% 的地区经营。M 公司生产一些小型电子设备，M 公司的原材料成本是每单位 40 美元，出售给当地批发商 W 公司的售价是每单位 46 美元，这 6 美元的差额就是 M 公司在生产过程中的增加值。因此 M 公司必须为销售的每单位商品缴纳 30 美分的增值税（6 美元×5%）。

　　W 公司把从 M 公司购买的这些电子设备以每单位 50 美元的价格出售给多个无关联的零售商。W 公司每单位所获得的这 4 美元毛利润，就是 W 公司在提供物流服务中的增加值。因此，W 公司必须为此缴纳每单位 20 美分的增值税（4 美元×5%）。

这个例子十分简单，因为它没有考虑 M 公司和 W 公司通过提高它们向下一生产环节的企业出售商品的价格来转嫁增值税税负的可能性。当增值税把所有生产环节的增值税都转嫁到购买者（购买某种商品用于个人消费的消费者）身上时，增值税就类似于零售销售税。

增值税是有力的收入募集方式，但即便如此，也只有密歇根州一个地区开征这种税。1976 年，密歇根州开征密歇根单一公司税来代替州政府所得税。它是增值税的变型，适用于在该州内经营的公司制企业和非公司制企业。

征管地的竞争

目标 4

解释为什么不同的税收征管地竞争同一个纳税人的收入。

跨地区的国内企业既要向多个州和地方政府纳税，又要向联邦政府纳税。跨国企业则要向所在的任何国外征管地纳税。政府意识到它们的税收征管权经常重叠，因此，它们要争夺同一个公司的税收。它们也知道纳税人是流动的，公司经理在公司驻地决策时，要对各地的税收成本进行一番比较。因此，税收征管地的竞争产生了一种有意思的紧张形势。一方面，没有保护好自己征管权的政府，其税收可能会向更加强硬的政府流失。另一方面，过分强硬的政府也可能会使公司逃离它所管辖的区域。

在美国，政府间竞争的水平在传统上都是通过把不同的税种作为自己最主要的财政资金来源的方式进行相互协调。在本章的前面部分，我们已经了解到财产税是地方政府的主要来源，零售销售税则基本上是被州政府所垄断。我们的联邦政府既不征收财产税也不征收国内销售税，而是把所得税和就业税作为收入来源。

全国性销售税，你准备好了吗？　　由一些公司高管组成的，被称为"争取公平税收的美国人"的组织公开发起了一场运动，他们要求用税率为 23％的全国销售税来代替联邦政府的所得税、社会保障税、医疗保险税和就业税以及转让税。这种税将适用于购买的所有商品和服务，包括食品、药品和住房。据美国税收公平组织透露，这个新型的税种在促进经济增长的同时，还能征收与现在的联邦税收相等的税款。

　　在多个州经营的企业面临着重复征税的难题，州际间企业贸易所涉及的税收征管问题将会在第 13 章进行更为详细的讨论。当然，当公司在全球范围内经营时，隐含的税收征管权冲突是最大的。工业化国家认为促进国际业务的增长对它们来说是有利的。这些国家认为如果它们不能使税收体制与世界市场的需求相适应，其经济就会在竞争中处于不利的地位。因此，工业化国家已经签订了一系列双边和多边的税收协定以减小各自税收体制间的摩擦，并减少对跨国企业的重复征税。这些协定的作用以及国际税收筹划的其他特征将在第 13 章中讨论。

税收的动态特点

目标 5
明确政府修改其税收体制的原因。

　　公司的管理者们知道，税收不仅在现代世界中相当普遍，而且税收体制也是在不断变迁的。税收体制是动态的，因为它们必须与辖区内的财政状况相一致。在每个区域，个人居民和机构都会对从政府中得到的服务质量和水平进行再评价。同样，政府也要对为这些服务付款的税收体制进行再评价。

税收讨论
州政府经常把赌博收入用于公共服务。最近一个国会议员夸耀说，俄勒冈州的居民在为教育、鲑鱼复育、公

税基的变动

　　对于任何一个政府来说，如果它所依赖的税收体制不再能够提供足够的税收收入，那么它迟早要改变这种税收体制。产生税收能力的丧失，可归因于不断腐蚀的税基。例如，依靠不动产税的城市的人口下降时，它的税收收入就会下降。当家庭和企业搬走时，这个城市内的家用和商用财产将会丧失价值。所有者承担不起持有财产的费用，在极端的情况下，他们有可能简单地丢弃它们。如果这些城市提高财产税率，只会使衰退循环恶化。唯一的解决办法可能就是寻找一种可替代的税基或一种非税收入。

赌博合法化

　　一个有争议的非税收入来源就是合法化的赌博。大约 40 年以前，有些州

就试图用彩票作为筹集资金的来源，结果证明这种方法是十分合算的，以至于 42 个州和哥伦比亚特区现在都支持赌博活动。20 世纪 80 年代后半期，中西部和南部的州决定通过涉足赌场经营和给予在本州范围内经营的私人赌博公司合法的垄断经营权来支撑税基，现在，赌场在半数以上的州都是合法的，并且除了两个州（夏威夷州和犹他州）之外，其他州都把某些形式的赌博作为收入的来源。

一个赌博者最差的赌注

据国家赌博影响研究委员会（National Gambling Impact Study Commission）的一份报告称，州发行的彩票只返还了票价的 50%，票价指参加任何赌博活动的最小份额。相对而言，老虎机——为个人赌博活动提供最差的投注赔率——还会返还它吞入钱的 85%。

销售税扩张

州政府和地方政府对于在经济中开发新税基都表现得十分积极。从历史上来看，销售税只适用于对有形财产的零售购买，而不适用于对服务的零售购买。由于在过去的几十年里，服务行业的发展引人注目，因而越来越多的州把一些特殊服务比如有线电视、公园、剧院门票等纳入到它们的税基当中。1987 年，佛罗里达州把它的销售税扩大到一系列消费服务。而且，1991 年马萨诸塞州也采取了这种做法。公众的反应非常消极，以至于在不到一年的时间里，这两个州都取消了对服务征收销售税这一做法。

各个州都试图寻找一种方法来迫使邮购企业和互联网公司向购买其商品的居民征收税款。成千上万的消费者已经发现了通过邮购和在线方式购买商品的便利。很自然地，州政府认为在网上购买商品的居民应与那些在零售商店购买商品的居民承担同等的税收负担。1992 年，最高法院认定：那些要求在本州内没有实体形式的公司缴纳销售税款的州政府法律是违反宪法的，不管这种公司的规模有多大。① 州政府对于这个判决十分愤怒，并且自此对国会施加压力迫使联邦政府允许各州对邮购企业和互联网交易征收销售税。

税收和政治程序

税法制定的政治程序是形成税收的动态特征的因素之一。在美国，地方税法、州税法和联邦税法都是民主体制的结果，在民主体制中由被选定的或被指定的代表来决定合适的税收结构。这些代表们自然都对各自选区的政治环境十分敏感，随着环境的不断变化，代表们会认为税收结构也应该不断的变化，大多数变化对于税收收入没有什么影响。相反，这些变化本质上都很明智，反映了公众对于税收在社会中的正确作用的态度的转变。

特殊利益群体对于税法立法程序有很大影响。数以千计的组织对于现行的法律都有自己偏好的规定条款，或者是希望对新的规定条款提出一系列建议。这些组织用自己的使者或是雇佣专业的游说专家与政府官员交流他们的

---

① *Quill Corporation* v. *North Dakota*，504 U. S. 298（1992）.

观点。来自于持有相互竞争甚至矛盾观点的强大组织的持续压力增强了税法的变化性特征。

不管征收何种税或者税收部门如何征税，人们都不愿纳税。事实上，个人和公司付出了很多金钱和精力进行避税。每次纳税人或者他们的税收顾问创造出一个策略来降低他们的税收负担，政府就会颁布一个新的规定使得这个策略失去效力。这种长期的博弈是税收环境动态化的另一个原因。就像幽默大师大卫·柏瑞（Dave Barry）解释的："（税法）经常变化，因为我们的代表总是寻找新的方式来确保我们得到的任何税收建议都是不正确的。"

联邦税法的来源

目标6
描述联邦税法的三个主要来源。

本书中，我们会经常提到**税法**。对于现代税收体制来说，这个术语包含了三种基本的法源：成文法、行政公告、司法判定。组合起来，这些来源提供了纳税人和政府必须遵循的游戏规则。第1章的这一部分介绍了构成联邦税法权力的最基本来源。在接下来的章节中，你将会遇到许多来自于这个法律体系的专业信息。如果你对于信息来源十分熟悉，你就会更容易地理解这些信息。

法定法源

从狭义上来说，联邦税法指1986年的**《国内税收法典》**，这是国会制定的大量法律规定的汇编。《国内税收法典》本身就是动态的公文，几乎每年国会都会通过立法程序，增加、废除或是修改它的条款。

正在消失的税收法案

2001年6月7日，布什总统签署了《经济增长和减税调解法案》（Economic Growth and Tax Relief Reconciliation Act），并载入法律。这个法案对税收体制做了上百项变动，而且这些变动非常复杂，因为其中许多都是将在未来许多年中逐步实施的。或许2001年法案最有争议的地方就是它的"夕阳条款"，这些条款规定，整个法案将会在2010年12月31日到期。换句话说，除非国会采取进一步行动，否则到2011年以后，联邦税法将恢复到2001年前的税法。

《国内税收法典》是由按顺序排列的条款组成的，共9 833项条款。每一项条款都包括一种联邦税种的操作上、定义上或者程序上的规定。法典条款号已经变成了税收专家之间相互交流的用语。会计和律师也把许多条款加入到他们的专业语言中（鲍博，我认为我们的客户存在第469项条款的问题）。这些条款都被分成了小节、段等。在本书的注释上，标注了所讨论问题的精确法规索引号，比如§469(f)(3)(B)。

行政法源

财政部负责编写规章来解释和阐明《国内税收法典》中的条款,这些财政部规章对于纳税人和他们的顾问起着巨大的指导作用。每周,财政部都会发布一些新规定或者是对现行的条款进行修改以便与立法方面的发展保持一致。虽然作为政府官方的法律解释,这些财政规章有相当大的权威,但是它们自身并不是法律。在极少的案例中,纳税人说服了联邦法院,判定某项规章是对法令的不正确解释,因而是无效的。①

财政规章的引用包括一系列数字,第一个数字是用来识别所考察的联邦税的种类。例如,以1开头的规章就是所得税规章,接下来的数字就是识别与这个规章相联系的法典条款。最后一个就是规章本身的标号。举个例子,§1.469—4就是指和《国内税收法典》相联系的第4个财政规章。一些条款只有一项规章,而有的却有很多,一些法典条款根本就没有解释规章。

国内收入署是财政部的一个下属机构,它负责法律的实施和税款的征收,并且以税收裁定和税收程序的形式提供更多指导。这些声明公告解释了国内收入署如何把税法应用于特定的事件和环境。虽然它们比法典和规章的权威性小,但是这些声明公告却代表了国内收入署的政治地位,并且为一些具体问题提供了有价值的见解。这些裁定和程序都在每周的国内税收公告上发布,并且汇编到半年一期的汇总公告中。这些注释参考,比如税收裁定2006—46、2006—29,国内税收公告117或税收程序89—17、1989—1,半年公告118,都是在引用这些法源。

司法法源

税法的第三个主要来源就是联邦司法体系。纳税人的情况与国内收入署的法律解释不一致时,他可能上诉到联邦法院。每年的成百条法律裁定明确了税法的正确履行依据。特定诉讼案件的权威性取决于作出裁决的法院。审判法院裁决的权威性要比上一级法院低。最高法院的裁决和法律是等效的,并且是任何税收争议的最后裁决。第16章将讨论联邦法官或陪审团解决纳税人和国内收入署争议的程序。当本书涉及司法裁决时,书中的注释会提供完整的法律引证,你可以利用这些引证在任何法律图书馆和商业税收服务机构中查到这些判决。

结　论

要进行有效税收筹划的企业管理者要考虑到现代经济环境中的各种税收。当做出战略决定时,经理必须考虑公司的总税收负担而不是孤立的某种税款。使一种税种成本最小化的战略很容易导致另一种税种的成本增加。本书的重点是联邦所得税,因此影响企业经营和投资决策的其他税种只是偶尔提到。

---

① 《国内税收法典》授权财政部编写具有法律效力的规章。这些所谓的立法规章与成文法具有同样的权威。

即使这样，许多所得税筹划策略在其他税收环境中也是有效的。决策制定者应该牢记，每项税都代表企业经营的一项可控成本。

越来越多的美国企业跨地区经营，征管地内的税收筹划变得很重要。管理者必须决定哪种税收体制会带来有利的经营环境，哪种体制对外国投资者不利。他们必须意识到竞争的税收体制的差异以及如何把这种差异转化成公司的优势。在今天的税收环境中，成功的税收筹划必须在全球范围内实施。

前面介绍了美国税收体制一些基本内容，包括税种的分类、分级税制和征管权问题。其中一些基本问题是普遍适用的，下面就不再累述，只介绍中国特色的税制。

税收种类的划分

税种分类方法是多种多样的。税种的分类可以有不同的依据，可以依据这个标准来分类，也可以依据那个标准来分类，主要看需要说明什么问题。这里只介绍几种比较重要的分类方法。

按课税对象的性质分类

这是税种分类中最基本的分类方法。以课税对象的性质为标准，可将税收划分为所得课税、财产课税和流转课税。

凡是对纳税人的所得额或利润额课征的税收，为所得课税；凡是对纳税人的财产按数量或价值额课征的税收，为财产课税；凡是对商品或服务的流转额课征的税收，为流转课税。

之所以将按课税对象的性质分类视为最基本的方法，其原因不外乎三点：（1）税收体制的核心要素是课税对象，不同的税种以课税对象作为相互区别的主要标志，并以此规定税名。按课税对象分类，不仅易于区分税种，也易于掌握。（2）不同的税种因课税对象不同，作用就不同，具体的征收管理办法也不同。只有按课税对象分类，才能充分把握税收的具体作用，并据此制定体现政府政策意图的税收体制规定。（3）现实各国的税制基本上就是以课税对象作为分类标准的。

我国按照课税对象将税收分为四类，分别是流转税、所得税、资源税和财产行为税。

让我们用这种分类法来对我们的税种进行分类：

分　类	税　　种
流转税	增值税、营业税、消费税、关税
所得税	企业所得税、个人所得税
资源税	资源税、城镇土地使用税
财产行为税	房产税、城市房地产税、车船税、印花税、屠宰税、契税等

20 世纪 70 年代以来，理论界一直认为以所得税为主体的税制结构最为

理想。部分发达国家和一些发展较快的发展中国家都在进行以流转税为主体税种向以收益所得税为主体税种的税制改革过程中。我国目前税制基本上是以间接税和直接税为双主体的税制结构，即以流转税和所得税为主体，间接税（增值税、消费税、营业税）占全部税收收入的比例为 60％左右，直接税（企业所得税、个人所得税）占 25％左右。

以计税依据为标准，可将税收划分为从量税和从价税

从量税以计税对象的重量、件数、容积、面积等为计税依据，按预先确定的单位税额计征，亦称"从量计征"；它不受价格变动影响，却与课税对象的数量直接相关。从价税以课税对象的价格为计税依据，按一定比例计征，亦称"从价计征"；它受价格变动影响，且与课税对象的价格有紧密关系。

以课税权的归属为标准，可将税收划分为中央税、地方税、中央地方共享税

以税收管理权限为标准，税收可以分为中央税、地方税、中央地方共享税。

中央税是指由一国中央政府征收管理、收入归属中央一级的税。这类税一般收入较大，征收范围较广，在政策上需全国统一立法，如我国现行的关税、消费税等。

地方税是指由一国地方政府征收管理、收入归属地方一级的税。这类税一般收入稳定，税基具有非流动性；并与地方经济及利益关系密切，宜于由地方政府立法或自定办法征收，如我国现行的房产税、屠宰税、车船使用税等。

中央地方共享税是指由中央统一立法，收入由中央和地方分享的税。这类税是将一些直接涉及中央与地方共同利益，需要依靠地方征收管理的税种，作为中央与地方的共享收入，以解决地区财政不均衡的问题，如现行的增值税、资源税等。

虽然在理论上有这么多种分类方法，但实际上的税种是这些标准的综合体，目前国际上在实务中大部分采取下面两种分类方法：

OECD 的税种分类　　OECD 是经济合作与发展组织（Organization for Economic Co-operation and Development）的英文缩写。它是由主要发达国家于 1961 年 9 月 30 日成立的经济联合组织。目前拥有 24 个成员国。这个国际性经济组织的年度财政统计手册把成员国征收的税收划分为以下 6 类：

第 1 类：所得税，包括对所得、利润和资本利得的课税；

第 2 类：社会保险税，包括对雇员、雇主以及自营人员的课税；

第 3 类：薪金及人员税；

第 4 类：财产税，包括对不动产、财产、遗产和赠与的课税；

第 5 类：商品与服务税，包括产品税、销售税、增值税、消费税等，也包括对进出口课征的关税；

第 6 类：其他税。

IMF 的 税 种 分类

IMF 是国际货币基金组织（International Monetary Fund）的英文缩写。它是 1945 年 12 月 27 日根据《国际货币基金协定》建立的国际金融组织，现拥有 148 个成员国。

国际货币基金组织采取的税种分类标准和经济合作与发展组织基本一致。不同之处仅是它把商品与服务税一分为二，国内部分划分为第 5 类，进出口贸易部分划分为第 6 类，第 7 类为其他税收。此外，经济合作与发展组织把社会保险税视为税收收入，国际货币基金组织则将其认定为非税收入。即：

第 1 类：所得税，包括对所得、利润和资本利得的课税；

第 2 类：社会保险税，包括对雇员、雇主以及自营人员的课税（按非税收入统计）；

第 3 类：薪金及人员税；

第 4 类：财产税，包括对不动产、财产、遗产和赠与的课税；

第 5 类：商品与服务税，包括产品税、销售税、增值税、消费税等；

第 6 类：进出口关税；

第 7 类：其他税收。

税率结构

税率是指应纳税额和征税对象之间的比例，是计算税额的尺度。税率主要是解决征税数额的问题，是税收体制的中心环节，是衡量一种税收体制税负轻重与否的重要标志。

税率形式可以分为三种：一是**比例税率**，是指不论征税对象数额大小，只规定一个或者几个比例的税率。比例税率有统一比例税率和差别比例税率之分。前者是指同一税种只设一个比例税率，所有的纳税人按照同一税率计算纳税；后者是指同一税种设置两个或者两个以上比例税率，不同的纳税人根据不同情况分别按照不同税率计算纳税。二是**固定税率**，又称定额税率，是指按照征税对象的实物量计算税额，一般直接规定固定税额，而不采用百分比的形式。三是**累进税率**，又称等级税率，是指按照征税对象数额的大小规定不同等级的税率。征税对象数额越大，税率越高。累进税率可以分为全额累进税率和超额累进税率。两者都是按照数额大小分成不同等级，税率依次提高，差别在于，全额累进税率是将纳税人的应税收入归入税法所规定的等级，适用该等级的税率；超额累进税率则是区分基本部分和超额部分，同时适用所属等级税率，分别计算，结果相加得出应纳税款。

让我们分别举例来说明这三种税率：

比例税率比较容易理解，我国的流转税大部分采取这种形式，比如增值税一般纳税人税率为 17％，小规模纳税人税率分别是 4％和 6％；营业税根据不同的行业，也采取不同的税率，比如交通运输业采用 3％的税率。

项目	税率
交通运输业	3％
建筑业	3％
金融保险业	3％
邮电通信业	3％
文化体育业	3％
娱乐业	5％～20％
服务业	5％
转让无形资产	5％
销售不动产	5％

固定税率，也称为定额税率，比较简单，比如我国的资源税、城镇土地使用税等。

累进税率，主要是公司所得税和个人所得税，我国的个人工资薪金的累进税率如下：

级数	全月应纳税所得额	税率（％）
1	不超过 500 元的部分	5
2	超过 500 元至 2 000 元的部分	10
3	超过 2 000 元至 5 000 元的部分	15
4	超过 5 000 元至 20 000 元的部分	20
5	超过 20 000 元至 40 000 元的部分	25
6	超过 40 000 元至 60 000 元的部分	30
7	超过 60 000 元至 80 000 元的部分	35
8	超过 80 000 元至 100 000 元的部分	40
9	超过 100 000 元的部分	45

注：本表所称全月应纳税所得额是指依照《中华人民共和国个人所得税法》第 6 条的规定，以每月收入额减除费用 1 600 元后的余额或者减除附加减除费用后的余额。

我国现行的分税制

1994 年，我国经济体制改革在中央的"全面推进，重点突破"的战略部署指导下进入新阶段，财税体制改革充当改革的先锋，根据事权与财权相结合的原则，将税种统一划分为中央税、地方税、中央地方共享税，建立了中央和地方两套税收管理制度，并分设中央地方两套税收机构分别征管；在核定地方收支数额的基础上，实行了中央财政对地方财政的税收返还和转移支付制度等，成功地实现了在中央政府与地方政府之间税种、税权、税管的划分，实行了财政"分灶吃饭"。

我国分税制的内容

我国分税制按照征收管理权和税款支配权标准划分，凡征收管理权、税款所有权划归中央财政的税种，属于中央税；凡征收管理权、税款所有权划归地方财政固定收入的税种，属于地方税；凡征收管理权、税款所有权由中央和地方按一定方式分享的税种，属于中央地方共享税。

我国分税制的特点

我国目前的分税制具有以下三个主要特点：

第一，按照税源大小划分税权，税源分散、收入零星、涉及面广的税种一般划归地方税，税源大而集中的税种一般划为中央税。

一般来说，不可能把大税种划为地方税。但由于地方税不仅对法人（公司、企业）征收，而且更多的是对个人征收，所以，税源分散在千千万万个纳税人手中；又由于地方税征收范围面小，税源不厚，所以收入零星；由于地方税税种小而多，所以涉及面广，几乎涉及所有单位和个人。

第二，部分税种的征收管理权归地方。地方政府对地方税可以因地制宜、因时制宜地决定开征、停征、减征税、免税，确定税率和征收范围，这是地方税的主要特点。由于赋予地方以较大的机动权限，从而既能合理照顾地方利益，调动地方的积极性，同时，不致影响全国性的商品流通和市场物价。因为地方税一般均属于对财产（不动产）、对行为和部分所得以及不涉及全面性商品流通的经济交易课征，所以，即使各地执行不一致，也不会影响全局。

第三，税款收入归地方。在我国当前的社会主义市场经济条件下，财力完全集中于中央或过多地分散于地方，都不能适应经济发展的需要。实践证明，在保证中央财政需要的同时，给地方一定规模的财力及适当的支配权，方能调动地方政府发展经济的积极性和主动性。因此，实行分税制，建立中央与地方相对独立的分级财政，给地方政府发展地方经济、加强文化建设提供资金保证，就成为我国预算管理体制改革的必然方向。

需要说明的是，我国目前实行的分税制还有许多不如意之处，需要继续深化改革。因为我国社会主义市场经济发展相当迅速，地区差距很大；社会主义市场经济体系虽已初步形成，但尚不够健全；中央与地方的事权范围虽已初步划分，但尚不够规范，各级事权事责还有待明确；税收体制也不够完善，等等。在这种情况下，试图实行彻底分税制是不现实的。所以，分税制的改革仍应以集权和分权相结合的、中央税、地方税和中央地方共享税共存的不彻底型分税制为主，以便不脱离现行模式过远。

我国税法的层次

我国税法的层次分为宪法和各单行税法。宪法是我国的根本大法，它是制定所有法律、法规的依据和章程。税法是按照宪法的原则制定的。

宪法

《宪法》第33条规定："中华人民共和国公民在法律面前一律平等。"

第 56 条规定:"中华人民共和国公民有依照法律纳税的义务。"宪法还规定,国家要保护公民的合法收入、财产所有权,保护公民的人身自由不受侵犯等。从宪法的这些规定中我们都可以得出税收立法的原则。

税法

我国的税法往往是单行法,所有的单行法共同构成了我国的税法。单行法是指一些单行条例,一般英美法系采用判例法就主要是单行法的模式,这与大陆法系制定法典的做法是相对的。税收单行法是就某一类纳税人、某一类征税对象或某一类税收问题单独设立的税收法律、法规和规章。税收单行法受税收通则法(税收基本法)的约束和指导,是相对于税收通则法而言的,即税收通则法以外的税法都属于税收单行法,包括规范各税种的法律、法规和规章。税收实体法、税收程序法、税收处罚法、税收争讼的大部分内容都是以单行法的形式规范的。

税法的分类:

按税法的内容分	税收实体法、税收程序法、税收处罚法、税务行政法
按税法的效力分	税收法律、法规、规章
按税法的地位分	税收通则法和税收单行法
按税收管辖权分	国内税法、国际税法

税收立法

根据国家立法体制规定,所制定的一系列税收法律、法规、规章和规范性文件,构成了我国的税收法律体系。需要说明的是,我们平时所说的税法,有广义和狭义之分。广义上的税法包括所有调整税收关系的法律、法规、规章和规范性文件,是税法体系的总称;而狭义上的税法是特指由全国人民代表大会及其常务委员会制定和颁布的税收法律。由于制定税收法律、法规和规章的机关不同,其法律级次不同,因此法律效力也不同。

全国人民代表大会和全国人大常委会制定的税收法律

《宪法》第 58 条明确规定:"全国人民代表大会和全国人民代表大会常务委员会行使国家立法权。"上述规定确定了我国税收法律的立法权由全国人大及其常委会行使,其他任何机关都没有制定税收法律的权力。在国家税收中,凡是基本的、全局性的问题,例如:国家税收的性质,税收法律关系中征纳双方权利和义务的确定,税种的设置,税目、税率的确定等,都需要由全国人大及其常委会以税收法律的形式制定实施,并且在全国范围内,无论对国内纳税人,还是涉外纳税人都普遍适用。在现行税法中,如《外商投资企业和外国企业所得税法》、《税收征收管理法》以及 1993 年 12 月全国人大常委会通过的《关于外商投资企业和外国企业适用增值税、营业税等税收暂行条例的决定》都是税收法律。除宪法外,在税收法律体系中,税收法律具有最高的法律效力,是其他机关制定税收法规、规章的法律依据,其他各级机关制定的税收法规、规章,都不得与宪法和税收法律相抵触。

全国人大或人大常委会授权立法

授权立法是指全国人民代表大会及其常务委员会根据需要授权国务院制

定某些具有法律效力的暂行规定或者条例。授权立法与制定行政法规不同。国务院经授权立法所制定的规定或条例等，具有国家法律的性质和地位，它的法律效力高于行政法规，在立法程序上还需报全国人大常委会备案。1984年9月1日，全国人大常委会授权国务院改革工商税制和发布有关税收条例。1985年，全国人大授权国务院在经济体制改革和对外开放方面可以制定暂行规定或者条例，都是授权国务院立法的依据。按照这两次授权立法，国务院从1994年1月1日起实施工商税制改革，制定实施了增值税、营业税、消费税、资源税、土地增值税、企业所得税等6个暂行条例。授权立法，在一定程度上解决了我国经济体制改革和对外开放工作亟须法律保障的当务之急。税收暂行条例的制定和公布施行，也为全国人大及常委会立法工作提供了有益的经验和条件，为在条件成熟时将这些条例上升为法律做好了准备。

国务院制定的税收行政法规

国务院作为最高国家权力机关的执行机关，是最高的国家行政机关，拥有广泛的行政立法权。我国宪法规定，国务院可"根据宪法和法律，规定行政措施，制定行政法规，发布决定和命令"。行政法规作为一种法律形式，在中国法律形式中处于低于宪法、法律但高于地方法规、部门规章、地方规章的地位，也是在全国范围内普遍适用的。行政法规的立法目的在于保证宪法和法律的实施，行政法规不得与宪法、法律相抵触，否则无效。国务院发布的《外商投资企业和外国企业所得税法实施细则》、《税收征收管理法实施细则》等，都是税收行政法规。

地方人民代表大会及其常委会制定的税收地方性法规

根据《中华人民共和国地方各级人民代表大会和地方各级人民政府组织法》的规定，省、自治区、直辖市的人民代表大会以及省、自治区的人民政府所在地的市和经国务院批准的较大的市的人民代表大会有制定地方性法规的权力。由于我国在税收立法上坚持的是"统一税法"的原则，因此地方权力机关制定地方税收法规不是无限制的，而是要严格按照税收法律的授权行事。目前，除了海南省、民族自治地区按照全国人大授权立法规定，在遵循宪法、法律和行政法规的原则基础上，可以制定有关税收的地方性法规外，其他省、市一般都无权自定税收地方性法规。

国务院税务主管部门制定的税收部门规章

《宪法》第90条规定：国务院各部、各委员会根据法律和国务院的行政法规、决定、命令，在本部门的权限内，发布命令、指示和规章。有权制定税收部门规章的税务主管机关是财政部和国家税务总局。其制定规章的范围包括：对有关税收法律、法规的具体解释、税收征收管理的具体规定、办法等，税收部门规章在全国范围内具有普遍适用效力，但不得与税收法律、行政法规相抵触。例如，财政部颁发的《增值税暂行条例实施细则》、国家税务总局颁发的《税务代理试行办法》等都属于税收部门规章。

地方政府制定的税收地方规章

《中华人民共和国地方各级人民代表大会和地方各级人民政府组织法》规

定："省、自治区、直辖市以及省、自治区的人民政府所在地的市和国务院批准的较大的市的人民政府，可以根据法律和国务院的行政法规，制定规章。"按照"统一税法"的原则，上述地方政府制定税收规章，都必须在税收法律、法规明确授权的前提下进行，并且不得与税收法律、行政法规相抵触。没有税收法律、法规的授权，地方政府是无权自定税收规章的，凡越权自定的税收规章没有法律效力。例如，国务院发布实施的城市维护建设税、车船使用税、房产税等地方性税种暂行条例，都规定省、自治区、直辖市人民政府可根据条例制定实施细则。

税收立法程序

税收立法程序是指有权力的机关，在制定、认可、修改、补充、废止等税收立法活动中，必须遵循的法定步骤和方法。

目前我国税收立法程序主要包括以下几个阶段：

1. 提议阶段

无论是税法的制定，还是税法的修改、补充和废止，一般由国务院授权其税务主管部门（财政部或国家税务总局）负责立法的调查研究等准备工作，并提出立法方案或税法草案，上报国务院。

2. 审议阶段

税收法规由国务院负责审议。税收法律在经经国务院审议通过后，以议案的形式提交全国人民代表大会常务委员会的有关工作部门，在广泛征求意见并做修改后，提交全国人民代表大会或其常务委员会审议通过。

3. 通过和公布阶段

税收行政法规，由国务院审议通过后，以国务院总理名义发布实施。税收法律在全国人民代表大会或其常务委员会开会期间，先听取国务院关于制定税法议案的说明，然后经过讨论，以简单多数的方式通过后，以国家主席名义发布实施。

税法实施

税法的实施即税法的执行。它包括税收执法和守法两方面，一方面要求税务机关和税务人员正确运用税收法律，并对违法者实施制裁；另一方面要求税务机关、税务人员、公民、法人、社会团体及其他组织严格遵守税收法律。

由于税法具有多层次的特点，因此，在税收执法过程中，对其适用性或法律效力的判断上，一般按以下原则掌握：一是层次高的法律优于层次低的法律；二是同一层次的法律中，特别法优于普通法；三是国际法优于国内法；四是实体法从旧，程序法从新。

关键术语

税收减免	所得税	条款
行为税	国内税收公告	税
从价税	1986 年《国内税收法典》	税收评估员
等级	国内收入署	税基
公告汇总	征管权	税法
特定用途税	动产	纳税人
就业税	不动产税	转移税
基于事件或交易的税	不动产	财政规章
消费税	税收收入	失业税
单一税率	税收裁定和税收程序	使用税
累进税率	销售税	增值税
税收负担		

税收筹划案例

1. WP 公司的管理部门必须决定是在国外征管地 F 还是国外征管地 G 建立一个新的分支机构。无论在哪里，这个机构的运营都需要价值 10 000 000 美元的有形财产（工厂和设备），并且每年应该产生 2 000 000 美元的总收入。征管地 F 每年对公司的财产征收 4% 的财产税和 15% 的所得税。征管地 G 不征收任何财产税，但征收税率为 30% 的所得税，仅以这些事实为基础，WP 公司将它的分支机构落户在征管地 F 还是征管地 G?

2. KTR 公司生产的产品每单位能够赚得 10 美元的利润，每年销售 20 000 000 件产品。KTR 的所得税率是 20%，然而，KTR 公司所在的征管地第二年要把税率提高到 22%。KTR 的所有者正在考虑两种方案。他们可以简单地接受增加的 4 000 000 美元税款作为他们减少的税后利润，或者他们可以把每单位商品的价格提高 20 美分，这样每单位的利润就增加到了 10.20 美元。然而，营销部门预计价格的上升将会使每年的销售数量减少到19 000 000 件产品。对于 KTR 的所有者来说，哪种方案更好?

第2章

税收政策问题：
优质税种的标准

学习目标

通过本章的学习，你应该能够：

1. 解释优质税种的充足性概念。
2. 区别收入效应和替代效应。
3. 描述便利税种的特征。
4. 对比税收效率的古典含义和现代含义。
5. 定义横向公平和纵向公平。
6. 区分累退税率结构、比例税率结构和累进税率结构。
7. 解释边际税率和平均税率的区别。
8. 讨论作为税收政策目标的分配公平问题

在第1章中，我们明确了存在于现代税收环境中的各式各样的税种，在本章中，在我们明确由政治家、经济学家、社会学家和个体纳税人用来评价税种好坏的规范标准的同时，我们将会考虑税收环境的一个更本质的方面。

当政府制定税收政策的时候，它们意识到这些标准，并且也被这些标准所影响。税收政策可以被定义为政府对于税收体制的态度、目标和行动。**税收政策**基本反映了政府认为最重要的那些规范标准。阅读本章后，你将得出关于判断税收体制标准相对重要性的结论，而且你可以用这些标准去评价现行的联邦税收体制。当你作为一个投票者，需要对相互竞争的税收政策提案投票时，本章的内容将会帮你做出一个明智的决定。

公司管理者和他们的税收顾问都对税收政策有着强烈的兴趣，他们知道

《国内税收法典》中许多复杂的规定都隐含着税收政策的基本原理。如果他们能够理解这种基本原理，那么这些条款本身就很容易解释和应用。而且，公司管理者知道今天的税收政策会形成明天的税收环境。通过对现行政策的密切关注，经理们能够预期到税收政策的发展并且可能还会影响他们公司的长远战略。熟悉税收政策可以帮助他们评估税法变动的可能性，并且制定相应的战略来应对这些变化。

优质税种的标准

美国法律专家奥利弗·温德尔·霍姆斯（Oliver Wendell Holmes）的一句名言："我喜欢缴纳税款，因为用它们我能买到文明。"现代社会中很少有人能够同意这种观点。事实上，许多人把税收看做是一个不可避免的坏事，并且认为优质税种这一概念是自相矛盾的说法。然而，理论家认为每个税种都能够而且应该用一定的基本标准来评价。[①] 这些标准可以被归纳为以下几项：

- 优质税种应该足以为政府提供必需的财政收入。
- 优质税种应该既方便政府征收也方便人们缴纳。
- 优质税种应该具有经济效率。
- 优质税种应该是公平的。

在第 2 章，我们将具体讨论这四个标准，同时我们也会指出这些标准在理论上容易解释，但是在实践中却非常困难的原因。

税收应当是充足的

目标 1
解释优质税种的充足性概念。

评价税种的第一个标准就是作为收入来源的税种的充足性。如果一个税种能产生足够的资金来支付政府提供的公共物品和服务，那么这个税种就是充足的。毕竟，政府向公民征税的首要原因就是为特定目的需要筹集资金。如果一个税种（或多个税种）是充足的，那么政府就能平衡它的预算。税收收入等于政府支出，政府就没有必要筹集额外的资金了。

不充足的税收体制的后果是什么？政府必须通过其他途径弥补收入的不足（过多的当期支出超过了税收收入）。在第 1 章，我们知道州政府主要依靠合法化的赌博业作为可供替代的资金来源。政府可能出租或出售拥有的资产或财产的权利来增加资金。例如，美国政府通过出售联邦拥有的水坝产生的电力、矿藏和联邦土地上的伐木权来筹集微少的收入。

政府的另一个选择就是通过借钱弥补财政经营赤字。在美国，联邦政府、

税收讨论
布鲁克斯研究机构发表了一篇研究报告，介绍了到 2014

---

① 亚当·斯密（Adam Smith），《国民财富的性质和原因的研究》（*The Wealth of Nations*）的作者，是第一个建议采用这种标准的经济学家。斯密的四原则就是优质税种应该是平等的、确定的、便利的、征收费用最少的。

年平衡联邦预算的三种不同战略。这三种战略都包括税收收入的增加，要求在未来十年中增加约6 290亿美元的税收收入。这篇研究报告警告，赤字支出是"无法控制的"，而且赤字的浪潮是没有边际的。

州政府和地方政府都在资本市场上出售债券。

通过出售短期投资（例如美国财政债券）和长期债券，税制不完善的政府能够弥补税收上的不足。但是债务融资并不是解决税收不足的长久办法。像其他债务人一样，政府必须为借入的资金支付利息。随着公共负债的增加，每年的利息负担也加重了。在某种程度上，政府发现它处于不利地位，因为政府借入新资金不是提供更多的公共物品和服务，而是为现存债务支付利息。在最坏的情况下，政府可能被迫不履行它的负债义务，损坏政府的信用并且在资本市场上造成混乱。

国家债务

根据国会预算办公室的数据，1970—1999年，每个财政年度联邦政府都会出现赤字。在2000年和2001年产生了少量盈余之后，政府在2002年又出现赤字支出。1970年，美国的国家债务大约是38 000亿美元，利息支付总计140亿美元。2006年，债务超过了8.5万亿美元，为这项债务支付的总利息高达4 060亿美元。

这些数据表明我们的联邦税制不足以支付政府支出。但是政治家却还在告诉选民税收过高，并且似乎只有很少的一部分人不同意，但是这些数据是不可忽视的。如果我们想缴纳更少的税款，同时抑制国家债务的增长，那么联邦政府就必须削减支出。如果我们希望政府维持目前的支出水平，却不增加额外的债务，那么我们应该准备缴纳必要的联邦政府税款。①

赤字是多少？　　在2006财政年度，联邦政府出现了2 500亿美元的赤字。然而，这个赤字包括1 770亿美元的社会保障信托资金的盈余，这项资金是用来为将来的社会保障接受者提供退休福利的，如果从预算中扣除社会保障，那么2006年的运行赤字就是4 270亿美元。

如何增加税收收入

税收征管地至少有3种方法增加收入。一种方法就是开发新税基，例如在那7个没有征收个人所得税的州中，任何一个州的立法机关都能开征这种税。另外一种方法就是提高现行税种的税率。公司所得税率为5%的征管地可将税率提高到7%。第三种方法就是扩大现有的税基。对有形物品开征零售销售税的征管地可以将该税扩大到特定个人服务，例如理发或干洗等。对于私人慈善团体拥有的土地免征不动产税的征管地可以取消这项豁免。

从实用主义的角度来讲，对一项新税基征税是最激进也是政治最敏感的增加税收的途径。因此，当选的官员都倾向于采用人们比较习惯而且变化不

---

① 正如另一个作者对这种情形恰如其分的描述："当选的代表最终必须面对政治现实。很明显，选民对于公共物品的需求永不满足，但却对足以支撑这一需求的税收水平有一种根深蒂固的不容忍。"Sheldon D. Pollack, The Failure of U. S. Tax Policy: Revenue and Politics, 73 Tax Notes 341, 348.

那么剧烈的替代方法来提高税种筹集税收的能力。在这种情况下，提高税率是一种更明显的策略，因而更可能引起大量选民的愤怒。相反，扩大税基更加难以察觉，也不容易引起公众的注意。最近这些年许多重大的税收增加都是通过扩大税基的方法实现的，对此，我们一点也不感到惊奇。

社会保障税的增加　自1990年以来，社会保障支付税的税率一直为6.2%。然而它的税基（每年的工资或薪水）却每年都在增大。1990年，工资税基是51 300美元。2007年，税基是97 500美元。在1990年薪水为100 000美元的雇员要支付3 181美元的社会保障税（51 300美元×6.2%）。2007年，这个雇员却要支付6 045美元的社会保障税(97 500美元×6.2%)。

静态预测与动态预测的比较

在第1章，我们用税率和税基之间的数学公式表示税额的大小：税额＝税率×税基。这个等式表明，税率的增加应该使政府收入成比例增加。例如，如果税率是5%，税基是500 000美元，那么税率每增长一个百分点，应该增加5 000美元的税款。这个简单的数学运算就代表了对税率结构变动导致的税收增加的**静态预测**。这个预测是静态的，因为它假定等式中税基B与税率r没有关系。因此，税率的变化对税基没有影响。

在很多情况下，经济理论显示等式 T＝r×B 中的两个变量是相互关联的。换句话说，税率的变化实际上能引起税基的变化。

税率变动对税基的影响　在过去的10年中，费尔维尤市开征了旅馆房间税，税额等于房间价格的10%。在前一个财政年度，这个税产生了800 000美元的收入。

旅馆全年应纳税收入	$8 000 000
上年税率	10%
上年税收收入	$800 000

在本财政年度之初，该市把税率提高到了12%，基于静态预测，这个城市的预期税收收入将会增加到960 000美元。

预计的旅馆应纳税收入	$8 000 000
当年利率	12%
预计的当年税收收入	$960 000

不幸的是，房间税提高带来了额外的成本，商务人士和游客对这种额外成本的反应是更少地住在费尔维尤的旅馆。居住率下降，使得旅馆的收入降低了500 000美元，结果当年房间税只产生了900 000美元的税收收入。

旅馆实际的应纳税收入	$7 500 000
当年的税率	12%
当年的实际收入	$900 000

在上面的例子中,税率的增加导致税基的减少。因为费尔维尤市没有预期到这种影响,所以高估了税率提高带来的税收收入的增加。

如果征管部门能够预计税率的变动对税基的影响程度,那么就会把这种影响加入到税收筹划中。这些筹划假定税基和税率存在关联关系,因此被称为**动态预测**。动态预测的精确性取决于关联关系假定的精确性。在复杂的经济环境中,税率的变动可能只是造成税基扩大或缩小的许多因素之一。经济学家不可能只考虑税率变动的影响或是用实验方法检测他们的假定。因此,政府经常依赖静态预测去估计由于税率变动而带来的税收收入的增加或减少。

对税率变动的行为反应

目标 2

区别收入效应和替代效应。

在所得税的例子中,由于税率提高带来的收入增加取决于这种提高是否(并且在多大程度上)影响应纳税所得额的总量。特别是,这种增加取决于个人采取什么方式来调整自己的经济行为以便对提高的税率做出反应。

收入效应

所得税率的提高可能会促使人们参加更多能产生收入的活动。以斯皮威先生为例,作为一名工厂工人,他每年收入 25 000 美元,并且缴纳税率为 20% 的所得税(5 000 美元)。斯皮威先生对税后的 20 000 美元进行支配。如果政府把税率提高到 30%,斯皮威先生可能会有什么反应呢?因为这样他的可支配收入就减少到了 17 500 美元,他可能会决定工作更长时间,甚至寻找第二份工作以使他的税前收入至少达到 28 600 美元。在新的税率结构下,斯皮威先生将会为他的所得支付 8 580 美元的税款,其余 20 020 美元和他在税率提高前的可支配收入相同。这种反应(类似于为了保持相同的名次而跑得更快)被称作税率提高的收入效应。[1]

如果斯皮威先生对税率升高的反应是工作更长的时间以获得更多收入,那么政府将会发一笔"横财"。静态预测表明,由于税率提高了 10%,政府应该能从斯皮威先生身上多征收 2 500 美元的额外税收。

静态预测	
税率提高后的税收收入	
(30%×$25 000)	$7 500
税率提高前的税收收入	
(20%×$25 000)	(5 000)
从斯皮威先生那里得到的额外税收收入	$2 500

---

[1] Musgrave and Musgrave, *Public Finance in Theory and Practice*, 3rd ed. (New York: McGraw-Hill, 1980) p. 663.

然而，如果斯皮威先生把他的收入从 25 000 美元提高到 28 600 美元，那么政府将会实际得到 3 580 美元的额外收益。

收入效应	
税率提高后的税收收入	
（30%×＄28 600）	＄8 580
税率提高前的税收收入	
（20%×＄25 000）	（5 000）
从斯皮威先生那里得到的额外税收收入	＄3 580

替代效应

如果改变假定纳税人的财务状况，我们可能会得到对于所得税率提高的不同反应。假设作为管理顾问的自我雇佣者胡佛小姐每周工作 60 个小时，每年挣 350 000 美元，在 20% 的税率下，她的税后所得是 280 000 美元——足够为她舒适的生活方式买单。如果政府把税率提高到 30%，胡佛小姐可能投入较少的时间和努力从事增加个人所得的活动。如果增加的一小时工作的税后价值小于增加的一小时闲暇的价值，那么这种反应就是有意义的，这种对于税率增加的行为反应被称作**替代效应**。①

如果胡佛小姐对高税率的反应是减少工作时间，从而得到较少收入，那么政府的税收收入将下降。基于静态的预测，政府期望从胡佛小姐那里得到额外的 35 000 美元的收入。

静态预测	
税率提高后的税收收入	
（30%×＄350 000）	＄105 000
税率提高前的税收收入	
（20%×＄350 000）	（70 000）
从胡佛小姐那里得到的额外税收收入	＄35 000

如果因为税率的提高打击了她的从业热情，胡佛小姐的所得降低到 325 000 美元，那么从胡佛小姐那里得到的额外税收收入将会只有 27 500 美元。

替代效应	
税率提高后的税收收入	
（30%×＄325 000）	＄97 500
税率提高前的税收收入	
（20%×＄350 000）	（70 000）
从胡佛小姐那里得到的额外税收收入	＄27 500

产生替代效应的可能对于不同的纳税人有所差异。在工作中，个人对他的职业的控制程度决定着他们以每小时的闲暇代替每小时工作的程度。因此，

---

① Musgrave and Musgrave, *Public Finance in Theory and Practice*, 3rd ed. （New York: McGraw-Hill, 1980） p. 663.

替代效应对于那些自我雇佣的人比那些朝九晚五拿薪水的雇员的影响更为强烈。削减工作努力程度所必需的财务灵活性，对家庭中挣得较少的人的影响比对挣得较多的人的影响更为明显。最后，以事业为中心的人可能不受替代效应的影响，因为他们更多地被诸如名望和权力这种非金钱的因素所激励。

所得税是否能够刺激一个人更加努力工作，或者是否会成为工作的障碍，取决于人们的经济状况。从理论上说，收入效应对于低收入的纳税人影响最大，他们可能正处于基本生活水准上，他们不能够选择用闲暇来代替劳动。替代效应随着个人可支配收入的增加而增强，此时每增加一美元的财务影响都会降低。从宏观视角来看，这些矛盾的行为反应有重要的税收政策含义。传统观点认为需要更多收入的政府应当对收入最高的人提高税率。但是，如果税率过高，替代效应可能会变得非常强大以至于这些规划好的收入随着越来越多的人不愿工作而无法实现，因为他们税后的劳动所得太少了。

滚石乐队的替代选择（而不是满意的选择）

据《伦敦每日电讯》（*London Daily Telegraph*）的一篇文章报道，由于英国的高税率，滚石乐队取消了四场摇滚演唱会。主唱米克·杰格（Mick Jagger）说到："我被引诱吃枪子（缴纳高税款），但是我并不是唯一受到影响的。滚石世界巡回是一个 2 年的计划，有 200 多人参与。"文章最后总结说，"当滚石由于税收原因而取消巡回演唱会时，我们就知道滚石的品牌正在老化"①。

供给经济学

替代效应理论是供给经济学理论的基础，供给经济学理论认为最高所得税率的下降最终会带来政府税收收入的增加，这个理论潜在的逻辑就是税率的降低增加了产生收入的活动（工作和投资）相对于不能产生收入的活动的价值（空闲和消费）。因此从税率降低中获益的人们将会把他们节省下来的税款进行新的商业投资而不是简单地花费掉。这种个人资本的注入将会刺激经济的增长和工作岗位的创造。扩张性的经济将会带来全面繁荣，以至于任何人，无论他属于哪个收入阶层都会间接地从税率降低中获益。人们将会挣得更多的收入为政府纳税，并且由于税基增加，税收收入也会增多。

这种供应理论成立吗？在 1981 年，里根政府实践了这种理论，说服了国会制定《经济复苏税收法案》（Economic Recovery Tax Act）。这项立法把普通收入的最高边际个人所得税率从 70% 降低到了 50%，同时资本所得税率也从 28% 降低到了 20%。1986 年《税收改革法案》（The Tax Reform Act of 1986）把最高的个人边际税率降到了 28%。在 20 世纪 80 年代，这些大幅降低的税率只是影响美国经济发展的重要因素之一。石油的价格下降了一半，20 世纪 70 年代后期两位数的通货膨胀率下降到了不足 4%。联邦政府用于国内项目上的支出下降了，但是国防支出却迅速增加。为了与社会保障和医疗经费的快速增长步伐保持一致，国会大幅提高了联邦薪金税率，政府以空前

---

① "Rolling Stones Protest Taxes, Cancel Gigs," *Journal of Taxation*, July 1998.

的利率借钱，创造了和平时期巨大的赤字纪录。[1]

经济学家至今还没有停止对于 20 世纪 80 年代的供应经济试验（媒体称之为里根经济学）是成功还是失败的争论。一些人认为里根政府减税的政策提高了就业水平，使小规模企业部门得到了扩张，也带来了过去 20 年国内生产总值的稳定增长。另外一些人则认为，税率的降低对于最富裕的美国家庭来说是一个意外收获，但是对于中等收入或低收入阶层来说却没有什么作用。只有一点经济学家们达成了共识：从形成里根经济时代的盘根错节的因素中找出税率降低的刺激作用是一项不可能完成的任务。

税收应当是便利的

目标 3

描述便利税种的特征。

评价税种的第二个标准就是它的便利性。从政府的角度来看，一个好的税种应当便于管理，具体来说，对于政府征收税款的方法绝大多数的纳税人能够理解并且能够按照固定程序来配合。这种征税方法不应当过度地侵犯纳税人的隐私，但是应当使不守法的情况降到最低。征收零售销售税的州采用了这样一种征收方法，即卖主负责在销售发生时向购买者收取税款，并且把税款上交给州政府。这种方法对于购买者来说是毫不费力的，并且没有逃税的机会。州政府可把它们的精力集中到商业零售上来，这要比审计单个消费者更容易。与之相比，州政府到现在还没有形成一种可行的征收使用税的程序，结果，这些税种几乎不能产生税收收入。

一个优质的税种对于政府来说应该是经济的。税收征收和执行的管理成本与产生的总效益相比应当是合理的。在联邦水平上，国内收入署是负责管理所得税、薪金税、消费税和转让税的机构。在 2005 财政年度，国内收入署的管理成本为 100 亿美元，征收税款 22 690 亿美元。这样，联邦政府每征缴 100 美元税款的成本是适度的 44 美分。[2]

从纳税人的角度来看，一个优质税种应当便于缴纳。这个便利的标准就是人们能够合理地估算他们的税款，而且在遵守税法时，不需要花费过量的时间或引起过量的成本。当用这些标准来衡量时，零售销售税得到了很高的评价。人们在购买商品时可以很容易计算销售税款，并且轻松地把税款作为购买价格的一部分进行缴纳。

相反，人们认为联邦所得税既不确定，成本又高。因为所得税法过于复杂，并且变化如此频繁，即使是税收专家也没把握法律应如何适用于特定的交易。上百万的美国人被所得税弄糊涂了，并且也没有信心正确计算他们所欠的应纳税款。因此，大多数人雇佣他人去填制他们的所得税纳税申报表。无论采用哪种方法，社会遵守联邦税法的成本都很高。根据国内收入署的估

---

[1] Isabel V. Sawhill, "Reaganomics in Retrospect: Lessons for a New Administration", *Challenge*, May–June 1989, p. 57.

[2] IRS 2005 Data Book.

计，纳税人每年要为这项不便利的任务花费 60 亿小时。以美元计算，每年私人部门履行联邦税法的成本估计为 1 000 亿美元。①

税收应当是有效率的

优质税收的第三个特征就是它的经济效率原则。税收政策制定者采用"效率"这个词有两层含义。有时这个词用来描述一个税种不干扰或不影响纳税人的经济行为，而在其他时候，当个人或组织能够从容不迫地改变他们的经济行为作为对一个税种的反应时，政策制定者就说这个税种是有效率的。在本章的这一部分，我们将会对比效率的这两个互斥的含义。

效率的传统标准

目标 4

对比税收效率的古典含义和现代含义。

政策制定者认为竞争性市场能够带来稀缺资源在社会中的最优配置，他们把有效率的税收定义为对自由市场具有中性影响的税收。从这个观点来看，引起人们经济行为改变的税收是没有效率的，因为它扭曲了市场，并且可能导致商品和服务的次优分配。

古典经济学家亚当·斯密认为税收应当给经济带来尽可能少的影响，在他 1976 年的名著《国民财富的性质和原因的研究》一书中，斯密得出如下结论：

> 税收……可能阻碍国民工业的发展，并且打击国民申请企业分支机构的信心，而这些部门可能带来更多的稳定和就业机会。当强迫人们缴纳税收的时候，可能会由此减少或者损害一些资金，而这些资金可能使他们更容易这样做。

亚当·斯密主张的放任主义在理论上创造了一个个人和组织的公平赛场，在赛场上他们为自己的利益经营和自由竞争。当政府通过对特定的经济行为征税来干扰这个系统时，这个赛场就转而攻击这些活动中的竞争者。这个资本游戏被破坏了，最后的结果可能不再是社会最优的。

当然，每一种现代经济都有一个税收体制，在这个经济中运行的公司必须适应这种体制。公司管理者熟悉现行税法，并在这些法律的基础上作出决定。为了回到这种所谓的比赛中，管理者们已经调整了他们的比赛计划来适应经济赛场目前的结构。

当政府改变它们的税收结构时，公司被迫按照这种变化重新评估自己的税收情况。一些人可能发现他们从变化中获益，另外一些人则发现这种新的税收结构使他们在竞争中处于不利的地位。经理们必须重新评价税法是如何影响特定的公司经营活动的。他们可能发现传统的筹划战略不再起作用了，而新战略的有效性还不能确定。简而言之，政府每次改变税收结构，经济赛

---

① Scott Moody, "The Cost of Tax Compliance", *The Tax Foundation*, February 2002.

场的结构就会发生变化，因为这些变动成本不但很高还扰乱了公司团体的经营，许多经济学家总结说："老税种就是优质税种"。

作为财政政策工具的税收

英国经济学家约翰·梅纳德·凯恩斯（John Maynard Keynes）不同意"优质税种应当是中性的"这种古典观点。他认为自由市场在组织生产和分配稀缺资源方面是有效率的，但是缺乏足够的保持经济稳定的自我调节机制。[①] 根据他的观点，政府应当保护公民和机构免受资本主义内在不稳定性的影响。从历史上看，这种不稳定性造成了高失业率周期、价格的剧烈波动（通货膨胀或通货紧缩），并且造成了经济的不稳定增长。凯恩斯主义认为政府可以通过财政政策推动充分就业、价格水平稳定和稳定的经济增长率来解决这些问题。

在凯恩斯的理论中，税收体制是财政政策的基本工具。政府不应试图设计一个中性税收体制，而是应精心地利用税收使经济朝着预定的方向发展。如果经济正在遭受缓慢增长和高失业率，政府应当减少税收使公共资金转移到个人部门。税收的削减既能刺激消费品和服务的需求，同时又能增加个人投资。结果，经济实现扩张并且增加新的工作岗位。相反，如果经济过热以致工资和物价都处于通货膨胀螺旋，政府应当增加税收。人们用于支出的钱减少，消费品和投资品的需求疲软，工资和物价上涨的压力应该得到缓解。

当国会颁布《1946 年就业法案》（Employment Act of 1946）时，美国政府才正式接受了其财政政策责任。这项立法使行政部门负责推动充分就业和美元稳定，并导致总统经济咨询委员会的成立。从 1946 年以来，两个政党都将联邦所得税作为财政政策的一个立法工具，并且主张对联邦体制改革以促进各自经济计划的长远发展。对宏观经济带来预期影响的税制改变受到大家的欢迎，并被认为是加强了税制的效率，而那些对国内经济没有影响的变化被认为是没有效率的。当然，这种凯恩斯主义的效率概念已经远远偏离了经济中性的古典概念。

税收和行为的改变

现代政府部门运用税收体制不仅是为了解决宏观经济问题也是为了解决社会问题。如果能够说服个人或组织改变他们的行为，那么许多这种问题就能够被缓解。政府可以通过出台税法用奖励或惩罚来调控人们的行为，进而促使人们行为的改变。这种惩罚是以高额税负的形式体现的，而奖励则是以税额减免的形式体现的。

联邦所得税体制试图改进的一些社会问题是自由企业体制的副产品，这被经济学家称为"负外部效应"，其中认识最为广泛的是环境污染。可以这么说，税收体制包含一些条款迫使或诱使公司"清洁"它们的行为。一个例子

---

① John Maynard Keynes, *The General Theory of Employment*, *Interest and Money*（New York：Harcourt, Brace，1936）.

就是一项打击环境不友好行为的条款，它规定对在美国生产或出口到美国的破坏臭氧层的化学物质征收消费税。① 另一项条款鼓励私人部门对环境更加负责，它规定对于污染控制设备的建设（比如污水处理工厂）提供税收优惠。②

税收体制也可能促进被自由市场低估但是政府认为有社会意义的活动。通过对这种活动给予税收优惠，政府提供了一只财政"胡萝卜"。这只"胡萝卜"促使更多的纳税人参与这种活动，进而把这种活动在全社会提升到更高的水平。联邦政府促进这种活动的例子之一就是历史古建筑的复原。法律允许公司从它每年的应纳税所得中扣除受保护历史建筑的修复成本的一定百分比。③ 如果没有这种税收优惠，公司可能发现建造或者购买现代建筑物要比投资于一个需要大规模修复的历史建筑更为便宜。从边际利润来说，税收优惠能够使投资历史建筑的决策更加符合成本效益原则。

政府使用税收优惠补助一些目标行为，因而使活动成本更低或利润更高。这种补助的一个很好的例子就是《国内税收法典》的一项条款，即州债券或当地债券支付的利息免税。④ 因为投资者不用向由免税债券产生的所得纳税，因此，与这些利息收入需要纳税相比，他们能够接受一个较低的税前利率。因此，州政府和地方政府能够比其他债务者支付更少的利息，而仍然可以在金融市场上竞争。通过提供这种税收优惠，联邦政府对州政府和当地政府提供了补助，降低了这些政府借入资本的成本。

所得税优惠

联邦所得税体制中被用于激励特定行为，或者对于目标行为进行补助的条款称为税收优惠。这些条款不能用于精确的税基测量或税款的精确计算，税收优惠也不支持法律的基本功能即筹集收入。事实上，税收优惠的结果恰恰相反，因为它允许特定的个人或组织支付更少的税款，优惠减少了财政资金。在这方面，优惠是间接的政府支出。

像其他政府开支一样，只有当预期结果有好处并且值得公众支持时，税收优惠才是合理的。但是税收优惠应当接受第二个层次的检查：税收激励或补助是完成预定目标的最好方式吗，政府的直接支持是否更有效率？这个问题很难以客观的方式回答。优惠是以假设纳税人对法律如何反应为基础的。在一个有上亿纳税人的复杂经济环境中测定对一条税收优惠的总体反应是相当困难的。

呼吁税收中性　　2005 年 11 月 1 日，总统联邦税制改革咨询小组发布了长达 271 页的报告，建议对《国内税收法典》进行全面修订。这个报告提议废除许多只让特定个人或组织受益的税收优惠。报告的支持者非常欢迎公

---

① 　§ 4681.
② 　§ 169.
③ 　§ 47.
④ 　§ 103.

平赛场的回归："税收改革背后的总体思想是使政府从鼓励或限制一些经营活动中跳出来，然而这是非常有意义的。在某种程度上，这种'税收中性'伤害了每一个人，这种伤痛包括失去了向其他纳税人'扒窃'的权利。"①

税收支出预算

税收优惠的反对者认为在《国内税收法典》中，税收优惠过于隐蔽，以至于它们对政府的支出成本很容易被忽略。针对这种批评，国会税收联合委员会出版年度《**税收支出预算**》（Tax Expenditures Budget），它量化了每种主要税收优惠造成的税收损失。② 例如，由于个人能够扣减他们的住房抵押贷款利息，政府每年流失 800 亿美元。另外，由于个人能够扣减住房的地方财产税，政府每年流失 150 亿美元。2006 年，扣除税收支出之后的总税收流失超过 7 750 亿美元。

税收支出预算披露了特定优惠的成本及其对于政府的总成本。然而，税收支出并不包含在任何联邦经营赤字的计算中。税收优惠的另外一个问题就是它们使税法变得更长、更复杂。如果《国内税收法典》能够删除对于计算应税所得和税款不必要的各项条款，那么它将会更容易理解和应用。

税收应当是公平的

评价税收的第四个标准就是它对于每个必须纳税的人来说是否是公平的，没有经济学家、社会学家或政治家反对把公平作为一个标准，但对于税收公平的确切内涵却没有达成一致。许多人都认为他们的税收负担太重了，而其他人的负担太轻了。就像前美国参议员拉塞尔·郎（Russell Long）解释的那样：街上的人对于税收公平的态度是"不向你征税，也不向我征税，向树后面的那个家伙征税"。很明显，对于公平标准的任何有价值的讨论必须超越这种观点。

纳税能力

我们开始讨论公平问题的一个有效方法就是主张每个人对政府税收作出的贡献应当反映纳税人的支付能力。在税收政策中，纳税能力指的是这个人可控制的经济资源。我们国家开征的每一个主要税种都是以纳税人的纳税能力为基础的。例如，所得税是基于个人一年中经济资源的流入量。销售税和消费税是以纳税能力的差异为基础的。个人的资源消费数量是以他所购买的

---

① Steven Pearlstein, "Tax Reform That's Bold and Beautiful", *The Washington Post*, November 4, 2005.

② 税收支出是通过现行法律下的税收义务和没有税收支出优惠时重新计算的税收义务之间的差异来计量的。这种计量方法是静态的，因为为了估计税收支出，假定纳税人的行为不变。

目标 5
定义横向公平。

商品和服务代表的。不动产税和动产税主要通过对第三种纳税能力，即一个人以财产形式累积的资源征税，对所得税和销售税进行补充。转让税利用了第四种纳税能力，即某人在生前或死亡时给予别人的累积财富。

横向公平

如果一个税种使得具有相同纳税能力的人（通过税基衡量）缴纳同等额度的税款，那么这个税制就是横向公平的。特定税种的结构确保了它们的横向公平。在一个销售税率为 6% 的征管地区，每一个购买零售价格为 50 美元的应税商品的消费者都缴纳相同的 3 美元的销售税。结构更为复杂的税种的横向公平可能不容易分析。

应税所得和纳税能力

在联邦所得税体制中，税基是每年的应纳税所得。因此，如果应纳税所得的计算精确反映了纳税能力，那么这个所得税就是横向公平的。为了更深入地理解这个概念，让我们比较以下两个人，比尔女士和迪兹先生，两人都没结婚，每年的工资都是 40 000 美元，他们两个都没有额外的经济收入，那么比尔女士和迪兹先生缴纳所得税的能力是相同的吗？如果我们只考虑他们相同的婚姻状况和工资水平，那么答案一定是肯定的，即他们两个缴纳同样的税款。

但是，在衡量纳税能力时，还有什么其他相关因素呢？假设比尔女士患了一种慢性病，并且一年中有 7 000 美元的未投保的医疗支出，而迪兹先生却十分健康。假设迪兹先生每年要向他的前妻支付 3 850 美元的生活费，而比尔女士却没有这种法律义务。在这种新的情况下，我们应该继续认为他们两个人缴纳所得税的能力相同吗？换一种问法，医疗支出和生活费应包含在应税所得的计算中吗？当然，这两个人可能认为只有考虑这些变量才是公平的。

通过加入影响个人经济状况的重要变量来精确应纳税所得的计算，能够加强所得税的横向公平。但是完善税基是要付出代价的：每一项改进都会让《国内税收法典》又多一页。纳税能力测量精确性的提高可能改善所得税的横向公平，但是增加了法律的复杂性。

年度的横向公平与终生的横向公平

联邦应纳税所得是以 12 个月为基础进行计算的。这种对于纳税能力的年度测定与某人终生的纳税能力可能关系不大或没有任何关系。

年度的横向公平与终生的横向公平

今年，一个蓝领劳动者赢得了 200 000 美元的彩票头奖。结果他的应纳税所得与那些靠信托基金的利息和分红为生的富裕家庭的后代们相同。在他的幸运年之前和他剩余的工作年限中，这个劳动者的应纳税所得平均为 25 000 美元。然而信托基金受益人的所得平均为 200 000 美元，尽管如此，这两个人今年应缴纳等额的税款。

税收优惠和横向公平

在本章前面的部分，我们介绍了税收优惠的概念。这些所得税条款是用来作为激励因素和补贴的，并且使那些利用优惠安排事务的人们受益。因此，优惠代表的税收利益并没有在纳税人中公平地分配。

优惠和公平	两个没有关联的人，马隆先生和奥拉夫女士，今年在两个不同的公司进行了投资。这两个公司为各自的投资者挣得了 20 000 美元的利润。马隆先生的公司有资格享受一些税收优惠。因此，马隆先生只需在他的所得税申报单上填报 14 000 美元的利润。相反，奥拉夫女士必须呈报她的全部利润。他们的公司使得这两个人的经济纳税能力增加了相同的 20 000 美元。但是由于马隆先生公司的税收优惠，他的应纳税所得要比奥拉夫女士的少 6 000 美元。

这个例子表明税收优惠可能扭曲所得税的横向公平。当然，公众的看法是，给予少许人免于缴纳应纳税款的税收优惠使税法有漏洞可钻。我们将会在以后的章节中检验这种观点的有效性，即使这种观点是错误的，而且优惠没有破坏横向公平，它仍然降低了公民对所得税制度公平的信心。

纵向公平

目标 5
定义纵向公平。

如果一个纳税能力强的人比一个纳税能力弱的人缴纳更多的税款，那么这个税收制度就是纵向公平的。横向公平主要考虑税基计量的合理性和公平性，而纵向公平主要考虑的是计算税款时税率结构的公平。

横向公平和纵向公平	某个地方政府颁布了一种不动产税，并且成立了一个评估委员会来确定在其征管区域内的财产的市场价值。这个委员会诚实认真地完成工作，使每个居民的税基（他们不动产的评估价值）都是精确的，该财产税制度有两个税率等级。

百分比	等级
2%	估定价值　0～100 万美元
1%	估定价值　超过 100 万美元

弗雷先生拥有评估价值为 500 000 美元的不动产，他的财产税是 10 000 美元（2%×500 000 美元）。兰妮女士拥有评估价值为 150 万美元的不动产，她的财产税是 25 000 美元（2%×1 000 000 美元＋1%×500 000 美元）。

这个财产税是横向公平的，因为税基是公平计量的，并且拥有相同税基（评估价值）的纳税人承担着相同的税收负担。这个税也是纵向公平的，因为税基大的纳税人（比如兰妮小姐）要比税基小的纳税人（比如弗雷先生）缴纳更多的税款。

累退税

目标 6

区别累退税率、比例税率和累进税率。

在前面的例子中介绍的财产税符合纵向公平的严格定义，因为兰妮女士比弗雷先生缴纳更多的税款：兰妮女士缴纳 25 000 美元而弗雷先生缴纳 10 000美元。然而兰妮女士的平均税率要低于弗雷先生的平均税率。

兰妮女士：25 000 美元税款÷1 500 000 美元税基＝1.667％平均税率

弗雷先生：10 000 美元税款÷500 000 美元税基＝2％平均税率

平均税率之所以发生逆转是因为财产税有累退税率结构：随着税基的增加，**分级税率**下降。税收政策制定者认为累退税率偏离了公平的标准，因为它向税基较小的人施加了比例更重的负担。然而，税种的累退性质在它的利率结构中并不总是很明显。

零售销售税只包括一个单一的税率，因此它并不是明显的递减。即使这样，许多经济学家仍然指责这些税种是累退的，拥有最少经济收益的人承受着最重的负担。

累退销售税率　　　詹姆斯先生和吉姆先生住在马里兰州，这个州对于所有的零售购买行为征收 5％的销售税。詹姆斯先生每年有 20 000 美元的可支配收入并且把这些收入全部用于应纳税的购买行为。詹姆斯先生缴纳 1 000 美元的销售税，他的平均税率（与可支配收入有关）是 5％。

詹姆斯先生：1 000 美元税款÷20 000 美元税基＝5％的平均税率

相比之下，吉姆先生每年有 100 000 美元的可支配收入，但他仅支出 75 000 美元，剩下的 25 000 美元进行投资。吉姆先生缴纳 3 750 美元的销售税，他的平均税率是 3.75％。

吉姆先生：3 750 美元税款÷100 000 税基＝3.75％的平均税率

1988 年的一项研究得出结论，"任何地方的销售税和消费税都是累退的，这经常令人震惊；对生活在贫困中的人们来说，它们是一种不合理的困难，对于中等收入家庭来说，它们代表着真正的财务负担，对于富人，特别是超级富豪来说，却几乎全部逃脱纳税义务"[1]。大多数州通过立法减免家庭消费、看病抓药和家用物品等购买行为的税收来缓解销售税固有的累退性。

所得税税率结构

在所得税制度中，最简单的税率结构包括一个适用于应税收入的单一税率。为了阐明这种**比例税率结构**，考虑这样一组人，A、B、C，他们三人的所得分别是 20 000 美元、45 000 美元和 100 000 美元。10％的所得税比例税率使每个人产生以下税款。

---

[1] *Citizens for Tax Justice*，"Nickels and Dimes：How Sales and Excise Taxes Add Up in the 50 States"，March 1988.

比例税率 （10%）		
	应纳税所得	税款
纳税人 A	$ 20 000	$ 2 000
纳税人 B	45 000	4 500
纳税人 C	100 000	10 000
		$ 16 500

在这种税率结构下，C 的应纳税所得最多并且他的纳税能力最大，缴纳的税款最多；而 B 的所得比 A 多，缴纳的税款比 A 多。尽管如此，许多理论家仍然认为单一税率并不能使税收负担在拥有不同所得的人们之间公平分配。他们认为，10% 的比例税率对 C 来说，比对 A，B 来说，形成的困难相对要小。尽管是比例税率，但是造成的经济牺牲却是不成比例的。

这个观点是以**"收入的边际效用递减"**为理论基础的。这个理论认为：随着总收入的增加，每一美元收入的财务重要性是在逐渐下降的。换句话说，人们认为花在诸如食物和衣物等必需品上的所得的价值要比花在奢侈品上的所得的价值更高。根据这个理论，**累进的税率结构**，即随着所得增加，税率也随之增加，可以在纳税者之间形成牺牲的公平。[①]

假设三个人 A、B、C 在由三个税率等级组成的递增税率结构下计算他们的所得税。

比例税率	等 级
5%	收入从 0～20 000 美元
10%	收入从 20 001～50 000 美元
16%	收入超过 50 000 美元

这个税率结构得到了下面的结果：

递增税率			
	应纳税所得	税款计算	税款
纳税人 A	$ 20 000	5%×20 000	$ 1 000
纳税人 B	45 000	5%×20 000＋10%×25 000	3 500
纳税人 C	100 000	5%×20 000＋10%×30 000 ＋16%×50 000	12 000
			$ 16 500

注意到这种税率结构和 10% 的比例税率结构得到相同的 16 500 美元的收入，并且总的税收负担也没有改变。但是，A、B 缴纳较少的税款，C 的税款增加了 2 000 美元。

是比例税率还是累进税率对这三个人更为公平呢？如果说累进税率结构看起来要比比例税率结构更为公平的话，那么更为累进的结构——可能最高税率为 25%——是否更为公平呢？对于这些问题并没有客观的答案。累进性

---

① 参见 Walter J. Blum and Harry Kalven Jr.，*The Uneasy Case for Progressive Taxation*（Chicago：University of Chicago Press，1953），对于累进税率赞同或反对的论点进行了尖锐分析。

对于很多人来说有一种直观上的吸引力。美国的所得税结构已经采用了累进税率结构。尽管人们有可能随着经济资源的增加而降低对收入的估价，但这个观点还不能用实验来验证。回到我们这个例子中来，税收部门也不知道A、B、C三个人如何估价他们的所得，或者他们通过缴纳税款做出的经济牺牲是否能够进行比较。直到经济学家发现如何测量收入的效用以及如何在个人之间比较效用时，任何一种累进税率结构实现的牺牲公平的程度仍然是一个见仁见智的问题。

边际税率和平均税率

目标 7

解释边际税率和平均税率的区别。

在结束所得税税率结构这个话题之际，我们必须先搞清楚边际税率和平均税率的区别。边际税率是收入增加一美元的适用税率。在我们这个例子的累进税率结构中，C的应纳税所得额是 100 000 美元，应纳税款是 12 000 美元。如果 C 再多收入 1 美元，那么这 1 美元就适用 16% 的税率。尽管如此，C 处于边际税率为 16% 的级别，但并不意味着她要向政府缴纳她所得的 16%。她的 12 000 美元的税款除以 100 000 美元的应纳税所得，即得到她的平均税率 12%。类似地，B 的边际税率为 10%，但是她的平均税率却是 7.8%（3 500 美元税款/45 000 美元应纳税所得）。

目标 8

讨论作为税收政策目标的分配公平问题。

在比例税率结构下，边际税率和平均税率对于所有等级的应纳税所得都是相同的。在累进税率结构下，对于所得超过第一税级的人来说，边际税率要高于平均税率。图 2.1 阐明了本例中比例税率和累进税率结构中边际税率和平均税率的关系。在这两个图中，边际税率用实线表示，平均税率用虚线表示。

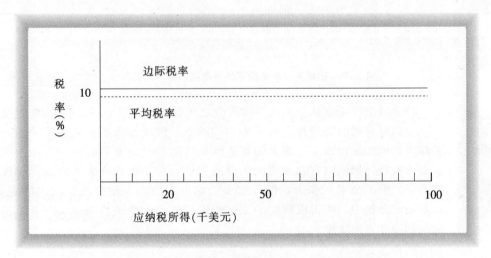

图 2.1A　在比例税率结构下的边际税率和平均税率

分配公平

在社会意义上，如果税收能纠正存在于资本主义体制中的经济不公平，那么这种税收就是公平的。以贫穷和富裕两极分化为特征的，家庭之间私人财富分配的巨大不公就是这样一种不公平。根据定义，税收将私人财富用于公共用途。与穷人相比，税收占用富人的财富更多。因此，税收便成为在社会中财富再分配的一种手段。财富转让税，比如联邦地产税和赠予税，都是具有强烈分配意义的主要税种。这些税种在本世纪初颁布实施，它使政府可以向在美国"黄金时代"积聚的巨大个人财富征税。一些政策制定者认为，对累进所得税的公平就是它纠正潜在的分配不公的作用。"激烈的累进税必须以反对不公平为基础——从道德角度或审美角度判断，财富和所得的普遍分配揭示了明显有害或让人反感的不公平程度"[1]。

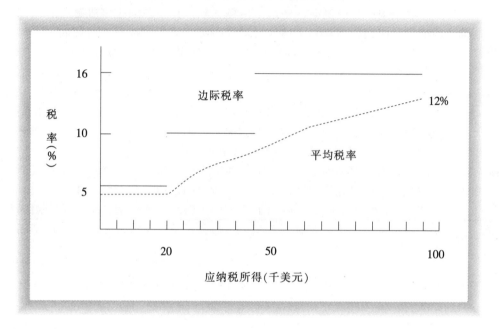

图 2.1B　在累进税率结构下的边际税率和平均税率

许多社会评论家认为当前美国家庭之间财富的分配是不公平的。[2] 这些评论家建议联邦政府通过让所得税率结构的累进性增加来解决这种不公平，但是烦人的问题又出现了，多大的累进性是合适的？只有最狂热的平均主义者会要求税收体制使财富在家庭间的分配完全公平。尽管许多人同意（程度有高有低）分配公平的概念，但许多人仍然反对山姆大叔扮演罗宾汉的观点。在最后的分析中，所得税制度的累进程度仍然是一个价值判断——是政治倾向问题而非自然法则。

---

① Henry Simons, *Personal Income Taxation* (Chicago：University of Chicago Press，1938)，pp. 18–19.

② 1989 年，美国有 66 个亿万富翁和 3 150 万生活在官方贫困线以下的人口。1999 年，亿万富翁的数量增加到 268 人而生活在贫困线以下的人数却增加到了 3 450 万。目前，美国最富的 1% 的居民比最穷的 95% 拥有更多的财富。"Divided Decade：Economic Disparity at the Century's Turn"，published by United For A Fair Economy，December 15，1999.

关于不公平的观点

对联邦所得税体制批评最广泛的就是它的不公平性。当然，没有政府已经设计出或将来能够设计出一种让人们喜欢的税种，就如英国国会议员和社会学家埃德穆德·布鲁克（Edmund Burke）所说："就人的本性而言，是不可能高高兴兴地纳税的，就像人不可能在恋爱的同时保持明智一样。"尽管如此，在最近的几十年中公众对于"联邦所得税是不公平的"观念仍然得到了加强。

不公平这个概念有很多消极的后果。研究已经表明，认为所得税制度是不公平的个人比相信这个制度是公平的个人更可能蓄意隐瞒他们的所得。这个结论表明，随着公众对联邦税制度公平的信心遭到侵蚀，公民依法纳税的水平将会降低。随着越来越多的公民认为逃避税款是可以接受的，甚至是合理的行为，税收体制将会对那些遵守法律的诚实的人施加更为不公的负担。

> 纳税人的道德最终取决于认为税收是公平的这种信念。如果这种信念的基础遭到了质疑，那么对于法律的自觉遵守就受到了威胁。因此，意识到所得税缺乏公平性可能和它实际的复杂程度，经济扭曲和不公平一样重要。[①]

许多人认为所得税制度不公平是因为它太复杂了。他们相信这种制度充满了很多奇特的漏洞，只让那些付得起法律咨询费的富人受益。你将会知道，这种说法是没有根据的。法律的许多复杂条款是用来确保高收入的纳税人不能操纵这种制度来获得未经授权的好处。并不能否认富人将本书中所讨论的税收筹划策略用在日常经营上，使得他们经营和投资交易的净现值最大化。然而，绝大多数策略都是根据法律的一般特点制定的，而不是只有税收专家才知道的机密。

结 论

杰克·凯姆普（Jack Kemp），1996年共和党副总统候选人，对优质税种做了总结：

> 当然，简单公平的税收法典必须能够产生足够的税收。这样联邦政府才能完成它的法定任务。第二，它绝不能向不能承受税收的社会成员施加税收负担。而且最重要的就是，它不能限制美国人的创新能力和创业能力，因为这是提高生活水平和促进共同富裕的主

[①] Department of the Treasury, *Tax Reform for Fairness, Simplicity, and Economic Growth*, vol. I (Washington, D. C.: U. S. Government Printing Office, 1984), p. 9.

要依靠。[①]

这个总结涉及我们在第 2 章讨论的四个标准：充足性、便利性、效率性和公平性。在我们的讨论中，我们知道人们可能以不同的方式解释这些标准，并且对于如何执行也各持己见。

优质税收的这些标准并不必然相互协调，并且协调它们是一件复杂的事情。政府通过提高税率或扩大税基来试图改变税收的充足性，可能会使税收的经济影响更没有效率。采用优惠措施来提高经济效率可能会损害税收的公平性。相反地，颁布旨在让税收更公平的条款可能会使税收复杂，使管理者更难管理。税收政策制定者非常了解优质税收标准之间的摩擦，他们知道在设计和执行服务于政府需要的税制时，各个标准的权衡是非常必要的。

关键术语

纳税能力	收入效应	替代效应
平均税率	边际税率	充分性
便利性	负外部性	供给经济学理论
收入边际效用递减	累进税率结构	税收支出预算
动态预测	比例税率结构	税收政策
效率性	累退税率结构	税收优惠
横向公平	静态预测	纵向公平

税收筹划案例

征管地 B 的税收体制包括对零售商品和特殊服务征收的税率为 6.5% 的一般销售税。在过去的 10 年中，平均每年的应纳税营业额是 5 亿美元。征管地 B 需要每年增加税收收入 5 000 000 美元来为它的支出项目提供资金。税收机关正在考虑两种方案：销售税率提高 1% 或者向在本地经营的公司的净收入征收 2% 的税款。以最近的经济数据为基础，这种新税每年的净收入将是 275 000 000 美元。然而征管地必须再建立一个新的机构来负责执行和征收所得税。这个机构每年的预计成本是 500 000 美元。征管地 B 与另外 4 个税收征管地接壤，它们都开征了一般销售税，其中两个还开征了公司所得税。

1. 以静态预测为基础，在每一种方案下，征管地 B 将会增加多少税收？

2. 假定 B 地的税收机构需要对每种选择下增加的税收进行动态预测。在作出这种预测时还需要其他什么事实？为什么？

---

①　"Unleashing America's Potential：A Pro-Growth, Pro-Family Tax System for the 21st Century"，National Commission on Economic Growth and Tax Reform，70 Tax Notes 413，415.

第二部分

税收筹划基础

第 3 章

作为交易成本的税收

学习目标

通过本章的学习，你应该能够：

1. 计算收入项目的税收成本和扣除项目的税收节约。
2. 把税收成本和税收节约加入净现值的计算中。
3. 识别关于未来税收成本和税收节约的不确定性。
4. 解释为什么税收最小化可能不是最优公司战略。
5. 解释为什么在私人市场交易中，双边的税收筹划是重要的。
6. 区别正常交易和关联方交易。

在介绍经营和投资决策的税收原则时，我们确立了一个前提"经营决策的总目标是使公司价值最大化"。这个前提与管理者相关，管理者代表公司所有者的利益作出决定。管理者做出好决策即提升了所有者权益价值，他们能够因为他们的成功而得到补偿。管理者做出坏的决策即降低了公司的价值，他们可能会因此而失去工作。这个前提的变化形式对于那些努力争取自己经济利益的个人同样适用，个人需要做出个人的财务决策以使财富最大化的目标走得更远。

在第3章，我们将会探索企业决策的制定过程，这一章开始将复习一下作为决策过程奠基石的现金流量的净现值这一概念。然后，本章将会把重点放在经营交易的税收结果怎样影响净现值以及怎样把这些结果融合到决策制定的框架中。我们将会考虑管理者是怎样组织交易来控制税收结果以及使净现值最大化的。本章最后讨论经营的各方通过谈判，能在多大程度上减少该项交易的税收负担，分享税收节约。

决策制定中净现值的作用

每一项经营管理活动都是由一系列产生利润并为公司所有者创造价值的交易活动组成的。公司经理们需要一种方法来评估一笔单项交易或一组交易能否提高业务营利能力。这种方法对于那些必须在能够为公司完成相同目标却可相互替代的方案之间做出选择的管理者来说是有用的。

量化现金流量

财务理论家一致认为评估企业交易的第一步是量化这项交易的现金流量。一些交易能够为公司带来现金，把商品出售给消费者或者把财产租赁给承租人，都是能够产生现金流入交易的例子。其他一些交易需要公司支出现金，购买公司资产和雇佣员工则是要求现金流出的普通例子。当然，许多交易涉及现金流入和现金流出，因而这些交易都必须以**净现金流**（现金流入和现金流出之差）作为评价的基础。

公司所从事的各种产生收益的交易活动通常能够为公司带来正的净现金流量，增加公司的价值。如果管理者必须在各种可替代的产生收入的机会中做出选择，他们应当选择正的净现金流量最大的那个机会。公司的各种成本则用负的净现金流量来表示。单独来看，负的净现金流量导致公司价值的下降。然而，成本对于整体的公司经营来说是十分必要的部分，它能够提高短期和长期的盈利能力。如果管理者认为某项特定的成本不能提高获利能力因而没有必要，那么就应该去掉该项成本支出。如果某项成本是合理的，管理者应当尽可能减少与成本相关的负的净现金流量。

总之，管理者希望通过增加收益、控制成本来做出提高获利能力的决策。更为精确地说，管理者希望通过正现金流量最大化或负现金流量最小化来做出使公司价值最大化的决策。

现值的概念

当一项交易中的现金流量发生在不同时间时，净现金流量的量化就应当考虑**货币的时间价值**。时间价值就是指今天得到的一美元要比明天可用的一美元更值钱，因为现在的一美元可以立即被用来投资获取利息。① 今天的一美元的现值就是一美元。未来一美元的现值要以**折现率**为基础，折现率就是以后期间投资资金的税后利率。一项交易的**净现值**就是一项交易所产生的现金流入和现金流出的现值之和。

接下来我们将复习现值的数学推导，如果你对于这部分内容已经很熟悉，

---

① 该项定理被认为是最基本的财务原理。Richard A. Brealey and Stewart C. Myers，*Principles of Corporate Finance*，5th ed.（New York：McGraw-Hill，1996）.

请直接跳到关于风险的问题。

现值

当某个期间的折现率为 r 时，计算该期间期末 1 美元的现值的数学表达式为：

$$PV（1 美元）= \frac{1}{(1+r)}$$

现值的计算　　当年折现率为 10% 时，在 1 年后收到的 1 美元的现值是 0.909 1 美元。

$$0.909\ 1\ 美元 = \frac{1}{1.10}$$

如果 1 美元在数期（n）后才能获得，且在这段时间内折现率不变，则现值的数学表达式为：

$$PV（1 美元）= \frac{1}{(1+r)^n}$$

现值的计算　　当年折现率为 10% 时，在 3 年后收到的 1 美元的现值是 0.751 3 美元。

$$0.751\ 3\ 美元 = \frac{1}{1.331} = \frac{1}{(1.10)^3}$$

换句话说，今天投资的 0.751 3 美元每年增加 10% 的复利，那么在第 3 年末将会达到 1 美元。

年金的现值

在一定期间内，每期期末得到的恒定不变数目的现金流，我们称为**年金**。例如在租赁契约内，每月支付的租金以及每年偿还的等额本金。当一定期间内的折现率为 r，折现期为 n 时，1 美元年金的现值的数学表达式为：

$$PV（n 期内的 1 美元）= \frac{1}{r} - \frac{1}{r\ (1+r)^n}$$

年金的现值　　当年折现率为 10% 时，第 1～4 年每年末收到的 1 美元的现值为 3.169 9 美元。

$$现值（收了 4 年的 1 美元）= \frac{1}{0.10} - \frac{1}{0.1 \times (1.10)^4}$$

$$现值（收了 4 年的 1 美元）= 10 - \frac{1}{0.1 \times 1.464\ 1}$$

$$3.169\ 9\ 美元 = 10 - 6.830\ 1$$

年金的现值就是 4 次 1 美元支付的现值总和，注意这个公式只适用于一系列等额支付的计算。

现值表

前面的数学表达式，可以用来生成折现率系数表来计算任意给定期间内收到或支出的现金的现值。本书中的附录 A 就是一个折现系数表，用于计算从第 1 年到第 20 年每年折现率从 3％到 20％的可得 1 美元的现值。附录 B 就是一个计算年折现率从 3％到 20％，从第 1 年到第 20 年的 1 美元年金的现值折现系数表。整本书中，现金流量净现值的计算都是以这些表中的折现系数为依据的。

现金流的净现值也可用财务计算器或 Microsoft Excel 或 Lotus 1—2—3 这类电子数据表程序来计算。要记住，折现系数表、计算器和电子表格这些方法的计算结果是相同的，公司管理者可以用最方便的方法来计算净现值。

风险问题

现金流的量化和净现值的计算都是基于对未来事项的假设。估计预定交易事项的现金流入和现金流出时，公司经理要研究相关的产业数据和经济数据，并向有这种相关交易的专门知识的专家咨询，并且依赖他们过去处理类似交易的经验。尽管如此，即使是最仔细的设计也可能不准确，一些意外事件能够使交易的实际现金流量产生巨大变化。

财务预测者必须接受，他们的现金流估计所依赖的一个或多个假定可能是错误的。当然，一些假定要比另外一些假定更为确定。假设美国政府会为其债务责任支付利息要比假定首次公开发行的股票价值在未来 12 个月翻倍更为确定。这种确定性的不同使得投资于美国财政债券的决策要比投资 IPO 的决策危险性更小。

公司管理者必须对任何交易固有的不确定性和风险程度非常敏感。在计算净现值的时候，他们会援引安全的 1 美元要比有风险的 1 美元更有价值这项财务原理。换句话说，具有高风险的未来 1 美元的现值要比有保证的未来 1 美元的现值适用更高的折现率。

高风险和低风险　　　　Z 公司有一个向新的企业风险投资项目投资 200 000 美元的机会。这个风险投资的发起人向 Z 公司提供了对于净现金流的 10 年期预测。Z 公司认为这项投机的风险性太高，因此决定用 15％的折现率计算预期现金流的净现值。在高折现率下，净现值是一个负数，因此，Z 公司决定不做这项投资。相反，假设 Z 公司认为这项项目的风险性比较低并且用 7％的折现率计算净现值，那么在较低的折现率下，净现值就是一个正数，Z 公司就会实施这项投资计划。

因为本书主要考虑企业决策的税收因素，所以本书中所有现金流的例子都包括财务风险的两个简化假设。第一，假定例子中的折现率能够精确反映交易事项的风险。第二，这些例子假定在一段时间内风险是稳定的，因而合适的折现率并不会随着时期的变化而改变。

一个净现值的例子

让我们通过一个简单的例子来总结一下我们对于净现值以及它在经营决

策制定过程中的作用的讨论。假设某个咨询公司必须在两个合约中作出选择，每一个都需要公司在两年内付出全部精力。合约 1 在这两年中，每年将产生 150 000美元的收益。该公司预计该合约在当年需要支出 90 000 美元，在接下来的一年支出 10 000 美元。合约 2 当年将产生 200 000 美元的收益，在接下来的一年里会产生 125 000 美元的收益。公司预计合约 2 每年需要支出65 000美元。适用 10% 的折现率，并且不考虑任何一个税种的影响，对于这两个互斥合约的净现值计算如下：

	合约 1	合约 2
当年：		
现金收入	$ 150 000	$ 200 000
现金支出	(90 000)	(65 000)
净现金流	$ 60 000	$ 135 000
下一年：		
现金收入	$ 150 000	$ 125 000
现金支出	(10 000)	(65 000)
净现金流	$ 140 000	$ 60 000
当年现金流的现值	$ 60 000	$ 135 000
下一年现金流的现值		
（现金流×折现系数 0.909）	127 260	54 540
净现值	$ 187 260	$ 189 540

该公司对于这两个投资机会的选择有了一个合理的依据，它应当接受合约 2，因为合约 2 比合约 1 的净现值更大。

在上面的例子中，在当年收到的净现金流并没有折现，在下一年收到的净现金折现了一期。这样的处理是建立在当前年份（第 0 年）产生的现金流量可以立即得到而且并不需要折现的假设基础上的。而下一年（第 1 年）的现金流在一年后得到，因此折现了一期，其他年份类似。这个假设一直在本书中计算净现值的例子中使用，并且被用来解决每章后税收筹划案例。

税收和现金流

净现值的计算必须反映包括交易事项的任何税收成本或税收节约在内的所有现金流。在经营决策的制定过程中，税前现金流与之无关。

目标 1
计算收入项目的税收成本和扣除项目的税收节约。

税收成本

如果一项交易能够导致任何期间内任何税款的增加，那么所增加的税款（**税收成本**）就是一项现金流出。某项税收成本可能会高于非税成本。例如，一家购买机械的公司可能要缴纳营业税，而这项交易中的现金流出既包括购买价格也包括税款。在所得税中，税收成本是取得应税所得的直接结果；税收项目代表的现金流出与所得项目代表的现金流入是相互联系的。

所得税成本	F公司出售了一单位存货,得到现金50美元。如果它的单位成本是40美元,那么这项销售交易产生了10美元的应纳税所得。如果这个公司适用30%的所得税率,那么交易的税收成本将是3美元,这项销售交易既产生了50美元的现金流入也产生了3美元的现金流出,于是它产生了47美元的正的净现金流。

税收节约

如果一项交易能够导致任何期间内任何税款的减少,那么所减少的税款(税收节约)就是一项现金流入。在所得税制度中,税收义务是以净营业利润而不是总收入为基础,因此许多经营支出在应纳税所得的计算中都可以减去或扣除。这种扣除减少了应纳税所得额,也相应地带来了税款的减少。因此,可扣除支出导致了税款的节约。[①]

所得税节约	F公司租赁办公室,每月租金1 000美元。在计算公司应纳税所得时,1 000美元的支出可以扣除。换句话说,这些支出使1 000美元的所得免于缴税。如果公司适用30%的税率,那么这项扣除带来了300美元的税收节约。每月的租金交易包括1 000美元的现金流出和300美元的现金流入,导致了700美元的负的净现金流。

我们注意到在上面两个例子中,交易的税收成本或税收节约被视为交易发生当年的现金流。现金流的时间选择反映了这样一种事实,即纳税人必须在当前年份为他们取得的当前收入缴纳税款而不是在下一年填制纳税申报表(公司缴纳税款的要求将在第11章中讨论,个人缴纳税款的要求将在第14章中讨论)。如果纳税人在2007年发生了一项具有税收结果的交易事项,那么纳税人的税收成本或税收节约就是2007年的现金流。

边际税率的重要性

来自某项特定交易的所得税成本或所得税节约是公司边际税率的作用结果。在第2章中,我们把边际税率定义为适用于下一美元应纳税所得的税率。当分析每一项增加或降低应纳税所得额的交易时,边际税率就是用来向增加或减少的应纳税所得征税的税率水平。如果在增加或减少的过程中,该比率不变,那么计算这项交易的税收成本或税收节约是很简单的。

固定的边际税率	F公司适用包含两个税率的累进所得税,前50 000美元的应纳税所得适用15%的税率,超过50 000美元的应纳税所得适用30%的税率。公司当前的应纳税所得额是100 000美元。如果F公司参与了一

---

① 在会计和财务类文献中,可扣除经营支出产生的税收节约通常被称为税盾。

项产生 10 000 美元额外收入的交易事项，那么全部的增加额适用于 30％的税率，因此这项交易的税收成本为 3 000 美元。

如果边际税率在应纳税所得变化时不是固定的，那么税收成本或税收节约的计算将会更加复杂。

边际税率的改变　　　G 公司适用的累进所得税包括两个税率：前 50 000 美元的应纳税所得适用 15％的税率，超过 50 000 美元的应纳税所得适用 30％的税率。公司的应纳税所得目前是 44 000 美元。如果 G 公司参与一项能产生 10 000 美元额外所得的交易事项，那么增加的应税所得前 6 000 美元适用的边际税率是 15％，其余 4 000 美元的增加额适用 30％的税率。因此，这项交易的税收成本是 2 100 美元。

若 G 公司参与一项能产生 10 000 美元扣除额的交易，并且享受扣除的全部所得的边际税率为 15％，那么此交易带来了 1 500 美元的税收节约。

显然，公司管理者必须知道他们公司的边际税率并以此计算由于交易而产生的税收成本或税收节约。

目标 2

把税收成本和税收节约加入净现值的计算中。

重新考虑净现值的例子

让我们把所得税影响加入本章早些部分讨论的净现值的例子中。记住我们的咨询公司必须在时期为 2 年，拥有不同收益和支出的两个合约中作出选择。现在假定这些收入应纳税，支出可以扣减，并且所得税率为 40％。以这些假设为基础，这两个互斥合约的净现值的计算如下表：

	合约 1	合约 2
当年：		
应纳税收入	$150 000	$200 000
可扣除支出	(90 000)	(65 000)
税前现金流/应纳税所得	$60 000	$135 000
税率为 40％时的所得税成本	(24 000)	(54 000)
税后现金流	$36 000	$81 000
下一年：		
应纳税收入	$150 000	$125 000
可扣除支出	(10 000)	(65 000)
税前现金流/应纳税所得	$140 000	$60 000
税率为 40％时的所得税成本	(56 000)	(24 000)
税后现金流	$84 000	$36 000
当年现金流的现值	$36 000	$81 000
下一年现金流的现值		
（税后现金流×折现系数 0.909）	76 356	32 724
净现值	$112 356	$113 724

所得税的引入降低了每个合约的净现值，但是并没有改变净现值之间的比率差异。不论是否考虑所得税，合约 1 的净现值只占合约 2 净现值的98.8%。因为所得税对每个合约都同样适用，并且边际税率在两年内没有改变，所以这项税收是中性的。换句话说，所得税结果并不是影响应该接受哪个合约的因素。现在我们考虑两个例子，在这些例子中，税收结果成为决策制定过程中重要的影响因素。

交易之间的不同税收处理

如果所得税法对于这两个合约的适用条件不同，那么税收成本就不是中性的。假设法律允许公司扣除合约 1 的全部支出，但是合约 2 只允许扣除支出的 75%，观察净现值的计算是如何变化的。

	合约 1	合约 2
当年：		
应纳税收入	$150 000	$200 000
可扣除支出	(90 000)	(48 750)
不能扣除的支出	—0—	(16 250)
税前现金流	$ 60 000	$ 135 000
所得税成本：		
应纳税所得 $ 60 000		$ 151 250
0.40		0.40
税收成本	(24 000)	(60 500)
税后现金流	$ 36 000	$ 74 500
下一年：		
应纳税收入	$150 000	$125 000
可扣除支出	(10 000)	(48 750)
不能扣除的支出	—0—	(16 250)
税前现金流	$140 000	$ 60 000
所得税成本：		
应纳税所得 $140 000		$ 76 250
0.40		0.40
税收成本	(56 000)	(30 500)
税后现金流	$ 84 000	$ 29 500
当年现金流的现值	$ 36 000	$ 74 500
下一年现金流的现值		
（税后现金流×折现系数 0.909）	76 356	26 816
净现值	$ 112 356	$ 101 316

税法限制扣除合约 2 的支出，这一事实增加了合约的税收成本，降低了税后的现金流量。因此，合约 2 的净现值要比合约 1 低，因而合约 1 是一个较好的选择。在这个例子中，税收影响是一个决策因素。

各时期的不同税率

净现值的计算对于税率随时间的变化是敏感的。为了阐明这个观点，我们再次修改这个例子，回到初始的假设，即两个合约都扣除 100% 的支出。

但是现在假定国会颁布了一项法律，即从下一年起所得税率由现在的 40% 降为 25%。

	合约 1	合约 2
当年：		
应纳税收入	$150 000	$200 000
可扣除支出	(90 000)	(65 000)
税前现金流/应纳税所得	$60 000	$135 000
税率为 40% 时的所得税成本	(24 000)	(54 000)
税后现金流	$36 000	$81 000
下一年：		
应纳税收入	$150 000	$125 000
可扣除支出	(10 000)	(65 000)
税前现金流/应纳税所得	$140 000	$60 000
税率为 25% 时的所得税成本	(35 000)	(15 000)
税后现金流	$105 000	$45 000
当年现金流的现值	$36 000	$81 000
下一年现金流的现值		
（税后现金流×折现系数 0.909）	95 445	40 905
净现值	$131 445	$121 905

　　与当年的税收成本相比，下一年适用较低税率，从而降低了该年的税收成本。在下一年，合约 1 比合约 2 产生更多的应纳税所得额，因此，合约 1 比合约 2 有更低的税收成本和更高的净现值，因此合约 1 是更优的选择。

税收结果的不确定性

目标 3

识别未来税收成本和税收节约的不确定性。

　　除非净现值的计算包括交易事项的当前和未来的税收结果的现金流，否则它将是不完整的。然而，关于税收结果的假定有其自身的独特不确定性。

审计风险

　　对于某项交易事项，如何正确地适用税法经常是不明确的或者未解决的。在这种情况下，公司管理者必须把最可能的税收结果纳入净现值计算中。不论何时，只要公司参与了涉及模糊不清的税收事务的交易，它就要承担国内收入署（或州和地方税收部门）对它们的税收处理方式进行审计的风险。国内收入署可能认为这项交易产生了比管理者开始预期的更大的税收成本或更少的税收节约。公司可以在法庭上对这项不利的审计结果提出质疑。[1] 但是即使公司赢得了这场诉讼，其诉讼的成本也是相当大的。因此，在净现

---

　　[1] 从历史上看，在联邦税诉讼案例中由纳税人而不是政府承担举证责任。换句话说，纳税人必须使法院相信国内收入署的结论是错误的。在国内收入署 1998 年《改革和重组法案》（Reform and Restructuring Act of 1998）中，国会修改了这个由来已久的规定。第 7491（a）款规定，如果纳税人能够提供关于事实的令人信服的证据，满足法定的具体要求，并且在确定诉讼事实时与国内收入署合作，那么举证责任将转移给国内收入署。净值超过 700 万美元的股份公司、信托公司和合伙公司没有资格享受举证责任转移条款带来的好处。

值的计算中某个有争议的交易事项的现金流量可能与估计的现金流量不同。

　　管理者们可以聘请税收专家例如注册会计师或律师来分析有问题的交易事项，并且对合适的税收处理提出专家意见，从而降低国内收入署审查的风险。管理者还可以要求国内收入署来分析某项方法的交易事项并且对如何适用税法作出结论，国内收入署将会把它的结论以**私人信件裁定**的形式告知公司。这种私人信件裁定是非常昂贵的。在起草规定请求时，公司通常需要专业性的帮助，目前国内收入署对于一项裁定的收费是 10 000 美元。[①] 尽管成本巨大，但是当以成千甚至上百万的税款为赌注时，私人信件裁定是无价的。如果公司按照私人信件裁定的形式报告某项交易的税收结果，它就拥有这些税收结果不会在以后的审计中被国内收入署质疑的保证。[②]

税法的不确定性

　　不确定性的第二个来源就是在净现值的计算期间，税法发生变动的可能性。当然，对于所考察的特定税收，其变化的可能性是非常不同的。联邦所得税制度因国会频繁变动游戏规则而臭名昭著。但即使在这种不稳定的税收制度内，一些条款也是相当稳定的。适用某项稳定条款的某个交易事项的税收结果，比适用国会每年都修改的条款的税收结果更加具有可预见性。因此，前者交易比后者的净现值计算具有更大的确定性。

稳定的和不稳定的税收条款　　《国内税收法典》允许公司扣除"纳税年度的债务中已经或应该支付的利息"，这些条款包含在 1939 年《国内税收法典》中，并且在此后大约 70 年一直没有实质改变。与之相比，1986 年，《国内税收法典》要求纳税人缴纳除一般所得税之外的可替代的最低税款。接着在 1988、1993、1996、1998、2001 和 2003 年又进行了实质性的修订。

边际税率的不确定性

　　某项交易的预计税收成本或税收节约是公司估计边际税率的函数。这种边际税率可能会因为政府改变所有纳税人的税率而在未来的年份中发生变动。如果公司所处的环境发生变动，边际税率也可能改变。在所得税背景下，边际税率依赖于每年的应纳税所得额。如果未来某年的应纳税所得额比预期多很多或少很多，那么该年的实际税率就可能与预计税率不同。如果实际税率比预期要高，那么该年的税收成本或税收节约将会比预期多。相反，如果税率比预期要低，那么税收成本或税收节约将会比预期少。

边际税率的增加　　去年 N 公司必须在不同征管地内的两个经营机会之间进行选择。

---

　　① Rev. Proc. 2007-1, Appendix A, 2007-1 IRB 1.
　　② 除非裁定要求错误叙述或遗漏了关于预计交易或实际交易的材料事实，使其与交易情况的实质不符，否则纳税人可能以裁定为依据。没有纳税人可以以对另一个纳税人发布的裁定为依据。Rev. Proc. 2007-1, Section 11, 2007-1 IRB 1.

公司预计机会1将会产生100 000美元的收入，税率为30%，而机会2将产生90 000美元的收入，税率为20%。N公司选择机会2，因为它的预计税后收入是72 000美元（90 000美元—18 000美元），超过了机会1产生的70 000美元（100 000美元—30 000美元）的税后收入。因为环境变动超出预期，机会2的所得税边际税率今年增加到了25%。因此，N公司的税后收入只有67 500美元（90 000美元—22 500美元）。此时回想起来，机会2是一个错误的选择。

通过调整交易结构减少税款

　　企业交易的税收结果取决于交易事项的法律和财务结构。公司经常通过改变结构来改变税收结果。例如，一家公司需要增加一个工人来执行一项任务，它可以雇佣一个兼职工人。由于这项雇佣交易，公司对它向雇工支付的薪水负有向联邦和州缴纳薪金税的义务。[1] 另外公司也可选择雇佣独立承包人来完成这项任务，公司对向独立承包人支付的费用不负有缴纳薪金税的义务，因此，通过改变交易的法律结构，公司能够消除由于增加人员而带来的薪金税支出。

　　让我们用一些数字来计算每种选择的税后成本。

雇员的成本　　W公司打算雇佣一个职工来完成一项特定的任务，公司将会支付15 000美元的薪水和1 250美元的薪金税。薪水和薪金税在计算应纳税所得时都是可以扣除的。如果公司的边际税率是35%，那么交易的税后成本是10 562美元。

现金流量：	
薪水	$ (15 000)
薪金税成本	(1 250)
所得税节约	
（$ 16 250×35%）	5 688
净现金流量	$ (10 562)

独立承包人的成本　　如果W公司雇佣独立承包人去完成这项任务并且向承包人支付15 000美元的费用，那么这项交易的税后成本仅有9 750美元。

---

[1] 独立承包人是为获取报酬而提供服务的自雇个人。不同于雇员，独立承包人对提供服务的方式拥有重大控制权。

现金流量：	
费用	$（15 000）
所得税节约	
（$15 000×35%）	5 250
净现金流量	$（9 750）

在这个简单的例子中，W 公司能够在不影响任何非税现金流的情况下消除薪金税成本。所得税对于这两个方案同样适用，因此这是一个中性因素。因此，W 公司可以通过雇佣独立的承包人而不是雇员来使交易的税后成本最小化。

一个重要警告

目标 4

解释为什么税收最小化可能不是最优经营战略。

决定改变交易结构以降低税收成本的公司管理者必须考虑这些改变对非税因素的影响。如果一项变动节约了税款，但对其他因素产生不利影响，那么这个变动就是个坏主意。从财务学角度看，使交易税收成本最小化的战略可能并不会使净现值最大，而且对于公司来说可能不是最理想的战略。

为了证实这个重要的观点，我们重新考虑 W 公司的例子，W 公司可以雇佣雇员也可以雇佣独立承包商来完成一项任务。公司可以雇佣一名雇员并支付 15 000 美元的工资，税后成本为 10 562 美元。但是如果雇佣独立承包商做这项工作，需要支付 17 500 美元的费用，结果又会如何呢？

独立承包人的成本

如果 W 公司雇佣一个独立承包人去完成这项任务并且向承包人支付了 17 500 美元的费用，那么这项交易的税后成本是 11 375 美元。

现金流量：	
费用	$（17 500）
所得税节约	
（$17 500×35%）	6 125
净现金流量	$（11 375）

现在这个替代方案减少了薪金税成本，但是增加了 W 公司必须支付的酬金。因此雇佣一个独立承包商的税后成本（11 375 美元）超过了雇佣一名雇员的税后成本（10 562 美元），W 公司应当雇佣雇员，即便这个选择并不能使交易的薪金税成本最小。

交易市场

管理者们对交易税收结果的控制程度取决于发生交易的市场性质，市场就是两方或多方为了交易商品或服务而进行商业互动的场所。一方或双方可能都需要按照各方的利益制定交易条款以获得确定的税收结果，他们这样做的能力取决于特定市场的灵活性。

私人市场交易

许多企业交易都涉及与各方进行直接交易的私人交易方，这些交易方在设计适合双方需要的交易时具有灵活性。交易的法律特征和财务特征在双方最后达成的合同中有明确的规定。在洽谈这种私人市场交易时，各方不仅能够为自己评估税收结果，而且还能够为另一方评估。这样做，各方能够共同努力使交易的总税收成本最小化并且分享税收节约。

为了阐明这种双边的税收筹划方法，考虑 M 公司及其主要雇员格兰特先生的例子以及他们对于一份新的雇佣合同的谈判。为了简便起见，这个例子不考虑薪金税成本，把重点放在合同的所得税结果上。M 公司和格兰特先生各自的边际所得税率分别是 35％和 30％，工资对 M 公司来说可以扣除，而对于格兰特先生来说则要纳税。

最初的薪酬计划　　M 公司和格兰特先生通过分析 120 000 美元工资支付款的结果开始了他们的协商。公司支付 120 000 美元的工资，其税后成本将是 78 000 美元。

现金流量：	
工资	＄（120 000）
所得税节约	
（＄120 000×35％）	42 000
净现金流量	＄（78 000）

格兰特先生的税后现金流量将是 84 000 美元。

现金流量：	
工资	＄120 000
所得税成本	
（＄120 000×30％）	36 000
净现金流量	＄84 000

双方都知道格兰特先生每年要花 10 000 美元缴纳他的家庭健康保险的保费。他在计算应纳税所得时不能扣除这项支出，因此保费支出并不能给他带来税收节约，扣除这项支出后，格兰特先生的税后现金流只有 74 000 美元。

健康保险因素

现金流：	
工资	＄120 000
所得税成本	
（＄120 000×30％）	（36 000）
保险费	（10 000）
净现金流量	＄74 000

双方也都知道 M 公司能够在集体计划下为格兰特先生支付 5 000 美元的类似的健康保险的保费，此外，M 公司可扣除保费支出，这种补偿性附加福利（雇主提供的健康保险）对于格兰特先生来说是不用纳税的。① 以这种共识为基础，双方能够达成最终的薪酬计划。

最终的薪酬计划　M 公司同意支付格兰特先生 110 000 美元的工资并且向他提供其集体计划内的健康保险。这个薪酬计划的税后成本是 74 750 美元。

现金流量：	
工资	$（110 000）
保险费	（5 000）
所得税节约	
（＄115 000×35％）	40 250
净现金流量	$（74 750）

以这个薪酬计划为基础，格兰特先生的税后现金流量为 77 000 美元。

现金流量：	
工资	＄110 000
所得税成本	
（＄110 000×30％）	（33 000）
保险费	—0—
净现金流量	$ 77 000

通过考虑双方的税收结果，M 公司和格兰特先生重新修改了合同来改善他们的税后状况。具体地说，M 公司降低了 3 250 美元的雇佣格兰特先生的税后成本，而格兰特先生的税后现金流也增加了 3 000 美元。

正常交易假定

关于市场交易的一个重要假定就是交易各方都是在正常交易条件下进行谈判，换句话说，每一方都是为了自己的经济利益，并试图从另一方那里获得对自己最有利的条款。在一项**正常交易**中，各方对于共同税收结果的考虑只是谈判战略的一个因素。如果一方建议对交易事项进行能够直接改变税收结果的修改，那么除非另一方能间接地为自己争取到一部分税收利益，否则它可能会不同意这项修改。为此，另一方可能要求从交易的其他方面获得更多的有利条款。

这种补偿在 M 公司和格兰特先生的合约中已举例说明，格兰特先生的薪酬计划包括不用纳税的附加福利（保险费），这为他带来了直接的税收节约。然而，公司通过付给格兰特先生较少的工资从这项税收节约中获得了部分利益。在最后的分析中，M 公司同意了这项包括附加福利在内的薪酬计划。因

---

① 非应税的雇员附加福利将在第 15 章讨论。

为这个薪酬计划使它的税后成本最小化,而并不是因为这个计划能为格兰特先生节约所得税。

雇佣合同的最终条款处境变糟的唯一利益方是联邦政府,由于薪酬计划包含了非税的附加福利,财政收入将会减少 1 250 美元。

政府的税收成本	最初的 补偿计划	最终的 补偿计划	税收收入 的增加(或减少)
M 公司的税收节约	$42 000	$40 250	$1 750
格兰特先生的税收成本	36 000	33 000	(3 000)
税收收入的净减少			$(1 250)

尽管存在潜在的税收流失,国内收入署(包括州和地方税收机关在内)还是普遍接受了正常交易带来的税收结果,因为这些结果反映了经济现实。国内收入署明白各方通过谈判使各自的经营目标更加长远,而且任何一项有利的税收结果都是这些谈判的合法副产品。

公共市场交易

一些企业交易发生在公共市场上,交易规模太大,不受个人影响或者管理得过于严格,以至于各方不能私自交流,不能按自己的利益控制交易。进入这种市场的公司必须接受这种市场规则。例如,如果一个公司决定把多余的营运资本投资到短期的美国政府债券上,那么它必须通过联邦银行以现行价格购买这些债券。公司不能与卖方(政府)协商以不同的价格购买债券。同理,这些债券的财务特征,例如利率和到期日都是不能协商的。

公司通过控制公共市场交易来控制税收结果时,其灵活性有限。因为买者和卖者并不直接进行协商,他们不能形成双边战略来改善他们共同的税收结果,此时任何税收筹划都是单方面的。

虚构市场:关联方交易

目标 6

区分正常交易和关联方交易。

正常交易假设不适用于关联方交易,例如家庭成员或被同一个母公司控制的子公司。**关联方交易**缺少非关联方交易中的经济紧张特性,在协商交易中,非关联方大都有各自的目标:关联方可能有相容的目标,甚至共享一个目标。非关联方被自身的利益所驱使而进行最困难的讨价还价,关联方可能渴望在谈判中迁就对方。

如果关联方不是以正常交易原则进行交易,就不存在真正的市场,而且他们之间的任何交易都可能不反映经济现实。在这种虚构的市场环境中,关联方不受驱动正常交易的一般财务因素的约束。结果,他们在控制其交易的税收结果上有较大的灵活性。国内收入署注意到关联方交易缺乏正常交易的严格性,并对交易的税收结果持怀疑态度。如果国内收入署认定一项交易是伪造的,它可能不允许关联方获取其索要的任何税收利益。

让我们来检验一项有税收利益的关联方交易。

关联方交易　　　博文夫妇是一家公司的所有者，其边际税率是 35%。这对夫妇有一个 17 岁的儿子，并且他对在未来某个时间内接手这个公司很有兴趣。博文夫妇决定通过雇佣他做一名全职雇员来传授他一些经验。如果博文夫妇每年向他的儿子支付 20 000 美元的薪水，那么这项可扣除的支出每年能为他们节约 7 000 美元的联邦所得税。[①] 因为他们儿子的应纳税所得额太少，他的边际税率只有 10%，因此，他的工资的税收成本只有 2 000 美元，由于这种关联方交易，博文一家节省了 5 000 美元的所得税款。

　　虽然联邦税法并没有明确禁止博文夫妇扣除支付给他们儿子的工资款，但是如果国内收入署审计他们的纳税申报表，那么国内收入署将会详细检查这项雇佣交易。交易各方的家族关系表明工资不是按照正常交易的原则协商的。如果国内收入署检查所有的相关事实，可能会发现他们的儿子实际上并没有为公司提供任何有价值的服务。在这种极端情况下，这项雇佣交易除了逃税外没有其他目的。国内收入署可能把这 20 000 美元的薪水改记为父母对孩子的赠与。[②] 因此博文夫妇丧失了 20 000 美元的税收扣除，他们的儿子没有工资收入，而且这个家庭预期的所得税款节约也不复存在了。

　　另一方面，相关事实可能表明他们的儿子是一名真正的雇员，并且他的工资与一个不相关的人在正常交易原则下协商能够得到的工资具有可比性。在这种情况下，国内收入署应当尊重这项交易并且接受这项 20 000 美元工资支付款的有利税收结果。无论结果如何，从这个例子中得到的启示是很明确的。无论关联方何时进行交易，他们必须注意到税收机关可能对这项交易的有效性提出质疑。如果关联方不能提供令人信服的证据证明这个交易事项的条款接近正常交易的标准，他们就可能因此而丧失对税收结果的控制能力。

结　论

　　估计现金流量并且计算这些现金流量的净现值是经营决策制定过程的中心环节。一个管理者决定税后现金流量的能力取决于他把交易事项的税收成本或税收节约数量化的技能，管理者必须熟悉当前的税法，并且准备好对未来时期法律可能如何变动做出有根据的假定。管理者在企业谈判中形成一项最优税收战略时，应估计对各方的税收意义。

　　尽管管理者们应当把所有的经营税款看做可控成本，但是他们应当了解税收成本最小的交易不一定能使净现值最大化。企业交易包括任何数量的相关税收变量和非税变量，所有这些变量在决策制定过程中必须加以考虑。在下一章，我们将会集中分析操纵所得税变量的策略。但是当我们聚焦在税收

---

① 联邦薪金税不是本例讨论的问题，因为这种税不是根据父母支付给他们未满 18 岁子女的工资征收的。

② 当某项关联方交易是公然的避税计划时，国内收入署可能对纳税人进行罚款。

筹划思想上时，我们应当记住这一章的基本收获，只有现金流量是税后数字时，我们才能用有意义的方式分析现金流。

关键术语

年金	净现金流	关联方交易
正常交易	净现值	税收成本
扣除	私人信件裁定	税收节约
折现率	私人市场	货币的时间价值
市场	公共市场	

税收筹划案例

1. B公司想要雇佣X女士管理广告部，公司向X女士提供了一份3年的工作合同。根据这份合同，公司每年支付她80 000美元的薪水。X女士预计她的薪水在第0年适用的税率为25%，在第1年和第2年适用的税率是40%，B公司在这三年内适用的税率是34%。

a. 假设B公司和X女士的折现率是8%，计算X女士从这份雇佣合同得到的税后现金流量和B公司这份雇佣合同的税后成本的净现值。

b. 为了降低她的税收成本，X女士要求将她在第0年的工资增加到140 000美元，并且将第1年和第2年的工资减少到50 000美元。这项关于工资支付时间的修改将会怎样改变双方的净现值计算结果？

c. B公司反对X女士的要求。它将会在第0年支付X女士140 000美元，但是在第1年和第2年只付45 000美元。在这个提议下，计算B公司税后成本的净现值。从公司的角度看，这个提议比最初的提议（3年中每年支付80 000美元）优越吗？

d. X女士应该接受最初的提议还是这个反对的提议？通过比较每个提议的净现值给出你的结论。

2. D公司正在考虑向一个3年期的项目投资400 000美元，这个项目的现金流量如下表所示：

	第0年	第1年	第2年
投资/投资回报	$ (400 000)	—0—	$ 400 000
收入	80 000	$ 65 000	35 000
支出	(25 000)	(25 000)	10 000
税前净现金流	$ (345 000)	$ 40 000	$ 425 000

在下面的每种假设下，决定D公司是否应该做这项投资。在每种情况下，采用10%的折现率计算净现值。

a. 收入属于应纳税所得，支出可以扣除，并且边际税率是15%。

b. 收入属于应纳税所得，支出可以扣除，并且边际税率是40%。

c. 收入属于应纳税所得，只有一半的支出可以扣除，并且边际税率是15%。

d. D公司可以扣除当年支付的支出（对其他来源的所得），但是可将180 000美元的总收入递延到第2年确认。（它的收入与上表中第0年、第1年和第2年的收入一样，所以税前现金流量不变。）边际税率是40%。

第4章

税收筹划准则

学习目标

通过本章的学习，你应该能够：

1. 区分避税和逃税。
2. 列举决定一项交易税收结果的四个变量。
3. 解释为什么收入转移或扣除转移能提高净现值。
4. 解释收入转让原则是如何限制收入转移策略的。
5. 识别税收递延策略可能无法提高净现值的环境。
6. 对比一般所得和资本利得的税收特征。
7. 区别显性税收和隐性税收。
8. 归纳四个税收筹划准则。
9. 描述国内收入署用来质疑税收筹划策略的三个法律原则。

在前面的章节中，我们知道了净现值的概念在经营决策制定过程中扮演着重要角色，净现值的计算把税收成本看做现金流出，把税收节约看做现金流入。有了这些知识，我们在第4章的开始将**税收筹划**定义为对交易事项的组织安排，它使得税收成本减少，税收节约增加，从而使交易的净现值最大。

为什么企业交易的组织安排会影响税收筹划的过程？具体来说，决定交易税收结果的变量因素是什么？这些问题将在本章的第一节给出答案。我们对于变量因素的研究促进了税收筹划准则的发展，这些原则是我们在以后章节中讨论的许多筹划技巧的基础。我们将会分析这些准则是如何改进企业交易的税收结果，我们也将会找出在税收筹划过程中运用它们的主要限制因素。在本章的最后一节，我们将会考虑管理者们是如何使用这些准则来为他们的公司制定税收策略，以及为什么管理者必须知道国内收入署如何对他们的策略做出反应。

避税——不是逃税

目标1

区分避税和逃税。

我们在本章以及以后章节中的讨论限制在合法的税收筹划思想范围内。用合法的方法减少税款称为避税，而为了同样的目的采用不合法的手段就是逃税，逃税是一项联邦罪——是一项要被处以严厉罚款和监禁的重罪。避税和逃税的本质区别只是存在于旁观者的眼中，许多进取型税收筹划包含着重大的判断问题。急于实施这些方案的纳税人将会面临国内收入署认定这些方案跨越了善意减少税款和故意欺骗美国政府之间界限的风险。公司管理者应当保持警惕，并在进行任何具有深远税收结果的交易之前咨询税收专家。

即使避税策略是合法的，它们符合道德标准吗？1947年，联邦法官勒尼德·汉德（Learned Hand）以下面的方式回答了这一问题：

> 联邦法院一再说人们规划自己的事情以使税款尽可能地少并没有错，每个人都可以这样做，穷人或富人，并且每个人都做得对。因为没有人有任何公共责任缴纳比法律所要求的更多的税款；税款被强制征收而并不是自愿捐献。因此以道德的名义而要求缴纳更多税款是伪善的。①

这个为税收筹划进行的勇敢辩护强调每个人都有缴纳合法税款的公民义务，但不用多交一分钱。当公司管理者进行有效的税收筹划时，应该认识到他们的行为是合理的，不管从公司的角度、政府的角度还是从社会的角度来看。

所得税筹划机会从何而来？

联邦所得税体制适用于每一个在美国进行经营活动的实体。如果税法对在任何期间、任何实体的商业交易都是同样适用的，那么它将是中性的，并且与经营决策制定过程没有关联。然而，当我们一遍遍地观察时，会发现所得税包含许多性质，但绝非中性。税收体制被那些只影响特定交易实体或时

---

① *Commissioner v. Newman*，159 F. 2d 848，850（CA−2，1947）.

间段的规则充斥。当法律对某一美元的企业利润或企业成本的适用不同时,筹划机会就产生了。

交易的税收结果依赖于在所有交易中普遍存在的四个变量的相互作用:

目标2

列举决定一项交易税收结果的四个变量。

1. 主体变量:哪一个主体进行交易?
2. 时期变量:在哪一个税收年度或哪几个税收年度发生了这项交易?
3. 征管地变量:交易发生在哪个税收征管地?
4. 特征变量:交易所得的税收特征是什么?

我们将会依次对每个变量进行研究,以弄清为什么这些变量会起作用,以及怎样控制这些变量来改变交易的税收结果。

主体变量

在联邦税体制下,个人和企业是为经营所得缴纳税款的两个基本主体。虽然信托财产和不动产也是应纳税实体,但是它们并不经常参与企业的经营活动。由于这个原因,本书没有涉及规范信托财产和不动产所得纳税的专门条款。虽然公司的组织形式可以是私营企业、合伙企业、有限责任公司或S型公司,但是这些组织形式不是应纳税实体。由私营企业、合伙企业、有限责任公司或S型公司产生的所得的税款是向企业所有者、合伙人、成员或股东征收的。这些传递实体的经营将在第10章详细分析。

大多数情况下,《国内税收法典》中规定应纳税所得计算的条款对于这些组织形式都同样适用。[①] 换句话说,经营活动产生的应纳税所得的数额并不取决于从事业务的实体类型。对于这些实体的税基,税法在本质上是中性的。那么,为什么企业交易的税收结果取决于是哪个实体进行的交易?答案在于这些适用税率之间的潜在差异。

《国内税收法典》第1条提供了个人的税率结构,目前包括6个收入等级,税率从10%到35%。第11条提供了一个完全不同的企业税率结构,企业税率从15%到39%。个人和企业的税率结构都是累进的,因此经营所得的1美元应纳税款取决于该实体赚取那1美元的边际税率。[②] 边际税率较低的实体对于1美元所得的应纳税款要比边际税率高的实体少。因此,税率低的实体的1美元税后价值要大于税率高的实体。

税率差别　　　　H实体适用39%的边际税率而L实体适用15%的边际税率。两个实体都得到了100美元现金的应纳税所得。每个实体的税后现金流量的计算如下表:

---

① 仅适用于以公司形式经营的少数特殊条款将在第11章讨论。
② 对于企业利率结构复杂性的完整讨论将在第11章中述及。

	主体 H	主体 L
收到的现金	$100	$100
税收成本（100 美元×边际税率）	(39)	(15)
税后现金	$61	$85

主体 H 和 L 税收结果的比较说明了第一条税收筹划准则：当收入是由税率低的主体产生时，税收成本降低（现金流增加）。

当企业家开始一项新的投资项目并且必须决定采用哪种组织形式时，这条准则相当重要。组织形式的选择决定了经营所得是按个人税率纳税还是按企业税率纳税。第 12 章将会进一步讨论新公司组织形式选择的税收含义。

目标 3
解释为什么收入转移或扣减转移能提高净现值。

收入转移

第一个原则表明，如果经营所得从高税率的主体转移到低税率的主体，那么经营所得的应纳税款就会减少。假定前一个例子中的 H 主体能够把它的 100 美元现金收入（和现金代表的所得）转移给 L 主体。

收入转移

H 主体和 L 主体都将得到 100 美元的应纳税所得。H 主体把它的 100 美元转移给了 L 主体。每个主体可得的税后现金流量的计算如下表：

	主体 H	主体 L
收到的现金	—0—	$200
税收成本（应纳税所得×边际税率）	—0—	(30)
税后现金	—0—	$170

所得的转移使得被转移的 100 美元的税款从 39 美元减少到 15 美元，并且使税后现金流量从 61 美元增加到 85 美元。但是，税后现金现在属于 L 主体而不是 H 主体。从 H 主体的角度看，所得的转移使得它的税后现金由 61 美元减少到 0。假设 H 主体做出了合理的决定，只有当 H 主体以一定方式控制、享有被转移的现金或者从现金转移中获利时，这项交易才有意义。一个可能的解释是 L 主体是一家公司，H 主体是它的唯一股东。在该例中，任何从股东 H 到公司 L 的现金转移都会增加公司 L 的股票价值，并且仍然间接属于股东 H。虽然股东 H 拥有更少的现金，但是股东 H 的财富（包括公司 L 的股票价值）却从所得转移中增加了 24 美元的税款节约。

扣除转移

拥有不同边际税率的主体不仅能够通过收入转移节约税款，还能够通过扣除项的转移来节约税款。为了说明扣除项的转移，让我们再次以主体 H 和 L 为例。

扣除转移　　　　　主体 L 将支付 80 美元的费用，这些能够在计算应纳税所得时全部扣除。因为主体 L 适用 15％ 的边际税率，所以这 80 美元的扣除可以节约 12 美元的税款，这项支付的税后成本是 68 美元。

主体 L 的现金支出	＄(80)
税收节约 （＄80×15％）	12
税后成本	＄(68)

如果主体 H 可以代表主体 L 支付这 80 美元，并且可以要求将 80 美元的支出填列到自己的纳税申报表上，那么税款节约将会增加到 31 美元并且税后成本将会减少到 49 美元。

主体 H 的现金支出	＄(80)
税收节约 （＄80×39％）	31
税后成本	＄(49)

因为扣除项是从税率低的主体向税率高的主体转移，所以与支出相关的现金流出减少了 19 美元。但是这项转移实际上使主体 H 的现金支出增加了 49 美元。除非主体 H 能从税款节约中获得一些间接的经济利益，否则主体 H 不会同意这个策略。

收入转移的限制

因为收入转移交易包括从一方到另一方的价值转移，所以经常发生在关联方之间。在收入转移以后，总体来说，通过交易带来的税款节约，各方的财务状况都明显好转。国会早就意识到收入转移技术造成了财政收入的损失。许多在关联方之间广泛使用的有效手段已经被法律废除了；在以后的章节中，我们将会考虑收入转移的一系列强有力的法定限制措施。国内收入署在监管涉及有利的收入转移的关联方交易时是十分警惕的。如果一项交易除了避税之外，没有其他真正的目标，那么国内收入署可能不允许出现各方期待的税收结果。

收入转让原则

目标 4

解释收入转让原则是如何限制收入转移策略的。

联邦法院一直强调我们的所得税体制不能容忍从某个纳税人到另一个纳税人的虚假收入转移。在 75 年以前，最高法院决定对收入的征税对象必须是取得收入的人，即使另外一个人对这项由收入表示的财富拥有法定的权利。[1]因此，如果某个公司所有者收到了顾客为服务支付的 10 000 美元支票，那么仅仅通过将这张支票背书给他的女儿，是不能免除上报这 10 000 美元收入的。按照法院生动的解释，税法必须无视这些使得"果实归属于它们生长的树木之外的树"的安排。

最高法院以一个例子详尽地说明了这个问题，在这个案例中，一位父亲

---

[1] *Lucas v. Earl*，U. S. 111 (1930).

把他从企业债券中分离的可转让息券作为礼物送给了他的儿子。[1] 当这些息券到期时，他儿子得到这些利息并且将其作为所得填到了自己的纳税申报表上。法院认为父亲要为这些利息所得纳税，因为他继续持有那些能够产生收取利息权利的基础资产（债券）。对这两个例子中的裁定合起来就是收入转让原则：必须向提供服务或拥有资本而产生收入的实体征税。多年来，国内收入署通过援引这个简单但是强有力的原则已经使许多创造性收入转移计划落空。

时期变量

因为联邦和州每年都要征收所得税，所以某项交易的税收成本或税收节约取决于交易发生的年份。在第 3 章，我们知道这些成本和节约是公司边际税率的作用结果。如果利率在一个纳税年度到下一个纳税年度之间发生变化，那么税收成本和税收节约也会相应变动。我们已经讨论了这个事实，即联邦和州所得税体制的技术细节也会周期性地变动。某年可以得到的税收利润在下一年可能消失。与之相反，在今年可以导致税收问题的法定限制未来可能会取消。管理者必须注意每年与其公司经营有关的税法的变动。通过控制交易发生的时间，他们可能为公司削减税收成本或者增加税收节约。

即使边际税率和税法在某段时间内完全稳定，交易的税收成本和税收节约也会随交易发生时期的不同而改变。这种变化是由于货币的时间价值。从现值的角度来看，今年支付的 1 美元税款要比未来支付的 1 美元税款的成本高。相反，今年节约的 1 美元税款比未来节约的 1 美元税款价值更高。考虑一项发生在两个纳税年度的交易，在第 0 年，R 公司收入 120 美元，支出 40 美元，在下一个年度收入 180 美元，支出 80 美元。如果这些收入在收到时是应纳税的，这些支出在支出时则是可以扣除的，那么 R 公司在第 0 年有 80 美元的应纳税所得，在第 1 年则有 100 美元的应纳税所得。如果这两年它的边际税率都为 35％并且适用 12％的折现率，那么现金流量的净现值是 110 美元。

	第 0 年		第 1 年
收入		$120	$180
支出		(40)	(80)
所得税成本：			
应纳税所得	$80		$100
	0.35		0.35
税收成本		(28)	(35)
税后净现金流		$52	$65
第 0 年现金流的现值		$52	
第 1 年现金流的现值			
（$65×折现系数 0.893）		58	
净现值		$110	

---

[1] *Helvering v. Horst*, 311 U. S. 112 (1940).

现在假定 R 公司能够重新组织这项交易，而且这种组织方法"不影响税前现金流量"，但是允许公司在第 0 年上报整个 180 美元的应纳税所得（并且为此缴纳 63 美元税款）。[1]

	第 0 年	第 1 年
收入	$120	$180
支出	(40)	(80)
所得税成本：		
应纳税所得	—0—	$180
		0.35
税收成本	—0—	(63)
税后净现金流	$80	$37
第 0 年现金流的现值	$80	
第 1 年现金流的现值		
（$73×折现系数 0.893）	33	
净现值	$113	

R 公司重组交易后，净现值比初始交易的净现值多出了 3 美元。这个增加额要归因于将 28 美元的税收成本递延了一年。交易中唯一的区别就是时机的选择。这项结果表明了第二条税收筹划准则：从现值角度看，当某项税收被递延到更晚的税收年度时，税收成本下降（并且现金流量增加）。

收入递延和机会成本

前面例子中的重组交易代表了一种理想的情况，在这种情况下，公司在不影响交易的税前现金流量的情况下，推迟了税款的缴纳。实际上，公司可以只通过推迟交易产生的应纳税所得的方式递延税款。但是在不影响现金流的情况下，这样做是非常困难的。不影响税前现金流量的税款递延策略可能无法提高净现值。为了说明这种可能性，假定 R 公司通过把 80 美元收入推迟到第 1 年来逃避第 0 年的应纳税所得，让我们以这项假设为基础计算交易的净现值。

	第 0 年	第 1 年
收入	$40	$260
支出	(40)	(80)
所得税成本：		
应纳税所得	—0—	$180
		0.35
税收成本	—0—	(63)
税后净现金流	—0—	$117
第 0 年现金流的现值	—0—	
第 1 年现金流的现值		
（$117×折现系数 0.893）	$104	
净现值	$104	

---

[1]　计算净现值时，假定相同纳税年度的税前现金流、税收成本和税收节约在同一时点发生。

在这项交易中，净现值比原来交易的净现值少6美元。R公司将28美元税收成本递延一年的同时，也延迟了80美元的现金收入。最终结果是R公司丧失了52美元的一年使用权［52美元－（52美元×0.893）］。

在不延迟收入的情况下，如果R公司通过在第0年支付所有的支出来递延应纳税所得结果又会怎样？

	第0年	第1年
收入	$120	$180
支出	(120)	—0—
所得税成本：		
应纳税所得	—0—	$180
		0.35
税收成本	—0—	(63)
税后净现金流	—0—	$117
第0年现金流的现值	—0—	
第1年现金流的现值		
（$117×折现系数0.893）	$104	
净现值	$104	

这种用于递延应纳税所得的替代方式对于净现值有相同的负面影响。通过递延28美元的税收成本和加速80美元费用的支付，R公司在机会成本为6美元的情况下，丧失了第0年对52美元的使用权。在这两个交易中，税收递延的好处被税前现金流的不利变动所掩盖。因此我们得出结论，即我们的第二条税收筹划准则只有在满足可递延的税款独立于税前现金流时或当递延的价值超过了税前现金流相应变动的机会成本时才是正确的。

收入递延和利率变化

应纳税所得递延到未来，将会使适用于该项所得的边际税率产生不确定性。如果国会提高法定利率，或者公司意外地进入更高的税率等级，那么递延的价值就会降低。递延所得被课以更高税率的风险会随着递延期间长度的增加而逐步增加。为了说明这个问题，假定N公司边际税率为35%，在某项交易中获得了30 000美元的利润，它有权利选择在当前年份上报作为当年所得的全部利润或者在以后3年中上报作为应纳税所得的利润，这3年中没有机会成本。基于下述计划（使用9%的折现率），N公司选择了递延策略。

	第0年	第1年	第2年	第3年
没有递延：				
应纳税所得	$30 000	—0—	—0—	—0—
税率为35%时的税收成本	$10 500	—0—	—0—	—0—
税收成本的净现值	$10 500			
有递延：				
应纳税所得	—0—	$10 000	$10 000	$10 000

目标5
识别税款延迟策略可能无法提高净现值的环境。

续前表

	第0年	第1年	第2年	第3年
税率为35%时的税收成本	—0—	$3 500	$3 500	$3 500
折现系数		0.917	0.842	0.772
		$3 210	$2 947	$2 702
税收成本的净现值	$8 859			

现在假定 N 公司的边际税率由于税法的变动在第1～3年中增加到45%，因此第1～3年的税收成本要比计划的更高。

	第0年	第1年	第2年	第3年
应纳税所得	—0—	$10 000	$10 000	$10 000
税率为45%时的税收成本	—0—	$4 500	$4 500	$4 500
折现系数		0.917	0.842	0.772
		$4 127	$3 789	$3 474
税收成本的实际净现值	$11 390			

因为递延税收成本的价值不足以弥补实际征收递延收入时的高税率，所以从现值角度来看 N 公司递延收入的选择使交易的税收成本增加了890美元。

税收成本的实际净现值	$11 390
无递延情况下税收成本的净现值	(10 500)
	$890

征管地变量

每家国内公司都要服从联邦政府的税收管辖，因此美国境内公司的地理位置在计算联邦所得税时是一个中性因素。然而，绝大多数州和哥伦比亚特区也对公司所得征税。因为州税收制度中的差异，一家公司的总所得税义务（联邦、州和地方）在很大程度上是它经营活动所在征管地作用的结果。

考虑两家国内公司，它们都得到了 5 000 美元现金，并且都属于应纳税所得。Y 公司在 Y 州经营，该州对公司所得征收 4%的比例税率。Z 公司在 Z 州经营，该州对公司所得征收 10%的比例税率。在计算联邦税应纳税所得时，州所得税支出可以扣除①，这两家公司都面临着 39%的联邦税率。在这些因素下，Y 公司和 Z 公司有如下税后现金流量：

	Y公司	Z公司
税前现金/所得	$5 000	$5 000
州所得税成本	(200)	(500)
联邦应纳税所得	$4 800	$4 500

———————————
① §164 (a).

石控制的丹麦财务管理公司。因为版税收入在爱尔兰征税，在荷兰则是免税的。

	Y公司	Z公司
联邦税收成本		
（应纳税所得×39％）	（1 872）	（1 755）
税后现金流量	$2 928	$2 745

税后现金流量的比较给出了我们的第三条税收筹划准则：当所得产生在一个低税率的征管地时，税收成本降低（并且现金流量增加）。如果两个公司在国外任何一个对经营所得征税的国家经营时，Y公司和Z公司税后现金流量的比较将会更加复杂。很明显，管理者们必须注意公司每个经营所在地或者将来计划经营的地方的所得税法。管理者们希望能够通过在拥有有利环境的征管地开展经营活动从而使全部税收负担最小化，多个征管地范围内的复杂税收筹划是第13章的内容。

特征变量

决定交易税收结果的第四个变量就是交易产生的所得的税收特点。任何收入项的税收特点都是被法律严格规定的，它不具备直观性，并且可能与收入的财务或经济特征也没有联系。另外，收入的特点以及特点的多样化能够随国会通过的每个新税收议案或财政部制定的每项新规定而变化。由于特征变量是人为的，所以在一般意义上，它是最难讨论的。

目标6
对比一般所得和资本利得的税收特征。

计税时，每一项收入最终归类为**一般所得**或是**资本利得**。向消费者或客户销售商品或提供服务所产生的所得是一般所得。投资资本的收益比如利息、股息和租金在特征上也属于一般所得。就像名称所显示的那样，一般所得大部分按照固定的个人税率或企业税率征收税款，被称为资本财产的特定种类财产的销售或交易，产生资本利得。"资本财产"这个名词将会在第8章详细解释。从历史上来看，在联邦税法下，资本利得通常以享受优惠税率的形式来享受优惠待遇。目前个人（而非企业）资本利得的税率分别为28％、25％、15％或5％。[①]

一般所得和资本利得的许多项目都有影响所得税的其他特征。例如一家在美国和美国以外的国家都开展经营活动的公司的一般所得可以分为美国来源所得或者外国来源所得。就像我们将会在第13章讨论的那样，这个特征在决定公司为其一般所得缴纳的联邦所得税金额方面是至关重要的。

为了说明这个特征变量的影响，让我们来比较汤普森先生所得到的三个收入不同项目的现金流量后果，汤普森先生通常的边际税率为35％，每个项目都包括1 000美元的现金。第一项是没有其他特殊特征的一般所得；第二项是适用15％比例税率的资本利得；第三项是纽约市发行的债券的利息。虽

---

① 优惠税率仅适用于长期资本利得。2003年《工作和增长税收减免协调法案》（The Jobs and Growth Tax Relief Reconciliation Act of 2003）把15％和5％的优惠税率扩展到了股利所得。

然利息一般都属于一般所得，但是市政债券的利息有一个非常特殊的特征——它不用缴纳联邦所得税。换句话说，市政债券利息享受 0% 的优惠税率。

	一般所得	资本利得	免税所得
税前现金/所得	$1 000	$1 000	$1 000
税收成本	(350)	(150)	—0—
税后现金流量	$650	$850	$1 000

收入的特征决定了这项收入是以固定税率纳税还是以特殊税率纳税，这表明了第四条税收筹划准则：当所得由于其特点而适用优惠税率时，税收成本降低（并且现金流量增加）。

优惠税率的价值

确定只有参考纳税人的一般边际税率才能量化某个特定纳税人的优惠税率的价值。在上面的例子中，一般所得和资本利得的税后现金流量的 200 美元差额，是由于汤普森先生 35% 的税率和资本利得 15% 的优惠税率之间存在 20% 的差距。如果汤普森先生一般所得的边际税率只有 28%，那么一般税率和优惠税率之间 13% 的比率差距仅使税后现金流量产生 130 美元的差额。

	一般所得	资本利得
税前现金/所得	$1 000	$1 000
税收成本（一般税率为 28%）	(280)	(150)
税后现金流量	$720	$850

对转换的限制

许多年来，纳税人及其顾问已经注意到了第四条税收筹划准则，他们调整交易安排，使之产生资本利得而不是一般所得。更为积极的方法是把某项交易的未来一般所得转换为资本利得。作为对策，国会也努力保护这两种所得界限的完整性。《国内税收法典》包含几十条针对把一般所得人为转变为资本利得的禁止条款，其中的一些条款我们将在以后的章节中分析。事实上，资本利得的优惠待遇要比其他特征对联邦所得税制度的复杂性负更多责任。

隐性税收

目标 7
区分显性税收和隐性税收。

做出进行一项适用优惠税率的交易的决定依据是交易的净现值而不是优惠税率。税收成本可能不是受所得税收优惠特点影响的唯一现金流量。假设克洛小姐有 20 000 美元，可以投资于免税的市政债券或者有相同风险的公司债券。后者的利息将会按照一般所得征收 33% 的税款。让我们做一个初始假设，即这两种债券每年支付 10% 的利息，每年税后现金流量的比较表明市政债券是更优的投资决策。

	企业债券利息	市政债券利息
税前现金/所得	$2 000	$2 000
税收成本	(660)	—0—
税后现金流量	$1 340	$2 000

假设这两种债券都提供相同的税前收益是不现实的。州政府和地方政府通过在资本市场提供比竞争者更低的利率来利用其债务免税的地位。他们知道，由于债券的税收优惠地位，许多投资者将会接受较低的利率。让我们来变化一下这个例子，假定市政债券只会为克洛小姐 20 000 美元的投资支付 8% 的利息。

	企业债券利息	市政债券利息
税前现金/所得	$2 000	$1 600
税收成本	(660)	—0—
税后现金流量	$1 340	$1 600

虽然与企业债券相比，市政债券仍然是较好的投资项目，但是对于克洛小姐来说，优惠税率的价值却降低了，因为债券各自的税前收益存在差别。虽然克洛小姐不会为市政债券的利息缴纳直接的显性税收，但是她必须接受降低的市场回报率来利用税收优惠。在税收文献中，这种回报率的降低被称做隐性税收。[1]

如果市政债券仅对这 20 000 美元的投资支付 6.5% 的利息又会如何呢？

	企业债券利息	市政债券利息
税前现金/所得	$2 000	$1 300
税收成本	(660)	—0—
税后现金流量	$1 340	$1 300

现在，克洛小姐购买的债券的 700 美元隐性税收（税前收益的减少）大于企业债券产生的 660 美元显性税收。因此，企业债券产生的税后现金流超过了享受税收优惠的市政债券产生的税后现金流量，因此克洛小姐应当对其进行投资。

市政债券利息不具备免税的内在财务特征。[2] 国会授予这种类型的所得免税地位，来帮助州和地方政府在资本市场中竞争。税收优惠带来的收入流失代表了对这些政府的间接联邦补助。这种税收优惠（或其他优惠）对某个特定的投资者是否具有价值取决于投资者的边际税率以及对这个投资项目的任何一项隐性税收。

---

① 迈伦·S·斯科尔斯和马克·A·沃尔夫森（Myron S. Scholes and Mark A. Wolfson）在《税收和经营策略：一种筹划方法》（*Taxes and Business Strategy：A Planning Approach*）中对这个术语进行了通俗解释。

② 在计算州所得税时，州债券和地方债券的利息一般属于应纳税所得。

形成税收筹划策略

目标 8

归纳四个
税收筹划
准则。

通过对决定交易税收结果的变量的分析得到了以下原则：

· 当收入由适用较低税率的实体产生时，税收成本降低(并且现金流量增加)。

· 从现值角度看，当某项税收递延到后一个纳税年度时，税收成本降低(并且现金流量增加)。

· 当收入在某个具有较低税率的征管地产生时，税收成本降低（并且现金流量增加）。

· 当收入由于其特征而享有优惠税率时，税收成本降低（并且现金流量增加）。

提高现金流量的税收筹划策略大部分反映了至少一条税收筹划准则。许多策略是把两条或更多的准则结合使用来使税款最小化，其他策略可能遵循一条准则而违背其他准则。在这种情况下，公司管理者必须仔细评估整个税收结果来决定这种策略是否会提高净现值。下面的例子说明了准则冲突的问题。

准则冲突

MN 公司作为两个独立的纳税实体经营，分别为 M 实体和 N 实体。该公司正在谈判一项交易，这项交易将会在第 0 年产生 25 000 美元的现金。在第 1 年产生 60 000 美元的现金。如果 M 实体承担这项交易，应纳税所得将会与现金流相当（例如，M 实体将会在第 0 年和第 1 年上报 25 000 美元和 60 000 美元）。如果 N 实体承担这项交易，它必须在第 0 年上报全部的 85 000 美元。M 实体适用 30％的边际税率而 N 实体适用 25％的边际税率。MN 公司用 9％的折现率计算净现值。

	M 实体		N 实体
第 0 年：			
税前现金流		$ 25 000	$ 25 000
应纳税所得	$ 25 000		$ 85 000
	0.30		0.25
税收成本		(7 500)	(21 250)
税后现金流量		$ 17 500	$ 3 750
第 1 年：			
税前现金流		$ 60 000	$ 60 000
应纳税所得	$ 60 000		—0—
	0.30		
税收成本		(18 000)	—0—
税后现金流量		$ 42 000	$ 60 000
第 0 年现金流的现值		$ 17 500	$ 3 750
第 1 年现金流的现值			
（折现系数为 0.917）		38 514	55 020
净现值		$ 56 014	$ 58 770

在净现值比较的基础上，MN公司应当让N实体承担这项交易。这个策略遵循了以下税收筹划准则，即当所得是由某个具有低税率的实体产生时，现金流量增加。然而，这个策略使第1年中交易的整体税收增加，因此违背了税收递延准则。

其他战略性因素

这四条税收筹划准则对税收筹划程序提供了一般性指导，像所有的一般情况一样，每一条准则都要受条件、限制条款和依赖于所考虑的税收策略的精确特征的例外情况的约束。即使这些准则强调税收成本的减少，管理者们也应当记住他们的战略目标并不是税款最小化而是净现值最大化。因此，在制定一个成功的策略时，他们应当考虑税收成本之外的关键因素。其中一个明显的因素就是实施这项策略的成本。公司在设计、执行和控制复杂的税收筹划时可能需要专业建议，并且建议的成本必须与该策略未来的税收节约进行比较。

税款节约与额外成本　　B公司有两个关于降低某类业务税款的策略，它必须选择其一。这两个策略中较简单的策略每年将会削减50 000美元的税款，并且不会有任何实施成本。较复杂的策略每年将会削减70 000美元的税款，但是需要额外的法律和会计费用，其税后成本为25 000美元。B公司应当选择较简单的策略，因为虽然它只能节约较少税款，但是能带来更大价值。

管理者们必须考虑税收策略对各方的经济影响。在第3章，我们知道公司在私人市场上的谈判能够通过共同努力使双方交易的税后价值最大化，企图实施单边税收策略的管理者可能会错过一个有效的多边筹划机会。更糟的是，如果管理者没有考虑这个策略对其他相关利益方的不良影响，它们可能会通过减少这个策略的整体价值进行报复。

多边筹划　　F公司和D公司计划成立一个合资公司来开展一项新的经营活动。如果经营活动在德国展开，F公司的税收成本将会达到最小。如果经营活动在美国开展，那么D公司的税收成本将会最小。F公司同意在美国开展经营活动，条件是它享有60%的利润而D公司只享有40%的利润。这个妥协增加了F公司的税收成本并且降低了D公司的税前利润。尽管如此，两家公司都同意了妥协，因为对于双方来说，它使这家合资公司的税后利润达到了最大化。

必须根据灵活性对税收策略进行评价：这些策略能在多大程度上适应不可预知的环境变化。每种策略对现金流的预期影响是以对未来的假设为基础的。不确定的假设越多，这个策略可能招致相反后果并且对现金流产生有害影响的风险越大。如果公司可以很快改正甚至以最小的成本撤销一个失败的策略，那么这项风险可能会很低。但是如果这个策略不能撤销或者调整的成

本相当昂贵，那么未来失败的成本就可能超过成功带来的利润。

灵活性因素　　　　4年以前，D公司成立了一个巴西分公司以便在南美洲开展经营活动。D公司选择了公司形式，以便利用只有巴西企业才享有的巨大税收优惠。今年，巴西取消了税收优惠并且大幅度提高了企业所得税率。如果D公司没有成立该公司，它可能通过重组它在南美的经营很容易地避免税收增加。但是D公司无法在不发生高额法律成本和政治成本的情况下解散这个巴西企业。事后来看，D公司可以通过选择一个更加灵活的税收策略来使南美经营的税后价值最大化。

税收的法律原则

目标 9

描述国内收入署用来质疑税收筹划策略的三个法律原则。

　　　管理者们必须有把握他们已经清楚了公司实施的策略的税收结果。如果管理者在某项至关重要的交易中应用税法时犯了技术性错误，并且国内收入署在审计时发现了这个错误，那么该筹划策略将会对现金流产生灾难性影响。即使管理者们认为这项策略在技术上没有问题，他们也必须考虑政府对这个策略的整体正当性的反应。许多年以来，国内收入署和联邦法院已经使纳税人不仅遵从法律的字面意思，还要遵循法律的精神。因此，这三条重要的法律原则出现在了税收筹划领域中。当一家公司为了得到某种不正当的税收优惠而变通这些规则时，国内收入署将会引用这些法律原则。

　　　商业目的原则认为为了达到真实的营业目的而不是为了避税的交易，从课税角度看是实在的交易，其他目的的交易不被认为是实在的交易。至少从国内收入署的角度来看，任何交易者如果没有经营目标，都可以使这项交易毫无意义，即使这项交易在字面上符合法律。[1]

没有经营目的　　　　厄尔利先生决定卖掉一项投资性财产，他计算这项出售将产生45 000美元的利得，其税率为25%。厄尔利先生计划把出售得到的税后现金投资于他的家庭企业中。厄尔利先生并没有直接出售掉这项资产，而是用这项资产成立一家新公司，这家公司立即卖掉了这项资产并且为这45 000美元的利得缴纳了15%的税款，随后这家公司向厄尔利先生的家庭企业提供了一项长期贷款，贷款额是将资产销售给其家庭公司的税后现金。如果国内收入署认为厄尔利先生成立这个新公司除了得到较低的企业所得税率之外没有其他经营目的，可能会无视这个公司的交易。结果国内收入署将会把厄尔利先生当做财产出售者看待，并且要求他为这些利得支付25%的比例税率。[2]

　　　实质重于形式原则认为国内收入署能够通过法律形式决定一项交易的经

---

[1]　这项准则来源于 *Gregory v. Helvering*，293 U. S. 465（1935）。

[2]　*Paymer v. Commissioner*，150F. 2d 334（CA−2，1945）.

济实质。如果实质不同于形式，国内收入署将会以现实而非假象作为确定交易的税收结果的依据。①

实质重于形式　　企业 JKL 唯一的股东和总裁与当地的商人就一份租赁合同进行谈判，在这个合同的条款中，JKL 每年要为设备支付 35 000 美元，并且可以把该项支付作为经营支出扣除。审计 JKL 纳税申报表的税收机构发现了另外两个事实。第一，当地的那个商人是州政府的候选人，并且是 JKL 所有者强烈支持的对象。第二，该企业没有明显的需要租赁这些设备。如果这些事实使税收机构相信这份租赁合同的实质是伪装的政治捐助（从而是全部不能扣除的），那么 JKL 可能丧失 35 000 美元的扣除项，因而也丧失了税收节约。

一步交易原则允许国内收入署把一系列中间交易折合为一个单项交易来整体决定这项安排的税收结果。② 当一些交易的相互依赖非常明显以至于参与的各方在没有预期这一系列交易将会发生时不会完成第一个交易，国内收入署就会运用这项原则。对于**一步交易原则**来说，在短时期内发生的交易比在更长时间间隔内发生的交易更脆弱。按照通常规则，国内收入署把 12 个月之内发生的系列交易看做是可疑的。③ 在超过 12 个月的时间里分别发生的交易被假定为是独立的。在税收用语中，第一个交易是"旧而冷"，与第二个交易没有关系。

潜在的一步交易　　ABC 公司把财产出售给了一个没有关联的购买者，这个购买者随
原则　　　　　　后又把财产出售给了 ABC 的全资子公司。如果这两项出售在同一个月内发生，国内收入署肯定会质疑它们的总公司。除非 ABC 能够出示证据证明事实相反，否则国内收入署将会把这两项交易看做是 ABC 公司将财产直接出售给它的子公司，并且改变这项关联交易的税收结果。另一方面，如果第一项出售发生在第二项出售的前五年，那么这两项交易的时间间隔可让它们免于适用一步交易原则。

这三项原则有相当大的重叠，国内收入署经常结合它们用于质疑触犯法律的交易。当然，法院可能支持也可能不支持国内收入署的质疑，法官或陪审团可能会支持纳税人，认为某项交易有独立的经营目的，且其经济实质与形式一致。公司管理者们应该知道这些原则是国内收入署独有的财产；纳税人不能援引这些原则来解除他们自己糟糕的税收策略所造成的后果。④ 管理者应当意识到国内收入署对于这些原则的应用是相当主观的。考虑到经营目的

---

① *Commissioner v. Danielson*，378F. 2d771 (CA—3，1967)，*cert. denied* 389 U. S. 858 (1967).

② *Helvering v. Alabama Asphaltic Limestone* Co，315 U. S. 179 (1942).

③ Reg. §1.368—2(c).

④ *Durkin*，TC Memo 1992—325.

原则、实质重于形式原则和一步交易原则的威胁，管理者们可能永远不会确信某个创造性税收筹划是有效的，即使它看起来符合法律的字面意思。

结　论

　　税收筹划是通过重新组织交易、减少税收成本或增加税收节约来实现交易净现值的最大化。第 4 章介绍了四个结构变量（主体、时期、征管地和收入特征），它们影响了交易的税收结果。纳税人可以在一定程度上控制这些变量，可以组织交易以便实现最有利的税收结果。但是在正确组织一项交易之前，纳税人必须确切知道税法怎样适用于具体的事实和交易环境。每项交易都是特殊的，而且可能会有许多在交易的最后结果可以肯定之前必须回答的税收问题。询问和回答税收问题的学问被称作税务调研，这也是第 5 章的主题。

关键术语

收入转让原则	隐性税收	避税
经营目的原则	一般所得	逃税
资本利得	一步交易原则	税收筹划
显性税收	实质重于形式原则	

税收筹划案例

　　1. Z 女士决定把 75 000 美元投资于州政府债券。她可以投资 A 州的债券，其年利率为 5%，或投资于 R 州的债券，其年利率为 5.4%。这些债券的风险相同并且利息都免缴联邦所得税。因为 Z 女士是 A 州的居民，她不用向 A 州缴纳 A 债券利息所得产生的 8.5% 的个人所得税，但是她要为 R 债券的利息所得缴纳个人所得税。Z 女士在计算她的联邦应纳税所得时能够扣除所缴纳的州所得税。她的边际税率是 33%，Z 女士应该投资于 A 债券还是 R 债券？

　　2. DFG 公司计划成立一个国外子公司以便向欧洲市场出售它们的产品。它必须决定是在 X 国还是在 Z 国建立子公司。如果子公司建在 X 国，它出售所得的总收入要缴纳 3% 的总所得税。如果子公司建在 Z 国，它的净利润要缴纳 42% 的所得税。然而 Z 国的税法有一项特殊条款吸引投资者：国外子公司在前三年的经营所得免缴所得税。

　　DFG 公司预计在这两地每年的经营结果如下表（以美元计）所示：

	X 国	Z 国
销售总收入	$110 000	$110 000
销售成本	(60 000)	(60 000)
营业支出	(22 000)	(15 000)
净利润	$28 000	$35 000

DFG 公司预计它将会经营这个子公司 10 年（第 0～9 年），并且无论公司位于哪里，结业时的最终经营价值将相同。假定折现率为 10%，确定将子公司建在哪个国家能使国外经营的净现值最大。

3. A 先生处于边际税率为 35% 的等级内，他必须在两个投资机会之间作出选择，这两个机会在第 0 年都需要 50 000 美元的初始现金流出。投资项目 1 在第 1、2、3 年将会产生 8 000 美元的税前现金流量，是一般应纳税所得。在第 3 年，A 先生清算了投资项目并且收回了 50 000 美元的现金流出。为投资项目 1，他必须支付 200 美元的不可扣除的年费支出（第 1、2、3 年）。

投资项目 2 在 A 先生拥有该投资项目的时期内，不会产生任何税前现金流量。在第 3 年，他出售投资项目 2，获得了 75 000 美元现金。他出售所得的 25 000 美元的资本利得将被课以 15% 的税收。

假定折现率为 9%，确定哪个投资项目的净现值更大。

4. O 女士正在协商从 DC 公司购买一片土地，她按日历年纳税。DC 公司 6 年前以 480 000 美元的价格购买了这片土地。根据一份最近的评估，这片土地在当前不动产市场上价值 800 000 美元。根据 DC 公司的税收主管介绍，如果出售发生在今年，那么公司出售所得利润的税率为 30%。然而，如果出售发生在下年，税率毫无疑问会增加到 40%。O 女士察觉到了 DC 公司的急切需求，于是提出支付 785 000 美元，并保证在 12 月 31 日前完成购买。DC 公司应该接受 O 女士的开价吗？

第5章

税务调研

学习目标

通过本章的学习，你应该能够：

1. 理解和应用税务调研过程的六个步骤。
2. 区分税法的基本法源。
3. 利用税法的补充法源确定其基本法源。

税务调研是确定个体或组织的一系列行为最可能的税收结果的过程。由于州、地方和联邦税法非常复杂，大多数纳税人不能为其自身进行税务调研。于是，他们雇佣诸如注册会计师、律师这些专业人士去调研他们的经营、投资、金融交易等活动的税收结果，纳税人希望从税务顾问那里获得与他们支付的大额费用等值的服务。特别是，他们期望税务顾问能及时提供准确、有用和完整的税务信息。

客户可以雇佣税务顾问去调研已经发生的一项交易（或一系列交易）。在这种情况下，税务顾问必须确认交易的结果以及该项交易是否在客户的纳税申报表上恰当报告。由于交易已经完成，因而与交易相关的事实只是一项记录，不再受客户的控制。即使客户不满意，这项已成事实的交易的税收结果也不能被改变。因此，税务顾问仅限于为客户提供税收遵从服务。

另一种情况是，客户可以雇佣税务顾问调查客户计划在将来某一时期从事的交易。在这种情况下，税务顾问不仅能确定未来交易的税收结果，而且能提出一些改变交易的建议，使之能够产生更有利的结果。由于与该项交易相关的事实尚未成立，因此该项交易可以受到客户控制。在这样一个事实未定的交易里，税务顾问能够帮助客户构建影响税收结果的事实。很明显，这种税务筹划服务对于想要使交易税后价值最大化的客户是极有价值的。

培养税务调研技能

税务调研是通过教育和经验共同培养起来的一种智力技能。从事税务职业的人在本科和研究生教育阶段完成了很长时间的正式学习。在执业过程中，他们仍然会花很长的时间去保持专业税务知识的现实性。税务专业人员也需要"干中学"。与其他任何技能一样，熟练来自实践，而税务专业人员每从事一个调研项目都会使他们对税务专业日益精通。

在税务入门课程中，学生们努力学习税法的基本原理。他们对税收这一科目的知识有限，而且没有任何可以利用的职业经历。尽管如此，初学的学生也能从对税务调研过程的介绍中获益。通过学习，学生们可以了解税务专业人员所从事的工作的实质。他们可以知道注册会计师和律师怎样发现税务问题，怎样解决这些问题，怎样与客户交流解决办法。他们可以找出从事这些工作所必需的专门技能。最后，学生们开始形成自己的分析框架以确定他们所研究的经营、投资和金融交易等活动的税收结果。

目标 1
理解和应用税务调研过程的六个步骤。

一些教科书整本书都在介绍税收调研。大多数会计和法律专业的本科教学计划中都有一门关于税务调研的课程。很明显，这一章仅对这一复杂主题的基本原理做简单讨论。

税务调研过程

税务调研过程可以分为六步。本章对每个步骤作了描述，并在后面举例说明如何在调研案例中运用该步骤。刚开始培养调研技能的学生们应集中注意力，按顺序完成每个步骤，这样可养成良好的调研习惯。随着他们越来越熟练，学生们就可以把这些步骤整合成一个严密的调研过程。那些成功的税务调研者的学生在他们进行的每个项目中都会自动实施这六步。

图 5.1 为税务调研程序六个步骤的示意图：

1. 了解客户的交易，弄清事实。
2. 找出事实表明的税务事项、问题或机会，形成具体的调研问题。
3. 确定相关税法法源。
4. 分析相关法源资料，解答调研问题。
5. 根据需要多次地重复第一步到第四步。
6. 记录调研过程和交流结论。

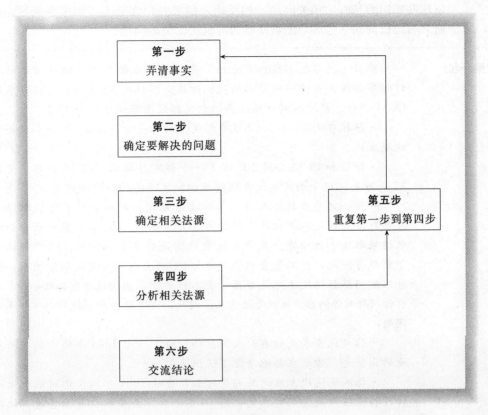

图 5.1 税务调研过程

第一步：弄清事实

调研人员在分析一项交易的税收结果之前，必须完全了解交易本身的情况。特别是，调研人员应当与客户讨论交易的细节，弄清客户的动机。客户进行交易的经济目标是什么？客户的预期收入是多少？客户认识到的风险是多少？通过询问这些问题，调研人员可以在考虑交易的税务意义之前了解交易的非税特征。

调研人员必须发现与客户交易有关的所有事实。像新闻记者一样，调研人员应该询问客户交易的"谁，何时，何地，为什么，怎么样"这些准确信息。调研人员不应当假定客户对交易所作的最初描述是非常准确和完整的。也许客户还没有确定调研人员需要的所有事实，或者客户可能对某些事实的重要性打了折扣并在初始描述中忽略了它们。调研人员应当鼓励客户在陈述事实时尽量客观。客户经常不自觉地告诉调研人员一些他们自己对事实的主观结论，而不是事实本身。

当调研人员和客户一起找到相关事实真相的时候，调研人员必须考虑客户的税务知识水平。如果客户了解关于税法的一些知识，调研人员可以询问以这些知识为基础的相关问题。相反地，如果客户完全不了解税务问题，调研人员应仅询问一些客户能够回答的与税法无关的问题。

应用第一步　　　　萨拉·科尔特（Sara Colter）是一名专业摄影师，她雇佣你的会计师事务所去查清一项交易的税收结果：萨拉将 12 英亩的土地销售给 CCM 公司。萨拉在对该项交易的初始描述中提供了以下事实：

　　·萨拉在 1994 年以 40 万美元现金向比安卡（Bianca）夫妇购买了这块土地。

　　·萨拉和 CCM 公司已达成了一个暂定性协议，CCM 公司将支付 32.5 万美元现金购买这块土地并承担该笔交易的所有费用。

　　作为一名专业税务人员，你知道这笔交易的税收结果可能取决于交易双方是否是联邦税法中界定的"关联方"。你也知道资产出售的税收结果取决于该项资产是资本性资产还是非资本性资产。因为萨拉不了解税务问题，你不能直接询问她与 CCM 公司是否是关联方关系，你也不能问萨拉这块土地是否属于资本性资产，因为她缺乏税收知识，这样的问题对你的客户来说毫无意义。因此，你决定向萨拉提问以下一系列问题：

　　·你与比安卡夫妇有私人关系吗？除了作为 1994 年你所购买的土地的出售者，你还在其他情况下认识他们吗？

　　·你购买这块土地的原因是什么？自从 1994 年以来你对这块土地作过其他任何改造吗？在过去的 10 年中，你是否购买或出售过其他不动产？

　　·你和比安卡夫妇怎样达成土地价值仅为 32.5 万美元的协议？为什么在你购买之后土地发生了贬值？

　　·你是否持有 CCM 公司的股票？谁是 CCM 公司的股东？

　　为了回答你的问题，萨拉提供了下面一些附加事实：

　　·她与比安卡夫妇没有任何私人关系，在购买土地之前她根本不认识他们，这笔购买交易是由一个专业的不动产经纪人安排的。

　　·她之所以购买这块土地是因为她认为过一段时间土地价值会上升，最终她可通过出售土地而获利。她没有对这块土地作过任何改造。它现在和购买时的状况完全相同。除了她的私人住所外，她从未购买或出售过其他任何不动产。

　　·两个月前，萨拉取得了两份独立的土地价值评估。两次评估都认为这块土地的当前市价为 32.5 万美元。CCM 公司自己也实施了评估并证实了这一价值。7.5 万美元的贬值是由 1997 年颁布的对土地的分区限制条款造成的。

　　·萨拉并不持有 CCM 公司的股票。24 个独立股东拥有 CCM 公司发行在外的 1 000 股股票。股东中有两位分别是萨拉的哥哥杰克和杰克的儿子罗伯特。除此之外，萨拉再不认识其他股东。

第二步：确定要解决的问题

在调研人员确保弄清客户的交易，了解所有相关事实之后，就可以进行调研过程的第二步。在这一步中，调研人员要确定关于交易的税收问题。对税收问题的辨识能力来自专业教育和职业经历。因此，这一步对于学习入门税务课程的学生来说通常是最具挑战性的。

识别税收问题后，会形成税务调研问题。税务调研人员在阐述问题时应尽可能准确。一个精确陈述的问题，可以为调研过程的下面几步提供明确的限定因素。一个模糊或过分泛指的问题会提供不充分的限定因素，浪费时间和精力。

如果交易揭示的税收问题产生多个调研问题，调研人员必须确定回答这些问题的顺序。在复杂的税收制度下，一个问题的答案往往取决于对一个或多个初始问题的回答。了解调研问题层次的税务调研人员才能按正确的顺序解决问题，才能高效率地实施调研工作。

应用第二步　　　　了解相关事实之后，你认为萨拉提出的这笔交易涉及一个基本税务问题：萨拉将土地出售给 CCM 公司是否形成了可以在她个人纳税申报表上扣除的损失？这一问题引出了四个调研问题，你决定按如下顺序解决这些问题：

萨拉意识到将土地出售给 CCM 公司造成的损失了吗？

萨拉能确认已实现的损失吗？

那些已确认损失的性质是什么？

鉴于这项损失的性质，萨拉在计算本年销售的应税所得时能够扣除多少损失？

学生们应当注意，本章末提供的调研问题不要求学生们实施税务调研过程的前两步。这些问题是经过深思熟虑提出的，包括解决问题所必需的所有事实。而且，这些问题向学生提供了明确的调研问题或需要回答的问题。这就是课本上的调研问题的特征（或弱点）！但在税收实务的现实世界中，前两步的任务只能由调研人员执行而不能由其他人替代。如果调研人员不能弄清关键事实，识别重要问题，提出正确的问题，那么后来的所有努力都是无用的。

第三步：确定相关法源

在调研过程的第三步，调研人员需要前往专业图书馆。他的任务是找到能回答调研问题的权威资料。传统的图书馆是由一层层装满了书籍、活页夹、杂志以及包含所有税法的技术性细节知识的印刷材料的书架构成的。现在，由于专业税务顾问可以采用光盘或互联网上的电子图书馆获取这些知识，传统图书馆正在逐渐消失。电子图书馆的一个明显优势在于调研人员获取权威资料并翻阅这些资源的速度较快。第二个优势是电子图书馆的数据库容易更新，可以包括当前的最新发展。第三个优势是电子图书馆便于携带，拥有笔记本电脑的税务调研人员可在任何时间、任意地点登录进入电子图书馆。

不论税务调研人员在传统图书馆还是电子图书馆查阅资料，他必须十分了解图书馆内相关参考资料的内容和组织类别，调研人员必须知道怎样找到适合解决手头问题的参考资料，也必须能够对参考资料的两个主要类别进行区分：**基本法源和补充法源。**

基本法源

目标 2
区分税法的基本法源。

第 1 章介绍了构成联邦税法法源的三个部分：法令法源、行政法源和司法法源。回忆一下，国会颁布的法定税收规定编入了 **1936 年《国内税收法典》**里。行政法源是由财政部以书面的财政规章的形式提供的，它们解释了《国内税收法典》。

国内收入署以多种形式提供了其他的行政指引。**税收规定和税收程序**在第 1 章中也有介绍。国内收入署还发布了两种行政指引，它们只对特定的纳税人起作用，其他纳税人不能将其作为法源。纳税人也可以向联邦税务局申请**私人信件裁定**，寻求对未来交易或者已经完成但还没有填制纳税申报表的交易进行合理的税收处理。这个请求必须包括所有这项交易的相关事实，而且还要支付高达几千美元的用户费。如果交易是按照特案裁定申请所描述的方式发生的，私人信件裁定规定了纳税人交易的处理方式。税务部门或者上诉官员在检查纳税人的申报表或者上诉的过程中，也可以申请**专业建议备忘录**。专业建议备忘录代表了国内收入署对纳税申报表中争议项目的建议，仅仅对它针对的纳税人适用。

在纳税人和国内收入署的矛盾不能以行政方式解决的情况下，联邦法院就要审判这个税收案件。他们的判决代表了司法法源对税法的解释，通常不仅是对法典的狭义字面解释，而且扩大了字面含义的范围。对于调研者来说，这些法院裁定是基本法源的重要来源，是对法典及国内收入署和财政部行政公告的补充。

在联邦税案件中，三分之一的审判法院都拥有原始管辖权。纳税人可能拒绝为国内收入署裁定的瑕疵买单，而且向**美国税务法院**递交诉状书，让它审理这个案件。也许纳税人会为瑕疵买单，并紧接着向当地**美国地区法院**或者**美国联邦申诉法院**控诉政府并要求返还所支付的款项。在审判法院中败诉的那方（纳税人或政府）可能会向 13 个**美国巡回上诉法院**中的一个提起上诉。审判法院的地理位置决定了哪个州的上诉法院拥有管辖权。这些法院通常不再重新审视低层法院的证据，但是他们会考虑低层法院是否对事实正确适用了相关的法律。州上诉法院肯定或者否定了审判法院的裁定后，败诉的一方可以将这个案件上诉到**美国联邦最高法院**。最高法院可能会接受重审这个案件（同意受理），或者拒绝重审（拒绝受理）。当最高法院拒绝受理时，州上诉法院的判决就是最后判决。平均来说，最高法院每年受理不超过 12 件联邦税收案件，这些案件之所以被选中，是因为它们包含了法律的一条重要原则，或者由于两个或多个州上诉法院对同一个税收问题的解决方案是相互矛盾的。

表 5.1 提供了如何引用上面讨论的法令、行政和司法法源的例子。法院案件以多种途径出版，所以对一个案件来说可能会有多种引用方式。这张表格列出了各种对案例判决和发布单位的引用方法。

表 5.1   **引用基本法源的例子**

法源类型	引用资料	解释
国内税收法典	Section 1250(d)(1) Sec. 1250(d)(1) § 1250(d)(1)	对 1250 条 d 款第 1 项。
财政部规章	Reg. Sec. 1.267—5(b) Reg. 1.267—5(b) Reg. § 1.267—5(b)	财政部规章 267 条第 5 款（b）项三种等同的引用方式。
税收规定	Rev. Rul. 89—257, 1989—1 C. B. 221	1989 年颁布的第 257 条税收规定，于 1989 年累税公告第 1 卷，221 页。
税收程序	Rev. Proc. 2002—32, 2002—1 C. B. 959	2002 年颁布的第 32 条税收程序，于 2002 年累税公告第 1 卷，959 页。
美国税务法院的备忘判决	*Jack D. Carr*, T. C. Memo 1985—19 *Jack D. Carr*, PH TCM ¶ 85019 *Jack D. Carr*, 49TCM 507	三种等同的税务法院备忘判决引用方式。第一个由美国政府出版，第二个由 RIA（Prentice Hall 的前身）出版，第三个由 CCH 出版。
美国税务法院的一般判决	*Teleservice Co. of Wyoming Valley*, 27 T. C. 722 (1957)	对美国税务法院一般判决的引用，由美国政府出版。
联邦地方法院的判决	*Montgomery Engineering Co. v. U. S.*, 64—2USTC ¶ 9618 (D. Ct. N. J., 1964) *Montgomery Engineering Co. v. U. S.*, 13 AFTR2d 1747 (D. Ct. N. J., 1964) *Montgomery Engineering Co. v. U. S.*, 230 F. Supp. 838 (D. Ct. N. J., 1964)	对新泽西州 1964 年地方法院案例的三种等同引用方式。第一个由 CCH 出版，第二个由 RIA 出版，第三个由 West 出版。
联邦上诉法院	*Lengsfield v. Comm.*, 57—1 USTC ¶ 9437 (CA—5, 1957) *Lengsfield v. Comm.*, 50AFTR 1683 (CA—5, 1957) *Lengsfield v. Comm.*, 241 F. 2d 508 (CA—5, 1957)	第五上诉法院受理的 1957 年案例的三种等同引用方式。第一个由 CCH 出版，第二个由 RIA 出版，第三个由 West 出版。
联邦最高法院	*U. S. v. The Donruss Co.*, 69—1 USTC ¶ 9167 (USSC, 1969) *U. S. v. The Donruss Co.*, 23 AFTR2d 69—418 (USSC, 1969) *U. S. v. The Donruss Co.*, 89 S. Ct. 501 (USSC, 1969)	最高法院受理的 1969 年案例的三种等同引用方式。第一个由 CCH 出版，第二个由 RIA 出版，第三个由 West 出版。

补充法源

充分地支持税收结论和建议需要基本法源，但它是用法律和专业的语言写成的，因而理解起来非常困难。补充法源，比如教科书、论文、专业杂志和商业税收服务，意图解释和理解税法。商业税收服务机构也组织关于基本法源的信息，以便进行税务调研。这些资源在税务调研程序中是一个很好的起点，而且调研人员应该确保由补充法源得到的任何结论都得到了其隐含的基本法源的支持。我们关于补充法源的讨论将集中在描述较常见的商业税收服务内容上。在下一节中，我们将探索这些服务怎样被用来指导税收调研程序。

税收讨论
Checkpoint 是 RIA 的在线税务调研平台，现在提供了 100 多种计算工具，为个体经营税、抵押贷款支付、大学费用支出预算等提供快速的解答。

传统上，税收服务是散页形式的多卷出版物，包括很多税收信息。许多服务现在可以以电子形式，或者以 CD-ROM 或互联网的形式获得。虽然每项服务都有自己的组织形式和专门特点，但是在信息的种类和范围上也有许多共同之处。常见的法典式税收服务有《美国税收报告者》(*United States Tax Reporter*，由 RIA 出版)、《标准联邦税收报告者》(*Standard Federal Tax Reporter*，由 CCH 出版)。常见的典型式税收服务有《联邦税收协调者 2d》(*Federal Tax Coordinator 2d*，由 RIA 出版)、《CCH 联邦税收服务》(*CCH Federal Tax Service*，由 CCH 出版)、《联邦所得税法》(*Law of Federal Income Taxation*，又称 Mertens，由 West 出版) 和《税收管理文件》(*Tax Management Portfolios*，由 BNA 出版)。在电子形式中，每种信息包含在独立的数据库中，人们能够查找多个其他数据库，并链接到其他数据库的相关项目。RIA Checkpoint 在线税务调研服务包括《美国税收报告者》和《联邦税收协调者 2d》。CCH 网上税务调研网络包括《标准联邦税收报告》和《CCH 联邦税收服务》。

虽然格式不同，但是 RIA 和 CCH 的法典服务包括的信息相似，它们包括每项法典条款和相关财政局规章。每项服务也提供了每条法典的立法历史。在每个法典条款和相关规定后是由出版公司编写的解释。这些解释试图使这些法典条例的应用更清晰。这些解释经常有助于调研者确定基本法源，但它们不构成基本法源，而且不能被引用总结。在这些解释之后，各项服务提供了与所讨论的法典条款相关的法院判例、税收规定和其他基本法源的引用列表和简要介绍。这些总结在确定基本法源上对调研人员非常有用。各项服务也包括一个较详细的主题目录，它可以帮助搜索关键字，是一种寻找有用信息的方式。最后，各项服务非常重视目前的发展，并且将最新信息包括在服务内容中，这些服务内容至少每月更新一次（网络版的更新更加频繁）。

主题导向的服务是根据主要专题领域组织的，对具体专题税法的应用给出更多解释。这些服务也包括法院案例的引用、税收规定以及与所讨论专题相关的其他基本法源。主题导向的服务的结构和内容差异很大；使用特别服务的经验可以提高调研人员寻找有用资料的效率。

确定相关法源的策略

税务调研使用的资料取决于调研问题的性质和调研人员的经验水平。熟练的调研人员倾向于依靠那些在最短的时间内最有效率地找到问题答案的资料。当他们寻找最好用的调研方法时，可能越过下面介绍的一些步骤。新手将要检查更多的资料，以便增加找到所有相关信息的机会。下面提供的策略仅供参考。

目标3

使 用 税 法 的 补 充 法 源 确 定 其 基 本 法 源。

假设你已经完成了税务调研程序的第1步和第2步，如上所述，现在准备好找出相关法源。一个选择是直接查询《国内税收法典》，使用法典的主题索引查询相关的法典条款。对一些调研问题而言，这种方法可能已经足以回答问题了。但是如果这种方法不能提供一个清晰的解决方法，该如何处理？在一些案例中，可能不仅适用一条法典条款。在另一些案例中，法典可能是通用的，而且调研人员希望找到与具体事实相符的、更能清晰支持调研结论的其他法源。为了做到这些，调研人员可能参考一项商业税收服务，采取以下方法中的一个或多个：（1）使用主题索引；（2）使用目录；（3）使用电子服务，用关键词搜索。

使用主题索引

每项服务都包括一个详细的主题索引，列举了数百个按字母顺序排列的与税收相关的术语。任何一个索引、术语都会在这项服务中的很多地方出现。因而在确定这一术语的用法之前，必须查找这几处的用法作为参考。调研者也应试用几种不同的说法或者相关词汇来确保完全涵盖了与正在调研的问题相关的所有主题。

为了介绍这种方法，假设你正在调研一个问题，是关于个人纳税人的马匹繁殖活动的损失是否可以扣除的问题。从税法中可以知道，如果是一项交易或者商业活动，而不是一项爱好，损失是可以扣除的。美国税收报告的主题索引在字母"H"下，有主题"爱好的损失和费用"。这个标题列出了一般主题的四个相关的参考条目，而且提供了8个小标题，包括"马的饲养"。这个小标题下又包括其他四个参考条目。调研人员可能会转用这些参考条目中的任何一个来寻找其他信息。

使用目录

调研人员可能也会希望通过浏览一项税收服务的目录来确定相关的讨论领域，从而开始寻找法源。这个方法特别适用于专题导向的服务。对于一个新的调研人员，这种选择可以帮助他熟悉服务的组织结构。

为了解释这个方法，我们再回到马匹繁殖的例子中，《联邦税收协调者2d》的目录列出："第M章，扣除：损失，坏账"。对目录进行更进一步的调研，发现在M章中有以下小标题："不以营利为目的 M—5800 行为——爱好的损失"。这部分服务是寻找与调研问题相关的信息的有用起点。

关键词搜索

在一项电子服务中，调研人员可选择搜索整个数据库或者用自定义关键词搜索数据库的某个部分。该搜索方法与使用主题索引类似，但是调研人员可以用词和短语来定位搜索目标。虽然关键词搜索非常有效，但是调研人员必须小心以确保不会因为关键词定义过于狭窄而错过重要信息。

回到我们的例子中，用"爱好损失"和"马"进行关键词搜索来缩小由主题索引或目录找到关于爱好损失条款的相关法源范围。在联邦所得税数据库中，包含"爱好损失"和"马"的记录有53条。调研人员将会确定每条记录在回答调研问题时的用处。

一旦确定了起点，通过主题索引、目录或者关键词搜索，调研人员就能在一项服务中查到相关的资料。例如，如果在编制说明中找到搜索的短语，调研人员应阅读相关的法典条款，浏览规定，查阅法院判例的参考文献或者其他基本法源来决定这些资料是否能够解释税收问题。调研者初始查到的互参资料可以帮助他们在未来的搜索中找到正确的方向。当找到相关的基本法源后，调研人员应仔细阅读这些资料。

再回到我们的马匹繁殖的例子中，通过 RIA Checkpoint 的关键词搜索确定的记录并不包括美国税务法院的备忘录判决（memorandum decision）中的赫伯特·C·桑德森（Herbert C. Sanderson）税务法院备忘判决 1964—284。在这个案例中，允许医生和他的妻子扣除在马匹的繁殖、饲养、比赛和出售中的损失。这个案例可以进一步支持扣除马匹繁殖费用的做法。

依靠司法判决来支持调研的结论，最后一步是必须确保这个判决是对法律的正确解释。特别是，对这个判决又上诉了吗？如果上诉，结果是什么？调研人员可能也希望确定其他法院是否也支持这个法院的判决。可以通过使用一项重要的资料——引用资料来解决这些问题。引用资料可能被用来确定税收司法判决的地位、税收规定和税收程序。引用资料由 RIA、CCH 和 Shepard's 出版，可以通过主要的电脑化税收服务获得。对于其中任何一个案例，引证都提供了参考了该案例的后续裁定列表和对后续参考资料的性质的简要说明。例如，再来看赫伯特·C·桑德森税务法院备忘判决 1964—284 的 RIA 引用列表，可以发现这个案件没再上诉（没有上诉法院的判决），这个案件在后面三个案例中被引用，而且这个案例与后面一个案例显著不同（被引用的案例可以在法律或者事实上被区分）。引用列表提供了后面每个案例的完整引用资料，调研人员可能希望对其进一步查阅。

如果对以上程序的第一次应用不能为税务调研问题提供答案，那么就必须进行其他搜索。调研人员可能尝试使用其他搜索短语，使搜索范围更加宽泛或者更加狭窄，而且将主题索引、目录和各种关键字相结合来发现有用的信息。调研人员也希望参考多项服务。

应用第三步　　回到前面萨拉·科尔特销售土地的例子。为了开始查找法源资料，你翻开《联邦税收协调者 2d》的目录，找到"第一章，销售和交换，资本利得和损失，成本收回，折旧收回"。在该章，第 1—2500 款，"销售或交换的利得或损失额"，将会引导你参考《国内税收法典》的第 1001 条。当你查阅这一条时，你会发现（a）、（c）款似乎与我们的案例相关。

第 1001 条　利得或损失金额的确定和确认

（a）利得或损失的计算

财产销售者其他处置的利得，应该是已实现金额超过第1011条为计算利得而提供的调整后基数的部分；损失应该是本条为了计算损失而提供的调整后基数超过已实现金额的部分。

(c) 利得或损失的确认

除非本标题没有包括，否则本条例确认的财产销售或交换的利得或损失的全部金额都必须确认。

第1001条第（c）款提醒你，销售或交换实现的利得或损失经常是不予承认的。对《联邦税收协调者2d》第一章中部分小节的进一步研究可以发现第1—3500款，"关联方纳税人之间的销售和交易导致的损失"。该小节又指向了第267条，它指出纳税人不能确认向关联方销售导致的损失。

第四步：分析相关法源

不管调研人员阅读书面文件还是电子文件，都必须具备解释和评价这些资料的能力。一些情况下，法源可能会为调研问题提供明确的答案。在其他情况下，答案可能是模棱两可的，因为法源可能是没有结论或需要进行解释的。也有可能不同的官方资料提供的答案是相互矛盾的。在这些情况下，调研人员必须通过自己的判断来分析法源和回答有关问题。

作为分析过程的一部分，调研人员应当确定法源要求他进行客观判断还是估计判断。进行客观判断时，调研人员应把法源和一系列事实进行比较。假定这些事实是完整的、准确的，调研人员能对调研问题提供确定的答案。例如，考虑下面的调研问题。

约翰逊先生为他12岁的外孙女凯茜提供100%的财务支持，凯茜从2004年起就住在约翰逊先生的家里。凯茜有资格成为约翰逊的受抚养人吗？

第152条对这个调研问题提供了相关法律规定：

第152条　受抚养人定义

（a）一般情况

标题中"受抚养人"一词的意思是：

（1）一个符合资格的子女；或

（2）一个符合资格的亲属。

（b）符合资格的子女

（1）一般情况。

对于任意纳税年度的任何纳税人来说，"符合资格的子女"是指，满足以下条件的个人：

(A) 与纳税人存在如第 2 段中所述的关系；

(B) 在该纳税年度中与纳税人拥有相同的主要住所超过半年；

(C) 符合第（3）段的年龄要求；并且

(D) 在纳税人纳税年度开始的日历年度内未给自己提供超过二分之一的财务支持。

(2) 亲属关系。

根据（1）（A）段，如果个人符合下列条件就认为该个人与该段所指的纳税人存在亲属关系：

(A) 纳税人的子女或其子女的后代；或

(B) 纳税人的同胞、非同胞兄弟姐妹或他们的后代。

(3) 年龄要求。

(A) 一般来说，根据（1）（C）段，如果个人符合下列条件就认为该个人满足该段的要求：

(i) 在纳税人纳税年度开始的日历年度结束时未满 19 岁；或

(ii) 在纳税人纳税年度开始的日历年度结束时是未满 24 岁的学生。

通过该调研问题的事实与相关法源的比较，调研人员可以认为：凯茜满足作为约翰逊先生受抚养者的条件。因此，所调研问题的答案是无保留意见的"是"。

当与结论相关的法源来自对一系列事实的推断，而非事实本身时，调研人员需要进行估计判断。顾名思义，由此得到的结论是主观的；对于相同的事实，不同的观察者可能得到不同的结论。必须得出结论以完成调研计划的调研人员也不能肯定这样的结论将来是否会受到国内收入署的质疑。因此，对于需要估计判断的问题，调研人员不应该给予一个无保留意见的答案。这点需要通过以下调研问题进行说明。

克兰西夫人独资经营一家公司。上周，她去纽约会见一位重要客户。克兰西夫人支付 2 615 美元购买了一张头等舱机票并且每晚向旅馆客房支付 340 美元住宿费。克兰西夫人能在她的 1040 表格的附表 C 中扣除这些业务费用吗？

第 162 条为这个调研问题提供了相关法律规定。

第 162 条　交易或经营费用

（a）一般情况

在纳税年度可以扣除为开展任何贸易或经营而支付或发生的所有正常和必要费用，包括：

（1）实际支付的合理的工资津贴或其他个人劳务补贴；

（2）从事一项贸易或经营的差旅费（包括吃饭及住宿花费的金额，不包括在这些情况下挥霍或浪费的金额）。

这项法源要求调研人员评估克兰西夫人的旅行费用情况。如果这些费用不包含挥霍或浪费的部分，可全额扣除；但是，如果费用中有些部分是由挥霍或浪费造成的，那么这部分费用不能被扣除。注意"挥霍或浪费"一词是见解问题，并且通情达理的人可能不会同意用该词来描述克兰西夫人的旅行费用。如果调研人员认为事实和情况所支持的结论是差旅费用没有用于挥霍或浪费，那么就可以建议克兰西夫人全额扣除这笔费用。但调研人员应该在提出建议时附上条件，解释因国内收入署的税务人员可能得出相反结论而禁止扣除的风险。

应用第四步　　回到萨拉·科尔特销售土地的例子上，在阅读第 1001 条第（a）款的基础上，你确定如果萨拉将土地以现金 32.5 万美元的价格出售给 CCM 公司，她将损失 7.5 万美元。根据第 1001 条第（c）款的一般规定，"除了在本款中提到的其他情况"已实现的损失应予以确认。因此，除非第 267 条禁止该项损失，否则萨拉可以在其本年度纳税申报表中确认并报告这项损失。如下所述的第 267 条的部分内容适用于萨拉的案例：

第 267 条　关联纳税人之间的交易损失、费用和利息

（a）一般情况

　　（1）不被允许的损失扣除：

　　　　在（b）款所述的任何个人之间，直接或间接进行销售或交换财产所造成的任何损失是不允许被扣除的；

（b）关联关系

　　在（a）款中提到的人是：

（2）直接或间接持有已发行流通在外股票价值超过 50％的个体和公司；

（c）股票的推定所有权

　　应用（b）款确定下列情况的股票所有权——

（3）当股票由个体家庭或为其家庭直接或间接持有时，应视该个体持有该股票；

（4）个体的家庭成员应该包括其兄弟姐妹（包括同父同母、同父异母、同母异父）、配偶、祖父母及其直系后代；

（5）由于运用（2）和（3）段的规定推定由某个人持有的股票，在再次运用（2）段或（3）段中的规定确定该股票的另一个推定所有者时，不应该再作为由该个人所持有的股票来对待。

　　根据第 267 条第（a)(1)款规定，如果萨拉和 CCM 公司是关联方，她就不能确认她已实现的损失。根据第 267 条第（b)(2)款规定，

如果萨拉直接或间接拥有CCM公司50％以上流通在外的股票，萨拉和CCM公司就是关联方。你知道萨拉并不直接持有CCM公司的股票，但你不能确定她是否间接持有该股票。第267条第（c）(2)款规定，如果她的任何家人持有CCM公司的股票，将视为萨拉持有CCM公司的股票。当你在与她的首次会面中谈到这个事实时，发现你不知道萨拉的哥哥杰克和她的侄子罗伯特持有多少CCM公司的股票。

第五步：重复第一步到第四步

在调研过程中，有时甚至是专家也可能发现自己没有弄清所有必要的事实来完成对客户交易的分析。在这种情况下，调研人员必须重复第一步以从客户那里获取其他额外信息。额外信息时常显示调研人员必须解决的额外税收问题和调研问题。调研人员在对分析满意之前，可能会不得不重复几次从第一步到第四步这个过程。

应用第五步

你联系萨拉询问一个问题：杰克和罗伯特各自持有CCM公司多少股份？她回答，在CCM公司1 000股流通在外的股票中，杰克持有350股，罗伯特持有200股。根据这个额外的事实，你可以完成将第267条适用于萨拉销售行为的分析。

根据第267条第（c）(2)款规定，萨拉的家人包括她的哥哥杰克，但不包括她的侄子罗伯特。因此，萨拉间接持有杰克直接持有的CCM公司的350股股票。然而，杰克也间接持有由他儿子持有的200股。第267条第（c）(5)款规定，在确定萨拉的股票所有权时，不应考虑杰克对这些股票的间接所有权。在这些法定条款的基础上，你可以认定萨拉只直接和间接拥有CCM公司流通在外的1 000股股票中的350股（35％）。所以，她和CCM公司并不是关联方关系，她向该公司出售土地的行为将不适用第267条第（a）款，并且萨拉可以确认已发生的7.5万美元的损失。

继续分析与你的最后两个调研问题相关的信息资源和法源，如果这片土地在第1221条下确认为资本性资产，那么萨拉确认的损失将是资本性损失。如果在第1221条第（a）(1)款下，这片土地被认为是持有待售财产时，就不属于资本性资产。这种确认往往是大量司法判决的关键。在最近的案例中，James E. Zurcher Jr. v. Commissioner，TC Memo1997—203的部分描述如下：

在上诉人交易的一般程序中，一项财产是否属于资本性资产，或者是否财产初始就是持有待售是一个重要判定……法院用下面的非排斥性因素来辅助进行判定：（1）纳税人交易的性质；（2）纳税人取得和持有财产的目的；（3）为了使财产更容易交易的细分、分割和其他改进活动；（4）销售的频率、数量和连续性；（5）纳税人参与销售活动的程度；（6）财产持有的时间；（7）财产销售收入金额及其占纳税人总收入的百分比；（8）广告和其他促销活动的程度；（9）财产是直接列出还是通过经纪人列出。

萨拉认为，她取得土地的目的是将它作为长期投资。她没有对土地做任何改良，没有任何其他的不动产销售（除了她的个人住房），这项销售收入在她的收入中所占的比例并不大，而且没有做广告或者其他促销活动。基于这些事实，你得出结论，在经营活动的一般过程中萨拉并不是为了销售而持有这片土地，因而这片土地是资本性资产，而且她的损失是长期资本损失。她可以在销售年度扣除当年确认的资本利得范围内的损失。如果资本损失超过了资本利得，在计算调整的总收入时，萨拉可以扣除超出部分的 3 000 美元。任何未扣除的损失作为长期资本损失结转至以后的纳税年度。

第六步：交流结论

税务调研人员的任务是对关于客户情况的调研问题做出准确、有用、完整的回答。直到调研员通过编制调研过程的书面总结来记录工作内容，这项任务才算完成。这样的总结通常采用调研备忘录的形式，它包括：（1）对有关事实的表述；（2）对相关法源资源的分析；（3）对调研人员结论的解释；（4）向客户提供的作为调研业务一部分的建议细节。这份备忘录将作为调研过程的永久记录，以备调研人员（或任何其他专业人士）将来参考。

调研人员也必须与客户交流其结论。典型的做法是调研人员给客户写一封信，包含与调研备忘录内容相似的信息。在写这封信时，调研人员应该根据客户情况调整信的内容和写作风格。例如，给一位拥有大量税收知识的客户的信中可以包含技术参考资料，但如果将这些技术参考资料包含在写给只有很少税务知识的客户的信中是不合适的。同样地，给一个既是客户又是多年朋友的人的信可以用非正式形式，但这样的信不适合写给新公司客户的财务总监。

应用第六步　　　作为永久性记录，你需要写出下面的调研备忘录。

2007 年 3 月 5 日
税务文件备忘录
寄信人：布里奇·麦古芬（Bridge McGuffin）

主题： 萨拉·科尔特税收调研结论

事实概述

萨拉·科尔特正在考虑向 CCM 公司销售 12 英亩未开垦的土地，建议价格是 325 000 美元。这片土地是 1994 年以 400 000 美元的价格从非关联方——比安卡夫妇处购入的，目的是作为长期投资。科尔特女士自从购入之日起没有对土地进行改良，也没有购买或销售除了她的个人公寓以外的其他不动产。CCM 公司是一家股份公司，有 1 000 股流通在外的股票，科尔特女士不是 CCM 公司的股东；然而，她的哥哥杰克·科尔特和侄子罗伯特·科尔特分别持有 350 股和 200 股股票。科尔特女士与 CCM 公司的其他股东没有亲戚关系。

税法和分析

按照 1986 年《国内税收法典》第 1001 条，科尔特女士在这项土地销售中将实现 75 000 美元的损失，等于土地的调整后基数（400 000 美元的买价）超过销售所实现金额（325 000 美元的售价）的部分。然而，第 267 条第（a）(1) 款指出第 267 条第（b）款定义的关联方之间的财产销售或者交易而造成的损失不允许扣除。因此，关联方包括个人和该个人直接或间接拥有超过 50％的流通股的公司。虽然科尔特女士并不直接拥有 CCM 公司的任何股票，但是，我们必须考虑她的哥哥和侄子拥有的 CCM 公司的股票是否构成科尔特女士间接拥有 CCM 公司超过 50％的股票。

第 267 条第（c）(2) 款指出，根据第 267 条第（b）款，当由家庭直接或间接持有或者为家庭直接或间接持有股票时，我们认为个人拥有这些股票。在第 267 条第（c）(4) 款中，家庭包括个人的兄弟、姐妹、配偶、父母和直系亲属。因此萨拉·科尔特被认为间接持有她哥哥杰克·科尔特持有的股票，但是不包括她侄子罗伯特·科尔特持有的股票。注意，杰克·科尔特会被认为间接持有罗伯特·科尔特拥有的股票。但是，第 267 条第（c）(5) 款指出，在确定萨拉的所有权时，不考虑杰克持有的间接股票。因此，萨拉·科尔特间接拥有 350 股 CCM 公司的股票，等于 1 000 股流通股的 35％。由于科尔特女士对 CCM 公司的所有权低于 50％，不适用不允许扣除关联方损失的第 267 条第（a）款的规定。

如果根据第 1221 条这片土地将被确认为资本性资产，科尔特女士确认的损失将是资本性损失。如果根据第 1221 条第（a）(1) 款，这片土地被认为是持有待售财产时，它就不是资本性资产。这种确认往往是大量司法判决的关键。在最近的案例中，James E. Zurcher Jr. v. Commissioner，TC Memo1997—203 的部分描述如下：

在上诉人交易的一般程序中，财产是否是一项资本性资产，或者是否财产初始就是持有待售是一个重要判定……法院用下面的非排斥性因素来辅助进行判定：(1) 纳税人交易的性质；（2）纳税人取得和持有财产的目的；（3）为了使财产更容易交易的细分、分割和其他改进活动；（4）销售的频率、数量和连续性；（5）纳税人参与销售活动的程度；（6）财产持有的时间；（7）财产销售收入金额及其占纳税人总收入的百分比；（8）广告和其他促销活动的程度；（9）财产是直接列出还是通过经纪人列出。

科尔特女士认为她取得土地的目的是将它作为长期投资。她没有对土地做任何改良，没有任何其他的不动产销售（除了她的个人公寓），这项销售的收入在她的收入中所占的比例并不巨大，而且没有做广告或者其他促销活动。基于这些事实，可以得出结论，在经营活动的一般过程中科尔特女士并不是为了销售而持有这片土地，因而这片土地是资本性资产。

结论

科尔特女士将确认 75 000 美元的资本损失。因为她持有这片土地超过一年，所以这项损失是长期资本损失。如果这项损失超过确认的资本利得，根据第 1211 条第（b）款，在计算调整后总收入时，她可以扣除超过部分的 3 000 美元。任何未扣除的损失作为长期资本损失结转至以后的纳税年度。

你还要向萨拉·科尔特写如下的一封信。

2007 年 3 月 5 日
萨拉·科尔特女士
1812 Riverbend Place
Kirkwood，Missouri 62119

亲爱的科尔特女士：

这封信是对您咨询关于向 CCM 公司销售 12 英亩未开发土地的税收结果的答复。在陈述我的结论之前，我想先对您的情况作一下总结。您在 1994 年购买了一块土地作为一项长期投资，购买价格为 400 000 美元，并且财产的出售方比安卡夫妇和您没有关联关系。自从购买日起您没有采取任何方式对这块土地进行改动，除了个人住宅您也没有购置或出售任何不动产。CCM 公司是一家股份公司，拥有 1 000 股流通在外的股票。尽管您没有持有其任何股票，但您的哥哥杰克·科尔特和他的儿子罗伯特·科尔特分别持有 350 股和 200 股该公司的股票，此外您并不认识 CCM 公司的其他股东。我的结论的准确性完全依赖于我对这些事实的理解。所以，如果对于以上事实的陈述有任何不正确或不完整之处，请及时通知我。

如果您按照约定的合同价格 325 000 美元将您的土地出售给 CCM 公司，您将遭受 75 000 美元的损失。这个损失等于您对该土地 400 000 美元的投资减去您最后将要收到的 325 000 美元现金的差额。除非您是

CCM 公司在税法意义上的"关联方"，否则您可以在该销售年度的个人纳税申报表中报告这一损失。根据我的调研，尽管您的哥哥和您的侄子总共拥有 CCM 公司 55% 的利益，但您和 CCM 公司不满足"关联方"的法定定义。因此，您可以报告这项 75 000 美元的损失。因为您是为投资而持有这块土地，并且持有时间超过一年，这项损失应列为长期资本损失。您可以在本年度资本利得的范围之内扣除该项资本损失。如果您的资本损失额超出了您的资本利得额，您只能从您的其他收入来源中扣除超出部分中的 3 000 美元。

感谢您使我们公司有机会就该事项向您提供建议。如果您对于我的结论有什么疑问，请直接打电话给我。如果您继续按照计划销售土地，我将很乐意与您见面来制定一项使您最大限度地扣除预计价值 75 000 美元的资本性损失的策略。

诚挚的，

布里奇·麦古芬

结　论

由于现行税法冗长而复杂，税务调研对税收从业人员来说是一项非常重要的技能。税务调研经常是税收遵从的一部分，而且对税收筹划程序来说也非常重要，它允许调研人员识别和追寻投资和经营选择的税收结果。这一章介绍的六个步骤为税务调研初学者在形成调研问题、识别和分析相关法源，以及交流调研结果方面提供了指南。随着税务调研人员对各种法律资料越来越有经验和越来越熟悉，税务调研程序将会成为战略税收筹划很自然的一部分。

既然你已经学完了本书的第二部分，你应该理解税收筹划策略如何减少成本和增加企业交易的净现值。除此之外，你已经学习了税务调研的基础，它对分析税收筹划方案的税收结果是非常必要的。本书的第三部分和第四部分建立在反映了所得税法基础的框架上：企业如何计算年度应纳税所得和该所得的联邦税。随着你将这些法律知识融合到你对作为财务成本的税收的理解中，你对税收筹划程序的理解将会从抽象转为具体。

我国的基本法源

按照法律效力高低不同将税法分为不同的层次，层次高的税法对层次低的税法具有支配力，层次低的税法不得与层次高的税法相抵触。目前我国税法的效力等级可分为税收法律、税收行政法规、税收行政规章等。下表列举了不同效力等级的立法机关和效力情况：

法律法规分类	立法机关	说明
税收法律	全国人大及常委会制定的税收法律	除宪法外，在税收法律体系中，税收法律具有最高法律效力。
	全国人大及常委会授权国务院制定的暂行规定及条例	具有国家法律的性质和地位，其法律效力高于行政法规，为待条件成熟上升为法律做好准备。
税收法规	国务院制定的税收行政法规	在中国法律形式中处于低于宪法、法律，高于地方法规、部门规章、地方规章的地位，在全国普遍适用。
	地方人大及常委会制定的税收地方性法规	目前仅限海南、民族自治区。
税收规章	国务院税务主管部门制定的税收部门规章	国务院税务主管部门指财政部、国家税务总局和海关总署。该级次规章不得与宪法、法律法规相抵触。
	地方政府制定的税收地方规章	在法律法规明确授权的前提下进行，不得与税收法律、行政法规相抵触。

我国现行税法体系

我国现行税法体系由实体法体系和程序法体系两大部分构成，包括：

1. 税收实体法体系

2007 年我国共有 21 种税，除了企业所得税、个人所得税是以国家法律的形式发布外，其他税种都是经全国人大授权立法，由国务院以暂行条例的形式发布实施。这 21 个税收法律、法规构成了我国的税收实体法体系。

2. 税收征收管理法律制度

除税收实体法外，我国对税收征收管理适用的法律制度，是按照税收管理机关的不同而分别规定的。

（1）由税务机关负责征收的税种的征收管理，按照全国人大常委会发布实施的《税收征收管理法》执行。

（2）由海关负责征收的税种的征收管理，按照《海关法》及《进出口关税条例》等有关规定执行。

这些都是我们税收筹划的基础法源，是我们税收筹划工作的准绳，只有以正确的法规做基础，税收筹划才能做到有理有据，才具有实践意义。

税收筹划实施的一般步骤

认真研究纳税人经营管理和理财的有关基本情况

需要了解下列问题：纳税人的经营环境、纳税人经营管理特点、纳税人发展战略目标和策略、纳税人财务状况、领导对待税收筹划风险的态度、纳税人纳税的基本情况等，从而确定税收筹划的目标和重点。

学习、掌握税法和有关税收政策

掌握国家税法和政策精神，是一项重要的税收筹划前期工作。在着手进行税收筹划之前，首先应学习和掌握国家有关的政策及精神，并判断税法的变动趋势，争取税务机关的帮助与合作，这一点尤为重要。

制定税收筹划方案

（1）进行可行性分析，制定税收筹划思路并进行可行性分析。

（2）草拟方案，根据纳税人的情况和要求以及税法及政策的情况，草拟筹划方案。

（3）税务计算，按照税收筹划设计的方案对纳税人的应纳税额进行具体的计算。

（4）各因素变动分析，对影响税收筹划效果的内部因素将来可能会发生的变动进行分析。

（5）敏感性分析，对影响税收筹划实施的内外部条件可能发生的变化而引起税收筹划效果变化的敏感程度进行分析。

（6）综合评估方案对纳税人整体财务利益的影响，分析评估纳税人税收行为的变化对纳税人综合、整体的影响。

（7）设计几种可行的筹划方案，为达到筹划目标，往往会有几种行动方案，因此要考虑可能的路径，设计出相应方案。

筹划方案的抉择和优化

筛选时主要是考虑下面一些因素：

（1）选择节约税收更多的或可得到财务利益的方案；

（2）选择执行成本更低的方案；

（3）选择执行更便利的方案。

筛选出的筹划方案往往是纳税人未必十分满意的，方案还需要综合多方面意见进行修改，不断优化，直至满意为止。

税收筹划方案的实施和控制

筹划方案实施后，要进行筹划的控制，通过信息反馈，针对可能出现的情况变化，调整筹划方案，以实现预期的筹划目的，控制筹划风险，实现税收筹划的目标。

结束语

总而言之，税收筹划是一项实用性和技术性很强，涉及多领域的系统工作，贯穿于企业经营活动的各阶段和各环节。在进行税收筹划活动中，注意防范风险，准确操作，使筹划行为符合税法的要求，才能筹划成功。

关键术语

引用	税收规定	美国地区法院
1986 年《国内税收法典》	补充法源	美国最高法院
基本法源	专业建议备忘录（TAM）	美国税务法院
私人信件裁定（PLR）	财政规章	
税收程序	美国巡回上诉法院	

税收筹划案例

1. 阿特想把他闲置的钱投入到股票市场上。过去，他关注成长性股票和长期价值，目的是利用长期资本收益的优惠税率。他最近发现对于股利收入，这个优惠税率依然适用。然而，他被佣金报告搞晕了，因为报告中列出了合格的股利和不合格的股利。

从阿特的角度调查哪种股利符合优惠税率的要求。给阿特先生写封信，交流一下你的调查结果。

2. 兰斯是一名最近刚退役的专业运动员，他在写回忆录。他打算把这本书的版税直接交给他最喜爱的慈善组织。他目前还没有和出版商签订合同。

这些将来的版税会包括在兰斯的应税总收入中吗？如果会，原因是什么？如果不会，又是因为什么？如果你的答案是会，那么有其他方案使兰斯可以避免确认总收入吗？编制一份备忘录，列出调研问题，关于这些问题的结论以及支持结论的具体法定、行政或者司法法源。

第三部分

应税所得的计量

第6章

营业应税所得

学习目标

通过本章的学习，你应该能够：

1. 描述营业周期与纳税年度之间的关系。
2. 确定可以用于计税的会计方法。
3. 解释税收政策目标对计算应税所得的影响。
4. 运用收付实现制计算应纳税所得额。
5. 比较公认会计准则与税法所反映的谨慎性原则。
6. 区分会计金额与税收金额之间的永久性和暂时性差异。
7. 解释账面税收费用与应纳税额的区别。
8. 用税收核算原则计算预收账款和应计费用。
9. 解释净营业损失扣除如何平滑应税所得。

这一章着重讨论税收在企业经营决策中的作用。在前几章中我们已经详细阐述了在一般情况下应税所得和应纳税扣除额的计算方法，并通过一系列的假定交易解释了收入和扣除项目是如何产生税收成本，又是如何为企业节约税收的，并且也已经把这些成本和税收节约引入到计算交易现值的现金流模型中。

在第三部分，我们主要是把法定性原则、规则性原则和公正性原则引入到应税所得的计量中，第5章讲述公司选择纳税年度和会计核算方法对应税所得计量的影响，重点强调了会计收入和应税所得之间的差异。与前几章不同，本章不仅包含了相关的《国内税收法典》和财政规章，也涵盖了相应的应税所得的计算。根据其对现金流的影响以及它与税收筹划过程的相关性，本章将进一步分析这一新方法。在此基础上，本章将进一步实现本书的主要目标之一，即在财务课程和传统法律课程之间实现有机结合——财务课程通常不涉及税法内容，而传统法律课程则忽略了税收在财务决策中的作用。

作为应税所得的营业利润

联邦所得税的税基是应税所得，即收入总额减去可扣除额。[①]《国内税收法典》将收入总额定义为："收入总额就是来源于任何资源的全部收入。"[②] 在企业经营过程中，收入总额包括在一般商业活动中商品销售收入以及提供劳务获得的收入，除此之外还包括投资性收益，如利息、股利和租金等。总之，收入总额的范畴比较广泛，甚至包括企业交易中不常发生的净值增加。

偿还债务产生的收入

C 公司欠其主要供应商一笔逾期未还的应付账款，账面价值 80 000 美元。供应商知道 C 公司存在严重的现金流问题，并希望该公司能尽快、尽好地偿还该笔账款。经双方协商，C 公司用 60 000 美元的现金偿还该笔账款。由此，C 公司的净值增加了 20 000 美元，应将其计入该公司当年的收入总额。

在计算应税所得时，可以扣除日常经营过程中的绝大部分支出[③]，即可以扣除各种国家、地方及国外的税收支出[④]；甚至可以扣除购置用于长期用途的资产所发生的成本。这些成本回收扣除（比如折旧）可以分摊至后面几年，这一部分将在第 7 章中详述。因为税法允许扣除企业生产经营中所发生的支出与成本，因此联邦所得税是对净利润征税，而不是对总收入征税。

我国也是根据会计上确认的利润总额计算应纳税所得额。《中华人民共和国企业所得税法》第 5 条规定："企业每一纳税年度的收入总额，减除不征税收入、免税收入、各项扣除以及允许弥补的以前年度亏损后的余额，为应纳税所得额。"

[①] § 63 (a).

[②] § 61.

[③] "可以在从事交易或业务的纳税年度中扣除公司日常经营过程中支付或产生的普通、必要的成本支出。" § 162 (a).

[④] § 164 (a). 公司也许会放弃扣除已缴纳的国外所得税，并用其抵免联邦所得税，因为对国外所得进行纳税是为了获得这些税的一种信誉以此抵消其联邦所得税的债务。国外所得税抵免将在第 12 章中讨论。

纳税年度

一家公司必须每年计算应税所得，并按年度纳税。公司可以选择以 12 个月为一个纳税周期计量应纳税所得额，因此，纳税年度基本上与会计年度是相对应的[①]，也就是说，如果一个公司按照日历年度进行会计核算，那么该公司的纳税年度也是从每年 1 月起到 12 月止；如果一个公司按照会计年度（以除 12 月之外的任何一个月的最后一天结束的长度为 12 个月的周期）记账，那么其纳税年度则与其会计年度一致。[②]

目标 1

描述营业周期与纳税年度之间的关系。

对日历年度或会计年度的选择取决于公司的营业周期；企业在经营中可以在正常的营业周期结束时结账并计算利润。一家服装零售店可能发现一年中 2 月 28 日这一天最能准确地反映一个营业周期，即在暑假达到销售峰值，而在春季到来之前跌落到销售最低点。而滑雪场可能会用当年 6 月 1 日到次年 5 月 31 日作为一个会计年度，因为这样划分可以使财务决算反映一个营业周期的利润情况。

变更纳税年度

一般情况下，新的经营实体是通过填写当年的初始纳税申报表来确定该公司的纳税年度。[③] 这种初始税单反映了经营实体从经营开始至结束期间的应税所得或应税损失，结果就有可能致使初始税单所反映的期间短于 12 个月。而纳税年度一旦确定，除非国内收入署批准，公司不得随意更改。[④] 特别是当个人独资开设新公司并且采用日历年度记账时，这一要求就有了非常重要的意义。在绝大多数情况下，个体投资者总是选择日历年度填报税单。尽管公司本身是新成立的，但作为应税实体来说却已经成为确定了纳税年度的纳税人。因此，所有者必须向国内收入署申请变更会计年度以满足该企业会计核算的要求。

当一家公司有充分的经营理由需要变更年度会计核算期间时，国内收入署通常会批准其变更纳税年度。但如果公司缺少足以令人信服的理由，国内收入署将会拒绝申请。而在获得国内收入署批准之后，公司需向国内收入署填报短期纳税申报表，以完成变更程序。

---

① § 441(b) and (c).

② 公司编制财务报表和纳税申报表可以选择一年 52～53 周。这样的一年也就是指一个长度为 52 周或 53 周，并且结束在一周同一天的一个年度期间。

③ Reg. § 441-1T(b)(2).

④ § 442. Rev. Proc. 2002—37, 2002—1 CB 1030, 规定企业如果在纳税年度之后 48 个月之内没有变更纳税年度，那么在其结束后可以不经过国内收入署批准自行变更纳税年度。

| 变更纳税年度 | B 公司自 1985 年以来一直采用日历年度申报纳税，该公司近期开发了一种新业务，该业务在每年 7 月结束其营业周期。公司申请变更纳税年度并获得美国国内收入署（IRS）批准将其纳税年度变更为在 7 月 31 日结束的会计年度。为了从日历年度变更到会计年度，公司将填报一份从 1 月 1 日至 7 月 31 日的纳税申报表。那么 B 公司下一年的纳税申报表将反映 8 月 1 日到第二年 7 月 31 日为止的纳税年度。这一纳税年度的改变如下图所示： |

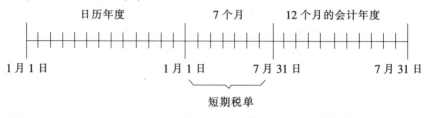

计算短期纳税申报表上的年收入

因为短期税单不能反映全年的收入情况，所以在此收入基础上计算的税额可能会比较低。为解释这点，假设前例中 B 公司每月产生 10 000 美元的收入。在一个纳税年度内，该公司的平均税率为 25.04%。当变更纳税年度时，当年的纳税年度只有 7 个月，平均税率将只有 17.86%。

	以 12 个月为一个纳税年度	以 7 个月为一个纳税年度
应税所得	$ 120 000	$ 70 000
税额计算：		
以 15% 的税率计算前 50 000 美元	$75 000	$ 7 500
以 25% 的税率计算接下来的 25 000 美元	6 250	5 000
以 34% 的税率计算接下来的 25 000 美元	8 500	
以 39% 的税率计算接下来的 20 000 美元	7 800	
总税额	$ 30 050	$ 12 500
12 个月的纳税年度：30 050 美元税额÷120 000 美元应税所得＝25.04%		
7 个月的纳税年度：12 500 美元税额÷70 000 美元应税所得＝17.86%		

7.18% 的扣除率将使 B 公司产生 5 026 美元的永久性税收节约（70 000 美元×7.18%）。这种税收节约是由减少的税基乘以累进税率所产生的。

当申报这种短期税单以变更其纳税年度时，联邦税法一般不允许出现这种结果，税单上的应税所得必须换算为年度数据，即在数学上换算为 12 个月的经营收入[1]，在此基础上计算得出完全税额，然后再将其折算成税单上实际月份的应纳税额。下例仍将以 B 公司为例，解释上述计算过程。

---

[1] §443(b).

	以 7 个月为一个纳税年度
应税所得	$ 70 000
换算比率	
(12 个月收入÷7 个月收入)	1.714 3
换算成按年计算的收入	$120 000
按年计算的税额	$ 30 050
换算比率	
(7 个月收入÷12 个月收入)	0.583 3
总税额	$ 17 528
17 528 美元税额÷70 000 美元应税所得＝25.04%	

B 公司在短期税单上的平均税率是 25.04%，这个税率与以 12 个月为基础计算的平均税率一致。由于按年折算要求，企业在填报短期纳税申报表时不会因为变更纳税年度而获得税收利益。但是这个要求不适用于已填报的短期纳税申报表，因为纳税实体当年存在的时间仅仅是纳税年度的一部分[①]，因此，一家新成立公司的第一份纳税申报表或一家即将关闭的公司的最后一份纳税申报表上所报告的短期收入也许都会以较低的税率缴税。

不需要折算的情况

W 公司自 1988 年以来一直以日历年度申报纳税，在 3 月 31 日关停并解散企业。在其经营的 20 年内，公司按照年度收入计算的平均税率都是 34%。在最后一年的税单上，W 公司报告 1 月 1 日—3 月 31 日的应税所得为 96 200 美元。因为该年公司只经营了三个月，因此公司不需要将其收入换算成年度数据，它的短期税单上的税额就是根据实际应税所得计算得出的税额 20 958 美元。公司最后一年的平均税率只有 21.79%（20 958 美元税额÷96 200 美元应税所得）。

税额	
以 15% 的税率计算前 50 000 美元应税所得	$ 7 500
以 25% 的税率计算接下来的 25 000 美元应税所得	6 250
以 34% 的税率计算接下来的 21 200 美元应税所得	7 208
总税额	$20 958

在我国，会计年度和纳税年度都是以日历年度为准，因此不存在短期纳税申报表的换算。如果企业成立的时间在 6 月之前，以全年作为纳税申报年度计算；如果企业成立的时间在 6 月之后，企业则应根据具体情况而定。

---

① Reg. §1.443-1(a)(2).

会计方法

确定纳税年度之后，公司必须将交易事项中的收入项目和扣除项目分配到特定年份。为此，公司应该采用一种会计方法：用于确定计税时公司应该在哪一时点上确认收入和扣除项目。《国内税收法典》规定公司在计算应税所得时可以采用收付实现制会计方法、权责发生制会计方法或者是几种会计方法的综合应用等。① 我们将在后面几节里分别对这三种方法详细阐述。另外，《国内税收法典》对只用于特定交易的会计方法也作了相应规定。比如：某公司按照合同规定生产一种产品，而这种产品在 12 个月内不可能完工（比如说远洋油轮），因此该公司就应该根据《国内税收法典》第 460 款规定采用完工百分比法计算合同的年度应税所得。

税法规定 "没有完全一致的会计方法适用于所有纳税人，每一个纳税人应该选择最能满足需要的方法"。② 另外，如果一个纳税人经营两个或两个以上的公司，可以允许其根据每个公司的实际情况选择不同的会计方法。③ 这也就说明，"经国内收入署同意，只要能清楚准确地反映收入，任何一种方法都可以选用"④。因此国内收入署有权决定公司所选择的确定收入的方法是否能够精确反映公司缴纳联邦税的能力。

当关联方涉入企业交易时，国内收入署就有理由检查反映税收结果的会计方法并有权提出质疑。《国内税收法典》第 482 条规定：对于在共同拥有或控制下的两家或两家以上的公司来说，为清楚反映每一家公司的收入情况，国内收入署可以"重新分配总收入、扣除额、抵免额以及准备金等"。

当决定会计方法选择是否对关联方之间转移收入产生有利影响时，国内收入署通常会引用《国内税收法典》第 482 条的规定。下例将具体说明这一情况。

税收讨论

近期，药品公司葛兰素(Glaxo)为解决其英国母公司与美国子公司之间分配收入所适用的会计方法涉及的第 482 条规定所引起的长达 20 年之久的争议一案向国内收入署支付了 34 亿美元。

使用会计方法转移收入

ABC 公司和 XYZ 公司的股东相同，ABC 公司是制造类企业，XYZ 公司是区域批发商，即从供应商（包括 ABC 公司）手中购进商品再转销。ABC 公司的边际税率为 35%，XYZ 公司的边际税率仅为 15%，因此投资者就有动机将收入从 ABC 公司转移到 XYZ 公司，也就是 ABC 公司将生产出来的产品以成本价出售给 XYZ 公司，而不是以市场价卖给非关联批发商。当 XYZ 公司再将其转售时，制造和销售产品的全部利润就包括在 XYZ 公司的收入中。

---

① §446(c).
② Reg. §1.446-1(a)(2).
③ §446(d).
④ Reg. §1.446-1(a)(2).

在上例中，ABC 公司通过会计方法将产品销售给 XYZ 公司，结果扭曲了这两个公司的应税所得额。如果在税务审计时，税务人员发现类似情况，国内收入署将依据第 482 条规定将所得再分配给 ABC 公司以纠正这种扭曲。

依据第482条对应纳税所得额重新分配

在对 ABC 公司 2004 年的纳税申报表进行审计时，国内收入署若发现 ABC 公司按照市场公允价值销售给 XYZ 公司，该公司将多获得 670 000 美元的总收入。因此国内收入署依据第 482 条规定将 670 000 美元从 XYZ 公司重新分配给 ABC 公司。这样才能准确反映这两个公司 2004 年度的应纳税所得额。

一旦公司选定一种会计方法，若该公司不向国内收入署正式申请并获准，一般情况不能改变会计方法。[1] 一般公司若提出申请变更会计方法，应陈述其变更原因及目的等，国内收入署的审批也比较谨慎严格；一旦批准，国内收入署将严格控制变更后的情况，以确保公司在变更当年没有隐瞒收入，或者没有多加计扣除额。[2]

申请被拒绝

1987 年，美国运通公司（American Express）向国内收入署申请获准变更会计方法，核算从信用卡持有者手中取得的年费收入。在此之前，该公司的这类年费都是在实际获得月份时确认为收入。运通公司希望有所改变，将其按"比例包含"方法确认，在此方法下这笔年费收入就可以平均地摊销到自开出账单之日起的 12 个月之内，并确认为每个月的收入。但国内收入署认为这种方法不能准确反映公司的应税所得，因此不予批准。结果，美国运通公司向联邦法庭提出诉讼，但在其诉讼 14 年之后，法庭支持了美国政府的决定，该公司在 1987 年多缴纳了 19 900 万美元的税款。[3]

税收政策目标

目标 3

解释税收政策对计算应税所得额的影响。

能够准确计算应纳税所得额不是税法的唯一目标。国会希望法律能与国家政策、政治热点和税收规定一致，并且使这种一致性与收入计算无关。比如，某公司对政府机关的政党或候选人的献金和联邦或国家游说费用是不允许在税前扣除的。[4] 在会计上，公司必须确认该笔支出，但是由于国会不想鼓励资助此类政治活动，所以这类费用不能抵扣应纳税所得额。

---

① §446(e).
② §481(a).
③ *American Express Company v. United States*, 262 F. 3d 1376 (CA FC, 2001), *aff'm* 47 Fed CI 127 (2000).
④ §276 and §162(e).

税收讨论

国会想扩展不可扣除罚款的范围，将对民事案件的赔款也纳入到不可抵扣的范围当中。查尔斯·加斯雷（Charles Gassley）参议员认为："民事赔偿就好比被蜜蜂蛰一下，而不是被蚊子叮咬。允许公司从其应纳税所得额中扣除民事赔偿就无疑是从蜜蜂身上取走螫针。"

与此类似，因为国会不愿用税前扣除的办法补助某些不良行为，公司不能扣除非法商业贿赂、商业回扣、罚款、赔款等。[①]

而对于经营中产生的交际应酬费，相应的税收规定也是基于政治考虑。许多公司为了改善与顾客、客户、投资人和员工之间的关系而大量发生交际应酬费。这类支出的初衷也许是出于商业目的，但同时不可否认的是，这也会使参与者本人受益。"三色马提尼午餐"（three-martini lunch）已经成为奢华饭局的代名词，而其所包含的内容远比商业初衷多得多。作为对此类交际应酬费指责的回应，税法也绝不会姑息此类行为，因此国会仅仅允许公司税前扣除当年实际发生费用的50％。[②]

在业务招待费、广告费和宣传费方面，我国会计与税法处理不同。会计上要求应全额确认并可在税前扣除；2007年12月13日发布的《中华人民共和国企业所得税法实施条例》则规定：企业发生的与生产经营活动有关的业务招待费支出，按照发生额的60％扣除，但最高不得超过当年销售（营业）收入的5‰。企业发生的符合条件的广告费和业务宣传费支出，除国务院财政、税务主管部门另有规定外，不超过当年销售（营业）收入15％的部分，准予扣除；超过部分，准予在以后纳税年度结转扣除。

不能抵扣的支出　　PLW是一家制造类企业，某年该公司因违反当地城市规划法而向孟菲斯城缴纳了2 000美元的罚款，为竞选国家公职的候选人捐款3 500美元，支出交际应酬费8 200美元。虽然在会计上这三类支出应作为费用核算，但在税法中罚款和政治献金是不可扣除类项目，只有交际应酬费中的4 100美元可以在计算应纳税所得额时扣除。

税收优惠

税法也包括了很多规定以鼓励企业的某些经济行为或经济活动。通过第4章的介绍，我们知道企业用以偿还州级或地方贷款的利息支出可在税前扣除，但取得这项免税优惠的公司在计税时应将其作为收入而并不将其确认为所得总额。另外，税法对人寿保单获得的收益也规定了相应的税收优惠，即被保险人在计算应税所得时可以从总收入中扣除该项收益。[③] 为保护公司经营不致因为重要人员去世而中断，许多公司都会为主管和高层管理人员投保，而公司本身是受益人，这类人寿保险被称为**关键人物人寿保险**。当这位关键人物去世时，公司将从保险公司获得一笔保险赔偿，这笔赔偿是利润但并不纳税。

---

① §162（c）and（f）.
② §274（n）. 第274条包括对许多关于差旅费及娱乐开支税前扣除的复杂限定。
③ §101（a）.

因此，市政债券利息以及关键人物人寿保险收益的免税地位的必然结果在于与其利润相关的支出类项目是不能抵扣的。也就是说，如果一个公司贷款用来购买或持有免税债券，那么该公司支付的利息也不能抵扣。[①] 同时，公司也不能抵扣每年支付的关键人物人寿保险保费。[②]

关键人物人寿保险　　OKD 拥有该公司的 CEO 和其他五位合伙人的寿险保单，在当年支付保费 14 300 美元。11 月，该公司的 CEO 在一次事故中死亡，OKD 公司因此而获得 750 000 美元的保险赔偿，但是依据税法规定，OKD 不能扣除 14 300 美元的保费支出，相应地，750 000 美元的保险赔偿收入也不计入总收入中。

作为 2004 年《美国就业机会创造法案》（American Jobs Creation Act）的一部分，美国国会通过了一项税收优惠政策：国内生产销售获得的利润可在税前扣除。[③] 到 2007 年为止，公司在国内"制造、生产、种植或提炼"产品获得的销售收入当中扣除额通常为当年净收入的 6%。如下例所示：

美国国内生产活动的税前扣除　　2007 年度，K 公司生产活动获得的销售收入如下表所示：

国内生产净收入	$ 500 000
国外生产净收入	600 000

该公司的国内生产活动可以税前扣除 30 000 美元（6%×500 000 美元），因此，该公司国内生产的应纳税所得额就是 470 000 美元。

根据国会通过的法案，这项新的**国内生产活动扣除**的税收优惠政策直接降低了国内制造业收入的税率。这项政策的目标主要是提高美国公司在全球市场的竞争力，鼓励美国公司对国内制造业的投资，并且帮助创造和保护美国制造业的就业市场。该税收优惠政策将在第 11 章中详述。

收付实现制

目标 4

运用收付实现制计算应纳税所得额。

　　在收付实现制下，无论何时销售商品或提供劳务行为，只要收到对方支付的货款或劳务费，公司就要确认为收入。

---

① §265(a)(2).
② §264(a).
③ §199.

收付实现制下对 收入的确认	CM 公司以日历年度作为会计年度，是一家以收付实现制为基础的咨询公司。该公司在下半年完成一项业务。12 月 12 日，公司向客户寄去一张 20 000 美元的账单，如果 CM 公司在年底之前还没有收到对方的支付款，那么对于 CM 公司来说即使该项业务已经发生，也不能确认为收入。直到第 2 年收到支付款时，该公司才能将这 20 000 美元作为收入。

在收付实现制下，无论支出行为是否发生，一旦款项支付，公司就应该记录并确认该项支出。

收付实现制下对 支出的确认	CM 公司雇佣了一位临时秘书协助公司进行年底的文书工作。这位临时秘书在 12 月 28 日完成了公司指派的工作，到次年 1 月 15 日该公司支付这位临时秘书的工资 950 美元。在收付实现制下，虽然在 12 月 28 日结束工作时公司就已经产生了该笔负债，但直到来年实际支付时公司才将其确认为费用。

收付实现制和现金流

会计核算中的收付实现制不能仅从字面含义理解。首先，以非货币形式支付所取得收入的价值等于用货币支付所产生的价值。是否有现金收入并不相关。

非现金收入	CM 公司向客户开出一张 12 000 美元的咨询费账单，客户以相同价值的可交易证券支付了该笔咨询费。由此，即使 CM 公司获得的不是现金收入，也同样应确认为收入。

如上例所示，在收付实现制下计算的净收入并不等于该公司的净现金流。换句话说，就是在收付实现制下，收入和现金的概念并不一致，即使对于采用收付实现制的纳税人而言也是如此。

收入和现金流	CM 公司向一非关联方借款 25 000 美元，年利率为 10%。3 年后，债务人向 CM 公司还本并一次性付息 33 275 美元（25 000 美元本金＋8 275 美元利息）。CM 公司的收入、费用及现金流如下表所示：

	收入/费用	现金流
贷款年度	—0—	$ （25 000）
偿还年度	$8 275	33 275

推定收入

在收付实现制下，当一个人可以无障碍地取得或控制某笔收入，即使并不实际拥有该收入，也应视为他取得了该笔收入。美国财政规章规定：在纳税年度里，如果纳税人贷记收入或是该收入对纳税人来说可以有效使用时，适用推定收入原则。[1] 比如，银行存款账户的累计利息是按天计算的，债权人有权取出利息，也就是说债权人应确认收入，因为他可以随时取出利息。

在国内收入署与采用收付实现制的公司的诉讼案件中，法庭若没有足够证据证明该公司不能控制或拥有已存在的收入，一般都会认定其属于推定收入。也就是说，在日历年度下，采用收付实现制的公司当年不能延迟至下年1月支付顾客12月寄来的账单。[2]

丢失的支票　　　霍勒斯·沃尔特和唐娜·沃尔特用收付实现制核算他们经营的牛场。在对沃尔特家族企业1996年的纳税记录进行审计时，国内收入署一位税务人员发现有超过一半的营业凭证表明沃尔特先生以77 442美元的价格销售了115头小公牛。凭证已经附在顾客寄来的支票后面，但在沃尔特家族公司当年的存款账户中却没有记录该笔收入。沃尔特先生与顾客联系时，顾客通知他说1996年寄去的支票一直没有支付过，又重开一张新的支票，在1998年沃尔特才收到并存入银行。沃尔特先生声称，1996年开出的那张原始支票并不证明该笔收入属于推定收入，因为他们只是丢失了支票，并没有兑现；而国内收入署认为沃尔特家族公司有没有兑现支票与此无关，他们必须在1996年的收入中包括该笔收入。联邦法庭认同了国内收入署的观点并判定：支票的丢失是对沃尔特家族公司，即收款人的征税的限制。当收益处置的限制是由于收款人本身的原因造成时，还没有一个例外的税收案例证明该笔收入不属于推定收入。[3]

预付费用及利息

在收付实现制下，只要实际支付现金，费用就已经产生。公司在费用能够产生收益之前的纳税年度里可以通过支付费用的方法实现加速扣除。如果由此而节约的税收成本超过了支付费用的机会成本，那么公司的税收筹划策略就是成功的。但是，此种方法会受到限制，即有效周期实质上超过会计年度末的支出所创造的收益不能扣除，而应资本化并且在其有效周期内分期摊销。[4] 据此，税法以12个月为限来判定一项费用是否当期扣除还是予以资本化，即如果费用在12个月内或更短的时间里产生收益，或者收益在不超过支付年度后的纳税年度末的时间里产生，那么费用可在支付年度扣除。反之，则予以资本化。[5]

---

① Reg. §1.451-2(a).
② *C.F. Kahler*, 18TC 31 (1952).
③ *Walter v. United States.* 148 F. 3d 1027 (CA-8, 1996).
④ *Welch v. Helvering*, 290 U.S. 111 (1933).
⑤ Reg. §1.263(a)-4. 这项规定适用于2003年12月31日之后发生或支付的各项支出。

| 预付保险费 | 2006 年 11 月 28 日，L 公司支付 9 930 美元保险费为其生产设备投保意外事故险。该公司以日历年度为纳税年度，并采用收付实现制缴纳税款。 |

　　·如果该意外事故险的保险期限是 1 年，为 2006 年 12 月 1 日—2007 年 11 月 30 日，那么受益期只有 12 个月，也没有超过 2007 年底，因此 L 公司在 2006 年可以全额扣除该保费 9 930 美元。

　　·如果该意外事故险的保险期限是 1 年，但投保时间是 2007 年 2 月 1 日—2008 年 1 月 31 日，保险期限仍然为 12 个月，但这项收益时间超过了 2007 年，因此 L 公司必须将 9 930 美元的保费资本化，并按照收益月份平均摊销成本，即 2007 年摊销 9 103 美元（9 930 美元×11/12），2008 年摊销 827 美元（9 930 美元×1/12）。

　　·如果该意外事故险的保险期限是 3 年，为 2007 年 1 月 1 日—2009 年 12 月 31 日，则受益期是 3 年。因此 L 公司必须将保费资本化，并且可以在这三年按期摊销，每年扣除 3 310 美元（9 930 美元×1/3）。

　　多年来，采用收付实现制，年底有多余流动性的公司可以通过向合作贷款人预付利息费用等形式实现税前扣除，以减少应纳税所得额。国会为此制定并通过了一项法令：预付的利息费用应予以资本化，在未来实际支付年度准予扣除。[①]

| 预付利息 | 10 月 1 日，W 公司从当地银行借款 100 000 美元，年利率为 8.2%。该公司以日历年度作为纳税年度，并以收付实现制为基础核算。12 月 19 日，公司预付第 1 年的利息 8 200 美元，根据规定，即使该公司是以收付实现制纳税，在当年年底也只能扣除 2 050 美元（10 月、11 月、12 月三个月的利息），次年 1 月 1 日—9 月 30 日的 6 150 美元的利息在下一年抵扣。 |

销售存货

　　公司向顾客销售商品时，应按权责发生制核算商品的购进及销售[②]，也就是说，公司应将商品的成本作为存货类资产予以资本化，在其实际销售年度再将所售出存货的成本费用化；同时，公司还应在销售发生而不是取得收入时记录销售收入。公司销售存货可以用整体**混合法核算**，即用权责发生制核算存货的购进及销售，而用收付实现制核算除此之外的其他交易。

---

① §461(g).这项资本化规定不适用于某些房屋抵押贷款的预付利息。
② Reg. §1.446-1(a)(4)(i) and §1.471-1.

混合会计法	LWT 公司以零售体育用品为主营业务，该公司采用混合法核算，即用权责发生制核算存货交易，用收付实现制核算除存货业务以外的其他所有交易和事项。也就是说，在权责发生制下，将所有购进商品资本化为存货，并在每年年底盘点，确定存货的期末价值和已售商品的成本，在销售时记录存货销售收入。

许多公司在向顾客提供劳务时也销售与劳务相关的有形产品，比如，景观设计公司通常主要向顾客提供设计服务，但有时为满足设计的需要也销售植物等。管道工程承包人一般不仅提供安装、修理服务，也销售相关的管道及其零配件等。这些公司都是在提供劳务的同时销售相关商品。一般原则下，公司应在权责发生制下核算这些存货的购进及其销售情况，但是相关法律为年平均总收入不超过 1 000 万美元的服务性公司提供一种简化的收付实现制。虽然这些金额较小的经济业务不必须采用权责发生制核算产品销售情况，但是在每年年底也同样需要将公司拥有的产成品存货计为资产。[1]

小型服务企业的特例	詹姆斯敦动物医院的主营业务是兽医服务，同时也向前来就诊的小动物的主人销售宠物用品等。该医院的年平均总收入在 300 万美元左右，因此该医院可以用收付实现制方法核算劳务收入和销售附属商品的收入。在当年的最后一个月，詹姆斯敦动物医院购进了一批价值65 800 美元的宠物用品。年底，期末结存存货 41 100 美元，故仅可以扣除 24 700 美元的成本，詹姆斯敦动物医院在实际销售这些宠物用品时才能扣除已经资本化了的 41 100 美元的存货成本。

收付实现制的使用限制

收付实现制计算简便，也较客观，因为应税所得的核算也是以现金收入（银行存款）和现金支出（签发的支票）为基础的；同时，收付实现制也对收入确认的时间提供了某些控制。

收付实现制下年终的税收筹划	E 公司是一家以收付实现制为核算基础的服务性企业，该公司以日历年度为纳税年度。在每年年底，公司拖延至下年 1 月才向顾客寄去账单以递延应税所得。它也尽可能预付更多费用来加速税前扣除。

因为收付实现制这种方法可以用来递延收入以及加速扣除，因此税法对大型企业运用这一方法做了严格的限制。年均收入超过 500 万美元的大型企业不能采用收付实现制[2]，并且这一禁止性规定也扩展到合伙企业，但个体

---

① Rev. Proc. 2002—28, 2002—1 CB 815.

② § 448.

服务企业除外（包括提供专业医疗、法律、会计等服务的个人独资企业）。对于这类个体服务企业，无论规模多大，都可以使用收付实现制核算应税所得。

变更收付实现制　　　　Walsham 是一家以建筑业为主的合伙企业，共有 18 个独立合伙人。该公司自 1986 年成立之日起就一直以收付实现制为基础核算经济业务，年平均总收入在 2 000 万美元左右。考虑到强制性法律因素，该公司的合伙人决定将其改制成法人企业。因此，该公司就必须将收付实现制变更为权责发生制。

权责发生制

根据公认会计准则（GAAP），只有权责发生制能准确核算年收入。[①] 公司向外部信息使用者披露经审计的财务报告通常需要采用权责发生制。美国证券交易委员会（SEC）为保持与公认会计准则的一致性要求上市公司以权责发生制为基础编制财务报表。

在权责发生制下，公司应在收入实现时确认收入。这种收入的实现只能在销售商品或提供劳务完成时才确认，而不论何时收到商品和劳务的款项。

权责发生制下对　　　　ADM 公司是一家以权责发生制为核算基础的咨询公司，该公司以
收入的核算　　　　日历年度为纳税年度。ADM 公司在当年 10 月、11 月提供了一项咨询服务，在 12 月 8 日向顾客开出一张 9 200 美元的账单，虽然直到次年 1 月 10 日该公司才收到该笔账款，但在权责发生制下该公司应记录 9 200 美元的应收账款和 9 200 美元的收入。

以权责发生制为核算基础的公司，无论费用是否支付，在费用的义务发生时就应与收入配比核算。

权责发生制下对　　　　ADM 公司雇佣了一个水管工维修洗手间里的漏水管道，这个水管
费用的核算　　　　工在 12 月 19 日完成该项工作并向该公司提交了一张 530 美元的账单。ADM 公司直到次年 1 月 20 日才支付该笔账单，但当年就记录了 550 美元的应付账款和 550 美元的费用。

如果公司在进行财务会计处理和计税时都采用权责发生制，每年账面上确认的收入是否就等于应纳税所得额呢？答案一般是否定的。对于绝大多数

[①]　公认会计准则由会计准则委员会制定，并由注册会计师从业人员遵守。

以权责发生制为会计核算基础的公司来说，确认的会计收入和应税所得额往往是不相同的，原因在于前者以公认会计准则为指导，而后者则是以税收核算原则为指导。对这种处理方法的不一致，一种解释是有人将其解释为对收入计量的不同认识角度：前者形成财务会计准则，后者形成税收法律。

在我国，《企业会计准则——基本准则》第一章第九条规定，"企业应当以权责发生制为基础进行会计确认、计量和报告"。将权责发生制作为会计基础加以规范，不再是将其作为原则或会计信息质量要求规定，体现了其在会计核算中的重要作用。

而收付实现制是与权责发生制相对应的一种会计基础，它是以收到或支付的现金作为确认收入和费用等的依据。

当前，我国的行政单位会计采用收付实现制，事业单位会计除经营业务以外的其他部分业务也采用收付实现制。除此之外，企业会计的确认、计量和报告都应当以权责发生制为基础。

比较收入核算的不同角度

目标5

比较公认会计准则和税法所反映的谨慎性原则。

企业管理者对财务报表中的收入核算持一种观点，而对计税时的收入核算却持另一种观点。公司期望尽可能多的报告会计利润，因为他们自身的薪酬甚至是他们的工作保障通常都取决于其所报告的利润情况。然而，公认会计准则是以谨慎性原则为基础，即当有疑问时，财务报表应延迟确认收入并加速确认损失。[①] 并且至少在理论上，公认会计准则提出严格控制日常管理当中任何多报告收入、少报告费用，从而高估账面收入的行为。

对于企业来说，与上述对账面收入的态度相反的却是，企业希望尽可能减少上报给政府的应税所得额。国会和财政部也都意识到了这一倾向。因此，联邦税法也包括了谨慎性原则，但该原则是为了阻止企业少报告收入、多报告扣除项目的行为。由此可见，公认会计准则和税法所反映的谨慎性原则截然不同，这也就产生了会计和税收上的差异。

永久性差异与暂时性差异

目标6

区分会计金额与税收金额之间的永久性和暂时性差异。

会计与税收之间的这种差异包括永久性差异和暂时性差异。永久性差异是指在会计上确认为收入但税收上不会确认收入的差异；免税利息就是永久性差异的一个例子；如果在会计上确认为费用或损失而税收上不确认同样会引起永久性差异；不可扣除的罚款和罚金也是永久性差异。最后，税法确认可以税前抵扣的但不会相应形成账面费用或损失的情况也会引起永久性差异。产生永久性差异的企业不能补偿因此而产生的纳税成本，同时也不需要偿还由此产生的纳税节约。

---

① Jamie Pratt, *Financial Accounting*, 2nd ed (Cincinnati, OH: South-Western Publishing, 1994), p. 192.

永久性会计/税收差异	Kalvoni 公司以权责发生制为核算基础，公司当年有 114 000 美元的免税利息，不能在税前扣除的费用是 386 400 美元，同时公司可以在税前扣除国内生产活动 767 000 美元。假设该公司只有这些会计和税收差异，且其税前会计利润是 4 712 000 美元，那么，其应税所得的计算过程如下表所示：

税前会计所得	$ 4 712 000
会计上没有确认的所得	(114 000)
不可扣除的费用	386 400
没有确认为费用的扣除项目	(767 000)
应税所得	$ 4 217 400

Kalvoni 公司会计所得超过应税所得的永久性差异 494 600 美元意味着为该公司节约了 168 164 美元的永久性税收成本（494 600 美元×34%）。

永久性会计/税收差异只有在实际发生年度才会产生影响，因此财务报表中的所得税费用是以调整过所有永久性差异的会计收入为基础核算得来的。

会计上的税收费用	Kalvoni 公司已审计过的资产负债表必须包括该公司当年的联邦所得税费用。会计上确认的所得税费用以调整过永久性会计/税收差异的会计收入为核算基础。

税前会计所得	$ 4 712 000
会计上没有确认的所得	(114 000)
不可扣除的费用	386 400
没有确认为费用的扣除项目	(767 000)
调整后的会计所得	$ 4 217 400
税率	0.34
会计上确认的所得税费用	$ 1 433 916

当出于会计目的而非税收目的需要在其他年份考虑所得、利得、费用或损失时，就产生了会计与税收上的**暂时性差异**。任何一项应税所得超过会计所得的暂时性差异在未来某年度都可能转换为会计所得超过应税所得；反之亦然。由于暂时性差异而引发的税收成本或税收节约在未来差异转回的年度必然会得到补偿或偿付。

暂时性会计/税收差异的转回	第 1 年，QZ 公司在交易中取得 100 000 美元的会计所得，在计税时，交易第 1 年产生 60 000 美元的收入，第 2 年产生 35 000 美元的收入，第 3 年产生 5 000 美元的收入。下表反映了该公司在税率为 34% 时每年的暂时性差异及公司的税收节约（成本）。

	会计所得	应税所得	差异	税收节约（成本）
第 1 年	$ 100 000	$ 60 000	$ 40 000	$ 13 600
第 2 年	—0—	35 000	(35 000)	(11 900)
第 3 年	—0—	5 000	(5 000)	(1 700)
合计	$ 100 000	$ 100 000	—0—	—0—

所得税费用与应纳所得税

目标 7
能够解释
账面税收
费用与应
纳税额的
区别。

企业在编制财务报表时，根据已调整了永久性差异的会计收入计算所得税费用。与此相对应的是，暂时性会计/税收差异并不会影响会计上的所得税费用。根据《财务报表会计准则》中的第 109 号"所得税会计"（FAS109）的规定，暂时性差异对税收的影响在资产负债表中用递延税收资产或递延税收负债表示。

会计所得和应税所得的暂时性差异产生了递延税收资产或递延税收负债，其金额等于差异金额乘以企业税率。应税所得大于会计所得所产生的差异称为**递延所得税资产**[①]，因为递延所得税资产类似于预付税款，因此暂时性差异产生的递延所得税资产是不利差异。而当应税所得小于会计所得时产生的差异被称为**递延所得税负债**。因为递延所得税负债与递延所得税类似，因此暂时性差异产生的递延所得税负债是有利差异。

递延所得税资产　　第 1 年，Holmes 有限公司所从事的交易发生了 19 000 美元的费用，其中只有 11 500 美元可以在税前扣除，因此，在该公司当年的资产负债表中因为这剩余的 7 500 美元的不利差异产生了 2 625 美元的递延所得税资产（7 500 美元×35%）。这一差异将在第 4 年该公司报告 7 500 美元的扣除额而没有会计费用时才转回，同时，公司初始交易产生的递延所得税资产将降低为 0。

递延所得税负债　　第 1 年，Holmes 有限公司所从事的交易产生了 50 000 美元的会计所得，而其应纳税所得额只有 27 200 美元。因此，在该公司当年的资产负债表中因为这 22 800 美元的有利差异产生了 7 980 美元的递延所得税负债（22 800 美元×35%）。这一差异在第 2 年该公司报告 10 000 美元的应税所得而没有会计所得时才能部分转回，同时，公司初始交易产生的递延所得税负债将减至 4 480 美元 [7 980 美元 — (10 000 美元×35%)]。

在我国，《企业会计准则第 18 号——所得税》中规定，企业在取得资产、

---

① 如果递延所得税资产的实现有问题，资产可能会由于资产负债表中的估价备抵而减少。

负债时，应当确定其计税基础。资产、负债的账面价值与其计税基础存在差异的，应当按照本准则规定确认所产生的递延所得税资产和递延所得税负债。

公司根据应纳税所得额计算其联邦所得税费用，应纳税所得额不仅反映了永久性差异，也反映了暂时性差异。以下面这个例子，作为对应税所得与所得税费用之间差异的总结。

永久性差异与暂时性差异

XYZ 公司从事多笔交易，结果导致在会计收入和应税所得之间的永久性差异和暂时性差异。下表是该公司的当年财务数据：

税前会计所得	$712 000
净永久性差异	（19 000）
净暂时性差异	63 000
应纳税所得额	$756 000

该公司反映在财务报表上的所得税费用为 235 620 美元。

税前会计所得	$712 000
永久性差异	（19 000）
	$693 000
税率	0.34
账面所得税费用	$235 620

该公司应纳税额为 257 040 美元。

应税所得	$756 000
税率	0.34
应纳税额	$257 040

应纳税额超过会计上税收费用的 21 420 美元等于 XYZ 公司 63 000 美元的暂时性差异乘以 34％。这种不利差异引起该公司递延所得税资产 21 420 美元的净增加。

暂时性差异

在我国，暂时性差异是指资产和负债的账面价值与其计税基础之间的差额，并未作为资产或负债确认，按照税法规定可以确定其计税基础的，该计税基础与其账面价值之间的差额也属于暂时性差异。按照暂时性差异对未来期间应纳税额的影响，可分为应纳税暂时性差异和可扣除暂时性差异。其中应纳税暂时性差异通常产生于以下情况：第一，资产的账面价值大于其计税基础；第二，负债的账面价值小于其计税基础。可抵扣暂时性差异通常产生于以下两种情况：第一，资产的账面价值小于其计税基础；第二，负债的账面价值大于其计税基础。

预收账款

根据公认会计准则，无论客户或顾客是否已经预付过款项，公司销售商

目标 8

用税收核算原则计算预收账款和应计费用。

品或提供劳务所获得的收入都应该在业务发生时予以确认。计税时，当交易已经发生，确定了纳税人取得收入的权利，并能合理准确地确定金额的条件下，就应确认收入。根据国内收入署的解释，当获得收入的过程结束或者纳税人收到款项任一者先发生时，通常即可确定纳税人获得收入的权利。由于这条税收核算原则，实行权责发生制的企业必须在取得收入的当年确认各种预收账款。[①]

预收租金收入

CRO 公司是一家以权责发生制为核算基础的纳税人，该公司将一项固定资产出租，每年租金为 30 000 美元，在当年年初该公司就取得了 3 年的租金共 90 000 美元，在权责发生制下，为正确反映财务状况，该公司在损益表中报告了 30 000 美元的租金收入，剩余 60 000 美元的递延收入则在资产负债表中作为一项负债反映出来。但在计税时，该公司应以 90 000 美元的收入作为应纳税所得额计算税款；故此应税所得超过会计所得的 60 000 美元递延收入就是一项暂时性差异，将在剩余的 2 年中转回。[②]

以权责发生制为核算基础的公司由于为客户或顾客提供服务而收到预收款项时，经国内收入署批准可以采用延期一年的方法来确认所得。在这一特殊的会计方法下，只有与提供服务相对应的预收款项才能包含在当年的应纳税所得额中。剩余的预收款项应包含在下一年的应纳税所得额中。[③]

预收服务收入

SueLee 公司以日历年度进行核算，是采用权责发生制的纳税人。该公司向客户提供舞蹈培训。2007 年 10 月，SueLee 公司与贾克斯女士签约并授权贾克斯女士在未来的 36 个月内上 60 节舞蹈课。每节课收费 40 美元，公司要求贾克斯女士预付 2 400 美元。到 2007 年底，贾克斯女士一共上了 9 节课。

在递延一年的会计方法下，SueLee 公司将 2 400 美元的预收账款中的 360 美元计入 2007 年的所得。而无论贾克斯女士何时去上剩余的 51 节课，公司都必须将剩余的全部 2 040 美元预收所得计入 2008 年的所得。

在我国，所得税会计中对预收账款的计税基础与上述不同。企业在收到客户的预付款项时，因不符合收入确认条件，会计上将其确认为负债。税收与会计上的规定相同，即会计上未确认为收入时，计税时也不计入应纳税所得额，该部分经济利益在未来期间计税时可税前扣除的金额为零，计税基础等于账面价值。

---

① Reg. § 1.451-1(a). See also Rev. Rul. 84-31, 1984-1 CB 127.
② Reg. § 1.61-8(b).
③ Rev. Proc. 2004-34, 2004-1 CB 991.

某些因不符合收入确认的条件而未确认为收入的预收账款，按照税法规定应计入当期应纳税所得额时，有关预收账款的计税基础为零，也就是说，因为其产生时已经计算缴纳所得税，未来期间可全部税前扣除。

应计费用

公认会计准则要求公司应在每年年末确定当年发生的未付费用并计入这些费用对应的负债项目。根据税法，若企业发生的应计类费用能满足全事件检验，则可以在税前扣除。这类检验有两个基本要求：第一，此类费用必须确认为负债，因为确定负债的所有事件均已发生；第二，负债项目的金额必须能合理准确地确定。[①] 如果应计费用能满足上述两个条件，并且是企业每年都要以同样方法处理的一项日常交易，那么该项费用可在税前扣除。[②]

通过全事件检验 I	MQP 公司是一家以权责发生制核算，以日历年度核算经营周期的纳税人，该公司承租一台机器，月租金 27 500 美元，租金在月底后 15 日之内缴纳。MQP 公司次年 1 月 11 日才缴纳 12 月的租金。因此，该公司在财务报表中确认了 27 500 美元的租金费用和 27 500 美元的负债（应付租金）。因为该公司支付上述日常费用的负债已确定，并且 27 500 美元的金额也能够确定，故该公司可以在当年度扣除该项应计费用。
通过全事件检验 II	MQP 公司在 12 月的后 2 周临时雇佣了 100 多名临时员工，但直到年前才收到雇佣中介机构寄来的这些临时员工的工资账单。若按小时计算工资，则该公司当月工资共为 111 500 美元。故该公司确认了 111 500 美元的工资费用及 111 500 美元的负债（应付工资）。因为该公司确定会支付该笔工资，并且 111 500 美元的金额也能够合理准确地计量，故可以在税前扣除该项应计费用。
没有通过全事件检验 I	SFL 公司是一家以权责发生制为核算基础的纳税人，该公司为 4 800 名雇员制定了一项医疗报销计划。每年年末，SFL 公司都会估计当年内由于雇员没有填写申请而产生的报销费用。但是因为该公司没有满足全事件检验的第一点要求，即在雇员实际填写书面申请前，SFL 公司都无法确定报销费用产生的负债，而不能在税前扣除该笔应计费用。[③]

---

① Reg. §1.461-1(a)(2)(i).
② 此类日常项目一般情况下必须在纳税年度结束后的 8 个半月内支付，§461(h)(3)(A)(ii)。
③ *United States v. General Dynamics Corp.*, 481 U.S. 239 (1987).

<table>
<tr>
<td>

没有通过全事件检验Ⅱ

</td>
<td>

MHY 航空公司是一家以权责发生制为核算基础的纳税人，该公司经常给那些自愿放弃预定的多余航班座位的顾客发送旅游优惠券。这些优惠券具有一定金额并可以抵扣以后的订票价格。年末，该公司都会估计当年发生的该项旅游优惠券费用以及相应的负债。但 MHY 公司由于没有满足第一项全事件检验条件，即到顾客实际用优惠券买票前，MHY 都无法确定优惠券产生的负债，而不能在税前扣除该笔费用。[①]

</td>
</tr>
</table>

因为公认会计准则要求许多常规年底应计项目符合收入与费用配比原则，因此可扣除性的全事件检验只包括上述两个要求，但是有些应计费用还要满足第三点要求：即只有经济行为实际发生时才可税前扣除。[②] 在许多情况下，经济绩效等于应计负债的偿还。第三个条件也就是对收入实现制为核算基础的公司而言的。只在支付年度可税前抵扣的费用主要包括由于任何侵权行为、违反合同或违法行为导致的法律赔款；消费者折扣或退款；奖励、奖金或累计奖金；以及国家所得税。[③]

<table>
<tr>
<td>

经济绩效

</td>
<td>

XMP 公司是一家以权责发生制为核算基础的纳税人，该公司在 2004 年由于疏忽使得一名员工在工作时受伤而被控告。XMP 公司的审计人员要求在财务报表中将 200 万美元的或有负债作为一项费用记录。该公司由于没有满足第一点要求而不能在税前扣除该笔费用，2006 年 XMP 公司与该名员工达成庭外和解，同意该公司在 2007 年赔偿 170 万美元给该员工。虽然这笔费用在 2006 年实际发生时满足全事件检验的两个基本条件，但 XMP 公司也只能到 2007 年经济绩效（支付）产生时才能扣除该项费用。

</td>
</tr>
</table>

在我国，负债的确认与偿还一般不会影响企业的损益，也不会影响其应纳税所得额，未来期间计算应纳税所得额时按照税法规定可予抵扣的金额为零，计税基础即为账面价值。但是，在某些情况下，负债的确认会影响企业的损益，进而影响不同期间的应纳税所得额，使得其计税基础与账面价值之间产生差额，如按照会计规定确认预计负债。

关联方交易的应计项目

关联方交易可以用多种不同的会计处理方法核算交易的税收结果。结果将使交易双方可以在不同年度报告同一笔事项。

<table>
<tr>
<td>

不同会计方法：

</td>
<td>

AB 公司是一家以权责发生制为核算基础的纳税人，该公司雇佣

</td>
</tr>
</table>

---

① IRS Letter Ruling 200203004（January 18，2002）.

② §461（h）.

③ Reg. §1.461-4（g）.

正常交易	CB公司提供一项专业服务，CB公司则是一家以收付实现制为核算基础的纳税人。CB公司第1年提供了专项服务，并向AB公司开出10 000美元的账单。AB公司在第2年支付该笔费用。在财务报表中，关联方交易双方报告如下：

	第1年	第2年
AB公司的应计费用	$（10 000）	—0—
CB公司实现的收入	—0—	$10 000

如果AB公司和CB公司不是关联方，则该笔交易双方的税收结果应与会计处理结果相同。AB公司在第1年因为可以税前扣除10 000美元而节约了纳税成本，同时第2年CB公司承担了该笔收入的税收成本。根据现值，即使关联双方的边际税率相同，其税收节约也会超过税收成本。尽管因为关联双方采用不同的会计核算方法而使得收入转移，但由于其产生于正常交易，税法允许这种结果。

假设CB公司拥有AB公司可控制的权益。因为交易发生在关联方之间，而税法不允许AB公司在第1年扣除该笔应计费用，而CB公司确认了10 000美元的收入之后必须将该笔10 000美元的扣除递延到第2年。[①]

不同的会计核算方法：关联方	如果AB公司和CB公司是关联方，AB公司在第1年发生了10 000美元应计费用但在第2年才报告该扣除项目。

	第1年	第2年
AB公司项目：		
应计费用	$（10 000）	—0—
税收扣除	—0—	$（10 000）
CB公司实现的收入	—0—	10 000

公司坏账

在权责发生制下，公司销售商品或提供劳务而顾客在销售时没有以现金支付款项时，企业需以售价计入应收账款。但是由于某些顾客违约，公司可能无法将这些收入全部收回。根据公认会计准则，公司可以采用**备抵法**核算坏账，在该法下，公司需要估计不可收回应收账款的金额以及确定备抵或转回的坏账金额。而每年增加的备抵就记为坏账费用，用于备抵销售收入。

税法不允许根据备抵或准备进行税前扣除，因此公司必须采用**直接核销法**来核算坏账。在直接核销法下，公司可在应收账款中直接扣除当年核销的不能收回的坏账。[②]

---

① §267（a）（2）．根据该条规定，控制性权益通常是指超过50%的所有权。
② §166（a）．

坏账的核算　　　　ABC公司以权责发生制为核算基础，在当年年初坏账备抵余额为298 000美元，当年该公司核销了155 000美元的坏账损失，以应收账款的年末余额为基础，审计人员确定公司需要增加173 000美元的坏账备抵，故年末该公司坏账的余额增至316 000美元。

年初坏账备抵	$ 298 000
当年实际核销的损失	(155 000)
增加的备抵	173 000
年末坏账备抵	$ 316 000

　　　　ABC公司的损益表显示了173 000美元坏账费用，但其纳税申报表中却只显示了155 000美元的坏账扣除。如果该公司税前会计收入为6 700 000美元并且不存在其他会计与税收差异，其应税所得的计算如下：

税前会计所得	$ 6 700 000
不能扣除的坏账费用	173 000
核销的可以扣除的坏账	(155 000)
应纳税所得额	$ 6 718 000

净营业亏损

　　　　在前几节中，我们已经介绍过公司必须选择一种会计方法将持续经营的收入分为12个月，这种会计方法的选择几乎与公司整个生命周期应纳税所得额的确认方法无关，但却与每个纳税年度中收入的确认方法有密切关系。因此在这部分，我们将主要介绍年度核算过程中可能引起的结果之一：净营业亏损。

超额抵扣问题

　　　　如果纳税人的年度经营结果导致可在税前抵扣的费用超过总收入，这种差额就是**净营业亏损**（NOL）。因为纳税人没有应纳税所得额，因此在经营亏损年度企业没有税收成本，但是超额扣除并不能节约更多的税额，即纳税人的税收成本为0，不论是否存在税前扣除。如果没有节约任何税收成本而致使多余的税收扣除被浪费，那么纳税人在这段时间里的平均税率将被扭曲。

超额扣除和平均税率　　　　TUV有限公司的营业周期为24个月，公司最近的营业共产生了300 000美元的利润：

	第 1 年	第 2 年	合计
总收入	$ 100 000	$ 625 000	$ 725 000
可扣除费用	(300 000)	(125 000)	(425 000)
利润			$ 300 000

如果 TUV 公司严格按 12 个月报告公司的所得和纳税，公司将在第 1 年报告 200 000 美元的净营业亏损，第 2 年报告 500 000 美元的应纳税所得，假设所得税率是 34%，那么公司第 1 年不用交税，第 2 年的所得税是 170 000 美元，因此公司利润的整体税率应是 56.67%。

$$170 000 美元税额 \div 300 000 美元利润 = 56.67\%$$

这一增加的税率反映出 TUV 公司 200 000 美元的可扣除费用并没有为公司节约税收成本。

解决方法：净营业亏损扣除

目标 9

解释净营业亏损的扣除如何平滑应纳税所得。

税法不允许税率扭曲，这种扭曲是由于以一年为固定报告期的规定导致的。税法允许税人用第一年的超额扣除抵减另一年收入来避免这种扭曲。特别地，纳税人可以将净营业亏损作为应纳税所得额的扣除项目向前结转至发生亏损年度的前两年；而这种扣除项必须从结转的年度之前的年份起按照时间顺序依次扣除。[①] 任何超过发生亏损年度前两年收入的净营业亏损也可以作为未来年度的扣除项目向后结转至未来 20 年之内。

净营业亏损的后转和前转

Q 公司 2003 年发生了 612 000 美元的净营业亏损，下表反映了不同年度里该公司将净营业亏损作为应纳税所得的扣除项目的过程：

	2001	2002	2004	2005	2006	2007
扣除净营业亏损前的应纳税所得	$ 165 000	$ 110 000	$ 138 000	$ 99 000	$ 54 000	$ 125 000
净营业亏损扣除	(165 000)	(110 000)	(138 000)	(99 000)	(54 000)	(46 000)
应税所得	—0—	—0—	—0—	—0—	—0—	$ 79 000

Q 公司用 2003 年 275 000 美元的净营业亏损将 2001 年和 2002 年的应纳税所得扣除至 0，并将剩余的 337 000 美元净营业亏损转至 2004—2007 中扣除所得。

纳税人通过填写一张一页的**净营业亏损前转表**向国内收入署申请用净营业亏损抵减以前年度的所得并重新计算税额。[②] 经过审批后，国内收入署需要退还给纳税人多余的税额。同样纳税人也报告**净营业亏损后转**，将其作为未来年度申报表上的扣除项直到全部扣除或到期。

---

① §172.
② See Form 1139（公司暂定退税申请表）。

让我们在前例中加入净营业亏损扣除项：

扣除　　　　　　假设第 1 年是该公司的第一个纳税年度，将这一年的净营业亏损后转作为第 2 年的扣除项，TUV 公司这两年的纳税申报表如下所示：

	第 1 年	第 2 年
总收入	$ 100 000	$ 625 000
可扣除费用	(300 000)	(125 000)
净营业亏损	$ (200 000)	
净营业亏损后转扣除		(200 000)
应税所得		$ 300 000

税率为 34%，公司第 2 年应缴纳 102 000 美元的税额，因为净营业亏损后转，TUV 公司第 2 年的应纳税所得额等于 24 个月为一个营业周期的总利润 300 000 美元。

评估净营业亏损扣除额

净营业亏损扣除额等于由于扣除而节约的税额。如果存在净营业亏损扣除项，节约的税额（现金流）取决于纳税人将净营业亏损作为应纳税所得额的扣除项目的年度，如果公司可以扣除以前年度的所得，纳税人更愿意以现金退税的形式立即享受税收节约。

净营业亏损前转产生的现金流　　　　C 公司自 1985 年起开始营业，公司在 2006 年发生了严重的业务下降，在年底发生了 900 000 美元的亏损，公司将该亏损前转至 2004 年和 2005 年。

	2004	2005
原始税单上的应税所得	$ 430 000	$ 1 600 000
2006 年后转的净营业亏损	(430 000)	(470 000)
重新计算的应税所得	—0—	$ 1 130 000
原始税单上的税额*	$ 146 200	$ 544 000
重新计算的税额	—0—	(384 000)
退还的税额	$ 146 200	$ 159 800

注：*税额是根据公司所得税率表计算的。

C 公司 2004 年和 2005 年收到了 306 000 美元的返还税额，税后发生了 594 000 美元的亏损（900 000 美元经营亏损—306 000 美元税收节约）。换句话，对 C 公司来说净营业亏损扣除的价值是 306 000 美元。

现在假设 2006 年是 C 公司的第一个纳税年度，因此公司只能将发生的

900 000 美元净营业亏损扣除向后结转，这样扣除额的现值取决于公司预计的未来收入流。

净营业亏损后转的净现值

C 公司预计在未来 3 年内每年将产生 350 000 美元的收入，如果折现率是 9%，那么 2006 年后转的净营业亏损扣除的价值就是 268 958 美元。

	2007	2008	2009
预计收入	$ 350 000	$ 350 000	$ 350 000
2006 年后转的净营业亏损	(350 000)	(350 000)	(200 000)
应税所得	—0—	—0—	$ 150 000
预计收入的税额*	$ 119 000	$ 119 000	$ 119 000
实际税额	—0—	—0—	(41 750)
净营业亏损扣除后节约的税额	$ 119 000	$ 119 000	$ 77 250
税收节约的现值	$ 109 123	$ 100 198	$ 59 637
税收节约的 NPV	$ 268 958		

注：* 税额是根据公司所得税率表计算的。

因为净营业亏损的扣除而节约的税额被递延至未来年度，扣除的现值因此减少。在上述后转的案例中，C 公司税后净亏损为 631 042 美元（900 000 美元－268 958 美元），很显然，纳税人扣除净营业亏损向后结转的时间跨度越大，其抵免的税额现值就越小。

放弃净营业亏损的前转

净营业亏损的扣除有一个特点：即纳税人可以选择放弃向前结转，并可以保持该亏损额至未来年度，作为未来年度的扣除。[①] 在大多数情况下，纳税人都希望可以向前结转亏损以税收返还的形式立即实现现金流入。但如果在向前结转的两年时间内其边际税率远远小于测算出来的未来年度税率，纳税人会放弃前转亏损额以实现净营业亏损扣除价值的最大化。

放弃净营业亏损的前转

JM 公司当年亏损 20 000 美元，公司可以选择向前结转以扣除前一年的所得，但是向前结转该亏损额的边际税率仅为 25%，远远小于测算出来的下年边际税率 39%，如果折现率为 7%，那么该公司当年的亏损额向后结转比向前结转产生的价值多出 2 293 美元。

净亏损后转的现值（20 000×39%×0.935）	$ 7 293
净亏损前转的现值（20 000×25%）	(5 000)
	$ 2 293

---

① §172(b)(3)．这一选择是不能撤销的。

净营业亏损的核算

若企业发生净营业亏损，在财务报表上该公司显然不会产生所得税费用，但是根据公认会计准则，企业须在损益表中报告亏损前转或后转的税收收益。如果亏损前转，则公司可立即以税收返还额的形式实现税收收益。

净营业亏损前转的核算　　Herold 有限公司是一家以日历年度为纳税年度，以权责发生制为核算基础的纳税人，该公司 2007 年发生亏损达 783 000 美元。Herold 公司将其亏损额向前结转至 2005 年抵减当年利润额以弥补亏损，取得 2005 年 266 220 美元（783 000 美元×34％）的税收返还额。因此公司应在 2007 年的资产负债表中记录这 266 220 美元的税收返还额，在利润表中披露 266 220 美元的税收收益（负税收费用），反映当年发生的营业亏损所导致的税收效应。

如果公司不能（或没有选择）将亏损额向前结转，那么它将在未来年度即向后结转亏损可以扣除的年度里实现亏损的税收收益。无论如何，根据公认会计准则，向后结转的未来税收节约应记为递延税收资产而非税收返还。①

净营业亏损后转的会计处理　　Groh 有限公司是一家以日历年度为纳税年度，以权责发生制为核算基础的公司。该公司 2007 年发生营业亏损 492 000 美元。因为 2007 年是该公司第一个纳税年度，所以只能向后结转当年的亏损作为未来的扣除项。因此 Groh 公司在 2007 年的资产负债表中记录了 167 280 美元（492 000 美元×34％）的递延税收资产，并在 2007 年的利润表中记录了 167 280 美元（纳税费用）的税收收益，来反映当年营业亏损的税收效应。

Groh 有限公司在 2008 年实现了 1 316 000 美元的应税所得，在会计账簿中记录了 447 440 美元（1 316 000×34％）的所得税费用，但其应纳税额却为 280 160 美元 ［（1 316 000 美元－492 000 美元）×34％］。因此 Groh 公司在资产负债表中应减少递延税款资产来记录并反映所得税费用和应纳税额之间的差额 167 280 美元。

结　论

企业营业应纳税所得额的计算取决于纳税年度和该公司所采用的会计核算方法。在财务报告和计税时，企业一般都会采用相同的方法。即使如此，在计算会计所得和应税所得时仍然存在许多差异。在接下来几章中，我们将

---

① 如果企业净营业亏损向后结转的扣除是不确定的，那么递延税收资产可能由于资产负债表中的估价备抵而减少。

介绍更多差异，这些差异意义重大，应牢牢掌握。而公认会计准则的目标是给企业的管理者、股东、债权人以及其他企业的决策者提供有用可靠的信息；而《国内税收法典》与之相反，其基本目标就是创造并保护联邦税收。

会计与税收差异的来源

永久性差异
- 国家及当地政府债券的利息
- 关键人物人寿保险的收益和保费
- 罚款及罚金
- 政治献金及游说费用
- 交际应酬费
- 国内生产活动抵扣

暂时性差异
- 预收账款
- 坏账
- 未通过预计全事件检验的应计费用
- 关联方的应计项目
- 净营业亏损的向后结转

关键术语

权责发生制	直接转销法	净营业亏损前转
会计法	国内生产活动扣除	净营业亏损后转
全事件检验	经济绩效	永久性差异
备抵法	会计年度	个人服务企业
年度化收入	公认会计准则（GAAP）	预收所得实现确认
日历年度	总收入	短期税单
收付实现制	混合会计法	税收收益规定
推定收入	关键人物人寿保险	应纳税所得额
递延所得税资产	会计方法	暂时性差异
递延所得税负债	净营业亏损（NOL）	

税收筹划案例

1. Y 公司 2007 年 2 月开始营业，在日历年度末，公司共应取得 3 500 000 美元的收入，发生 800 000 美元的经营费用。截至 12 月 31 日，公司共收回 2 900 000 美元，费用实际支付金额为 670 000 美元。公司希望在 2008 年 3 月前收回剩余的所有款项并支付拖欠费用。Y 公司计税时采用日历年度为纳税年度。在第 1 年的纳税申报表中，Y 公司可以选择权责发生制方法或者收付实现制方法，假设折现率为 7%，请你测算一下该公司第 1 年在收付实现制下的现值。

2. 下表为 VB 公司 2004 年、2005 年、2006 年三年的纳税申报表：

	2004	2005	2006
总收入	$150 000	$1 890 000	$7 810 000
扣除项目	(190 000)	(1 830 000)	(7 700 000)
应税所得（净营业亏损）	$(40 000)	$60 000	$110 000

a. 根据上表所示数据，回答 VB 公司是否可以从 2004 年的净营业亏损中获得税收利益，并解释其原因。

b. VB 公司 2007 年发生了净营业亏损 350 000 美元，根据测算 2008 年同样会发生营业亏损，但 2009 年公司将至少产生 1 000 000 美元的应税所得。假设公司可以任意将亏损额前转或后转抵减应税所得，请根据上述测算结果计算该公司 2007 年净营业亏损的价值，在计算过程中参考企业税率表计算 2005 年和 2006 年所得税（折现率为 7%）。

c. VB 公司是否应该放弃 2007 年净营业亏损的前转并将其全部净营业亏损额作为抵扣项目后转呢？解释其中的原因。

第7章

财产购置与成本回收的税前扣除

学习目标

通过本章的学习，你应该能够：

1. 判定企业支出应该在税前扣除还是进行资本化处理。
2. 定义税基和已调整税基。
3. 解释杠杆作用如何减少资产的税后成本。
4. 计算计税时的销货成本。
5. 理解 MACRS 的框架。
6. 应用第 179 条费用化选择。
7. 在计算净现值时考虑折旧扣除。
8. 解释如何通过摊销回收外购无形资产。
9. 区分成本折耗和百分比折耗。

在第 6 章，我们已经知道应税所得等于总收入减去可扣除项目金额之后的余额，并了解公司支出的成本只有在为公司产生价值的期间里才能在税前被扣除，也就是说如果某项费用创造的价值只能使公司在当年受益，就可以全额扣除；而如果其创造的价值使公司受益的时间超过一个纳税年度，那么就必须使支出的扣除与未来总收入恰当匹配。

在第 7 章，我们将考虑时间因素，即在哪一年或哪些年企业可以在税前扣除支出？第一部分首先讨论了区别可扣除支出和必须资本化的支出的税收规定，然后讨论了作为企业资产税基的资本化成本概念，并分析了税基和成本回收扣除之间的关系，检验了成本回收扣除对现金流的影响。第二部分则着重讨论公司通过各种方式，或折旧、摊销和折耗扣除回收作为销售成本的税基的做法。

可扣除费用还是资本化成本？

当企业为创造未来经济收入而消耗资源时，这种支出的财务成本是通过这项支出的税收节约的形式而减少的。在现值概念中，如果当年支出可在税前扣除，税收节约此时通常会最大化，同时税后成本也会最小化。如果企业只能资本化成本并将其延期至未来年度扣除，税收节约的现值将会减少。为准确核算税款，**资本化**意味着一项支出在资产负债表中列为一项资产而不是当期费用。如果不允许企业对资本化支出进行税前扣除，那么该支出的税前成本等于其税后成本。

如果没有限制，企业可以当即扣除每一项支出。但是联邦所得税的一项基本假设就是除非美国《国内税收法典》允许，否则任何一项支出都不能扣除。最高法院已经详尽解释了上述假设，它发现："所得税税前扣除政策是一项法律优惠政策"，"清楚表明要求税前扣除权力的负担是纳税人的"[1]。而这些观察与税法关于应税所得核算的保守态度是一致的。

目标1

判定企业支出应该在税前扣除还是要进行资本化处理。

《国内税收法典》允许企业扣除所有"为保证交易或业务顺利完成而在纳税年度发生或支付的一般必要性费用"[2]。因为这项一般原则，企业可以根据所采用的会计方法扣除当年发生的常规性营业费用，但是《国内税收法典》也禁止扣除"那些为增加财产价值而发生的永久性改善或改进性支出"[3]。在本章中我们将学到，税法通过允许公司以未来扣除的形式来回收许多资本支出的方式放松了该项禁令。在这些情况下，当期可扣除费用和资本化费用在税收结果上的差异就是二者扣除时间上的差异。即使这样，在现金流概念中，延期至未来扣除的价值也要小于当期扣除，并且公司将会选择尽可能在当期扣除支出以实现营业成本的最小化。

决定一项特定营业支出是可以当期扣除还是要予以资本化的因素是什么？如果一项支出能产生一项使用寿命超过当年的可辨认资产，那么该笔支出应予以资本化。[4] 即便该项支出不能产生这种可辨认资产，也没有使该项资产的使用寿命延长，只要该笔支出长期有利于公司，那么该笔支出也同样要资本化。[5] 除上述情况以外，如果一项支出的税务处理不确定，通常应予以资本化，扣除只是例外情况。[6]

下例表明在现金流概念中，扣除与资本化之间的差异。

---

[1] *Interstate Transit Lines* v. *Commissioner*, 319 U. S. 590, 593 (1943).

[2] §162(a).

[3] §263(a).

[4] Reg. §1.263(a)—4(b) and *Commissioner* v. *Lincoln Savings & Loan Assn.*, 403 U. S. 345 (1971).

[5] *Indopco Ine* v. *Commissioner*, 503 U. S. 79 (1992).

[6] Ibid.

当期扣除与资本化成本	当年，M 公司向一群私人投资者发行优先股筹资 1 000 000 美元①，并发生了 40 000 美元的相关法律费及其他专业费用。该公司的边际税率为 35％，下表分别计算了在两种不同假设条件下公司的税后现金流。

	当期扣除	资本化成本
股票发行收益	$1 000 000	$1 000 000
相关专业费用	(40 000)	(40 000)
税收节约（40 000×35％）	14 000	—0—
税后现金流	$974 000	$960 000

在上例中，40 000 美元的支出并没有为 M 公司产生一项资产也没有使一项资产的使用寿命延长，但是联邦法院已经明确规定：有利于公司存续的，筹资或重组公司资本结构等相关支出不能在税前扣除。② 根据上述规定，M 公司只能将 40 000 美元资本化而不能在税前扣除，使得其税后净值为960 000 美元。

修理及净化成本

每个拥有有形资产的公司必须对资产进行修理并进行常规性维护以保证资产的正常运作，也就是说修理和维护成本是对资产自然使用寿命状态的常规性和循环性检查，并没有在实质上增加该资产的价值和延长其使用寿命，因此这种成本支出可以在税前扣除。③ 相反，那些增加资产价值以及实质上延长资产使用寿命的支出则不可以扣除。与此类似，将现有资产改用于新用途时，也应该将改造费用资本化为资产成本。④ 但是，日常修理性支出和资本化改良性支出二者的差别并不总是十分明显，经常引发纳税人和国内收入署之间的争论。

修理支出和资本化改良支出	为了保证宾馆在地震中的安全，旧金山市要求菲尔蒙特宾馆要么拆除要么重建装饰宾馆外围的建于 1907 年的混凝土墙围和橡口。宾馆花费 3 000 000 美元用轻质的玻璃纤维重建了上述不符合要求的墙围和橡口，将该笔支出作为修理支出确认，并在税前已经抵扣。国内收入署认为该笔支出是资本改良性支出而不能在税前扣除。在法庭上，菲尔蒙特宾馆法人陈述道，上述 3 000 000 美元的支出是为维护宾馆传统形象并保持其作为"世界豪华宾馆"形象的必要性支出。同时，该笔

---

① 公司股票交易的现金收入不应确认为利得。

② See *General Bancshares Corp.* v. *Commissioner*，326 F. 2d 712（CA—8，1964）and *Mills Estate*，*Inc.* v. *Commissioner*，206 F. 2d 244（CA—2，1953）.

③ Reg. § 1. 162—4.

④ Reg. § 1. 263(a)—1(b).

支出并非出自自愿而是城市条例要求的。尽管上述陈述理由充分，但法院依然支持了国内收入署的观点，认为该项支出在实质上延长了宾馆的使用寿命并增加了宾馆的价值，因而不能在税前扣除。①

企业界和国内收入署最近针对净化环境成本的税务处理争论不一，许多公司要么自愿要么由于政府命令花费了上百万美元来净化被污染的环境、有毒废物和其他排放到环境中的危险物质等工业副产品。企业认为这些净化费用应可以在当期税前扣除，而国内收入署却认为许多此类成本必须予以资本化。

可以税前扣除的净化成本

Lako 有限公司 1980 年购买了一块农田，并在这块土地上建造了一家制造工厂，在其后的 20 年间，该工厂将污染环境的工业垃圾排放在这块土地中。3 年前，Lako 公司开始治理因这些工业垃圾而被污染的土壤和地下水。将这些被污染的土壤挖出并处理，然后用干净的土壤填平。同时公司也新建了一家地下水处理工厂以净化被污染的地下水。②

国内收入署规定，治理土壤的成本没有延长土地的使用寿命或增加其价值，相反，这些成本只是将土地返回原有状况。这些成本类似于修理费用，Lako 公司可以将其作为一般必要费用扣除，相对而言，地下水处理工厂的建设成本是资本性支出，为 Lako 公司创造了一项新资产。

予以资本化的净化成本

PNT 公司从一家干洗公司购买了一处不动产，两个月后，PNT公司发现土地和地下水被这台机器的排放物污染了，而这些排放物是由于前干洗公司不当储存的干洗液造成的。为净化这片被污染的土地，公司花费了大笔费用，包括法律与咨询费、实验检测费、耗用品以及劳动力等，并且该公司在整个净化过程完成前一直没再使用该不动产。

与上例不同，PNT 公司购得的这项不动产包括被污染的部分，因此国内收入署规定在此种情况下，PNT 公司发生的净化土地的成本属于改良性支出，故 PNT 公司应将该笔净化支出进行资本化处理。③

替换石棉

NM 公司用安全绝缘板替代了所有制造设备中用到的石棉绝缘板，并在税前扣除了该项支出。公司税前扣除的理由是上述替换支出是为保证员工的健康，而并没有改进设备本身的生产效率，也没有增加设备本身的价值，因而可以在税前扣除。除此之外，公司认为该笔替换

---

① *Swig Investment Co. v. United States*, 98 F. 3d 1359 (CA—FC, 1996).

② Rev. Rul. 94—38, 94—1 CB 35.

③ IRS Letter Ruling 200108029 (February 23, 2001).

费用只是修正了公司历史上遗留下来的问题而与未来产生经济利益的流入毫无关系。经过审计，国内收入署认为上述替换石棉绝缘板的支出，事实上通过永久性改善了工作环境而使公司长期受益，因此国内收入署要求 NM 公司将该笔支出资本化。①

作为补贴的资本化支出扣除

税法中也包括一些特殊规定，允许企业在税前扣除明显属于资本性质的支出。这些特殊性优惠政策降低了企业此类支出的税后成本，因此被称做是联邦间接补贴。比如，企业为方便残疾人和老年人而每年从建筑或运输设备移除一些建筑或运输障碍物所花费的第一笔 15 000 美元就可以在税前扣除。② **研究及开发费用**的扣除就是更明显的优惠政策了，即使该项研发在实质上延长了公司的某项可辨认资产的使用寿命，该项研发费也允许在税前扣除。③ 这一优惠政策反映了联邦政府对基础研究的支持，它对经济增长十分关键，税法应予以鼓励。

自创专利　　　　CPT 研发中心在为从奶制品中消除胆固醇而进行的化学试验中已经支出了 2 000 000 美元。该研发中心在这一过程中向国家专利局申请并获得了专利。该项专利给予 CPT 中心将该专利用于商业目的 17 年的独家权利。即使该项专利是一项有长期价值的可辨认资产，CPT 中心依然可以将这 2 000 000 美元的"自创资产"成本作为"研究及开发费用"税前扣除。因此该项专利的资本化成本是 0。

许多优惠扣除政策只对某些特殊行业有益。比如，农民可以在税前扣除水土保持支出，这些支出包括土地的水平测量、等级测量及倾斜度测量，建排水沟以及各种防风林防止土地沙化等支出。④ 农民还可以在税前扣除购买肥料和其他用于保持土地肥沃的材料的支出。⑤

油气生产商可以在税前扣除与确定及预备井位相关的**钻探及开发无形成本（IDC）**。⑥ 例如对开发生产性矿井有用的工资、燃料、修理钻井设备、拖车及供给支出，通常毫无疑问对生产商长期有利并在财务上应予以资本化。通过对上述 IDC 支出的扣除政策，税法鼓励生产者进行新的钻探项目。

即便是企业成功的广告宣传活动增加了企业的市场份额，改善了企业以后年度的竞争环境，税法还是允许税前扣除广告费用的支出。⑦ 虽然国内收入

---

① IRS Letter Ruling 924004（July 29，1992）.

② §190.

③ §174(a).

④ §175. 这种优惠扣除不能超过纳税年度种植产生的总收入的 25%。

⑤ §180.

⑥ §263(3).

⑦ Reg. §1.162—1(a) and §1.162—20(a)(2).

署承认特定产品的广告或旨在提升名誉和商誉的广告确实能提高企业的盈利性，但是除了某些特殊情况国内收入署并没有要求将广告成本资本化。[①]

图片设计成本　　*R. J. 雷诺兹烟草公司（R. J. Reynolds Tobacco Company）在税前扣除了与香烟包装及香烟纸盒相关的图片设计成本 2 200 000 美元。该美术设计包括文字信息、印刷风格、在包装盒和纸盒上的图片和图画、形状、样式以及颜色等。国内收入署认为该项设计自创了"商标等价物"无形资产，由于这些资产可以与广告所产生的商誉明确区分，因而不能在税前扣除。在法庭上，R. J. 雷诺兹公司辩称该项设计符合广告作为"通过可辨认的赞助商用包括大众媒体等任何一种方式提供并宣传企业的理念、产品和服务"。法官同意了该公司的辩词并宣判该公司可以将该笔图片设计支出作为广告费在税前扣除。[②]*

在我国，《企业会计准则第 6 号——无形资产》第 7 条规定：企业内部研究开发项目的支出，应当区分研究阶段支出与开发阶段支出。第 8 条规定：企业内部研究开发项目研究阶段的支出，应当于发生时计入当期损益。第 9 条规定：开发阶段的支出，同时满足五项条件的，才能确认为无形资产。而税法规定，企业发生的研究开发支出都可在税前扣除。这也是会计核算和税收核算影响资产税基的重要方面之一。

税基的关键作用

目标 2
定义税基和已调整税基。
　　当企业将一项支出资本化，并记入一项新的资产账户，该项支出的金额就成为该企业该项资产的**税基**。税基可以被定义为纳税人对任何资产或财产权利的投资，这项权利可以通过资产所代表的未收回金额来核算。因为纳税人有权在无任何税收成本的情况下收回该项税基，因此税基就成为现金流计算中的关键性因素。而税基主要是通过未来年度的税前扣除或者是通过纳税人处理财产收回的，这一章主要介绍成本回收扣除，而资产处置的税收结果将在第 8 章详细介绍。

税基、成本回收及现金流

　　当企业扣除一项资产的资本化成本的一部分时，该项扣除将产生两个结果，第一是该项资产的内部税基被扣除减少[③]，而减少后的税基就称为**调整后税基**；第二是该项扣除产生了税收节约，它可以降低该项资产的税后成本。

---

① Rev. Rul. 92—80, 1992—2 CB 57.
② *RJR Nabisco Inc.*, TC Memo 1998—252.
③ § 1016 (a)(2).

税基、成本回收及税后成本	J 公司为购买一项资产支付了 5 000 美元现金，税法允许公司可以在 5 年中，税前扣除应纳税资产的资本化成本。在购买当年以及购买后的 4 年里，公司扣除了 1 000 美元并通过这种扣除减少了该项资产的税基。假设公司的边际税率为 35％，折现率为 7％，那么该项资产的税后成本的净现值就为 3 464 美元。

年	年末调整后税基	年扣除额	初始支付	由税收扣除带来的税收节约	折现率	净现值
				现金流		
0	$4 000	$ (1 000)	$ (5 000)	$ 350		$ (4 650)
1	3 000	(1 000)		350	0.935	327
2	2 000	(1 000)		350	0.873	306
3	1 000	(1 000)		350	0.816	286
4	—0—	(1 000)		350	0.763	267
						$ (3 464)

J 公司每年年末资产的调整后税基是 5 000 美元的成本减去累积的成本回收扣除。在第 4 年年末，公司全部收回了对该项资产的投资，因此该项资产的税基变为 0。零税基对公司的资产价值没有任何意义，只是表明 J 公司已经将 5 000 美元的购买成本全部扣除完毕而已。

J 公司 5 000 美元的税前成本和 3 464 美元的税后成本之间的差额就是因为成本补偿税前扣除所产生的税收节约的现金流。如果公司可以在更短的时间内收回该项资产的税基，该现金流的现值将增加，其相应的税后成本则会减少。相反，如果回收期增长，税收节约的现值就会减少，其相应的税后成本则会增加。[1]

成本基数

在资产负债表中所报告的大部分资产都有初始**成本基数**，即购置该项资产所支付的价格。成本基数包括购买人支付的任何销售税以及将该项资产用于生产的一切相关辅助成本等。[2] 虽然企业可以通过直接的现金交易购买许多资产，但有时也可以通过交换财产和服务获取某些资产，在这种情况下，购买资产的成本基数等于用于交换的财产或服务的市场公允价值（FMV）。[3]

---

[1] 该种税收成本的计算表示该项资产 5 年后没有残值。如果公司可以出售该项资产换取现金，那么该项税后现金的现值可以降低该项资产的税后成本。我们将在下一章中详细介绍现金流对资产销售的意义。

[2] See, for example, Rev. Rul. 69—640, 1969—2 CB 211.

[3] 公允价值是指在双方自愿买卖资产或服务时，双方都可以接受的价格，这种价格的形成没有任何强制性因素，双方的相关信息是对称的。Reg.§20.2031—1 (b). 尽管这一定义是在房地产条例中规定的，但是在计算所得税时也接受这种定义。

交换财产交易中的成本基数

　　BT 公司是一家大型设备生产企业，该公司向一些非关联土地开发商销售存货，并同意开发商用 5 英亩的土地支付设备款。BT 公司存货的市场公允价值为 139 000 美元，因此该公司交换所得新资产土地的成本基数就是用于交换的存货的市场公允价值 139 000 美元。

交换票据交易中的成本基数

　　假设上例中开发商用于交换的不是土地，而是开出了 3 年期面值为 139 000 美元的有息票据，那么 BT 公司该项应收账款的成本基数就是 139 000 美元——BT 公司交换这项资产的公允价值。

交换服务交易中的成本基数

　　C 公司是一家咨询公司，该公司向一非关联公司提供了专业服务并向其开出了 17 500 美元的账单。对方向 C 公司发行普通股股票1 000 股支付了该笔服务费。C 公司确认了 17 500 美元的总收入，并将获得 1 000 股的普通股股票的成本基数确认为 17 500 美元。这一成本基数代表 C 公司对这些股份的投资，即公司处置股票时可以收回的免税现金总额。

目标 3

解释杠杆作用如何减少资产的税后成本。

杠杆化成本基数

　　企业通过负债筹资购置资产，资产的成本基数就等于其成本总额，而不仅仅是公司对资产的权益。在上页的案例中，J 公司购买了一项价值 5 000 美元的资产，假设公司通过开户行仅支付了 1 500 美元，另外的 3 500 美元是向商业贷款人贷款支付，并为担保贷款向贷款人抵押了一项资产。尽管企业对资产的初始投资只为 1 500 美元，但它的成本基数却是全部 5 000 美元的购买价格。[①] 公司偿还上述贷款将增加对该项资产的权益而不会对税基产生任何影响。

　　税收筹划人通过借款以产生税基作为杠杆。这种方法可以降低购买人所购买资产的税后成本。以下我们将扩展这一案例，来解释上述 5 000 美元资产的税后成本是如何通过融资借款而降低的。

杠杆购买资产的税后成本

　　在与商业贷款人签订的借款合同中，J 公司在每年年初支付 315 美元的利息（利率为 9%），在第 4 年年末偿还本金 3 500 美元。虽然偿还本金就是偿还 3 500 美元的债务，但每年支付的利息却可以在税前扣除。下表反映了边际税率为 35%，折现率为 7% 时 J 公司每年的现金流：

---

① *Crane v. Commissioner*, 331 U. S. 1(1947) .

年	初始支付债务偿还	支付的利息金额	税收节约			折现率	净现值
			成本回收扣除	可扣除的利息	净现金流		
0	$(1 500)		$350		$(1 150)		$(1 150)
1		(315)	350	110	145	0.935	136
2		(315)	350	110	145	0.873	127
3		(315)	350	110	145	0.816	118
4	(3 500)	(315)	350	110	(3 355)	0.763	(2 560)
							$(3 329)

通过对该项资产购买的杠杆化，使J公司原来的3 464美元的税后成本降低为3 329美元。而上述现金流数据正好解释了这一结果。J公司购买该资产的初始现金流出金额只有1 500美元。通过借款融入买价余款，公司将3 500美元的现金流支付递延到了第4年。这种现金流上的更改并不会影响该项资产的税基、每年成本回收的扣除额，或扣除带来的税收节约流的时间。杠杆融资每年支付的成本为205美元，这正好是借款票据上的税后利息金额（315美元—110美元）。虽然杠杆融资增加了成本，但依然为公司节约了135美元。①

在我国，《企业会计准则第18号——所得税》规定："企业在取得资产、负债时，应当确定其计税基础。""资产的计税基础，是指企业收回资产账面价值过程中，计算应纳税所得额时按照税法规定可以自应税经济利益中抵扣的金额。""负债的计税基础，是指负债的账面价值减去未来期间计算应纳税所得额时按照税法规定可予抵扣的金额。"而该计税基础就是严格按照税法规定可以税前扣除或增加未来期间应纳税额的核算基础。

成本回收方法介绍

本章第一部分讨论的题目都与一个关键的税收筹划概念相关：资本化支出的税后成本取决于企业以税前扣除形式回收该项支出的时期。在这一部分中，我们将主要介绍定期成本回收的四种主要方法：销货成本法、折旧法、摊销法以及折耗法。如果上述四种方法都不能使用，也就意味着只能等到处置该项资产时或是其使用寿命到期时才能收回该项资产的成本。

---

① 在此案例中杠杆融资之所以使公司受益，是因为J公司贷款资金的税后利率是5.85%（205美元税后利息÷3 500美元借款额），而其折现率为7%。如果公司的税后利率高于折现率，那么杠杆融资效应将起反作用，并增加该项资产税后成本的净现值。

存货及销售商品的成本

在第 6 章，我们介绍了公司保存库存商品以待售给顾客时，必须在权责发生制方法下核算存货，换句话说，公司不能将其生产或购买的存货成本在税前扣除，而只能将其资本化记入资产账户。在每年年末，公司都要准确记录有多少库存存货，有多少存货已经销售。库存的存货成本将被记录在资产负债表中，而**已销货成本**将在税前扣除。[①] 下列公式总结了上述核算过程：

年初的存货成本

当年买入或生产的存货成本

待售存货的总成本

（年末的存货成本）

销售商品的成本

目标 4

计税时的
销货成本。

上述公式包含了两个假设。第一个假设就是所有形成存货价值的支出都已经被资本化在了存货账户中；第二个假设就是存货的总成本已在年末存货余额和已销存货成本之间正确分配。以下我们将详细解释在这两个假设条件下的税收规定。

统一资本化规定

企业更愿意将支出作为可定期扣除的成本来处理而不愿意将其资本化成存货来处理，因此税法明确规定了必须资本化的支出项目也就不足为奇了。这些包含在税法中的**统一资本化规定**不仅复杂而且严格。[②] 在这些规定下，公司必须将所有与生产、购买和储存存货等行为直接相关的成本资本化，也必须将那些与"有利于或由生产行为或转售行为产生的"任何间接成本予以资本化。[③] 上述必须根据其与企业的生产或再销售功能相关的程度资本化的间接成本包括[④]：

- 办公人员的薪酬；
- 养老金，退休金及其他员工福利；
- 用于生产过程中的厂房和设备的租金支出；
- 对生产性资产投保财产险的保费支出；
- 用于修理和维护生产性资产的支出；
- 生产性资产的成本回收扣除。

统一资本化规定同时也要求编制财务报表时已经费用化的间接成本出于纳税目的而资本化。因此而产生的会计与税收差异是暂时的，且在已经资本

---

① 从技术上说，已销商品成本是从总收入中扣除的，用于计算总所得。Reg. §1.61−3(a).
② 统一资本化规定在§263A及其附属条例中都有述及。
③ Reg. §1.263A−1(e)(3)(i).
④ Reg. §1.263A−1(e)(3)(ii).

化的成本作为已销存货成本被扣除的当年仍然存在。

统一资本化规定
的会计与税收
差异

2006 年，MN 公司建造了一项年末仍然存在的存货项目，在建造过程中共发生了 100 000 美元的间接成本。在编制财务报表时，MN 公司将其中 80 000 美元的存货生产成本资本化，将剩余的 20 000 美元成本费用化。但在统一资本化规定下公司必须将 88 000 美元资本化到存货账户中，并且只能在纳税申报表上扣除 12 000 美元。2007 年，MN 公司出售了该项存货。在这两年内由于会计方法的不同所产生的变化如下表所示：

2006	会计核算		税收核算		应税所得超过
	支出	存货成本	税前扣除	存货成本	会计所得的差额
	$20 000	$8 000	$12 000	$88 000	$8 000
2007	已销存货成本		已销存货成本		会计所得超过应税所得的差额
	$80 000		$88 000		$8 000

计算已销存货的成本

在期末存货与已销存货之间的成本分配是以企业确认并记录存货流量的会计方法为基础的。如果企业知道每一项存货的实际成本，就可以采用**个别计价法**来核算期末存货成本以及已销成本。比如房地产开发行业和古董行业就比较适合采用个别计价法。

对于制造业和零售行业来说，处理的存货种类即使没有上百万也数以千计，因此此类企业就不能根据存货的实物运动形态来核算其成本，适合此类行业的存货核算方法主要有**先进先出法（FIFO）**和**后进先出法（LIFO）**。

对存货成本核算方法的选择对年应纳税所得额将会产生重要影响。在物价上涨时期，采用后进先出法对企业较为有利，因为后进先出法假设最后生产和购买入库的存货最先出库，而在通货膨胀时期，出库的时间越晚，价格就越高；假设这些存货首先销售出去，那么已销存货的成本就会最大化，而期末存货的成本就会最小化。虽然后进先出法会产生税收节约，但是因为如果企业采用后进先出法就必须在财务上和税收上同时采用这种方法，所以企业选择后进先出法来核算存货成本的积极性也在一定程度有所减少。[①] 也正是因为这种强制一致性，该方法在税收上所节约的任何应纳税所得额相应地反映为会计所得和每股收益的减少。

在我国，《企业会计准则第 1 号——存货》第 14 条规定："企业应当采用先进先出法、加权平均法或者是个别计价法确定发出存货的实际成本。"《中华人民共和国企业所得税法实施条例》第 73 条规定："企业使用或者销售的存货的成本计算方法，可以在先进先出法、加权平均法、个别计价法中选用

---

① §472(c).

一种。计价方法一经选用，不得随意变更。"同时，该法第72条对存货成本的确认也作了详细的规定。对规范存货的税前扣除起到了非常重要的作用。

有形资产的折旧

折旧在会计与税收上的概念

根据公认会计准则，企业可以在有形资产的使用寿命期内对有形资产已资本化的成本进行核销或计提折旧。[①] 也就是说，在该项有形资产能产生未来经济流入的时期内，企业将其成本费用化。因此，仅适用于消耗性资产的**折旧概念**是：

· 由于磨损、有形损坏或陈旧废弃等引起的价值减少；
· 有可以合理确定的使用寿命。

缺少上述特征的非消耗性有形资产，比如土地和购入用于展览的艺术作品都不能计提折旧。在编制财务报表时，企业可以采用不同的方法来核算，其年折旧费用也可以选择使资产成本与收入最佳匹配的方法。

在1981年以前，税收上的折旧也是以财产的使用寿命为核算基础的。因为估计资产的使用寿命具有很大的主观性，因此纳税人和国内收入署经常就此问题产生争论。企业希望在尽可能短的时间内回收其资产的税基，而国内收入署认为回收期长些更符合实际。1981年，国会颁布了一项激进的新成本回收制度，以取代旧的折旧规定。1986年，国会又修改了该项制度，成为**修改后加速成本回收制度（MACRS）**并一直沿用至今。[②] 在该制度下，资产的预计使用寿命在计算税收上的折旧时已经无关紧要。因为会计上的折旧计算的独立性致使纳税申报表中的折旧扣除金额与财务上所反映出来的折旧费用通常存在较大的差额。

MACRS 的框架

目标 5
理解 MACRS 的框架。

在本节中，我们将主要介绍 MACRS 的框架，即出于联邦税收目的计算折旧的一般原则。只要管理者理解了 MACRS 的基本框架，也就能真正理解 MACRS 在税收筹划过程中的作用。因为管理者并不需要掌握整个框架的技术细节，因此这里的讨论将省略关于 MACRS 的许多细节。

回收期

MACRS 适用于交易、生产或产生收入的活动中的所有可以计提折旧的动产（任何不属于建筑物或其他永久性建筑的无形资产）和不动产（包括建筑物、装修以及附着在土地上的其他永久性建筑等）。每一项可计提折旧的资

---

① 折旧成本因为资产预计残值或剩余价值而减少。
② §168.

产的**成本回收期**都可分配至 10 个回收期之一，如表 7.1 所示。在大多数情况下，MACRS 回收期都短于资产的预计使用寿命，在这一回收期内企业可以将其投资在营业资产上的金额在税前扣除，以降低该项资产的税后成本，同时可以鼓励企业更新资本化设备。

表 7.1 有形资产的回收期

MACRS 回收期	主要资产项目
3 年	小型生产工具、赛马和家猪以及在食品加工中使用的特殊操作工具等；
5 年	轿车、卡车、公共汽车、计算机和打字机、复印设备、家牛和奶牛以及集装货物等；
7 年	办公用品和固定设备，有轨电车和机车，大多数仪器和设备等；
10 年	纯农林园艺建筑，用于提炼石油的资产，轮船，游艇以及其他水上运输工具，结果的树类植物或藤类植物等；
15 年	类似栅栏、道路、人行道、桥、灌溉系统和景观之类的道路改良，电话配送车间，管道，广告牌以及服务性建筑等；
20 年	某些农用建筑等；
25 年	商用水处理设备，市政下水道等；
27.5 年	居住用租用房产（如公寓套房和公寓）；
39 年	非居住用房产（如办公楼、厂房和仓库等）；
50 年	铁路分轨器和隧道挖掘机等。

计提折旧的方法

计提折旧的方法是回收期的一个函数。一般回收期在 3 年、5 年、7 年或 10 年之内采用双倍余额递减法，回收期在 15 年或 20 年之内则采用 1.5 倍余额递减法。在上述两种方法中，当剩余回收期内直线法计算的折旧额高于加速折旧法计算的折旧额时，加速折旧法将变为直线法来计提折旧。在这六类动产中，MACRS 确实使资产在较短的回收期内加速了资产的回收，像这种将折旧的计提尽量前置在将来会使有形动产的税后成本降低。[①]

在我国，《企业会计准则第 4 号——固定资产》第 17 条规定：企业可选用的折旧方法包括年限平均法、工作量法、双倍余额递减法和年数总和法等。

税法，特别是新税法加强了对有形资产的税前回收处理的重视，增加了生物性资产的税前回收处理。纳税人可扣除的固定资产折旧的计算，采取直线折旧法；同时对不同种类资产的折旧年限也做了规定，比如房屋、建筑物为 20 年；飞机、火车、轮船、机器、机械和其他生产设备为 10 年；与生产经营活动有关的器具、工具、家具等为 5 年；飞机、火车、轮船以外的运输工具为 4 年；电子设备为 3 年。

1987 年以前，建筑物及其他类型的不动产也可以用加速余额递减法计提

---

① 在 §168 (b)(5)，纳税人可以选择直线法（而不是加速法）来核算在预计使用寿命内的任何种类的财产。

折旧，但 1987 年以后，回收期在 25 年、27.5 年、39 年和 50 年之内的设备一律只能采用直线法计提折旧。对于不动产而言，MACRS 就是名副其实的加速成本回收制度。

折旧计提惯例

计提折旧需要假设在资产购置或处置年度折旧能计提几次。在 MACRS 中，所有动产（回收期为 3～20 年的资产）在资产使用当年或处置当年允许每半年计提一次折旧，这种**半年惯例**也就意味着在回收期的第 1 年中，无论资产何时开始实际使用都可以计提 6 个月的折旧；同样在处置该资产当年也可以计提 6 个月的折旧。[①]

但是半年惯例有一种特殊情况，如果在纳税年度购置的应计提折旧的动产有超过 40％的部分在年底 3 个月之中投入使用，企业就应采用**半季惯例**来计提当年使用的所有动产。在这种计提惯例下，在任何一个季度使用的资产都假设是在该季度的中间点开始使用的；同样在处置该资产时也是假设资产是在该季度的中间点处置的。

半年惯例和半季惯例	在日历纳税年度，P 公司购买了下列可计提折旧的动产：

开始使用的时间	可计提折旧的基准
2 月 27 日	$68 000
7 月 8 日	20 000
11 月 19 日	55 000
	$143 000

在上述开始使用的年度中只有 38％的应计提折旧动产在年底 3 个月内投入使用，因此 P 公司应采用半年惯例并计算每一项资产的 6 个月折旧。

如果 P 公司在 12 月 4 日又购买了一项 19 000 美元的可计提折旧资产。此时，46％的可折旧动产在年底 3 个月内投入使用（74 000 美元÷162 000 美元），因此 P 公司就应采用半季惯例来计提折旧，计算过程如下所示：

投入使用的季度	可计提折旧的基数	允许计提折旧的月份
第 1 季度	$68 000	10.5 个月
第 2 季度	—0—	7.5 个月
第 3 季度	20 000	4.5 个月
第 4 季度	74 000	1.5 个月
	$162 000	

半月惯例的计提折旧方式适用于投入使用或处置可计提折旧的不动产的

[①] 对于使用和处置发生在同一年的资产，不能用 MACRS 法计提折旧。Reg. §1.168(d)－1(b)(3)(ii).

年份。在这种计提方式下，在任何一个月投入使用的不动产都假设是从该月的中间点投入使用的。

半月惯例　　　　　RS 公司在其日历纳税年度期间开始使用 3 栋建筑物。它可以在以下月份提取折旧：

	投入使用的时间	允许计提折旧的月份
建筑 1	4 月 2 日	8.5 个月
建筑 2	7 月 30 日	5.5 个月
建筑 3	12 月 18 日	0.5 个月

综合案例

以下两个案例解释了 MACRS 的计算过程。

MACRS 的计算　　　　　P 公司是一家以日历年为纳税年度的纳税人，该公司花 38 000 美元购买了一台计算机并在同年 9 月 19 日开始使用。该台计算机的回收期为 5 年，公司采用双倍余额递减法计提折旧。双倍余额递减法下的折旧率是直线法下折旧率的 2 倍。每年末回收基数都适用 40% 的折旧率。其折旧的计算过程如下表所示：

年	年初未回收的基数	回收方法	折旧惯例	MACRS 折旧金额
1	38 000	折旧率为 40% 的双倍余额递减折旧法（DB）	半年	$7 600
2	30 400	折旧率为 40% 的 DB		12 160
3	18 240	折旧率为 40% 的 DB		7 296
4	10 944	折旧率为 40% 的 DB		4 378
5	6 566	直线法*		4 378
6	2 188	直线法		2 188
				$38 000

注：每月计提折旧 364.78 美元。

• 因为半年惯例只能在第 1 年使用，因此在 5 年成本回收期结束后，第 6 年采用该方法是必要的；

• 余额递减方法在第 5 年开始改为直线法，是为使资产在剩余的一年半的回收期内将剩余的 6 566 美元未回收基数被全部计提完毕；

• 这台计算机的计提基数降至 0，在 MACRS 下，假设可计提折旧的资产没有残值。

销售年度的 MACRS　　　　　假设在上例中，P 公司在第 4 年 5 月将这台计算机出售。此时半年惯例依然适用。

年	年初未回收的基数	计提方法	计提惯例	MACRS折旧金额
1	$ 38 000	折旧率为40%的双倍余额递减折旧法（DB）	半年	$ 7 600
2	30 400	折旧率为40%的DB		12 160
3	18 240	折旧率为40%的DB		7 296
4	10 944	折旧率为40%的DB	半年	2 189

在出售之前，这台计算机的调整基数是8 755美元（第4年年初的未回收基数10 944美元—第4年折旧2 189美元）。

国内收入署提供的折旧额计算表

为减轻纳税人计算MACRS折旧的负担，美国国内收入署结合MACRS计算原则公布了一套计提惯例对照表（见表7.2）。表格包括一系列年度百分比，可用其乘以资产的初始未折旧基数计算折旧。

表7.2 动产的MACRS（半年惯例）

	回收期					
	3 年	5 年	7 年	10 年	15 年	20 年
年	折旧率（%）					
1	33.33	20.00	14.29	10.00	5.00	3.750
2	44.45	32.00	24.49	18.00	9.50	7.219
3	14.81	19.20	17.49	14.40	8.55	6.677
4	7.41	11.52	12.49	11.52	7.70	6.177
5		11.52	8.93	9.22	6.93	5.713
6		5.76	8.92	7.37	6.23	5.285
7			8.93	6.55	5.90	4.888
8			4.46	6.55	5.90	4.522
9				6.56	5.91	4.462
10				6.55	5.90	4.461
11				3.28	5.91	4.462
12					5.90	4.461
13					5.91	4.462
14					2.95	4.461
15						4.462
16						4.461
17						4.462
18						4.461
19						4.462
20						4.461
21						2.231

表7.2包含了动产在六个不同回收期内的年折旧率，P公司能够根据上表所提供的折旧率为该公司的这台计算机计提折旧，计算过程如下表所示：

MACRS 表			
年	初始基数	表中折旧率（%）	MACRS 折旧额
1	$38 000	20.00	$7 600
2	38 000	32.00	12 160
3	38 000	19.20	7 296
4	38 000	11.52	4 378
5	38 000	11.52	4 378
6	38 000	5.76	$2 188
			$38 000

请注意，上表中第 1 年的折旧率是半年余额递减法中的折旧率，换句话说在该资产购置当年采用的是半年惯例计提方式。但在剩余 5 年的百分比则反映了全年的折旧率。如果一项资产在其计提完折旧之前被处置，该年的 MACRS 扣除只有上表所示金额的一半。国内收入署在本章附表 7—A 中提供了半季惯例计提方式下动产折旧计提的年度折旧率。

表 7.3 和表 7.4 就是国内收入署提供的回收期为 27.5 年和 39 年的资产年折旧额计算表的删节版。因为这些不动产是按照直线法来计提折旧的，所以只对适用半月惯例的资产购置年度适用。

表 7.3　　　　居住用不动产的 MACRS（回收期为 27.5 年的不动产）

年	投入使用的月份											
	1	2	3	4	5	6	7	8	9	10	11	12
	折旧率（%）											
1	3.485	3.182	2.879	2.576	2.273	1.970	1.667	1.364	1.061	0.758	0.455	0.152
2—27	3.636	3.636	3.636	3.636	3.636	3.636	3.636	3.636	3.636	3.636	3.636	3.636
28	1.970	2.273	2.576	2.879	3.182	3.458	3.636	3.636	3.636	3.636	3.636	3.636
29	0.000	0.000	0.000	0.000	0.000	0.000	0.152	0.455	0.758	1.061	1.364	1.667

表 7.4　　　　商用不动产的 MACRS（回收期为 39 年的不动产）

年	投入使用的月份											
	1	2	3	4	5	6	7	8	9	10	11	12
	折旧率（%）											
1	2.461	2.247	2.033	1.819	1.605	1.391	1.177	0.963	0.749	0.535	0.321	0.107
2—39	2.564	2.564	2.564	2.564	2.564	2.564	2.564	2.564	2.564	2.564	2.564	2.564
40	0.107	0.321	0.535	0.749	0.963	1.177	1.391	1.605	1.819	2.033	2.247	2.461

商用建筑的 MACRS 折旧 计算　　　　Bulona 公司是一家以日历年为纳税年度的纳税人，该公司购买了价值 3 000 000 美元的商用不动产并将其中的 200 000 美元分配给土地成本，剩余的 2 800 000 美元分配给大楼成本。该商用建筑在同年 6 月 4 日投入使用，根据国内收入署的折旧率计算表，Bulona 公司可以将

2 800 000 美元的大楼成本用如下方式进行回收：

第 1 年（2 800 000 美元×1.391%）		38 948 美元
第 2～39 年（2 800 000 美元×2.564%）		71 792 美元
第 40 年（2 800 000 美元×1.177%）		32 956 美元

在直线法下，Bulona 公司的年折旧额为 71 795 美元（2 800 000 美元成本÷39 年），这一结算结果与国内收入署的回收期为 39 年的折旧额计算表所提供的结果相同：在第 1 年 Bulona 公司只扣除了半年的折旧额，而在第 40 年扣除了剩余 5.5 个月的折旧额。

MACRS 和市场公允价值（FMV）

我们应该认识到 MACRS 折旧并不代表现金的流出，并与资产市场公允价值的降低没有任何关系。虽然经营资产随着使用年限的增加价值会降低，但是年度 MACRS 扣除并不反映这种损失。并且，公司可以申请在税前扣除其公允价值反而上升的资产所计提的折旧。[1] 而该项资产的调整后基准仅仅是指还未扣除的资本化成本，并没有任何市场公允价值的含义。

增值资产怎样计提折旧? 　理查德·西蒙和菲尔娜·西蒙夫妇花费 51 500 美元购买了一对百年历史的小提琴乐弓，作为专业小提琴演奏家，该夫妇使用了这对乐弓，并申请在 5 年的回收期内计提折旧。国内收入署否决了上述申请，因为认为这对乐弓是演奏所用的艺术品，并会随着该夫妇的使用而增值。联邦法庭作出结论，认为这对小提琴乐弓符合可计提折旧资产的定义，因为它们可以在纳税人的商业活动中磨损，因此判定西蒙夫妇可以回收这对乐弓的成本，即使其将来会增值，也可以回收成本并降低税基。[2]

载客汽车的折旧限额

税法包含一种例外的 MACRS 的计提折旧情况，允许企业用的载客汽车计提折旧。[3] **载客汽车**是指主要在公用道路上行驶，无负载重量不超过 6 000 磅的四轮交通工具。而直接用于载人和同等重量物体的交通工具，比如出租车、豪华轿车、灵车、救护车及运输货车和卡车等都不是载客汽车的范畴。通常载客汽车的年折旧扣除额不会超过专用折旧计算表的限额，专用折旧计算表会根据通货膨胀情况每年进行调整。下表反映了 2006 年投入使用的载客汽车的年折旧限额[4]：

---

[1] *Noyce*, 97 TC 670(1991).

[2] *Simon*, 103 TC 247(1994).

[3] §280 F(a).

[4] 卡车、货车及电车的年折旧限额是逐年递增的。See Rev. Proc. 2006—18, 2006—12 IRB 645.

2006 年	$2 960
2007 年	4 700
2008 年	2 850
2009 年及以后年度	1 775

载客汽车的折旧　　2006 年，WRP 有限公司支付 23 000 美元专门为员工购买了一辆载客汽车。根据 MACRS，该汽车的成本回收期为 5 年，下表比较了 MACRS 折旧额与限额折旧的不同：

年	MACRS 折旧额	限额折旧
2006	$4 600	$2 960
2007	7 360	4 800
2008	4 416	2 850
2009	2 650	1 775
2010	2 650	1 775
2011	1 324	1 775
2012		1 775
2013		1 775
2014		1 775
2015		1 740
	$23 000	$23 000

因为 MACRS 计算的折旧额超过每年允许计提的限额，WRP 公司应使用限额折旧。因此 WRP 公司将在 10 年内回收其成本总额 23 000 美元，而不能在 MACRS 规定的正常的 6 年回收期内补偿。

那些在经营过程中使用载客汽车的企业都不能避免租用汽车而非购买汽车的折旧的限制。税法规定，租用载客汽车支付租金的折旧额应该不超过"实质等价"的限额折旧额。[1] 国内收入署出版物第 463 号关于旅游、娱乐、赠品和汽车费用等的规定包含了企业租用载客汽车支付租金的限额折旧额的复杂计算过程。

第 179 条费用化选择

第 179 条允许企业在某些特定资产投入使用年度时不将一定限额的成本资本化而将其费用化。国会已经在过去几年里修改完善了上述可以费用化的成本限额，2002 年限额为 25 000 美元，2003 年增至 100 000 美元，到 2007 年该限额已经调整为 112 000 美元。但是根据现行税法规定，该限额应在 2010 年减回至 25 000 美元。[2]

---

[1] § 280 F(c)(3).

[2] § 179(b).

目标 6

应用第
179 条费
用化选择。

符合**第 179 条费用化选择**的资产包括可计提折旧的有形动产和下架计算机软件等，这些资产的成本都可以在 36 个月之内摊销完毕。[①] 该规定允许一些小企业只是扣除新购置的资产，避免了保持折旧或摊销计划的负担。如果企业购买资产的成本总额超过了可税前扣除的限额，企业可以将部分成本费用化，而不能费用化的那部分成本就应资本化并通过折旧或摊销实现成本回收。[②]

第 179 条费用化

2007 年 7 月，B 公司购买了两项新的有形动产。动产 1 成本总额为 81 200 美元，其成本回收期为 7 年，动产 2 成本总额为 48 000 美元，其成本回收期为 5 年，并且这两项资产都是第 179 条允许费用化的资产项目。B 公司选择将动产 1 的成本全部费用化（因为它的成本回收期较长）并将动产 30 800 美元的成本费用化。因此该公司动产 2 成本回收的税前扣除额就是 34 240 美元。

		成本回收的税前扣除
初始成本	$48 000	
第 179 条费用	(30 800)	$30 800
MACRS 的调整基数	$17 200	
表 7.2 提供的折旧率	20.00%	
MACRS 折旧额	$3 440	3 440
		$34 240

B 公司动产 1 和动产 2 在 2007 年成本回收扣除总额为 115 440 美元（81 200 美元＋34 240 美元）。2007 年年末，动产 1 的调整后税基变为 0，动产 2 的调整后税基是 13 760 美元（48 000 美元—34 240 美元）。

第 179 条费用化选择有两个限制。如果一个企业购买资产的总额超过了限制折旧的基准总额（2007 年为 450 000 美元），年度金额就因财产总成本超过限额的部分而减少。[③] 正因为超额财产限制，如果企业在 2007 年购买了超过 562 000 美元的资产，并不能从第 179 条规定中受益，因为其限额减为零。

超额财产限制

2007 年，R 公司购买了 478 000 美元的设备，超过了当年度可选择费用化的资产的限额 28 000 美元（478 000 美元—450 000 美元），因此，企业能将其中 84 000 美元（112 000 美元—28 000 美元）的成本费用化处理，将剩余的 394 000 美元的成本资本化处理并通过 MACRS 折旧进行回收。

一旦企业选择将符合费用化条件的财产费用化，该费用就可以在税前扣

---

① §179(d)(1)．
② 对于载客汽车，任何第 179 条扣除都根据 §230 F(a) 的限制作为折旧处理。
③ §179(b)(2)．

除。但是，被扣除的金额（而并非费用）应小于应纳税所得额，应纳税所得额的计算与扣除额没有任何关系；而任何考虑第 179 条应纳税所得额限额产生的不可扣除费用只能将其向后结转至未来年度。[1]

应纳税所得额限额	X 公司 2006 年购买了 47 800 美元的有形动产并选择将该笔成本总额全部费用化。公司 2006 年不扣除的应纳税所得额为 29 600 美元，因为 29 600 美元的应纳税所得限额小于 47 800 美元的成本总额，因此公司只能扣除 29 600 美元，剩余的 18 200 美元后转至 2007 年。 X 公司在 2007 年购买了 41 250 美元的有形动产，也选择将该笔成本全部费用化。公司当年不考虑任何第 179 条扣除的应纳税所得额为 394 100 美元。因为不适用应纳税所得额限额，公司第 179 条扣除为 59 450 美元（41 250 美元＋18 200 美元），因此该公司 2006 年的应纳税所得额为 334 650 美元。

如上例所示，将当年不可抵扣的费用后转至下一年并不会增加下一年的扣除限额。假设 X 公司 2007 年购买了 101 000 美元的可费用化财产，那么其第 179 条扣除就是 112 000 美元（101 000 美元＋11 000 美元），公司仍然还有 7 200 美元需要继续后转至 2007 年。

购买和租赁的选择

目标 7
在计算净现值时考虑折旧扣除。

公司管理者通常需要对购置经营资产的方式作出选择。最常见的决策就是企业应该购买资产还是承租资产。虽然这两种方式都可以使企业获得资产的使用权，但其现金流却截然不同。管理者应该选择税后成本的现值最小的一种方式。下例解释了如何在现金流分析中加入折旧扣除因素：

购买与租用的比较	SGM 公司必须为其建设项目购置一个大型设备，该公司可以花 75 000 美元购买设备，成本回收期为 7 年，根据公司工程师的预计，该设备实际可以使用 10 年，且没有残值。另外，公司也可以承租获得设备，租期 10 年，租金是每年 11 300 美元。假设边际税率为 35%，折现率为 7%，公司必须计算并比较每一种选择的税后成本才可决定应该选择购买还是租用。

选择购买	
购买价格	$(75 000)
从折旧中节约税收成本的现值	22 193
选择购买方式获取资产的税后成本	$ (52 807)

---

[1] §179(b)(3) amd Reg. §1.179—3.

年	MACRS 折旧额	边际税率为 35%时的税收节约	折现率	税收节约的现值
0	$10 717	$3 751	—	$3 751
1	18 367	6 428	0.935	6 010
2	13 118	4 591	0.873	4 008
3	9 367	3 278	0.816	2 675
4	6 698	2 344	0.763	1 788
5	6 690	2 342	0.713	1 670
6	6 698	2 344	0.666	1 561
7	3 345	1 171	0.623	730
	$75 000			$22 193

选择租赁

支付的年租金额	$(11 300)
税收节约（11 300 美元×35%）	3 955
年租金的税后成本	$(7 345)
第 0 年年初支付租金的现值	$(7 345)
第 1~9 年支付租金的现值（7 345 美元×6.615）	(47 853)
选择租赁方式获取资产的税后成本	$(55 198)

如上表所示，经过比较 SGM 公司应该选择购买该资产，因为购买方式的税后成本显然小于租赁方式下的税后成本。

无形资产的摊销

目标 8
解释如何通过摊销回收外购无形资产。

企业可能拥有一些没有实物形态，却提供了有价值的财产权利或获利能力的资产。对于此类资产可以采用《国内税收法典》允许的**摊销**方法来实现其税基的回收，一般情况下，只有当无形资产的使用寿命确定时才允许进行摊销。[1]

比如，一家公司购买了一项专利或著作权，公司就可以在得到该项专利或著作权的独享法律权利当年的剩余月份里扣除应纳税成本。

使用时间确定的无形资产

在以前的案例中，我们曾经提到过 CPT 研发中心申请了能够从奶制品中提炼胆固醇的化学实验的专利权。汉诺威公司是一家冷冻食品制造商，该公司希望可以生产一种新的健康型冰淇淋，因此公司花费 10 000 000 美元购买了 CPT 研发中心的该项专利权。在购买日，该专利权还剩 157 个月的专利使用期限，因此汉诺威公司应将这 10 000 000 美元的购买成本资本化，并在其使用期间进行摊销，每月摊销额为

---

① Reg. §1.167(a)—3.

63 694 美元（10 000 000 美元÷157 个月）。

使用时间不确定的无形资产其成本基数是不能进行摊销的，只能通过处置收入来回收。

使用时间不确定的无形资产　　当年，FG 公司购入了 ABC 公司的 16 000 股普通股股票，其中包含 KLM 合伙企业 10％的应收股利。FG 公司应将这些无实物形态的所有者权益成本全部资本化，因为股利代表了永久性投资，公司不能通过摊销回收该部分股利的成本。

下面，我们将分析能够通过摊销回收成本的三种无形资产：组织及筹建成本、租赁成本以及外购无形资产。

组织及筹建成本

　　税法对创建合伙企业或公司的组织成本的税务处理作了专门规定。这些组织成本包括创立过程中的法律和会计费用以及国家法律和地方法律所要求的任何文件归档费或注册登记费等。一家新成立的合伙企业或公司可以扣除实际组织成本或 5 000 美元两者中较少的一种。这 5 000 美元的扣除限额是针对公司创立发生的总成本超过 50 000 美元的情况而言的。公司必须将超过扣除限额的部分资本化处理，并可以选择自企业营业之日起的 18 个月内进行摊销。[1]

　　税法同样也对新成立企业筹建费的税务处理作了专门规定。筹建费既包括创建企业或购买企业过程中所发生的调研费，也包括试营业期间发生的常规性费用，当企业开始产生收入时，一家企业可以在税前扣除的筹建费用为实际筹建费用或 5 000 美元两者中较少的一种，超过限额的部分必须将其资本化，并可以选择自企业营业之日起 18 个月内进行摊销。[2]

组织及筹建成本　　杜根先生和古弗曼夫人准备合伙开一家公司。首先他们聘请律师为其草拟合伙合同，聘请注册会计师建立公司的会计制度，两项费用合计共 10 580 美元。同时又花了三个月的时间选址、租用适合的办公地点、招聘和培训员工、在电视和广播上作宣传以及办理营业执照等，其中的试营业费用共计 61 200 美元。DG 合伙公司在同年 8 月下旬获得营业执照，9 月 8 日正式开始营业。

　　DG 合伙公司可以扣除 5 000 美元的组织成本，剩余的 5 580 美元必须进行资本化处理。因为公司发生的筹建费用超过 55 000 美元，因此这些费用的扣除降为零，只能将 61 200 美元全部资本化，在公司第

---

① §709 and §248.

② §195. 根据§195(c)(1)，利息费用、税收和研究与实际成本都不属于筹建费的范畴，即使在试营业期间同样可以在税前扣除。

1 年的纳税申报表上，公司选择在 180 个月内将 61 200 美元的资本化成本摊销。[1] 如果该合伙公司以日历年为核算基础，那么在第 1 年公司的摊销扣除额就等于 1 484 美元。

66 780 美元÷180 个月＝371 美元的月摊销额

371 美元的月摊销额×4 个月＝1 484 美元

DG 合伙公司将在未来的 176 个月里将剩余的 65 296 美元摊销完毕。

筹集费用的资本化要求不适用于已存在企业的**扩建成本**。[2] 上例中一旦 DG 合伙公司开始营业，公司就已经开始了营业活动。如果公司扩建重新选址，将重复租赁厂房、招聘并培训员工以及为新公司作宣传等过程，虽然这一过程相同，并且筹建费用也是 61 200 美元，但是第二次的筹建费可以扣除，因为这是公司从事已经存在的业务时所发生的费用。

是公司的筹建还是扩建?

TresChic 公司主要生产和进口各种香水、化妆品、服装及其饰品等。多年来，该公司只批发销售上述商品，但是 3 年前，公司决定进军零售市场并新开了一家"BeBe 服装店"，该服装店的成功使公司在国内又连续开了 11 家，这些服装店经营方式相同，装潢相同并且销售的服装也相同，由公司统一处理所有店的会计核算、财务、管理、购货以及广告等业务。国内收入署认为 TresChic 公司的零售方式与原先的批发销售有实质区别，因此，它认为第一家 BeBe 服装店的成立是创建一家新的公司，TresChic 公司应将筹建过程发生的筹建费资本化。但剩下的 11 家服装店是在第一家 BeBe 服装店存在的情况下的扩建行为，因此这 11 家店在开业当年发生的所有相关营业费用可以扣除。[3]

承租成本和改良支出

当企业为生产经营而承租有形资产时，就会发生前期成本，此类承租成本必须资本化并在承租期内摊销[4]；相应地，如果企业为承租获得的有形资产支付了改良支出，那么承租**改良成本**也应资本化并在 MACRS 的回收期内计提折旧。

这一改良成本的回收规定即使在承租期短于 MACRS 回收期时也适用。[5]

---

[1] 虽然是两个合伙人而不是合伙企业缴纳该合伙企业的税收，但合伙企业应将影响应纳税所得额计算的任何选择填报在信息申报表中。

[2] §195(c)(1)(B).

[3] IRS Letter Ruling 9331001（April 23，1993）.

[4] §178.

[5] §168(i)(8).

承租成本和改良成本	当年上半年，VB 公司签订一份租赁合同承租商用办公室，合同约定租金为 3 120 美元，B 公司花费 28 000 美元修理橱柜、书架以及照明设施等保证出租办公室的正常使用，租期为 48 个月，起租日为 5 月 1 日。VB 公司应将支付的租金成本 3 120 美元资本化并在 48 个月中摊销，同时应将租赁前 28 000 美元的改良成本资本化，这些改良成本的回收期为 7 年，VB 公司应通过 MACRS 折旧来回收这 28 000 美元的改良成本。①

外购无形资产

当企业购买另一家企业时，通常支付的价格远远高于被收购企业资产负债表上披露的货币资产和营业资产总额；这说明被收购企业的价值中有一部分在资产负债表上没有披露出来但确实存在，这部分资产就是无形资产。如果购买企业支付的是一揽子价格，就应将资产负债表中的每一项资产分别分配价格，这个分配价格就是公允市场价值，并成为购买企业所获得资产的成本基数。②

如果支付的一揽子价格超过资产负债表中的价格，多余的部分应分配到被收购企业的无形资产账户。此类无形资产包括**商誉**（对顾客将继续惠顾企业的期望所产生的价值）和**持续经营价值**（由于企业资产相互协作而产生的协同作用的价值）。除此之外，常见的无形资产还有：

·以信息为基础的无形资产，如会计记录、操作系统或操作指南、顾客名单和广告客户名单；

·以顾客为基础或以供应商为基础的无形资产，如与大客户签订的有利合同或是已经与关键供应商建立的良好关系；

·与技术相关的无形资产，如设计、模式、配方以及其他智能性无形资产；

·劳动力无形资产，如专业技术、教育或员工对公司的忠诚度以及有利的雇佣合同；

·公司前所有者的非竞争盟约或类似协议；

·特许权、商标、商品名、营业执照和许可证等。

在计税时，不管无形资产为企业带来商业利益的实际使用期为多长，企业都应在 15 年的回收期内回收其外购成本。③ 摊销在外购当月就开始计算。

---

① 除非 VB 公司在租赁合同到期的 48 个月之后重新签订该出租合同，否则 VB 公司在租赁期满将办公室归还给出租人时就不能回收租赁期间的改良费用的全部成本基数。这一情况的税收结果将在下一章讨论。

② Reg. § 1.1060-1T.

③ § 197.15 年的摊销规定并不适用于其他类型企业的股利分配、债务工具、现有的租赁有形资产以及公众可以买到的计算机软件等。在 § 167(f)(1) 中，上述下架软件的外购成本应在 36 个月之内摊销。

外购无形资产的 摊销	3月9日，BV公司（一家以公历年为纳税年度的纳税人）花2 000 000美元从鲁佩兹先生手中购买了一家企业，合同上注明该企业货币资产和营业资产的一揽子购买价为1 700 000美元，另外多支付的价格中50 000美元是该企业的商标权，150 000美元是商誉，100 000美元是非竞争盟约。该盟约约定鲁佩兹先生3年内不能从事相关经营。BV公司应将外购的300 000美元无形资产成本资本化并在15年内摊销，平均每月摊销1 667美元（300 000美元÷180个月），而购买当年公司可以在税前扣除的摊销总额为16 670美元（1 667美元×10个月）。

对于专利权和著作权来说，只有当它们是企业整体购买中的一部分时才能包含在外购无形资产的范畴内。在这种情况下，无论这两项资产尚可使用的年限是多少，购买者都应将成本在15年内分别摊销到专利权和著作权。

作为外购无形资产的专利权	在前面的案例中，汉诺威公司购买了CPT研发中心研制的化学实验专利并用于商品生产。今年皇冠食品公司又购买了汉诺威公司，因此皇冠食品公司获得了汉诺威公司的全部有形资产和无形资产，包括专利权。在购买当日，专利权尚可使用年限为8年（96个月），但是由于专利权包含在皇冠食品公司所购买的无形资产中，所以应先将购买成本分配给专利权这一无形资产，再在15年的摊销期内回收其分配的成本。

商誉的会计与税收差异

外购商誉的税务处理不同于公认会计准则下的会计处理。会计上不要求将商誉的成本进行摊销，与此相对应，商誉摊销的税前扣除额就形成了会计所得与应纳税所得额之间的暂时性差异。在会计上，公司应每年都进行商誉减值测试，如果该商誉的价值发生减值，公司应确认减值费用并在资产负债表中计减商誉账面价值。[①] 这一减值费用不能在税前扣除，因此它是一项不利的暂时性差异。

一揽子购买的综合案例

当企业支付一揽子价格购买另一家企业时，企业应确定包含在购买价格中的每一项有形资产和无形资产的成本基数以及每项资产可以使用的成本回收方法。下例阐释了这一重要过程。

RT公司的一揽子购买	RT公司一揽子购买了SW有限公司，支付的一揽子价格为1 000 000美元。在购买当日，SW公司的资产评估价值如下表所示：

---

① SFAF No. 142, *Goodwill and Other Intangible Assets* (2000).

	评估的公允市场价值
应收账款	$ 120 000
物料	25 000
存货	325 000
家具及固定设备	360 000
承租的不动产（尚可使用时间为 8 年）	40 000
	$ 870 000

因为该公司在整个业界的声誉较好，因此 RT 公司愿意支付 1 000 000 美元购买该企业，那么新购得的每一项资产成本如下表所示：

	市场成本基数
应收账款	$ 120 000
物料	25 000
存货	325 000
家具及固定设备	360 000
承租的不动产（尚可使用时间为 8 年）	40 000
外购商誉	130 000
	$ 1 000 000

- RT 公司将在应收账款收回时回收上述应收账款的基数；
- 当消耗物料时，RT 公司将作为扣除项回收上述物料的基数；
- RT 公司将通过产品的销售回收上述存货项目的基数；
- RT 公司将通过 MACRS 折旧回收上述家具及固定设备的基数；
- RT 公司将通过在租赁不动产的尚可使用的 8 年内的折旧扣除来回收上述租赁不动产的基数；
- RT 公司将通过在 15 年内的摊销扣除来回收上述外购商誉的基数。

我国有关所得税的会计准则规定，无形资产的摊销以及无形资产减值准备的提取是无形资产会计与税收差异的主要来源。在无形资产取得以后，应根据其使用寿命情况，区分为使用寿命有限的无形资产与使用寿命不确定的无形资产。

对于使用寿命不确定的无形资产不要求摊销，但持有期间每年应进行减值测试。税法规定，企业取得的无形资产成本应在不少于 10 年的时间内摊销。即税法没有界定使用寿命不确定的无形资产，所有的无形资产成本均应在一定期间内摊销。对于使用寿命不确定的无形资产，会计处理时不予摊销，但计税时按照税法规定确定的摊销额允许税前扣除造成该类无形资产的账面价值与计税基础的差异。

自然资源的折耗

以提炼矿物、石油、天然气以及其他地层中的自然沉积物为主营业务的企业需要花费大量的成本选址、购置和开发其所经营的矿井。这些成本中部分应资本化,并在矿井有生产能力的期间进行回收[1],而回收企业所投资的不可再生资源的方法就是**成本折耗法**。每年成本折耗税前扣除额的公式如下所示:

$$\frac{当年销售产品总量}{年初预计的总储量[2]} \times 矿井尚未回收的基数$$

成本折耗法

M 公司是一家煤矿企业,该公司花 500 000 美元进行地质勘测,取得煤矿开采权并进行挖掘,并将上述支出成本资本化作为新铜矿的基数。在开始营业第 1 年年初,公司的工程师预计该铜矿铜含量为 80 000 吨,在第 1 年公司挖掘并销售了 20 000 吨的铜矿石。因此该煤矿公司的成本折耗扣除就是 125 000 美元。

$$\frac{20\ 000\ 吨}{80\ 000\ 吨} \times 500\ 000\ 美元初始基数 = 125\ 000\ 美元$$

第 2 年年初,工程师修正了上一年的预计,由原来的 80 000 吨含量变为 65 000 吨含量。在第 2 年公司挖掘并销售了 32 000 吨的铜矿石,因此第 2 年的成本折耗扣除就是 184 615 美元。

$$\frac{32\ 000\ 吨}{65\ 000\ 吨} \times 375\ 000\ 美元未回收基数 = 184\ 615\ 美元$$

当该铜矿资源耗尽时,也就是说该铜矿不再具有生产能力,M 公司将已经通过成本折耗的税前扣除补偿了全部的 500 000 美元税基。

百分比折耗法

目标 9

区分成本折耗和百分比折耗。

为鼓励高风险的开采和提炼活动,国会发明了**百分比折耗法**,即用可折耗资产产生的收入乘以预计折耗率计算出年扣除额的一种方法。比如,硫磺和铀的法定折耗率是 22%,金、银、铜、铁矿以及原油的折耗率是 15%,石棉、煤和褐煤的折耗率是 10%。每一年公司都可以扣除在形成财产过程中产生的成本折耗或百分比折耗中较高的一种。[3]

下面仍将通过上例来分析成本折耗法和百分比折耗法之间的关系。

---

[1] 油气生产者可以扣除许多无形的钻井成本和开发成本,由此最小化生产性矿井的资本化基数。

[2] § 611.

[3] § 613(a) and (b).

百分比折耗法　　　M 公司可以每吨 40 美元的价格销售铜矿石，并且百分比折耗率为 15%，下表反映了年折耗的税前扣除情况。

年	年初预计的总吨数	当年销售的总吨数	总收入	年初未回收的基数	成本折耗	百分比折耗*
1	80 000	20 000	$800 000	$500 000	$125 000	$120 000
2	65 000	32 000	1 280 000	375 000	184 615	192 000
3	30 000	17 000	680 000	183 000	103 700	102 000
4	15 000	18 500	740 000	79 300	79 300	111 000
5	5 000	4 000	160 000	—0—	—0—	24 000
6	2 500	2 000	80 000	—0—	—0—	12 000

注：*总收入×15%。

第 1～4 年，M 公司扣除了成本折耗和百分比折耗中较大者，相应将煤矿的税基减为 0，但在第 4 年，令人奇怪的是，公司扣除了 111 000 美元的折耗额，它超过了铜矿的回收基数 31 700 美元。在第 5、6 年，即使在铜矿的税基为 0 的情况下，公司仍然扣除了 36 000 美元的百分比折耗。

百分比折耗扣除吸引人的地方就在于它不限于矿井的资本化成本。百分比折耗法对产生收入的每一年都适用，即使在其税基减至为 0 时仍然成立。因此，在这种情况下，百分比折耗不是一种成本回收扣除，而是一项采掘行业所创造的收入的间接优惠税率。

毫无疑问，这种优惠的扣除方法也是有限制的。年百分比折耗扣除额不能超过可折耗资产所创造的应税所得的 50%（对油气资产是 100%）。[1] 在油气行业，只有独立生产商和特许权所有者才可以采用此方法。这一税收上的突破对主营提取、精炼和向零售商出售油气的大型煤矿集团企业不适用。[2] 虽然有上述限制，但百分比折耗法仍然不失为一种有价值的政府补贴。

结　论

企业支出的税后成本是企业可以扣除该支出的期间的函数。如果支出的费用在当年不能扣除，而只能将其资本化到资产账户，那么该费用的税后成本计算则取决于公司计算相关成本回收扣除额的方法。图 7.1 总结了企业支出费用的税务处理方式，可以帮助读者了解已销存货成本、折旧、摊销和折耗在税收筹划过程中起到的关键作用。

---

[1]　Ibid.
[2]　§613A(c)．

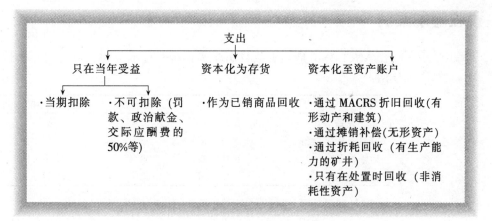

图 7.1　企业支出的税务处理

会计与税收差异的来源

永久性差异
· 超过成本折耗的百分比折耗

暂时性差异
· 无形的钻井成本（IDC）
· 在统一资本化规定下资本化的存货成本
· MACRS 折旧
· 组织及筹建成本的摊销
· 外购无形资产（商誉）的摊销
· 商誉减值费用

关键术语

调整基数	半年惯例	载客汽车
摊销	无形钻井和开发成本	百分比折耗法
资本化	承租无形资产成本	回收期
成本基数	租赁物改良	研究与开发支出
成本折耗	杠杆作用	第 179 条选择
已销存货成本	后进先出法	个别计价法
折旧	半月惯例	筹建成本
扩张成本	半季惯例	税基
先进先出法	MACRS	统一资本化规定
持续经营价值	成本补偿制度	
商誉	组织成本	

税收筹划案例

1. MRT 公司是一家以日历年为纳税年度的公司，该公司今年将资产投入使用：

资　产	初始成本	回收期	投入使用的时间
生产设备	＄219 000	7 年	4 月 23 日
家具及固定设备	16 000	7 年	5 月 2 日
运输设备	195 000	5 年	9 月 3 日
办公设备	120 000	7 年	12 月 1 日

a. 试计算 MRT 公司当年上述资产的 MACRS 折旧。

b. 12 月，MRT 公司决定用 200 000 美元购买一台附加设备，这台设备可以在年底之前投入使用，也可以推迟到第二年 1 月开始使用。请问这一决定可以在多大程度上影响已经使用资产的折旧？

2. C 公司的边际税率是 34％，折现率是 8％，公司从第 0 年到第 7 年只能决定是购买还是租赁使用设备，如果租赁使用，每年的租赁费是 21 000 美元，如果购买设备，价格是 100 000 美元，并且设备销售者同意公司延期至第 4 年支付设备款，延期支付期间利率是 11.5％（即第 1～4 年一共应支付 11 500 美元的利息）。该设备没有残值，MACRS 回收期是 7 年。请问为使该设备在使用的 8 年之内税后成本最小化，C 公司应该选择租赁还是选择购买？

3. MG 公司拥有的设备已经计提完折旧，但仍然在使用，并可继续使用 4 年（分别是第 0 年、第 1 年、第 2 年、第 3 年）。MG 公司的财务总监预计，这些旧设备第 0 年和第 1 年的设备修理费都是 1 400 美元，第 2 年是 1 500 美元，第 3 年是 1 600 美元。在第 3 年年末，这些设备都没有残值。公司的边际税率是 34％。

MG 公司也可以报废这些旧设备，并花 5 000 美元购买新设备。新设备的 MACRS 折旧的回收期是 3 年，并且在第 0～3 年内不需花费任何修理费用，在第 3 年年末设备没有残值。

a. 假设 MG 公司不能使用第 179 条选择将新设备的 5 000 美元成本费用化，那么公司应该如何使其税后成本最小化？假设折现率是 10％。

b. 假设 MG 公司可以使用第 179 条选择将新设备的 5 000 美元成本费用化，那么公司又该如何选择才能使其税后成本最小？

4. KP 有限公司租赁了一座三层商用办公楼，租期是 10 年，直到该座大楼的安全系统安装完毕之后 KP 公司才开始使用该办公楼，安全系统成本总额是 50 000 美元，根据 MACRS，其成本回收期是 7 年。对此 KP 公司有两个选择：一是大楼所有者出钱安装安全系统，KP 公司只需每年支付租金 79 000 美元；二是 KP 公司出钱安装安全系统，年租金为 72 000 美元。假设 KP 公司的边际税率是 35％，折现率是 9％，如果公司不能使用第 179 条费用化选择将 50 000 美元的成本费用化处理，请问 KP 公司应该怎样选择？

5. S 先生用 56 600 美元的现金为公司购买一项有形资产，该资产的回收期是 3 年，在考虑任何成本回收扣除选择之前，公司第 0 年发生营业亏损；但 S 夫妇还有额外收入，因此他们可以在个人纳税申报表上将亏损全部扣除。

对于新购买的该项资产，S 先生有两种选择，一是可以将其资本化并在 MACRS 下计提折旧，二是可以根据第 179 条费用化选择将其费用化处理。因为公司当年没有应纳税所得，费用不能在税前扣除，但是可以将其向未来年度结转，同时，S 先生预测公司第 1 年仍然亏损，第 2 年至少实现收入 60 000 美元，因此 S 先生可以扣除向后结转至当年的第 179 条费用。如果 S 夫妇的边际税率是 25%，折现率是 7%，那么 S 先生是否应该选择将新资产的成本费用化呢？

附表 7—A　半季惯例折旧率表

第 1 季度投入使用的企业动产的半季惯例折旧率

年	不同回收期内的折旧率（%）					
	3 年	5 年	7 年	10 年	15 年	20 年
1	58.33	35.00	25.00	17.50	8.75	6.563
2	27.78	26.00	21.43	16.50	9.13	7.000
3	12.35	15.60	15.31	13.20	8.21	6.482
4	1.54	11.01	10.93	10.56	7.39	5.996
5		11.01	8.75	8.45	6.65	5.546
6		1.38	8.74	6.76	5.99	5.130
7			8.75	6.55	5.90	4.746
8			1.09	6.55	5.91	4.459
9				6.56	5.90	4.459
10				6.55	5.91	4.459
11				0.82	5.90	4.459
12					5.91	4.460
13					5.90	4.459
14					5.91	4.460
15					5.90	4.459
16					0.74	4.460
17						4.459
18						4.460
19						4.459
20						4.460
21						0.557

第 2 季度投入使用的企业动产的半季惯例折旧率

			不同回收期内的折旧率（%）			
年	3 年	5 年	7 年	10 年	15 年	20 年
1	41.67	25.00	17.85	12.50	6.25	4.668
2	38.89	30.00	23.47	17.50	9.38	7.148
3	14.14	18.00	16.76	14.00	8.44	6.612
4	5.30	11.37	11.97	11.20	7.59	6.116
5		11.37	8.87	8.96	6.83	5.658
6		4.26	8.87	7.17	6.15	5.233
7			8.87	6.55	5.91	4.841
8			3.33	6.55	5.90	4.478
9				6.56	5.91	4.463
10				6.55	5.90	4.463
11				2.46	5.91	4.463
12					5.90	4.463
13					5.91	4.463
14					5.90	4.463
15					5.91	4.462
16					2.21	4.463
17						4.462
18						4.463
19						4.462
20						4.463
21						1.673

第 3 季度投入使用的企业动产的半季惯例折旧率

			不同回收期内的折旧率（%）			
年	3 年	5 年	7 年	10 年	15 年	20 年
1	25.00	15.00	10.71	7.50	3.75	2.813
2	50.00	34.00	25.51	18.50	9.63	7.289
3	16.67	20.40	18.22	14.80	8.66	6.742
4	8.33	12.24	13.02	11.84	7.80	6.237
5		11.30	9.30	9.47	7.02	5.769
6		7.06	8.85	7.58	6.31	5.336
7			8.86	6.55	5.90	4.936
8			5.53	6.55	5.90	4.566
9				6.56	5.91	4.460
10				6.55	5.90	4.460
11				4.10	5.91	4.460
12					5.90	4.460
13					5.91	4.461
14					5.90	4.460
15					5.91	4.461

税收筹划原理——经营和投资规划的税收原则

续前表

	不同回收期内的折旧率（%）					
年	3 年	5 年	7 年	10 年	15 年	20 年
16					3.69	4.460
17						4.461
18						4.460
19						4.461
20						4.460
21						2.788

第 4 季度投入使用的企业动产的半季惯例折旧率

	不同回收期内的折旧率（%）					
年	3 年	5 年	7 年	10 年	15 年	20 年
1	8.33	5.00	3.57	2.50	1.25	0.938
2	61.11	38.00	27.55	19.50	9.88	7.430
3	20.37	22.80	19.68	15.60	8.89	6.872
4	10.19	13.68	14.06	12.48	8.00	6.357
5		10.94	10.04	9.98	7.20	5.880
6		9.58	8.73	7.99	6.48	5.439
7			8.73	6.55	5.90	5.031
8			7.64	6.55	5.90	4.654
9				6.56	5.90	4.458
10				6.55	5.91	4.458
11				5.74	5.90	4.458
12					5.91	4.458
13					5.90	4.458
14					5.91	4.458
15					5.90	4.458
16					5.17	4.458
17						4.458
18						4.459
19						4.458
20						4.459
21						3.901

第8章

财产处置

通过本章的学习，你应该能够：

1. 区分收益或损失的实现与确认。
2. 运用分期收款销售会计法。
3. 解释为什么税法不允许关联方交易产生的损失在税前扣除。
4. 识别资本性所得和资本性亏损定义的两个要素。
5. 应用资本性亏损的税前扣除限制。
6. 掌握第 1231 条净额分类过程。
7. 在第 1231 条净额分类过程中考虑冲减规定。
8. 描述除销售或交易以外的资产处置的税收结果。

第 8 章，我们将继续学习有关财产交易的税收处理，在本章，我们将讨论企业如何在资产处置的过程中确认所得或损失，我们的讨论将主要围绕以下三个问题进行：

- 在资产处置过程中确认的收益或损失有哪些？
- 应在哪个纳税年度确认利得或损失？
- 已确认收益或损失的税收特征是什么？

上述问题的答案决定了财产处置过程中的税收成本或税收节约，因此也就相应决定了税后成本的现金流。

收益或损失确认的计算过程

《国内税收法典》专门提出总收入包括"来源于财产处置的收益"①，也包括"在纳税年度内没有由保险或其他项目补偿的损失"的税前扣除。② 上述两项法律规定了公司在计算应纳税所得额时应核算处置财产交易过程中的收益或损失。财产处置中**实现收益或损失**的计算过程如下所示③：

处置财产实现的总收益

（调整后该财产的税基）

实现的收益（或损失）

上述计算过程反映了会计的核算原则，在该原则下，资产价值的增加或减少并不能确认为收入，只有当资产通过外部交易成为另一种资产时，资产在价值上的增加或减少才能真正确认为收入。例如，假设 F 公司 4 年前花 25 000 美元购买一项资产，尽管该项资产的市场价值持续增长，但公司既没有在资产负债表也没有在纳税申报表上报告这一增加额。当年，F 公司处置该项资产，获得 60 000 美元现金，公司最终获得了 35 000 美元的盈利。

目标 1

区分收益或损失的实现与确认。

税法关于资产处置的第三个一般原则是指，资产处置中取得的收益或损失应考虑税收因素④，换句话说，实现的收益或损失应在当年**确认收益或损失**。

处置财产实现的总收益

（调整后该财产的税基）

实现的收益（或损失）

确认的收益（或损失）

第 8 章考察的许多资产处置交易都反映了收益或损失的实现和确认的关系，在第 9 章我们将进一步说明上述一般原则的特殊情况：不能在同一年确认的资产处置中实现的收益或损失。

上述实现原则是税收筹划中的一个重要原则，因为该原则使资产所有者能够控制处置收益或处置损失确认的时间，也就是说只要资产的所有者拥有该资产，资产增值时就能够延期确认收益并延期确认相关的税收成本；相反，如果资产减值，资产所有者就可以在处置资产时尽可能加速扣除减值损失以及节约的税收成本。

延期确认收益和加速扣除损失

K 公司 A 资产的税基是 15 000 美元，B 资产的税基是 141 000 美元，年底，公司有机会可以以每项资产 100 000 美元的价格把这两项

---

① § 61(a)(3).

② § 165(a).

③ § 1001(a).

④ § 1001(c).

资产出售，但公司为避免确认 85 000 美元的经济收益而决定继续持有 A 资产，对于 B 资产来说，公司为确认 41 000 美元的损失而决定出售 B 资产，这样 K 公司就可以扣除此次资产处置过程中的损失，假设边际税率是 35%，当年公司共节约了 14 350 美元的税额。

纳税人在税收上确认的收益或损失总额不一定就是资产负债表上报告出来的收益或亏损总额。如果一项资产调整后的税基不等于会计基数，那么该项资产处置在税收上的收益或损失就和会计收益或亏损额也不相等。

资产处置中的会计和税收差异

Orlof 有限公司 4 年前花 87 400 美元购买一项可计提折旧的资产，并在今年以 72 000 美元的价格将其变卖，在处置当日，Orlof 公司在会计和税收上的相关计算如下表所示：

	会计金额	税收金额
初始成本基数	$ 87 400	$ 87 400
累计折旧	(18 000)	(33 900)
销售当日的调整后基数	$ 69 400	$ 53 500
处置当日实现的收入总额	$ 72 000	$ 72 000
调整后基数	(69 400)	(53 500)
实现的收益	$ 2 600	$ 18 500

税收比会计上多实现的 15 900 美元的收入也就是 Orlof 公司在该项资产持有期间税收折旧高于会计折旧所引起的会计收入和应纳税所得额之间暂时性差异的转销额。

销售和交换

财产拥有者可以通过现金销售（包括信用销售）或交换财产两种形式来处置资产，在处置过程中所**实现的所得**等于处置中获取的现金收入加上该项资产的公允市场价值。[①] 比如，J 公司用一项资产交换可用于销售的有价证券，证券的市场价值为 50 000 美元，因此 J 公司在此次处置资产的过程中共实现所得 50 000 美元，等于处置资产方获得的现金和/或资产的价值，同时资产处置过程中实现的所得也等于处置资产方所放弃资产的市场价值。再比如，交易双方必须一致认为该项资产的价值是 50 000 美元，这又是为什么呢？这是因为在一项资产交易中，没有任何一个理性交易人会以低于资产本身价值的价格处置资产，同样任何一个理性人也不会以高于资产本身价值的价格购买一项资产。私人市场决定了买卖双方对一项资产的评估价值相等。

作为已实现所得中的负债减少

在第 7 章我们已经学习了一项资产的计税基础包括所有者为购置资产所

---

① §1001(b)．类似销售佣金和过户手续费等形式的销售成本降低了已实现所得的金额。

借入的金额，换句话说，资产的税基既包括资产的所有者权益，也包括该项资产的任何债务。这也就是说，如果销售该资产并在交易中减少了该资产的债务，那么资产所有者也必须将这部分减少的债务计入处置资产所实现的金额中。

负债的减少　　　　　TG 公司 15 年前以 450 000 美元购买了一块投资性土地，这 450 000 美元的购买成本中有 100 000 美元是自有资本，其余的 350 000 美元是财产抵押贷款所得。因此，这块土地的成本基数就是 450 000 美元，根据抵押合同，TG 公司每年用现金偿还部分贷款，这部分贷款增加了土地的权益，但并没有增加 TG 公司的税基。今年 TG 公司以 875 000 美元的价格出售了该块土地，买方假设抵押所增加的权益是 200 000 美元，其余的 675 000 美元才是该块土地的销售价格。因此 TG 公司的已实现所得如下所示：

销售中实现的所得总额	
取得的现金	$675 000
减少的债务	200 000
	$875 000
土地的初始成本	(450 000)
实现的所得	$425 000

免税的成本回收和现金流

一项资产的销售或交换过程中，只有超过调整后税基的已实现所得才是应纳税所得，因此卖方可以在税前回收该项资产的投资成本。

已实现所得和成本回收　　　　R 公司拥有一项成本是 5 000 美元的资产，如果公司以 8 000 美元销售该项资产，只实现了 3 000 美元的应纳税所得。获得的前 5 000 美元现金代表了 R 公司投资在该资产上的非应税回收基数，假设 R 公司的边际税率是 35%，那么此销售共产生了 6 950 美元的现金流。

	税收结果	现金流
销售实现的所得总额	$8 000	$8 000
成本基数	(5 000)	
已实现收入	$3 000	
	0.35	
收入的税收成本	$1 050	(1 050)
税后现金流		$6 950

如果卖方在销售或交换中发生亏损，那么所实现的所得总额就是卖方投资的免税回收金额，除此之外，卖方也可以在计算应纳税所得时扣除该不可回收的投资。

		税收结果	现金流
已实现亏损和成本回收	上例中,假设 R 公司仅以 4 000 美元销售了该项资产,那么公司会发生亏损 1 000 美元。假设亏损可以全部在税前扣除,那么公司可以 4 000 美元现金成本和 1 000 美元的扣除金额形式将这 5 000 美元的投资成本全部回收,同时因为该项扣除节约了税收成本,所以销售资产过程产生了 4 350 美元的现金流。		

	税收结果	现金流
销售实现的所得总额	$4 000	$4 000
成本基数	(5 000)	
已实现收入	$(1 000)	
	0.35	
损失的税收节约	$(350)	350
税后现金流		$4 350

上述两例中,已实现收入或亏损并没有影响 R 公司现金流的计算,只有由已实现收入或亏损中产生的税收成本或税收节约才是现金流项目。

通货膨胀所得的税收

如前例所示,作为卖方的纳税人可以在税前回收资产的成本,在会计上,投资返还并不代表产生收入。只有超过投资成本部分的已实现所得——投资返还——才可以确认为收入,如果该项货币价值从购买日到销售日之间有所改变,那么该返还额将会被高估,在通货膨胀期间,纳税人投资在资产上的美元价值超过了纳税人在销售时获得的美元的实际购买力。

通货膨胀所得　　在上例中,R 公司以 8 000 美元的已实现所得总额出售了成本为 5 000 美元的一项资产,因为通货膨胀,公司获得该资产年度的 1 美元相当于现在的 1.25 美元,因此,R 公司投资在该项资产上的原始成本现值就是 6 250 美元(5 000 美元×1.25),其实现的所得就只有 1 750 美元(8 000 美元—6 250 美元经通货膨胀因素调整的成本基数),但是因为税收制度本身并没有考虑到通货膨胀因素,所以 R 公司应仍以 3 000 美元的所得纳税,其中有 1 250 美元并没有产生收入而是初始投资的返还。①

卖方融资销售

在许多销售交易中,卖方都同意将买方签发的债务工具(票据)作为支付价款的一部分,这也就意味着买方可以在双方约定的特定时期而不是销售

---

① 国会和财政部都意识到了这个问题。理论上正确的解决办法是允许纳税人调整通货膨胀引起的资产的成本基数。但是立法者考虑到潜在的亏损以及改变立法可能增加成本基数、成本回收扣除和所得或亏损计算的复杂性而并不愿意将上述解决办法写入法律。

当日支付价款。在正常卖方融资销售中，卖方可向买方索取票据的利息，一般情况下，销售方将买方票据的本金计入销售实现的金额，并据此计算损益。

卖方融资销售　　Q公司以300 000美元的价格出售了成本为195 000美元的一项资产，买方在出售当日支付现金30 000美元，并签发了一张270 000美元的票据作为余款支付完毕，票据上规定买方在未来10年内偿还全部账款270 000美元，并每年支付利息，年利率为9.2%。因此Q公司虽然在出售年度只获得了30 000美元的现金收入，但卖方融资出售过程中实现了105 000美元的所得。

分期收款销售法

目标2　　纳税人可以采用法定方法核算卖方融资销售某项资产所实现的所得，在**运用分期** **分期收款销售法**下，卖方在销售当年并不确认销售实现的全部所得；确认的**收款销售** 所得与卖方所收票据的实际偿还金额有关。[①] 卖方应在销售当年及之后的年份**法。** 计算实现的现金所得，计算方法是用每年获得的现金收入乘以**总利润率**。

分期收款销售法　　第1年，B公司以214 500美元的价格出售了一块150 000美元成本的5英亩的投资性土地，买方在购买当日支付了14 500美元的现金，并将余额签发了一张200 000美元的应付票据，票据规定买方从第2年起每年支付本金50 000美元，同时另付每年未付价款总额的6%的年利息。B公司实现的所得和总利润百分比如下所示：

销售中实现的所得总额	
收到的现金	$14 500
买方签发的应付票据	200 000
	$214 500
土地成本基数	(150 000)
实现的收入	$64 500

$$\frac{实现的所得\ 64\ 500\ 美元}{销售价格\ 214\ 500\ 美元}=30.07\%的总利润率$$

B公司每年确认的应纳税所得如下表所示：

年	收到的现金	总利润率	确认的应纳税所得
1	$14 500	30.07%	$4 360
2	50 000	30.07%	15 035
3	50 000	30.07%	15 035
4	50 000	30.07%	15 035
5	50 000	30.07%	15 035
			$64 500

---

① §453.

请注意 B 公司根据应付票据获得的利息并没有影响公司确认所得的计算，因此公司应根据整体会计核算方法把收到的这部分金额作为普通收入计算。

纳税人可以用分期收款销售法来延期确认各种销售或投资购买资产过程中实现的所得（这种方法并不适用于交易过程中实现的亏损）。但这种方法并不适用于现有市场上销售股票或有价证券实现的所得①；同样，该方法也不适用于卖方向消费者销售存货的普通交易过程中实现的所得。②

存货的分期收款销售法　　上例中，如果 B 公司是一家房地产开发商，主要买卖普通市场上的土地，那么公司就不能用分期收款销售法来核算上述出售土地过程中实现的所得。因此 B 公司在出售当年实现全部所得 64 500 美元。

纳税人通常会采用分期收款销售法延期确认所得并获得利益，如果这种延期确认并没有带来收益，纳税人可能会选择不使用分期收款销售法。③ 因为纳税人是依据公认会计准则报告公司的财务状况，采用分期收款销售法会导致会计所得和纳税所得之间产生有利于纳税人的暂时性差异。这种差异产生于销售年度，并在纳税人收到买方票据本金的年度转回。

分期收款销售法引起的会计和税收差异　　假设上例中 B 公司根据公认会计准则报告公司的财务状况，在土地销售当年，B 公司在会计上实现了 64 500 美元的所得，但应纳税所得额却是 4 360 美元，二者的差额 60 140 美元将在未来 B 公司收到买方每年支付 50 000 美元本金的票据的 4 年中确认应纳税所得额时转回。

卖方在买方票据中确认的税基

在卖方融资销售中，卖方一旦接受了买方签发的应付票据，一般卖方都会把票据上标明的票面金额看做税基，这一金额可以作为免税本金偿还予以回收。

应收票据的税基　　我们前面的案例曾经提到，Q 公司以 300 000 美元销售一项资产，并接受了买方签发的 270 000 美元的应付票据，实现了 105 000 美元的所得。如果 Q 公司在出售当年确认了全部所得，那么应付票据的税基就是该票据的票面金额 270 000 美元，Q 公司将在未来 10 年内分别获得上述款项，同时这一本金支付过程也将同时将票据的票面金额和税基减至为 0。

---

① § 453(k)(2)(A)．现有有价证券市场包括纽约证券交易所（NYSE）、美国证券交易所（AMEX）和纳斯达克。

② § 453(b)(2)(A)．

③ § 453(d)．

在分期收款销售中，卖方不能对买方的应付票据支付的现金免税回收，但是卖方可以将收到的金额的一定百分比确认应纳税所得。因此卖方在进行分期收款销售中的税基并不会因为延期确认所得而降低。[①]

应收票据的税基——分期收款销售法

在前面的案例中，B公司以214 500美元出售了一块5英亩的土地，并接受了买方签发的200 000美元的应付票据，公司采用分期收款销售法延期确认出售的所得。B公司获得的应付票据的税基只有139 860美元（200 000美元面值—60 140美元延期所得），同时因为B公司每年获得50 000美元的本金，因此可以确认延期所得的部分，并同时减少票据的面值和税基。

年	应收票据的面值	延期确认的所得	应收票据的税基
1	$200 000	$60 140	$139 860
2	150 000	45 105	104 895
3	100 000	30 070	69 930
4	50 000	15 035	34 965
5	—0—	—0—	—0—

如果纳税人将应付票据转换成现金，那么纳税人应立即确认应付票据的延期所得。[②] 假设前例中B公司只收到了两期的50 000美元应付票据本金支付，就把该应付票据以100 000美元的面值出售给了金融机构。因为B公司提前将分期收款销售变现取得了收入，因此公司应立即确认分期收款销售法尚未确认的延期所得30 070美元。如果B公司没有将其出售，而是将该应付票据向金融机构以担保贷款的形式间接获得100 000美元现金，又该如何处理呢？在这种情况下，B公司仍拥有该应付票据，但同样B公司仍需确认30 070美元的延期所得。分期收款销售规定将作为分期收款证明的应付票据用于担保，视同将其变现处理。[③]

关联方交易中不可确认的亏损

前面，我们着重介绍了税收上对资产处置过程中实现的全部收入和亏损确认的一般性原则。因此，公司通常可以在出售资产时扣除实现的亏损，这里的一个特例就是，关联方内部出售或交换资产所实现的亏损是不能在税前扣除的。[④] 根据国内收入署的定义，关联方是指两家公司中主要成员来自同一个家庭，同时拥有公司已发行股票的50%以上的个人或公司，以及同一股东控制的两家公司。[⑤]

---

① §453B(b).

② §453B.

③ §453A(d).

④ §267(a)(1).

⑤ §267(b)(1), (2) and (3). 同一家庭包括夫妇、兄弟和姐妹，祖辈和直系后代。§267(c)(4).

不可确认的亏损　　　M公司向P公司以75 000美元的价格销售了一项资产，该资产的成本基数是90 000美元，因此M公司在会计上报告了15 000美元的亏损。但是M公司和P公司在税法上被认定为关联方。因此M公司在计算应纳税所得额时就不能在税前扣除这15 000美元的亏损额。虽然M公司的亏损不能扣除，P公司作为购买方依然要确认75 000美元的初始成本。

目标3

解释为什么税法不允许关联方交易产生的损失在税前扣除。

　　上述不能扣除亏损的原则是基于以下理论：关联方中一方亏损并不表示卖方的经济亏损。比如，一家公司向另一家非关联公司买方销售资产发生了亏损，这一亏损与公司不能回收的该项资产的投资成本相互对应，这一投资成本可以一次性扣除；但如果公司出售该资产给控股股东，那么该项资产的实际所有者并没有改变。如果在出售后该项资产的价值增加，股东最终仍可以回收公司的全部投资额，在这种情况下，公司出售资产并没有产生实际亏损，因此就不能在计算应纳税所得额时扣除这部分亏损。

　　第二种解释就是指关联方之间的交易是发生在虚假市场上的，在这个市场中买方和卖方发生的交易不是在公平协商基础上进行的。也正是因为这一假设，政府不能确保交易的价格与非关联企业交易中确定的市场价格相等。如果价格偏低而没有正当理由，卖方产生的亏损则会夸大，由此而产生的税前扣除也毫无根据。因此，正是因为这种假设，不管交易双方讨价还价的态度如何，这一规定适用于公司每一个关联方。比如哥哥向妹妹销售了一项资产并发生了亏损，那么即使哥哥可以证明兄妹已经多年不和，并且证明出售交易是严格按照法律规定来执行的，该项亏损也不能在税前扣除。

用以前不能扣除的亏损额抵消再次出售所实现的所得

　　从卖方角度看，不能扣除亏损的规定会引起资产出售时实现的亏损额和确认亏损额之间产生永久性差异，因此卖方不能从不可扣除亏损的税前扣除中得到利益。但是在正常情况下，买方可以得到交易过程中的所有或部分收益。如果买方紧接着将在关联方交易中获得的资产出售并实现了所得，购买方可以用以前年度不能扣除的亏损抵消实现的所得。[①]

买方对卖方不可扣除亏损的应用　　　在前例中，M公司在出售给P公司一项资产的交易中发生了15 000美元的亏损，假设P公司获得的该项资产不能计提折旧，在此次关联方交易的7年后，P公司将该项资产出售给一家非关联企业，因此在下列三种不同的假设中其税收结果也是不同的：

[①]　§267(d).

	假设 1	假设 2	假设 3
出售资产实现的所得总额	$93 000	$81 000	$70 000
资产的成本基准	(75 000)	(75 000)	(75 000)
实现的收入（亏损）	$18 000	$6 000	$5 000
以前年度不能扣除的亏损	(15 000)	(6 000)	—0—
确认的收入（亏损）	$3 000	—0—	$（5 000）

上例表明 P 公司可以用 M 公司以前不能扣除的亏损额减少资产再次销售中确认的所得，但是这一亏损额在再次销售中不能再次产生亏损或是增加亏损。

所得和亏损的税收特性

目标 4

识别资本所得或资本性亏损定义的两个要素。

纳税人应计算资产处置中所实现的所得或亏损，并决定确认所得或亏损的应纳税年度。除此之外，纳税人也必须确定已确认所得或亏损的特性。在税收含义上，每一次确认的所得或亏损的特性不是普通的就是资本的。**资本性所得或亏损**主要是由一项资本性资产的出售或交换产生的①，任何不满足上述定义的所得或亏损就是**一般性所得或亏损**。②

资本性所得或亏损有两个特征，第一，该交易必须是一项出售或交换交易；第二，被放弃的资产必须是一项资本性资产。也就是说，如果企业要处置的一项资本性资产以出售或交换以外的方式处置，那么其实现的所得或亏损在特性上只能是一般性所得或亏损。关于几种处置方式将在后面的章节中详细讨论。本节主要讨论资本性所得或亏损定义中的第二个要素：资本性资产。

资本性资产的定义

《国内税收法典》是通过排除法来定义资本性资产的。③ 在税收上，除了下列八类资产以外，每一项资产都是资本性资产：

（1）纳税人在日常经营中为销售给消费者而持有的存货和财产；

（2）在企业日常生产经营中获得的应付票据或应付款项等（比如通过提供服务或出售存货而获得的应付项目）；

（3）在日常生产经营中使用或消耗的产品；

（4）用于生产的不动产或可以计提折旧的资产（包括出租的房地产）以及可以摊销的无形资产④；

（5）文学作品、音乐作品或艺术作品的版权，书信或便笺，纳税人个人

税收讨论

国内收入署规定电力制造企业为终止一项长期合同而获得的赔偿性款项是一项一般性所得。这是因为虽然合同在制造业企业中是一项资本性资产，但是合同

---

① §1222.

② §64 and §65.

③ §1221.

④ Reg. §1.167(a)—3 and §197(f)(7).

发明创造并拥有的或是发明者赠与纳税人的类似财产①；

(6) 美国政府的某些出版物；

(7) 经销商拥有的金融衍生工具商品；

(8) 套期交易财产；

上述最后三项是为了保持定义的完整而设，因此我们主要讨论前六类。

资本性资产并不是由资产的内在特性决定的，而是由持有者对其使用目的所决定的。

资本性资产的定义

海伦女士是一名专业雕刻家，购买了价值 50 美元的泥土雕刻出一件艺术品并将其以 5 000 美元的价格出售给了 BVC 公司，BVC 公司将这件艺术品摆放在公司总部的大厅中装饰大厅。对于这件艺术品的创造者来说，它并不是资本性资产，因此海伦女士出售确认的 4 950 美元是普通收入，但是对于 BVC 公司来说就是一件资本性资产，因为对于该公司来说，这件艺术品并不能计提折旧。因此如果公司再次出售这件艺术品，所确认的所得或亏损应是资本性所得或亏损。

对资本性亏损的限制

目标5

应用资本性亏损的税前扣除限制。

联邦所得税包括了一系列适用于资本性所得或亏损的规定，分析这些规定的一个逻辑思路就是从资本性亏损的限制入手：只有在资本性亏损超过资本性所得时才可以扣除②，换句话说，如果一年内所有资本性资产的出售或交换结果都是亏损，那么这些亏损额不能在税前扣除，如果整体是所得，那么这部分所得应包含在应税所得中，下图表明了上述关系：

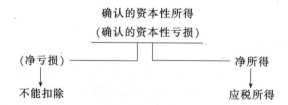

对资本性亏损的限制对其所引起的税收节约将产生重要的影响，下面三个例子详细阐明了这一点：

可以全部扣除的资本性亏损

SD 公司以 25 000 美元的价格出售了一项基数为 100 000 美元的资本性资产，假设公司的边际税率是 25%，那么这 75 000 美元的资本性亏损将能节约多少税收成本？如果 SD 公司在当年至少确认了 75 000 美元的资本性所得，那么上述资本性亏损将节约 18 750 美元的税收成

---

① 纳税人可以选择将自创的音乐作品或音乐版权的销售或交易作为资本性资产的销售或交易处理。

② §1211. 这一严格限制对个体纳税人略有放松。

本，税后损失是 56 250 美元。

出售资本性资产的亏损	$（75 000）
当期节约的税收成本（75 000 美元资本性亏损×25％）	18 750
税后亏损金额	$（56 250）

可以部分扣除的资本性亏损

假设 SD 公司当年只确认了 40 000 美元的资本性所得，那么公司就只能扣除 40 000 美元的资本性亏损，其余的 35 000 美元**资本性净亏损**是不能扣除的。由资本性亏损所节约的税收成本也降至 10 000 美元，税后亏损金额增至 65 000 美元。

出售资本性资产的亏损	$（75 000）
当期节约的税收成本（40 000 美元资本性亏损×25％）	10 000
税后亏损	$（65 000）

不能扣除的资本性亏损

如果考虑最坏的情况，SD 公司在当年没有确认资本性所得，因此上述产生的净亏损 75 000 美元不能扣除，税前和税后亏损都是 75 000 美元。

出售资本性资产的亏损	$（75 000）
当期节约的税收成本	—0—
税后亏损	$（75 000）

亏损的前转和后转

上述三例并不完整，因为它们只是表明了在单独纳税年度里资本性亏损限制的影响，如果纳税人当年发生资本性亏损，税法则有一个可以将其转至未来年度和以前年度里扣除的机制。税法的上述规定使得个人和公司在发生资本性亏损时所作的税务处理产生了不同，这并没有明显的政策性原因。

• 个人发生的资本性净亏损可以无限期地后转。[①] 只要个人在未来年度产生资本性净所得，超过所得的后转亏损就可以扣除。

• 公司发生的资本性净亏损可以向前结转 3 年，向后结转 5 年，但只能作为对这 8 年里确认的资本性净所得的扣除。[②]

如下例所示：

资本性亏损的前转

RO 公司在 2007 年出售了两项资本性资产，第一项资产确认了 50 000 美元的所得，第二项资产确认了 85 000 美元的亏损。在 2007 年

---

① §1212(b)(1).

② §1212(a)(1).

的纳税申报表上公司包括了 50 000 美元的总收入，也扣除了 50 000 美元的亏损，公司不能扣除的净亏损金额是 35 000 美元，公司前 3 年的应纳税所得如下表所示：

	2004	2005	2006
一般性收入	$600 000	$400 000	$730 000
资本性净所得	—0—	10 000	12 000
应税所得	$600 000	$410 000	$742 000

• 因为 RO 公司在 2004 年没有发生净所得，因此 2007 年产生的净亏损不能抵扣 2004 年的所得。

• RO 公司在 2005 年和 2006 年可以分别扣除 10 000 美元和 12 000美元的亏损，据此重新计算应纳税款，并申请税收返还。

• RO 公司 2006 年的净亏损额中剩余的 13 000 美元亏损额只能后转至未来 5 年内以扣除未来的资本性所得。

不可扣除的资本性亏损的会计与税收差异

所得或亏损的特征只与税收目的相关。为了编制财务报告，一年中实现的所得或亏损通常都包括在会计所得的计算中。因此，不可扣除的资本性亏损导致了税收所得高于会计所得。由于损失向前和向后结转的规定，这个不利差异是暂时的。

资本性亏损的会计与税收差异

2007 年，贝克有限责任公司在销售一项投资性资产时，出现了 46 900美元的损失。这项损失包括在 2007 年的会计所得中，但在计税时却是不可扣除的资本性亏损。贝克公司不能向前结转扣除任何资本性亏损。由于这项损失在会计与税收上的不利差异，贝克公司记录了 16 415 美元（46 900×35%）的递延税款资产。

2008 年，贝克公司销售一项投资性资产时，出现了 31 000 美元的收益。这项收益记入了会计与税收收入。这项收益是资本性收益，所以贝克公司可以向后结转扣除 31 000 美元的资本性亏损。因为这项有利会计与税收差异是 2007 年不利差异的部分抵消，所以贝克公司在 2007 年的递延税款资产记录中将减少 10 850 美元（31 000 美元×35%）。递延税款资产账户余额为 5 565 美元。

2009 年，贝克公司在销售一项投资性资产时产生了 47 500 美元的收益。这项收益记入了会计与税收收入。这项收益是资本性收益，所以贝克公司可以向后结转扣除剩余的 15 900 美元（46 900 美元—31 000美元）的资本性亏损。因为这项有利会计与税收差异已经完全抵消了 2007 年的不利差异，所以贝克公司减少递延税款资产 5 565 美元（15 900 美元×35%），递延税款余额为 0。

资本性所得的税收规定

在联邦所得税体制中，资本性所得是唯一一种可以抵扣资本性亏损的所得。因此不论是个人还是公司都更倾向于资本性所得，如果在一个纳税年度中纳税人确认了资本性所得，那么产生的净所得就应包含在应税所得中。如果纳税人是法人，净所得的所得税率就和日常收入的所得税率相等；如果纳税人是个人，那么资本性所得的税率就是优惠税率，优惠税率分别为 5％、15％、25％或 28％[1]，假设日常收入的最高所得税率是 35％，那么资本性所得的优惠税率对高收入的个人就非常有价值了。

资本性资产定义的修订

如果你理解了资本性所得或亏损对税收的影响，你就能够知道税收筹划中所得或亏损的特征为什么如此重要。作为一般原则，纳税人更倾向于资本性所得和一般性亏损，正如前面讨论的一样，资本性所得或亏损的特征取决于卖方所拥有的资产是否是资本性资产；更具体地，在《国内税收法典》中列为非资本性资产类的资产是否就是非资本性资产呢？如果某些资产并没有包含在这八类资产中，那么它们就属于资本性资产。[2] 下图表明了二者之间的关系：

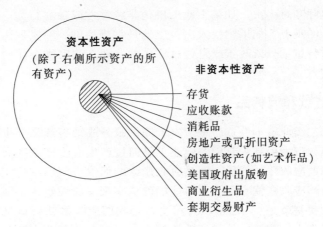

资本性资产
（除了右侧所示资产的所有资产）

非资本性资产

存货
应收账款
消耗品
房地产或可折旧资产
创造性资产（如艺术作品）
美国政府出版物
商业衍生品
套期交易财产

非资本性资产的处置

将资本性资产定义为上述具体资产之外的每一项资产的方法有可能引起争议。在企业中，资本性资产反而是特殊的，在企业资产负债表上所列示出来的大部分资产就是非资本性资产种类的前四类，在本节中，我们将主要讨论分析处置这些非资本性企业资产的税收结果。

---

[1] §1(h)．这些税率只适用于以销售持有期超过一年的资产取得的长期资本性所得。

[2] *Arkansas Best Corp*．*v*．*Commissioner*，485 U. S. 212（1988）．

那么企业资产中有哪些是资本性的呢？企业为长期投资而不是生产经营或商业所用的任何一项资产都是资本性资产，与之类似，在其他企业中的所有者权益和债权权益都是资本性的，如股票、债券、合伙企业分红等；自创无形资产也是资本性的，如合同、商标和专利等[①]；最后，商誉以及由盈利性业务引起的企业未来价值的增长也是资本性资产。[②]

存货

非资本性资产的第一类是指存货或是为销售而拥有的资产，当企业将销售存货作为日常生产经营活动中的一部分时，销售存货所确认的所得或亏损就是典型的一般性所得或亏损，而对于那些从事无形产品的制造、生产、批发、配送或零售的企业来说，存货的界定就更加直接了。这一类资产中最经常引起纳税人和国内收入署之间争议的就是土地。

房地产

如果纳税人出售一块土地并得到了利润，那么纳税人通常更愿意将土地作为投资性资产，将销售获取的利润作为资本性所得处理。但是如果国内收入署认为纳税人获得土地的主要目的不是长期投资而是出售，那么国内收入署有可能要求纳税人做出更改。从这一角度可以理解为出售所产生的利润是一般性收入。联邦法庭为解决纳税人和国内收入署之间关于这一问题的争议早已经呼吁过多次。如果土地出售是非经常性或独立行为，法庭倾向于同意纳税人的观点；如果纳税人出售土地是常规性的、经常发生的，在销售前对土地进行过细分或改善或是做过广告的，那么法庭则会倾向于同意国内收入署的观点。

应收账款和消耗品

第二类非资本性资产是指由于提供服务或销售产品产生的应收账款等资产，以权责发生制为基础的企业正是通过产生应收账款的交易创造一般性收入，因此应收账款的税基就是应收账款的面值。而以收付实现制为基础的企业只有当应收账款实际收回时才能确认实现一般性收入，因此未收回的应收账款的税基就是0，通常，公司要么是收回应收账款要么是将不能收回的应收账款作为坏账核销。在特殊情况下，如果企业需要立即收回应收账款，可以将其出售或贴现给第三方。而实现的总金额与应收账款的税基之间的差额就是一般性所得或亏损。

应收账款贴现　　SP公司有400 000美元的应收账款，公司希望120天之后可以收回该笔账款，为周转现金，公司将该笔账款贴现给了第一城市银行，贴现额是383 000美元，假设SP公司采用权责发生制，那么税基就是

---

① §1221(a)(3) and §1235.

② See IRS Letter Ruling 200243002（October 25, 2002）. 外购的商誉或未来价值增长对于购买者来说并不属于资本性资产，外购的无形资产属于非资本性资产的第四类，关于这些资产处置的税收结果由§197(f)(1)具体规定。

400 000 美元，公司处置该项应收账款确认了 17 000 美元的日常亏损；如果 SP 公司采用收付实现制，那么税基为 0，处置该项应收账款应确认 383 000 美元的日常所得。

第三类非资本性资产是消耗品。根据企业的会计核算方法不同，企业可以扣除购买年度的成本，或者扣除该消耗品实际消耗年度的成本。在特殊情况下，当企业消耗品闲置或是过多时，企业可以选择将其出售给第三方，由此确认的已实现总金额与税基之间的差额就是一般性所得或亏损。

出售不用的存储商品　　EQP 公司正在搬迁公司总部，但并不想将其消耗品一起搬迁，这些消耗品价值 6 000 美元，EQP 公司以 5 600 美元的价格将其出售给了隔壁公司。如果公司扣除了 6 000 美元的成本，那么其税基就是 0，确认处置的一般性所得就是 5 600 美元；如果公司将 6 000 美元的成本资本化，那么公司将确认 400 美元的一般性亏损。

第 1231 条资产

第四类非资本性资产是企业经营用房地产（包括出租用房地产）或可计提折旧的资产以及应摊销的无形资产（如外购商誉）。换句话说，资产负债表中的经营性资产都是非资本性资产，这些经营性资产出售的税收结果取决于这些资产的持有时间，如果持有时间不超过 1 年，出售所确认的所得或亏损就是一般性的，如果持有时间超过 1 年，所得或亏损的处理应根据不同情况按照不同的原则处理。

目标 6
掌握第 1231 条净额分类过程。

上述原则在《国内税收法典》的第 1231 条中有详细阐述，因此这些符合条件的资产也被称为**第 1231 条资产**。关于第 1231 条资产的基本规定是比较简单的，如果在一年内第 1231 条资产的所有出售和交易的综合结果是净亏损，那么这一亏损则是一般性亏损，如果产生了净所得，那么就是资本性所得。[1] 关于第 1231 条资产的具体分类及其引起的不同税收结果如下图所示：

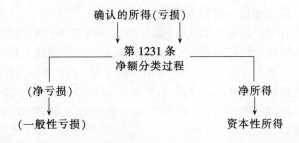

---

① §1231(a)(1).

我们注意到上述不对称规定为企业提供了最理想的分类——经营性资产出售的一般性亏损和资本性所得。以下两个案例将详细阐述第 1231 条净额分类过程。

第 1231 条净亏损

2007 年，RC 公司出售了三项第 1231 条资产，其结果如下表所示：

	确认的所得（或亏损）
销售的资产 1	$ 45 000
销售的资产 2	(35 000)
销售的资产 3	(16 000)
第 1231 条净亏损	$ (6 000)

RC 公司 6 000 美元的第 1231 条净亏损是一般性亏损，可在计算应税所得时全部扣除。

第 1231 条净所得

假设出售的资产有两个产生了 5 000 美元的亏损，那么公司将产生第 1231 条净所得。

	确认的所得（或亏损）
销售的资产 1	$ 45 000
销售的资产 2	(5 000)
销售的资产 3	(16 000)
第 1231 条净所得	$ 24 000

根据第 1231 条规定，RC 公司产生的 24 000 美元所得是资本性所得，因此公司可以将这 24 000 美元的所得弥补资本性亏损或后转的资本性亏损，如果公司扣除的资本性亏损少于 24 000 美元，那么多余的第 1231 条所得则可以作为资本性净所得处理；如果公司的应税所得按个人税率征税（如 RC 公司是个人独资企业），那么该所得按优惠资本性所得税率征税。

以前年度一般性亏损的冲减

目标 7

在第 1231 条净额分类过程中考虑冲减规定。

在 RC 公司将第 1231 条净所得作为资本性所得处理之前，公司应考虑基本特征规定的特殊情况。如果纳税人在当年形成了第 1231 条净所得，但在以前五个纳税年度内的任何一年形成了第 1231 条净亏损，将不再适用上述一般处理原则，纳税人应用以前年度形成的净亏损（也就是可以扣除的日常性亏损）冲减当年相同金额的作为一般性收入的所得。[①] 下图表明了这一冲减规定：

---

① §1231(c).

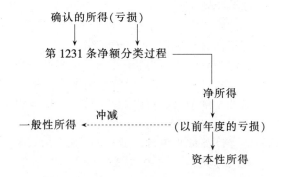

确认的所得(亏损)

第1231条净额分类过程

净所得

一般性所得 ←‒‒‒‒‒‒‒‒‒‒‒‒‒‒‒‒ (以前年度的亏损)
　　　　　　　冲减

资本性所得

以前年度亏损的冲减

前例中，RC公司在2007年确认了24 000美元的第1231条净所得，在RC公司给这一所得定义之前，应首先追溯到前5年确定任何不能冲减的第1231条亏损，下表是该公司以前年度的相关信息：

	2002	2003	2004	2005	2006
第1231条所得	—0—	1 350	5 200	—0—	—0—
第1231条亏损	—0—	—0—	(11 400)	(900)	—0—
净所得（或亏损）	—0—	1 350	(6 200)	(900)	—0—

2004年和2005年，RC公司共在一般性收入中扣除了7 100美元的第1231条净亏损，因此2007年公司形成的24 000美元中应首先扣除以前年度的损失7 100美元，这7 100美元被定义为一般性所得。用其冲减亏损，剩余的16 900美元作为资本性所得处理。

税收讨论
《RIA 联邦税收周刊》(RIA Federal Taxes Weekly Alert)
向纳税人建议："应尽量避免被那些预期外折旧冲减规定所欺骗，如果这些预期外规定可以避免的话,它的冗长性

一旦纳税人冲减了以前年度的第1231条亏损，亏损额就不能被再冲减，也就是说如果RC公司在2008年再次产生了第1231条净所得，那么这些所得将全部被作为资本性所得处理，因为公司在以前的五年内没有任何可冲减亏损。

折旧的冲减

当第1231条规定应用于可计提折旧和摊销资产出售时确认的所得时，就应该修改第1231条对以前年度经营的规定，也就是把属于以前年度已经扣除的折旧额和摊销额修改成一般性所得而不再是第1231条所得。[①] 这一**折旧冲减**规定分为三类：全部冲减、部分冲减和20%冲减，在分别详细讨论这三类冲减的规定之前，我们首先来分析一下基本冲减规定，如下图所示：

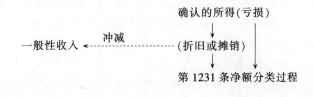

确认的所得(亏损)

一般性收入 ←‒‒‒‒‒‒‒‒‒‒‒‒‒‒‒‒ (折旧或摊销)
　　　　　冲减

第1231条净额分类过程

---

① 任何折旧冲减规定中规定的一般性所得都不符合分期收款销售处理的条件，因此必须在出售当年确认。

全部冲减规定

全部冲减规定适用于可计提折旧的动产和已摊销的无形资产出售时确认的所得。根据这一规定，等于至该资产处置时的累计摊销额或累计折旧额的所得被认定为一般性所得。[①] 在《国内税收法典》中关于全部冲减的处理规定是第1245条，因此相应的税收规定被称为**第1245条冲减规定**。

下面几个例子可以很好地阐释第1245条冲减规定的原理。

冲减规定的原理　　D公司几年前以100 000美元购买了一项固定资产，并从销售之日起共计提了40 000美元的MACRS折旧，公司将这一资产的成本基数调整为60 000美元。如果出售价格变为100 000美元，将确认40 000美元的所得，如果没有冲减的相关规定，这一所得也就是第1231条所得，可能作为资本性所得处理。但是全部所得是由于以前年度的成本回收扣除产生的，这些扣除项目降低了以前年度的一般性所得。

第1245条冲减规定不允许企业将一般性所得转变为资本性所得的习惯性做法，在上例中，D公司应将上述的40 000美元所得作为一般性所得定义，如果改变上述条件，即改变出售当日实现的金额，那么一般性所得被冲减的金额也将被改变。下表中阐释了根据不同的实现金额计算冲减金额的过程：

		假设1	假设2	假设3	假设4
实现的金额		$100 000	$90 000	$105 000	$48 000
资产成本	100 000				
折旧额	(40 000)				
调整后的成本		(60 000)	(60 000)	(60 000)	(60 000)
确认的所得（亏损）		$40 000	$30 000	$45 000	$12 000
第1245条冲减金额		$40 000	$30 000	$40 000	—0—
第1231条所得（亏损）		—0—	—0—	5 000	(12 000)
		$40 000	$30 000	$45 000	$(12 000)

·假设1反映了D公司案例中的原始数据，确认的40 000美元所得等于累计折旧，全部所得作为一般性所得被全部冲减。

·假设2中，确认的30 000美元所得小于计提的累计折旧，因此全部所得被作为一般性所得冲减。

·假设3中，确认的45 000美元所得超过累计折旧，因此只有40 000美元的所得可以被冲减，剩余的5 000美元所得就是第1231条所得。

·假设4中，D公司出售时确认了12 000美元的亏损，这是第1231条亏损，冲减规定并不适用于该损失。

部分冲减规定

应用于可计提折旧不动产销售中实现的所得的冲减原则没有全部冲减规

---

① 　§1245 and §197(f)(7).

定的条件那么严格。[①] 虽然在前十年里国会已经多次修改过这一规定的有关细节，但基本思路仍然是只有超过直线法折旧金额的加速折旧金额才可以冲减。税收专业人士通常将部分冲减规定称为**第1250条冲减规定**。

部分折旧冲减　　　　　NB公司以100万美元的价格出售了一座联合式住宅公寓，其中土地200 000美元，大楼800 000美元。NB公司在1986年以1 120 000美元购买了该座公寓，土地和大楼的历史成本分别是170 000美元和950 000美元。公司至处置当日共扣除了700 000美元的加速折旧，而相同时间内按直线法计提的折旧金额是628 000美元，因此NB公司超过直线法折旧的加速折旧是72 000美元，也就是说公司只能扣除72 000美元的加速折旧金额，NB公司在出售当日确认的所得以及所得的性质如下表所示：

	土　　地	公　　寓
实现的总所得	$200 000	$800 000
资产成本	$170 000	$950 000
折旧	—0—	(700 000)
调整后的成本	(170 000)	(250 000)
确认的所得	$30 000	$550 000
第1250条冲减规定	—0—	$72 000
第1231条所得	$30 000	478 000
	$30 000	$550 000

　　　　在第7章中，我们已经了解开始使用日期在1986年以后的建筑物必须按照直线法计提折旧，因此第1250条冲减规定就只适用于开始使用日期在1987年以前的建筑物。到2007年为止，任何此类建筑物计提折旧的时间至少在20年以上。在成本回收期的后半期内，超过直线法折旧的加速折旧金额逐渐减少，并在折旧期满时变为0，因此第1250条冲减的重要性也将随之减少并最终消失。

企业适用的20%冲减规定

　　　　作为公司的纳税人对于可计提折旧的不动产在销售当日确认的所得的处理应满足特定的冲减条件才可以在税前冲减。[②] 公司应计算根据全部冲减规定被定义为一般性所得的所得超过在部分冲减规定下被定义为一般性所得的超额所得，然后再将20%的超额所得作为超额一般性所得冲减。

20%冲减规定　　　　　如果上例中NB公司是一家法人公司，那么应将出售中确认的550 000美元所得采用20%冲减规定作相应的税务处理。这一所得至处

---

　　① 开始使用时间在1980年以后，1987年以前的非居住用不动产（商业建筑、仓库等）应根据加速折旧法折旧，并适用于全部冲减规定，具体参考1986年税制改革之前修订的§1245(a)(5)。

　　② §291(a)(1)。

置当日的累计折旧小于 700 000 美元，因此在第 1245 条全部冲减规定下上述全部所得应作为一般性所得全部作冲减处理。但是根据 1250 条部分冲减规定，只有 72 000 美元的所得可作全部冲减处理，NB 公司应将上述 95 600 美元的超额一般性所得作冲减处理，其计算过程如下所示：

第 1245 条冲减金额	$ 550 000
第 1250 条冲减金额	(72 000)
超过冲减金额	$ 478 000
	0.20
20% 冲减金额	$ 956 000

总之，NB 公司在出售当日确认了 550 000 美元的所得，其中 167 600 美元（72 000 美元＋95 600 美元）是一般性所得，382 400 美元是第 1231 条所得。

20% 冲减规定对 1986 年以后开始使用的建筑物的销售特别重要，因为此类建筑物都采用直线法计提折旧，而第 1250 条冲减规定不适用于上述建筑物的处理，因此如果该法人公司作为销售方就必须采用 20% 冲减规定处理那些在全部冲减规定下被定为一般性所得的所得。

总结

表 8.1 总结了本章所学习的折旧冲减规定，冲减规定只适用于出售第 1231 条资产时确认的所得。如果第 1231 条资产在处置时发生亏损，那么确认的所得应根据第 1231 条净额分类过程确认为第 1231 条亏损。

表 8.1 冲减规定的总结

第 1231 条资产出售或交换时确认的所得	冲减规定
·有形动产	第 1245 条折旧冲减规定
·外购无形资产	第 1245 条摊销冲减规定
·不可计提折旧的房地产（土地）	不可冲减
·可计提折旧，在 1987 年以前开始使用的房地产（建筑物）	超过加速折旧的第 1250 条冲减规定和适合法人公司的 20% 冲减规定
·可计提折旧，在 1986 年以后开始使用的房地产（建筑物）	适合法人公司的 20% 冲减规定

综合案例

关于企业经营性资产出售或交换所确认的所得或亏损的相关税法规定是非常不同的。在本章结束前，让我们一起通过一个综合案例来复习这些规定。

所得或亏损的特征　　BC 公司是一家以日历年为纳税年度的法人公司，在 2007 年 BC 公司出售了一项有价证券，在出售当日确认了 145 000 美元的资本性亏损，另外公司在当年并没有再出售任何资本性资产。因此，除非公司在当年确认了第1231条净所得，否则公司就不能在税前扣除上述确认的资本性亏损。

BC公司2007年出售的经营性资产确认的所得或亏损如下表所示，其中累计折旧一栏反映了到出售当日为止的正确的MACRS折旧。

	开始使用时间	出售日期	初始成本	累计折旧	出售价格	所得（亏损）
办公室设备	06.11.3	2.14	$8 200	$2 300	$5 100	$(800)
复印设备	03.8.16	5.14	4 000	3 650	2 350	2 000
家具	05.12.19	5.31	18 000	4 900	20 400	7 300
运输设备	06.2.12	8.28	32 000	12 000	19 250	(750)
房地产：						
土地	02.4.12	11.3	100 000	—0—	125 000	25 000
建筑物	02.4.12	11.3	500 000	62 000	550 000	112 000

上述所得或亏损的分类如下所示：

	所得（或亏损）	一般性所得（或亏损）	第1231条所得（或亏损）
办公室设备	$(800)	$(800)	
复印设备	2 000	2 000	
家具	7 300	4 900	$2 400
运输设备	(750)		(750)
房地产：			
土地	25 000		25 000
建筑物	112 000	12 400	99 600
合计		$18 500	$126 250

• BC公司拥有办公室设备的时间不超过1年，因此该项资产既不是资本性资产也不是第1231条资产，所确认的亏损是一般性亏损。

• 出售复印设备时所确认的所得没有超过加速折旧金额，因此所确认的全部所得被作为一般性所得冲减。

• 出售家具时所确认的不超过累计折旧的所得被作为一般性所得冲减，剩余的所得就是第1231条所得。运输设备在出售当日确认的亏损是第1231条亏损。

• 建筑物在出售时确认的所得符合20%冲减规定，因此12 400美元（62 000美元累积折旧×20%）作为一般性所得被抵减，剩余的所得就是第1231条所得。

BC公司前五年中一共申报了8 400美元的不可冲减的第1231条净亏损，因此，区分公司所得和亏损的最后一步就是冲减上述亏损额。

	一般性所得 （或亏损）	第 1231 条所得 （或亏损）
当年合计	$18 500	$126 250
以前年度亏损冲减金额	8 400	(8 400)
	$26 900	$117 850

综上，BC 公司出售上述经营性资产共产生了 26 900 美元的一般性所得以及 117 850 美元的第 1231 条所得，BC 公司将第 1231 条所得作为资本性资产处理，因此公司可以从上述资本性亏损中扣除 117 850 美元，剩余的 27 150 美元的不可扣除资本性资产只能前转或后转。

其他财产处置

目标 8

描述除销售或交易以外的资产处置的税收结果。

前面，我们重点关注了资产处置中出售和交换两种方式的税收结果，虽然出售和交换是资产处置中最常用的方法，但它们并不是唯一的处置方式。在本节中，我们将主要学习其他三种处置资产的方式以及它们各自对应税所得的影响。

弃置和报废

如果企业自己放弃资产的所有权益，那么该资产剩余未回收的成本就是**弃置亏损**。[1] 不论弃置资产是第 1231 条资产还是资本性资产，弃置亏损都是一项一般性扣除项目，因为该项亏损在处置或交换时并没有实现价值，因此为确认亏损，公司应表明公司以后并不打算恢复对该项资产的权益或是收回该项资产。[2]

弃置亏损

WB 公司租用办公室已有 8 年。在此期间，公司进行了几次租赁装修并将其资本化处理。当年 WB 公司跟房东发生一些争议，因此违约并重新租用办公室。但是此前发生的租赁装修并不方便搬迁，因此 WB 公司决定将其弃置。上述装修的调整后成本是 28 200 美元，因此公司可以申请将上述弃置亏损作为一般性扣除项目在税前扣除。

除非该项资产没有使用价值并且不能为公司创造价值，否则企业一般不能随便报废一项资产。而对于在纳税年度内没有任何价值的有价证券，《国内税收法典》中有一项特殊的规定[3]，即证券所有者必须将其按在该年最后一天

---

① Reg. §1.165—1(b), §1.165—2 and §1.167(a)—8.
② *Echols v. Commissioner*, 950 F.2d 209 (CA—5, 1991).
③ §165(g)(1).

以零价格出售来处理；这种处置将使得所实现的亏损等于该证券的成本，如果证券是资本性资产，那么该亏损应被定义为资本性亏损，因为这样的出售是真实的，亏损也是真实存在的。上述这一规定中的证券包括公司股票和债券、信用债券或是其他公司或政府的债务证券等各种证券。

对无价证券规定的一项重要修改就是企业拥有附属企业的无价证券这种特殊情况[①]，附属企业是指80％或是以上股份受控的国内子公司，公司超过90％的年总收入来自主动性业务。因此企业可以将此类证券作为非资本性资产处理。相应地，所产生的亏损就不属于资本性亏损而可以全部扣除。

关联公司证券　　　　BGH公司是一家以日历年为纳税年度的企业，公司拥有XYZ公司的债券，债券成本290 000美元，并且公司还同时拥有S子公司的90％的股票，S公司是一家年总收入全部来自制造业的国内企业，该项股票的成本是500 000美元。BGH公司同时将上述债券和股票作为资本性资产处理。

当年，BGH公司的财务总监认为上述XYZ公司债券和S公司股票全部不再有价值，因此公司决定将它们视作在当年12月31日以零价值出售，并确认为亏损。来自真实债券出售的290 000美元亏损应是资本性亏损，而处置股票的500 000美元亏损应确认为一般性亏损，因为S公司是BGH公司的附属企业。

丧失抵押品赎回权

如果企业拥有的财产被用做债务抵押，那么当其无法偿债或是丧失抵押品赎回权时，企业应确认亏损。丧失抵押品赎回权的税收结果取决于债务本身是否带有追索权。**带有追索权的债务**是指债务人个人对债务负有责任，即债务人有义务偿还全部债务；**不带追索权的债务**是指仅由用于抵押的资产保护，债务人个人不负有偿清全部债务的义务。

带有追索权的债务丧失抵押品赎回权　　　　T公司拥有一块土地，购买时公司支付400 000美元，另外公司将其用于带有追索权的抵押，抵押金额是275 000美元。由于公司财务紧张，T公司没有按要求偿还抵押贷款，因此债权人取消了抵押赎回权并且拥有了该土地使用权。作为丧失抵押赎回权协议的一部分，T公司和债权人之间同意该土地的公允市场价值是240 000美元。[②]因此T公司有义务偿还剩余的35 000美元现金以支付上述全部带有追索权的抵押价值275 000美元。

从税收上来看，如果T公司将这块土地以240 000美元的价格出

---

①　§165(g)(3).
②　公允市场价值通常是在债权人公开拍卖财产时评估产生的。

售，就实现了 160 000 美元的亏损。[1] 亏损的特征取决于公司对土地的使用方式。如果公司经营房地产，并将这块土地持有为存货，产生的亏损就是一般性亏损；如果公司将其用做资本运营，产生的亏损就是第 1231 条亏损；如果持有土地作为投资，产生的亏损就是资本性亏损。

将上例条件改变，假设 T 公司财务紧张，不能支付 35 000 美元现金以偿还抵押债款。如果债权人决定对该债权不再追偿，那么 T 公司就应将 35 000 美元确认为一般性债务取消收入。[2] 但这一改变并不能影响土地持有者丧失抵押品赎回权的税收结果。

不带追索权的债务丧失抵押品赎回权　假设上例中用于 275 000 美元抵押贷款的土地是不带追索权的债务。也就是说，如果 T 公司无法偿还土地的抵押债务，债权人就只有取消抵押品赎回权了。因此，站在债权人的角度，债权人只获得了价值 240 000 美元的资产却抵消了 275 000 美元的债权，从而产生了 35 000 美元的坏账亏损。T 公司将上述丧失抵押品赎回权视为实现了 275 000 美元的出售——不带追索权的全部债务金额——并确认 125 000 美元的亏损。[3]

毁损和偷盗

在瞬息万变的社会里，公司可能会处置那些遭受意外的毁损性事件的资产，这些意外事件或是火灾、洪水、地震等自然灾害等，或是一些人为性破坏如偷盗、故意破坏性行为或暴动等。如果企业买了足够的保险，保险公司的赔偿金应该可以弥补类似毁损所造成的经济损失；但如果企业的保险赔偿金小于毁损资产的调整后成本，公司可以申请将剩余未补偿的成本作为一般性扣除项目在税前扣除。[4] 如果赔偿金超过毁损资产的调整后成本，公司应将超出部分确认为应税所得，如果公司存在递延的机会，情况将有所不同，这点将在下章中学习。

意外损失　最近，一场洪水冲坏了 JBJ 公司经营用的四辆机动车，致使公司遭受了一场意外损失。由于公司为这四辆机动车购买了财产保险，所以在向保险公司要求后公司获得了 42 000 美元的赔偿金。这四辆机动

---

[1]　Reg. § 1.1001—2(c). Example 8.

[2]　§ 61(a)(12). 如果 T 公司无力偿还，只有超过无力偿还金额的债务取消收入才可作为应税所得；如果 T 公司已进入破产阶段，上述债务取消收入都不是应税所得。See *Frazier*, 111 TC No. 11(1998).

[3]　Reg. § 1.1001—2(c), Example 7 and *Commissioner v. Tufts*, 461 U.S. 300 (1983).

[4]　Reg. § 1.165—7(b). 这一一般性陈述没有考虑第 1231 条(a)(4)(c)关于复杂的毁损性所得/亏损净额分类规定。

车的调整后成本为 53 800 美元。因此，JBJ 公司在计算应纳税所得额时就将尚未补偿的 11 800 美元的成本作为一般性损失在税前扣除。

在我国，财产处置的税务处理的原则是处置所得减去财产净值作为应纳税所得额。这里应区分处置所得和处置损失。处置所得计入相关收入科目并计缴所得税，处置损失也应计入相应的科目，但是否可以在税前扣除应视情况而定。尤其是企业财产的损失税前扣除有着明确的规定。2005 年 6 月 3 日通过的《企业财产损失所得税前扣除管理办法》对企业可能发生的各种项目作了详细的规定。其中包括现金、银行存款、应收及预付款项、存货、投资、固定资产、无形资产和其他资产。其相应的损失就分为货币资金损失、坏账损失、存货损失、投资转让损失或清算损失、固定资产损失、在建工程损失和工程物资损失、无形资产损失和其他资产损失等。总的原则是，经过有关部门审批同意确认为永久性或实质性损失的部分可以在税前扣除。

结　论

规范财产交易税收结果的相关规定是税法中最复杂的规定。但不管怎样，企业管理层应该了解那些出售、交换及其他处置方式引发的应纳税所得或亏损处理的规定，这些规定既跟确认的时间有关，也跟所得或亏损的特性有关。一般性所得或亏损和资本性所得或亏损之间的关键区别会导致税收成本或税收节约的显著不同。而那些不了解这些区别的管理者可能会失去可以显著提高财产处置税后现金流的税收筹划机会。在下一章中，我们将继续介绍另一种资产处置方式下的财产交易——免税交易。

会计与税收差异的来源

永久性差异	暂时性差异
·关联方出售的亏损	·会计与税收成本基数不同时的资产处置
	·可使用分期收款销售法的卖方融资销售
	·资本性净亏损

关键术语

弃置亏损	分期收款销售法	确认的所得或亏损
附属企业	资本性净亏损	附带追索权的债务
资本性资产	不可冲减第 1231 条亏损	第 1231 条资产
资本性所得或亏损	不带追索权的债务	第 1250 条冲减原则
折旧冲减	一般性所得或亏损	卖方融资销售
总利润百分比	实现的所得或亏损冲减	20%冲减原则

税收筹划案例

1. Z公司在第0年投资了100 000美元，它有两项投资选择。投资1从第1年起到第5年为止每年能产生12 000美元的应纳税现金流量，在第5年，公司可以将这100 000美元的投资出售；投资2前5年没有任何收入，到第5年公司获得出售所得将是165 000美元；公司边际税率是35%；

    a. 假设折现率是6%，上述哪个投资净现值更大？

    b. 如果Z公司是非公司纳税人，边际税率是35%，并且第二种选择适用15%的资本性所得税率，那么a的答案又该如何？

2. RH先生10年前花935 000美元购买了一块30英亩的未开发土地。他正在考虑将这块土地细分，其中三分之一英亩的土地用做增加道路、人行横道以及公用设施。他准备将90块土地在当地不动产杂志上作广告出售。RH先生计划改良土地的成本是275 000美元，并计划每一块土地卖20 000美元。同时RH先生还在考虑从当地公司手中花1 350 000美元再购买30英亩的未开发土地。假设RH先生在今年没有处置其他资产，个人一般性所得的税率是35%，资本性所得的税率是15%，他应该怎样筹划才能使他的现金流量最大化？

3. 在Y公司经营的前4年中，公司报告的应税所得如下：

	2003	2004	2005	2006
一般性所得	$12 000	$6 000	$150 000	$600 000
资本净所得	—0—	19 000	4 000	—0—
应纳税所得额	$12 000	$25 000	$154 000	$600 000

2007年，Y公司产生了900 000美元的一般性所得，并在资本性资产的销售中确认了20 000美元的亏损。公司正在考虑在2007年年底前将第二项资本性资产出售，这项销售将产生21 000美元的资本性所得，这一所得可以使公司扣除全部资本性亏损。同时，公司可以将20 000美元的资本净亏损前转到2004年和2005年，同时还可以获得税收返还，请问公司应该选择哪种方案，并解释原因。

4. Olno有限公司将52 100美元的资本性亏损后转至当期纳税年度，该亏损后转将于年底到期。在这年中，Olno公司出售地皮实现了141 900美元的资本性所得。买方支付售价的10%，剩余的90%买方签了一张附息的应付票据。在分期收款销售法下，Olno公司这年应确认14 190美元所得，并在接下来9年中每年确认14 190美元的所得。如果Olno公司的边际税率是35%，折现率是6%，Olno公司是否应该选择分期收款销售法？

第 9 章

免税交易

学习目标

通过本章的学习，你应该能够：

1. 计算免税交易中换入资产的替换成本。
2. 计算免税交易收到补价情况下确认的所得。
3. 区分符合类似资产交易条件的资产的种类。
4. 分析债务免除和债务承担在类似资产交易中的影响。
5. 计算强制性转换中重置资产的成本及确认的所得。
6. 解释在有限公司或合伙公司中资产交易的税收结果。
7. 分析虚假销售的税收结果。

上一章我们已经讨论了在处置当年确认实现的任何所得或亏损的假设；第 9 章我们将主要讨论能实现所得或亏损但不会将所实现的所得或亏损中的全部或部分在当期确认的交易，这些交易被称为**免税交易**，其中的每一项交易都由《国内税收法典》中的规定授权，由于特定的税收政策原因，国会立法通过了这些规定。在我们考察这些规定的细节问题时将做进一步讨论。

资产交易的税收中性

免税交易规定对纳税人非常有用，因为这些规定允许纳税人将资产从一种形式转换成另一种形式，并且没有税收成本，换句话说，免税交易规定使得税法在特定经营和投资决策方面呈现出税收中性的特性。

免税交易的税收中性

边际税率为35％的T公司拥有一投资性资产，其成本为50 000美元，该资产的公允市场价值是110 000美元。该资产每年能产生6 600美元的收入，这一数字代表着公允市场价值6％的返还。T公司正在考虑出售该项资产并将其收益进行新的风险投资，风险投资承诺有7％的资本性收益。如果销售的这项投资性资产需要纳税，那么T公司在税后就只有89 000美元用于再投资；

出售实现的所得总额	$110 000
投资性资产的成本	(50 000)
实现和确认的所得	$60 000
	0.35
税收成本	$21 000
税后现金流	$89 000

T公司从89 000美元投资额、收益率为7％的投资中每年只能获取6 230美元的收入，因此T公司不应该出售资产并进行再投资。

同时，如果公司将投资从所有者权益投资转为新的风险投资，且税收成本为0，那么再投资的选择应该是明智的，T公司应该将资产出售然后做再投资。

对其他情况与T公司相同的纳税人来说，不幸的是，上述税收中性是一种例外而不是一般规定。除非交易可以满足国内收入署颁布的免税交易规定的要求，否则资产交易一般都应纳税，而这些要求根据不同的规定也有所不同：一些免税交易规定是强制性的，一些则是纳税人可以选择的；一些只适用于实现的所得，一些既适用于实现的所得，也适用于实现的亏损。但不论怎样，所有的免税交易都有几点共同特征。我们就从这些共同特征入手开始分析，在分析特殊交易的细节之前，我们首先来分析一下免税交易的结构。

一般性免税交易

符合免税条件的资产交易

每一项免税交易都是将某一项资产中的利益转向另一项资产，每一项资产交易是否免税，取决于其实施法规的唯一法定要求，但是对于**符合免税条件的资产**只有处置和接受交易才属于免税交易。让我们分析一下图9.1中A公司和B公司之间的免税交易。假设交易只涉及一项符合免税条件的资产，那么它们对两个公司来说都是不需要纳税的。但除此之外，我们还应了解什么呢？假设A公司和B公司是非关联方，那么它们必须一致同意资产的价格。

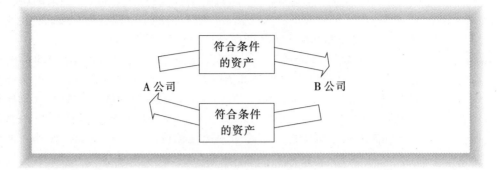

图 9.1

为分别确定每个公司在交易中各自的税收结果,我们应首先知道换入资产的公允市场价值以及换出资产的税基,如图 9.2 所示。因为 A 公司处置的资产成本是 140 000 美元,而换回的资产公允市场价值是 200 000 美元,因此 A 公司实现了 60 000 美元的所得。又因为 A 公司与 B 公司所交换的资产都属于符合免税条件的资产,A 公司可以在当年不确认任何所得。同样,B 公司所处置的资产成本是 185 000 美元,而其换回的资产公允市场价值同样也是 200 000 美元,因此 B 公司实现了 15 000 美元的所得,而该项所得同样不需要确认。

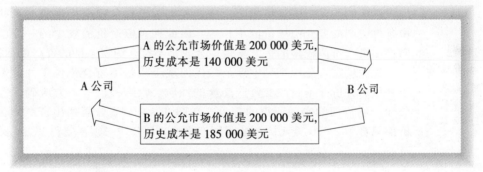

图 9.2

替换成本原则

目标 1
计算免税交易中换入资产的替换成本。

免税交易一词并不十分准确,税法的目的并不是为了使免税交易中实现的所得或亏损可以永远不用确认,相反,这一免税交易规定仅仅是使没有确认的所得或亏损可以延期至未来,当这些符合免税条件的资产在应税交易中处置时再进行确认。这种递延是通过计算交易中获得的符合免税条件的税基的规定完成的,即这一资产的成本等于换出的符合免税条件资产的成本。在 A 公司与 B 公司的交易中每一公司都花费了 200 000 美元以获得新资产。因为这一交易是免税交易,因此公司不存在税收成本。而 A 公司新资产的成本是 140 000 美元,B 公司新资产的成本是 185 000 美元。

替换成本规定使得免税交易中未确认的所得或亏损被包含在所获得的符

合免税条件的资产的税基中，而只要纳税人持有该资产，剩余的所得或亏损就不需纳税。① 如果纳税人处置资产的行为属于应税行为，那么免税交易中的递延所得或亏损以及未确认的所得或亏损都将最终被确认。

为阐明这一重要概念，让我们再次回到 A 公司与 B 公司的免税交易中来。如果 A 公司将获得的新资产以 200 000 美元的价格出售，那么即使该资产自 A 公司获取之日起就没有升值，公司也应该确认 60 000 美元的所得。类似地，如果 B 公司将获得的新资产以 200 000 美元的价格出售，也将确认15 000美元的递延所得。这表明公司在免税交易中可以选择另外一种计算所获得的符合免税条件的资产成本的方法，即替换成本等于资产公允市场价值减去免税交易中递延确认的所得或加上递延确认的亏损。计算公式如下所示：

换出资产的成本＝<u>换入的符合免税条件的资产成本</u>

另一种方法：

换入的符合免税条件的资产的公允市场价值

－递延所得或

<u>＋递延亏损</u>

<u>换入的符合免税条件的资产的成本</u>

补价效应

我们前面讨论的 A 公司与 B 公司的交易事实都是经过设计的，因为我们假设资产的公允市场价值相等。现在我们假设在免税交易中所涉及的符合免税条件资产的公允市场价值不相等，因此拥有资产价值较少的一方就必须要向换出资产价值较多的一方支付现金或是不符合免税条件的资产以弥补差价。

税法规定，免税交易中涉及的任何现金或是不符合免税条件的资产都属于补价。补价并不会改变资产交换的性质。收到补价的一方应确认等于补价公允市场价值的实现所得的部分。在图 9.3 中，B 公司换出资产的公允市场价值只有 192 000 美元。A 公司同意交换，B 公司必须要支付 8 000 美元现金

目标 2

计算免税交易收到补价情况下确认的所得。

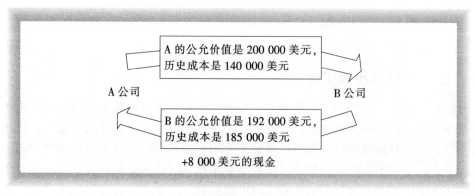

图 9.3

---

① 如果符合免税交易条件的资产是可以计提折旧或可以摊销的，那么所实现的所得或亏损将在替换成本回收期内确认。

从而使得 A 公司在交换中获得的总价值等于换出资产的价值 200 000 美元。因此在这种假设中，A 公司收到 8 000 美元补价，并从其实现的所得中确认 8 000美元的所得。

A 公司应确认 8 000 美元的所得，因此公司应在换入的新资产的成本中增加等金额的成本。换句话说，A 公司新资产的成本就是 148 000 美元。A 公司应将该成本划分成两个部分：8 000 美元的现金和符合免税条件的资产。现金总是等于货币资产的成本，因此只有 140 000 美元的成本划分到符合免税条件的资产成本中。同时，这 140 000 美元的成本也等于 192 000 美元的公允市场价值减去 52 000 美元的递延所得，因此上述替换成本的公式应该是：

> 换出的符合免税条件资产的成本
> ＋确认的所得
> －收到补价的公允市场价值
> 换入符合免税条件资产的成本

B 公司支付补价的行为并不会使公司确认所得。B 公司换出资产的总成本是 193 000 美元（8 000 美元＋185 000 美元），而换入资产价值是 200 000 美元，因此 B 公司实现了 7 000 美元的所得，但不需要确认这部分所得。B 公司换入资产的成本是 193 000 美元，也就是换出资产和支付现金的总和。这 193 000 美元的成本也等于 200 000 美元的公允市场价值减去 7 000 美元的递延所得。因此在免税交易中支付补价的替换成本原则可以总结为：

> 换出符合免税条件资产的成本
> ＋支付补价的公允市场价值
> 换入符合免税条件资产的成本

在补价中有两点应注意：第一，收到补价并不会使确认的所得比交换中实现的所得多。比如，A 公司收到了 70 000 美元现金和价值 130 000 美元的符合免税条件的资产，收到的 70 000 美元补价将使企业确认实现的全部所得 60 000 美元。在这种情况下，A 公司符合免税条件的资产成本将变为 130 000 美元（换出资产的成本 140 000 美元＋确认的 60 000 美元所得－收到的 70 000美元补价）。

第二，收到补价也不会使企业确认亏损。在图 9.4 中，假设 A 公司换出

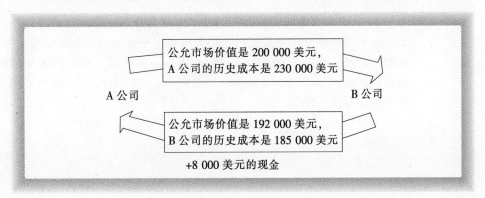

图 9.4

资产的成本是 230 000 美元，收到 8 000 美元现金补价以及换入资产价值 192 000美元。在这一假设条件下，公司实现了 30 000 美元亏损，这部分亏损也不需要确认。A 公司换出资产的 230 000 美元成本也应划分成两部分：一部分是 8 000 美元现金，一部分是一项换入的新资产。因为现金吸收了替换成本的 8 000 美元，因此 A 公司符合免税条件的资产成本就是 222 000 美元（换出资产的成本 230 000 美元—收到的补价 8 000 美元）。这一成本也等于该资产的公允市场价值 192 000 美元加上 30 000 美元的递延亏损。

免税交易中的会计与税收差异

财务上，资产交换实现的所得和亏损一般都属于会计所得，因此免税交易将会引起会计所得和应税所得之间的差异[①]，也就是说换入资产的会计成本并不等于该资产的税基。因此由这种交易产生的会计与税收差异是暂时性的，并将随着新换入资产的折旧或是应税交易中的处置而转回。

免税交易中的会计与税收差异　　霍根有限公司用一项旧资产（调整后会计与税收成本是 138 200 美元）交换一新资产（公允市场价值是 210 000 美元）。霍根公司实现的 71 800 美元所得是会计收入而不是应税所得，因为新旧资产都符合免税条件。公司换入新资产的可计提折旧成本是 210 000 美元，而计提折旧的税基只有 138 200 美元。因此，会计收入超过应税所得的 71 800美元会作为将来会计折旧超过 MACRS 折旧的金额转回。

小结

《国内税收法典》将免税交易法规分为定义性规定和实施性规定，但不论如何分类，这些法规都具有如下特征：

- 交换的资产必须是法规中定义的符合免税条件的资产；
- 交换中实现的所得或亏损将递延确认；
- 换入的符合免税条件资产的成本等于换出的符合免税条件资产的成本（替换成本原则）；
- 收到补价会使确认的所得等于补价的公允市场价值；

本章其余的章节将重点讨论商业市场中特殊的四种免税交易：类似交换、强制性转换、组建企业实体以及虚假出售。在讨论之前，再次分析阐释所得或亏损实现和所得或亏损确认关系的图示，并将其延伸到包含免税交易的递延所得或亏损的情况：

---

① See SFAS No. 153, *Exchanges of Nonmonetary Assets* (2004).

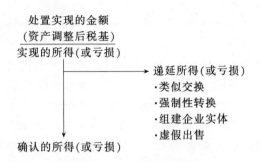

处置实现的金额
(资产调整后税基)
实现的所得(或亏损)

→ 递延所得(或亏损)
　·类似交换
　·强制性转换
　·组建企业实体
　·虚假出售

确认的所得(或亏损)

类似资产的交换

目标3

区分符合类似资产交易条件的资产种类。

交换功能类似的经营用或投资用资产时，企业不需要确认任何所得或亏损[1]，这一原则允许企业可以在没有税收成本的条件下交换与资产功能或目的相同的资产。但是这一规定的适用范围有限：即不适用于存货资产、权益或债权利益（股票、债券、票据等）或是合伙企业利益的交换。

类似动产

有形动产的功能类似资产的定义是依据英国国税局具体分类系统决定的。[2] 在这一系统中，汽车和出租汽车属于同一类别，而公交车属于另一类别，也就是说企业交换汽车是免税的，而用汽车交换公交车则是应纳税的。客机和直升机是功能类似的资产，而客机和拖轮则不属于同一类。但有时并不是每一种类的划分都是非常明显的，比如办公设备和复印设备属于功能类似的交换资产，但复印设备和计算机却不属于同一类；同一性别的牲畜属于同一类，而不同性别的牲畜不属于同一类。[3] 如果牧场为配种用一头公牛交换一头公牛，这是免税的；而如果用一头公牛交换一头小母牛，则是应纳税的。因此，那些希望通过免税交易来处置个人资产的公司应首先向公司的税务顾问咨询清楚，哪些资产属于类似资产。[4]

类似动产　　Petra 有限公司经营汽车出租业务。该公司用 20 辆客用汽车交换了 10 辆 SUV，客用汽车的调整后税基是 106 200 美元。SUV 的公允市场价值是 290 000 美元，国内收入署规定客用汽车和 SUV 属于类似财产，因此该公司的交换业务是免税交易，并且 10 辆 SUV 的替换成

---

① § 1031.

② Reg. § 1.1031(a)—2(b)(1) and Rev. Proc. 87—56, 1987—2 CB 674.

③ § 1031(e).

④ 无形资产是否属于类似资产，取决于该项资产本身所代表的法定权利。比如，两本不同小说的版权都是类似资产，但是一本小说的版权与一首歌的版权则不属于类似资产，详见 Reg. § 1.1031(a)—2(c)(3)，例 1 和例 2。

本为 106 200 美元。①

类似不动产

与上述动产划分的狭义规定相反，几乎所有的经营和投资用房地产都属于类似资产，因此任何房地产之间的交换都可以说是免税交易。②

类似不动产　　　　一家亚利桑那州的公司在图森有一块未开发投资性房地产，一家纽约公司在曼哈顿有一座公寓，两个公司签约交换上述两处房产，如图 9.5 所示。投资性地产的公允市场价值是 800 000 美元，公寓的公允市场价值是 925 000 美元。亚利桑那州的公司支付 125 000 美元补价，交易的税收结果如下表所示：

	亚利桑那州的公司	纽约的公司
实现的总额		
换入房地产的公允市场价值	$925 000	$800 000
收到的补价	—0—	125 000
	$925 000	$925 000
换出资产的成本		
房地产	(500 000)	(485 000)
支付的补价	(125 000)	—0—
实现的所得*	$300 000	$440 000
确认的所得*	—0—	$125 000
递延所得	300 000	315 000
	$300 000	$440 000

注：* 收到补价的公允市场价值或实现所得的较小者。

上述类似资产交换分析的最后一步就是确认两个公司各自新换入的不动产的成本：

	亚利桑那州的公司	纽约的公司
换出不动产的成本	$500 000	$485 000
支付的补价	125 000	—0—
确认的所得	—0—	125 000
收到的补价	—0—	(125 000)
换入不动产的成本	$625 000	$485 000

请注意，亚利桑那州的公司换入的曼哈顿公寓的成本等于 925 000 美元的公允市场价值减去交换中 300 000 美元的递延所得；同时纽约的公司换入的图森的不动产成本也等于 800 000 美元的公允市场价值减去交换中 315 000 美元的递延所得。

---

① Reg. §1.168(i)—6T 为类似资产交易和强制性转换中换入资产的 MACRS 折旧计算进行了复杂的规定。
② Reg. §1.1031(a)—1(b)。

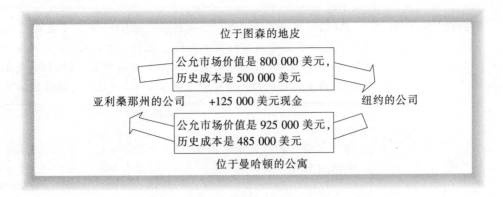

位于图森的地皮

公允市场价值是 800 000 美元，
历史成本是 500 000 美元

亚利桑那州的公司　　+125 000 美元现金　　纽约的公司

公允市场价值是 925 000 美元，
历史成本是 485 000 美元

位于曼哈顿的公寓

图 9.5

上例也同时提出了一个实务问题，这家亚利桑那州公司和这家纽约公司是如何找到彼此的呢？绝大多数不动产类似资产交易都是通过具有资质的中介来完成的：即三方交易方面的专家，三方交易模型中，三方分别包括一个想在不确认所得的情况下出售资产的纳税人，一个通过具有资质的中介力量寻找适合卖方的换入资产的买方。卖方通过中介将自己的资产换出给买方，买方将现金转移给中介，中介再用获得的现金为卖方购买符合其条件的换入资产。税法对类似资产交易的控制非常灵活，卖方甚至可以按直接用换出资产交换换入资产进行处理。[①]

三方交换　　Talmadge 合伙公司想将公允市场价值为 900 000 美元的出租用资产处置，而 Vernon 有限公司想用现金购买这样一类资产。但是 Talmadge 公司该资产的税基只有 100 000 美元，并且公司并不想在处置过程中确认任何所得，因此两家公司与一家具有资质的中介公司构成了三方交换。Talmadge 公司放弃资产给中介公司，中介公司以 900 000 美元的公允市场价值出售给 Vernon 公司，然后中介公司再代表 Talmadge 公司购买可以换入的资产。从税收角度看，Talmadge 公司在此次交换中并不需要确认任何所得。

抵押资产的交换

目标 4
分析债务免除和债务承担在类似资产交易中的影响。

许多类似资产交易涉及的不动产利益都属于抵押，这种抵押是随资产转移的，并成为新所有者的法律义务。在第 8 章中我们已经学习过，纳税人可以通过资产弃置免除债务，但是同时也必须将这种免除作为实现的所得处理。在类似资产交易中，放弃抵押资产的一方收到的补价应等于所免除的负债，也就是说债务的免除类似于在交易中收到现金的处理，债务承担就是将其作为支付的现金处理。

---

①　Reg. §1.1031(b)—2 and Reg. §1.1031(k)—1(g)(4). 三方交易中的各个步骤必须在 180 天内完成。

抵押资产的交换　　ABC 有限公司和 XYZ 合伙公司交换了一家位于芝加哥的购物中心和一座位于圣路易斯的商业大楼。交换如图 9.6 所示，购物中心的净值是 500 000 美元（730 000 美元的公允市场价值—230 000 美元的抵押债务），商业大楼的公允市场价值是 500 000 美元，计算过程如下所示：

	ABC 有限公司	XYZ 合伙企业
实现的所得		
换入不动产的公允市场价值	$ 500 000	$ 730 000
收到的补价（债务免除）	230 000	—0—
	$ 730 000	$ 730 000
换出资产的成本		
不动产	(295 000)	(413 000)
支付的补价（债务承担）	—0—	(230 000)
实现的所得	$ 435 000	$ 87 000
确认的所得*	$ 230 000	—0—
递延的所得	205 000	$ 87 000
	$ 435 000	$ 87 000
换出不动产的成本	$ 295 000	$ 413 000
支付的补价	—0—	230 000
确认的所得	230 000	—0—
收到的补价	(230 000)	—0—
换入不动产的成本	$ 295 000	$ 643 000

注：＊收到补价的公允市场价值或实现所得的较小者。

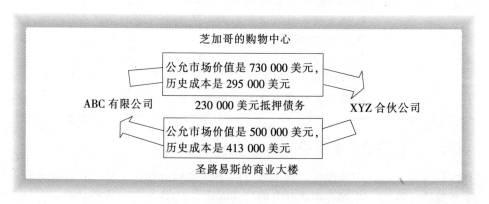

图 9.6

　　如果交换双方的资产都是抵押资产，那么双方都可以免除债务，但只有免除的债务的净值才能作为支付补价和收到补价来处理。[1]

---

[1]　Reg. § 1. 1031(b)—1(c).

作为补价的免除 债务净值	O公司和R公司是类似不动产交易的双方,O公司换出的资产是120 000美元的抵押资产,R公司换出的资产是100 000美元的抵押资产。O公司免除了20 000美元的债务净值,因此在交换中收到了20 000美元的补价。R公司承担了20 000美元的负债净值,并获得20 000美元的补价。因此,O公司应确认20 000美元实现的所得,而R公司则是全部免税。

强制性转换

一般情况下,公司都能控制处置资产的环境,只有在极少数情况下资产的处置才是不得已的;资产有可能被盗或是被自然灾害如洪水或火灾毁损。如果资产没有投保,或保险的赔偿金不能弥补资产的调整后成本,那么资产所有者可以选择将其作为日常的偶然性亏损在税前扣除尚未回收的成本。但是如果资产已经投了保,并且保险的赔偿金超过了资产调整后成本,那么这样的处置使企业实际上实现了所得。另一个强制性转换的例子就是政府部门征用个人拥有的某项资产用于公用,如果政府有征用权,政府可以强迫所有者以公允市场价值强制处置。如果政府出的征用资金远远超过了该资产的成本,所有者也实现了所得。

如果纳税人在强制性资产转换的过程中实现了所得,那么如果纳税人满足两个条件,纳税人可以选择递延确认实现的所得。[①] 第一,纳税人应再投资于**与在用资产类似或相关资产**的交换中实现的所得。这要求纳税人重置原来的资产,以避免对实现的所得纳税。[②] 同时国内收入署和法庭对类似资产或相关资产的概念都作了严格的界定。比如国内收入署规定,如果纳税人拥有的保龄球场被大火毁损,并且纳税人用获得的保险赔偿金购买了一家台球厅,则这样的交易并不属于不需确认的处理,因为上述资产在功能上并不相似。[③]

第二个条件是被强制转换的资产的重置必须在转换发生后两个纳税年度内发生。因此,选择递延的纳税人有充足的时间寻找和购置重置资产。

如果重置资产的成本等于或超过了强制性转换所实现的所得金额,则纳税人不需要确认任何所得。如果纳税人并没有再投资于资产的重置,那么这些没有再投资的所得应作为补价处理,纳税人应相应确认所得。在两种情况下,重置资产的基数都等于成本减去未确认的所得。因此未确认的所得应递延处理,直到纳税人未来在应税交易中处置重置资产时再确认。

---

① §1033.

② 如果公司持有的经营用或投资用资产的不动产被政府征用,所有者可以用类似资产而不是与被征用资产类似或相关的在用资产对其进行重置。详见§1033(g)。

③ Rev. Rul. 83-93, 1983—1 CB 364.

强制性资产转换中所得的确认	UL 公司拥有一台设备，该设备在最近的加利福尼亚州地震中被毁损，该设备调整后的成本是 80 000 美元。保险公司共赔偿了 100 000 美元的赔偿金，因此在此次强制性转换中公司实现了 20 000 美元的所得。UL 公司在灾后一年内购买了相同的资产，下表阐明了四种资产重置成本假设下的税收结果：				

保险赔偿	重置资产的成本	未再投资的金额	确认的所得	递延的所得	重置资产的成本*
$100 000	$135 000	—0—	—0—	$20 000	$115 000
100 000	100 000	—0—	—0—	20 000	80 000
100 000	92 000	$8 000	$8 000	12 000	80 000
100 000	77 000	23 000	20 000	—0—	77 000

注：* 成本减去递延所得。

　　强制性转换规定对于从超过纳税人控制环境之外获得的资产或是只想通过重置资产恢复原状的纳税人来说是可以豁免的。这一规定适用于任何资产的强制性转换。[①] 同时该规定是纳税人可以选择的，也就是说纳税人在强制性转换中确认全部所得有利时，才可能选择它。

　　在我国会计准则中就上述交易提出了一个具体准则——非货币性资产交换。在会计和税收上一致认为，支付的货币性资产占换入资产公允价值的比例或者收到的货币性资产占换出资产公允价值的比例低于 25％的，视为非货币性资产交换。同时，在会计核算中，明确规定非货币性资产交换同时满足下列条件的，应当以公允价值和应支付的相关税费作为换入资产的成本，公允价值与换出资产账面价值的差额计入当期损益：（一）该项交换具有商业性质；（二）换入资产和换出资产的公允价值能够可靠地计量。这里需要特别指出的是交换涉及的资产类别与商业性质具有紧密的关系。

　　非货币性资产交换在会计上将核算分为两种情况：第一，企业将公允价值和应支付的税费作为换入资产成本的情况下，支付补价方将换入资产成本与换出资产账面价值加支付的补价、应支付的税费之和的差额计入当期损益；收到补价方按照换入资产成本加收到的补价之和与换出资产账面价值加应支付的相关税费之间的差额，计入当期损益。第二，企业按照换出资产的账面价值和应支付的相关税费作为换入资产的相关税费的情况下，支付补价方应以换出资产的账面价值加上支付的补价和应支付的相关税费，作为换入资产的成本，不确认损益；收到补价方应当以换出资产的账面价值，减去收到的补价并加上应支付的相关税费，作为换入资产的成本，不确认损益。

---

① 强制性转换规定适用于经营用资产和投资用资产，也包括个人拥有的资产以及用于个人消费和娱乐的资产。

在税收上，我国税法规定，应将非货币性资产交换分解为按公允价值销售和按公允价值购买两项经济业务进行所得税的处理，并按规定计算确认资产转让所得或损失。特别地，当补价比例不超过 25％的，双方企业均不确认资产转让所得或损失。这给税收筹划带来了较大的空间。

企业实体的组建

目标 6

解释在有限公司或合伙公司中资产交换的税收结果。

在早期联邦所得税法中，国会认为税法应该在企业实体形成的过程中呈现中性。也就是说，如果企业家想创立一家有限公司或合伙公司，那他们不需要因为从头至尾的税收成本而害怕，国会在免税交易的两个规定中达成了这种中性，企业界已沿用这些规定数十年之久。这些规定允许组织者将资产转移给有限公司或合伙公司以交换权益而不需要确认所得。在本节我们将主要讨论这两种非常有用的免税交易。

公司组建

当用资产与有限公司的股票交换时，如果资产转移者在交换过后立即成为公司的股东，那么不需要确认任何所得或亏损。[1] 在这种情况下，资产这一概念就被定义为一个广义概念，包括现金、有形资产和无形资产等。而个人服务不属于资产，个人如果用个人服务交换公司的股票，那么个人也必须将股票的公允市场价值作为薪酬收入确认。为满足免税交易中的控制公司的要求，资产的转让者在交换之后至少立即拥有公司 80％的股份。[2]

公司组建

姜先生和科特女士每人拥有一家企业，两个人联合将自己公司的经营性资产转移至新成立的 J&K 公司。在近期的资产评估中，姜先生的资产公允市场价值是 375 000 美元，科特女士的资产公允市场价值是 250 000 美元。因此公司的期初资产负债表中反映出来的经营性资产公允市场价值共计 625 000 美元。公司授权以 J&K 名义发行 100 股普通股股票，这些股票的分配如下：姜先生享有 60 股，科特女士享有 40 股。图 9.7 具体阐释了该公司的形式。

---

① §351.

② 更精确地说，资产的转让者应至少拥有公司 80％的所有有投票权的股份所代表的选举权以及所有无投票权股票中的 80％。详见§368(c) 和 Rev. Rul. 59—259，1959—2 CB 115。

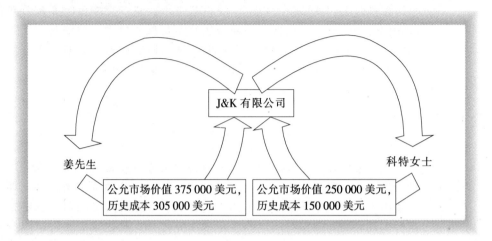

图 9.7

组建的税收结果　　姜先生转移到 J&K 公司的资产调整后成本是 305 000 美元，科特女士转移至 J&K 公司的资产调整后成本是 150 000 美元，因此两个转移者在交换股票的交易中实现了下列所得：

	姜先生	科特女士
实现的金额（股票的公允市场价值）	$375 000	$250 000
转移资产的成本	(305 000)	(150 000)
实现的所得	$70 000	$100 000

　　因为姜先生和科特女士在交换之后立即拥有了 J&K 公司100%的股份，所以二人都不用确认任何所得。每人都以股票价值作为替换成本（姜先生 305 000 美元股份的成本加上科特女士 150 000 美元股份的成本）。[①] 因此他们在公司组建中尚未确认的所得应递延至处置公司股票的应税交易时才确认。

　　规范实体组建的免税交易规定也适用于向已存在企业转让资产，但是如果转让者在转让之后并不享有公司 80% 的股份，那么交换获得的股票是应纳税的。

用财产交换股票
的应税交易　　在 J&K 公司成立的两年后，第三个人拉金先生向企业投资一处不动产，公允市场价值为 285 000 美元，以调整后的成本 240 000 美元交换了公司新发行的 50 股股份。在交易之后，拉金先生（交换中唯一的资产转移者）拥有了 J&K 公司 33% 的股份，因为拉金先生享有的股份没有达到控制企业的要求，拉金先生应确认交换中产生的 45 000 美

元所得，又由于交换是应纳税的，所以拉金先生在 J&K 公司中享有的股份投资成本是 285 000 美元。

公司的税收结果

以发行的股票交换资产的公司不需要确认交换中产生的所得和亏损，无论交换对资产的转移者来说是否是应纳税的。[①] 公司获得资产的税基取决于此项交换对纳税人来说是否是应纳税的。如果交换是免税的，则公司获得资产的税基等于转让者的资产税基[②]，换句话说公司采用了资产的**移转税基**。

资产的移转税基　　在上面的案例中，姜先生和科特女士将各自所有的经营用资产全部转移至 J&K 公司以换取公司的股票。这一交换对两个转移者来说是免税的，因为他们满足了控制企业的要求。这一交换甚至对 J&K 公司来说也是免税的。公司从姜先生手中获得的资产的移转税基是 305 000 美元，从科特女士手中获得的资产的移转税基是 150 000 美元。

在财务上，J&K 公司记录了交易中换入的资产的公允市场价值，因此公司从姜先生手中获得的资产的会计成本就是 375 000 美元，而从科特女士手中获得的资产的会计成本是 250 000 美元。公司会计与税收之间的成本差异将会随着公司对这些资产计提的折旧和摊销或者处置资产时消除。

如果公司以发行股票来交换资产，且这种交换对资产转移者来说属于应税行为（因为转移者并没有获得公司 80% 的所有者权益），那么公司将采用该资产的成本基数。[③]

资产的成本基数　　前面的案例曾经提到，拉金先生将不动产转移至 J&K 公司中以交换公司发行的股票，这一交换对拉金先生来说属于应纳税行为，因为他并没有获得 J&K 公司 80% 的控制权。但是 J&K 公司却没有确认任何发行股票交换不动产的所得，公司在不动产中的税基是 285 000 美元的成本，这一成本也等于公司财务报表中资产的会计成本。

合伙公司的组建

税法对合伙公司组建的处理与有限公司组建的处理规定相同。特别地，当在公司内部合伙人之间交换权益时，无论是合伙人还是合伙公司都不确认

---

① § 1032.

② § 362 (a).

③ Reg. § 1.1032—1(d).

所得或亏损。① 如果姜先生和科特女士成为合伙人，他们可以将其所有的资产转移至 J&K 合伙公司以分别交换 60％的股份和 40％的股份，同时不需要确认任何所得。姜先生在合伙公司的权益成本将是 305 000 美元的替换成本，科特女士在合伙企业中的权益将是 150 000 美元的替换成本。② 合伙公司将分别将其各自的成本转记到公司的账簿中即可。③

　　虽然这一免税交易规定与对企业的规定有着密切关系，但是与对企业的规定相比缺少约束条件，比较灵活。比如，如果我们的第三人拉金先生想在以后成为本公司的合伙人，那么他也可以不确认任何所得。如果将评估的资产转让以换取 J&K 合伙公司三分之一的股份，此交易也是免税交易，并且拉金先生所实现的 45 000 美元所得也不需纳税。当然拉金先生个人新权益的替换成本以及合伙企业移转成本也就只有 240 000 美元。

虚假销售

目标 7
分析虚假销售的税收结果。

　　虚假销售规定不是一项典型的免税交易规定，因为这一规定只允许可销售证券销售实现的亏损递延确认。④ **虚假销售**是指投资人出售的证券发生亏损并在出售发生的 30 天前或 30 天后又重新获得了该证券。这一规定禁止投资者通过出售证券产生税收亏损，但同时又购回了该股票以保持投资组合的完整。如果虚假销售规定适用，那么未确认的亏损就增加了重新获得的证券的成本。

虚假销售

　　BNJ 公司拥有 Acme 公司 10 000 份股份，该股份的成本是 85 000 美元。股票的每股收益是 6 美元，因此 BNJ 公司持有股份的市值就为 60 000 美元，该公司认为该股票是一只优秀的长期投资股票，市价的减少仅仅是暂时的；但是公司为产生 25 000 美元的税收亏损在 7 月 13 日出售了该股票，如果该公司在 7 月 13 日—8 月 12 日内又重新购买了这 10 000 股股票，公司就不能确认上述 25 000 美元的亏损；而如果公司花 61 000 美元重置原来的股权，那么公司在这些股票中的成本就是 86 000 美元（61 000 美元成本＋25 000 美元未确认亏损）。

　　纳税人如果出售股权发生亏损，那么纳税人就可以通过在销售日之后 30 天再重置权益的方式来轻易地避免虚假销售。当然这一做法的风险在于出售与回购的时间差，如果证券的市值回弹，纳税人就必须支付更高的价格来获得该证券。这些额外的成本早已超过已确认亏损的税收利益。

---

① § 721.
② § 722.
③ § 723.
④ § 1091.

在我国，企业合并的会计和税收处理也不相同。在会计上所说的企业合并是指除合伙企业和个人独资企业以外的企业，并且会计准则将其分为同一控制下的企业合并和非同一控制下的企业合并两种情况进行处理。而税收上，国税发［2000］119号对企业合并的所得税处理做了具体的规定。总体原则是"被合并企业应视为按公允价值转让、处置全部资产，计算转让所得，依法缴纳所得税"。而"合并企业和被合并企业为实现合并而向股东回购本公司股份，回购价格与发行价格之间的差额，属于企业的权益增减变化，不属于资产转让损益，不得从应纳税所得中扣除，以不计入应纳税所得"。根据国税发［2000］119号，企业合并也给税收筹划提供了较大的空间。第一，文中规定，合并企业购买被合并企业支付的价款中，所支付的非股权支付额不超过股权票面价值20％的，企业可以选择要么不确认全部转让所得或损失要么用旧股换新股处理，但从结果上看两种选择都不需要缴纳所得税；第二，文中规定，如被合并企业的资产和负债基本相等，合并企业可以承担全部债务的方式吸收合并，被合并企业视为无偿放弃所持有的旧股处理，同样不需缴纳所得税。在上述会计与税收对企业合并业务的处理规定看，这些不同不仅引起会计与税收上的暂时性差异，从根本上为纳税人的税收筹划提供了空间。在以后的章节中我们将会详细说明。

结　论

企业管理者可以通过构建免税交易来递延确认资产从一种形式向另一种形式转换时实现的所得。递延的资产降低了转换中的税收成本，并增加了交易的价值。尽管不同种类的免税交易方式存在很多优点，但是这些交易都要求进行仔细的税收筹划，并关注每一种方式与另外方式技术上的细微差别。

第9章是第三部分的最后一章，在第三部分中我们讨论了企业经营中的应纳税所得额的计量。各位读者已经学习过公司如何核算其日常活动，也学习过这种核算方法在公认会计准则与税法中的不同。我们也介绍了资产购置、资产处置的税收结果，并分析了财产交易是如何影响应税所得的。在第四部分中，我们将讨论所得税的计算和缴纳。

会计与税收差异的来源

永久性差异	暂时性差异
无	·类似资产交换
	·强制性转换
	·权益资产的免税交易
	·证券的虚假销售

关键术语

补价   类似资产   符合免税条件的资产

移转税基   免税交易   替换成本

强制性转换   类似资产或功能相关资产 虚假销售

税收筹划案例

1. NS 公司拥有 T 公司已发行股票的 90%，NS 公司也同时拥有 T 公司需要使用的房地产，该房地产公允价值是 400 万美元，NS 调整后成本是 560 万美元。NS 公司和 T 公司的边际税率都是 35%，讨论在下列几种情况下的应纳税额，并为 NS 公司作出筹划决策。

a. NS 公司用该房地产交换 T 公司新发行的价值 400 万美元的股票；

b. NS 公司向 T 公司以 400 万美元现金销售该房地产；

c. NS 公司以每年 60 万美元的租金将该房地产出租给 T 公司。

2. K 公司是一家非法人纳税人，公司有一块投资性土地，价值 60 万美元，已使用 4 年。两个非关联方都想获得 K 公司的这块地。A 公司出价 77 万美元的现金购买这块地，B 公司欲用市值 72.5 万美元的另一块地与 K 公司置换。如果 K 与 B 公司交易，在出售之前只能持有换入土地两年，并且这块土地每年将产生 10% 的收益率。K 公司的资本所得税率是 15%，折现率是 7%。请问 K 公司应该如何选择以实现该交易现值的最大化？

3. EF 公司决定用一台改良过的新设备重置过时的旧设备（该设备调整后税基是 5 万美元）。公司有两个选择：

· 将原有设备出售，获取现金 12 万美元，用现金购买新设备，这一选择没有交易成本。

· 用功能类似的资产交换原有设备，这一交换存在 6 000 美元的交换成本，但可以在当年税前扣除。

这台新设备预计尚可使用 5 年，EF 公司将采用半年惯例对其计提折旧。EF 公司不能选择用第 179 条选择来确认新设备的成本。请问 EF 公司应该如何选择？假设税率是 35%，折现率是 6%。

4. DM 有限公司在 2002 年有 25 000 美元的资本净损失，并且这一损失已经后转至 2007 年。在 2007 年飓风损坏了一项税基为 12 万美元的经营用资产。DM 公司用获得的 15 万美元保险赔偿购买了替换资产，这项新资产的尚可使用年限是 3 年。请问 DM 公司是否应该递延确认已经在强制性转换中确认的所得？

第三部分的综合问答题

1. 克罗依顿公司是一家以日历年为纳税年度、以权责发生制为基础的有限公司，克罗依顿夫妇是该独资企业的股东，克罗依顿先生是公司总裁，克罗依顿夫人是公司副总裁。全年公司根据公认会计准则编制的会计记录披露了如下财务信息：

出售产品获得的收入	$12 900 000
已销售产品的成本（LIFO）	（9 260 000）
总利润	$3 640 000
坏账费用	24 000
管理人员工资和薪金	612 000
国家和地方商业税收	135 000
利息费用	33 900
广告费用	67 000
财产保险费	19 800
人身保险费	7 300
折旧费用	148 000
修理、维护、设施开销	81 000

公司披露了如下信息：

· 根据统一资本化规定，克罗依顿公司将管理人员的工资资本化为存货。这些工资在财务上进行费用化处理。

· 由于统一资本化规定，克罗依顿公司税收上确认的已销售产品的成本超过了会计上确认的成本 219 000 美元。

· 坏账费用等于公司可以扣除坏账的增加额，全年公司实际核销的坏账共计 31 200 美元。

· 管理人员薪金中包括给克罗依顿先生的年终资金 50 000 美元以及给克罗依顿夫人的年终奖金 20 000 美元，奖金将在下一年 1 月 17 日支付。

· 公司的人寿保险是以克罗依顿夫妇作为关键人物投保的关键人物人寿保险，公司是保险受益人。

· 克罗依顿公司在当年处置了两项资产（处置并不影响上述披露的财务报表信息），以 45 000 美元的价格出售了办公设备，该设备的初始成本是 40 000 美元，MACRS 累计折旧是 12 700 美元；另外公司用运输设备交换了某一合伙公司 15% 的股份，该运输设备的初始成本是 110 000 美元，MACRS 累计折旧是 38 900 美元。

· 资产（包括当年处置的办公设备和运输设备）开始使用年度以前的年度共计提了 187 600 美元的 MACRS 累计折旧，当年唯一取得的新设备成本是 275 000 美元，该设备的回收期是 7 年，开始使用的时间是 2 月 11 日。

· 克罗依顿公司以前年度的纳税申报表上并没有披露任何未冲减的第 1231 条亏损，披露了前转的资本性亏损共 7 400 美元。

仅根据上述信息，试计算克罗依顿公司的应纳税所得额。

2. LN 咨询公司是一家以日历年为纳税年度、以收付实现制为基础的非股份公司，公司并不要求对外披露经审计的财务报告，LN 公司记录的相关信息如下：

收到的现金：	
公司服务性合同获得的收入	$292 000
出售共同基金获取的收入	18 000
获得的火灾保险赔偿金	7 000
支出的现金：	
管理人员工资和薪金	$32 000
专业费用	800
交际应酬费	1 090
国家和地方税收	5 000
利息费用	7 600
广告费用	970
办公室费用	1 200
承租办公室租金	14 400
新办公设备	8 300

LN公司同时披露了如下信息：

·12月，簿记员预付了1 500美元的利息，这一利益与下一纳税年度相关。

·LN当年处置了两项资产：公司用计算机设备交换了一办公设备（这两项资产属于类似资产），该计算机设备的初始成本是13 000美元，MACRS累计折旧共9 700美元，而办公设备的公允市场价值是6 000美元。另外，公司以18 000美元的价格出售了1 200份共同基金。LN公司购买这些股份是作为多余营运资本的短期投资。

·一场短路导致的火灾完全毁损了公司的一辆小轿车，该车的调整后成本是9 100美元，公司收到了7 000美元的保险赔偿金，公司将这部分保险赔偿金用于支付各种营业费用。

·资产（包括当年处置的计算机设备和公司小轿车）开始使用年度以前的年度共计提了4 600美元的MACRS累计折旧，当年唯一取得的新办公设备的成本是8 300美元，该设备开始使用的时间是8月19日。

根据上述信息计算LN公司当年产生的应纳税所得额。

第四部分

企业所得税

第 10 章

独资企业、合伙企业、
有限责任公司和 S 型公司

学习目标

通过本章的学习，你应该能够：

1. 计算独资企业的净利润或净损失。

2. 计算联邦保险特别税法的工资税和联邦自我雇佣税。

3. 区分合伙企业的分配收入份额和现金流。

4. 调整合伙企业权益的计税基础。

5. 在合伙企业损失扣除额上应用基数限额。

6. 解释计算联邦税时，如何处理有限责任公司。

7. 判断一个公司是否有资格成为 S 型公司。

8. 应用 S 型公司损失扣除额的基数限额。

在本书的第三部分，我们知道了企业交易和活动的应税所得等于总收入减去准予扣除项目。[①] 在本书的第四部分，我们将会学习如何计算企业所得税。在第三部分，我们使用"企业"和"公司"标志来指代商业组织。我们使用这些一般的符号应该说得过去，因为我们主要探讨的是应税所得的计算。计算的过程不依赖于经营这些生意的法律实体的类型。就像在第 4 章中所说的，税法在税基方面对不同的企业实体而言基本上是中性的。但是在进行实际的税款计算时，我们必须注意企业的具体组织形式。

计税时，企业组织分成两种类型。组成第一种类型的组织是非应税实体。

---

① §63(a).

对于这种组织产生的收入，直接对所有者征税。这种类型包括独资企业、合伙企业、有限责任公司和 S 型公司，所有这些类型都会在第 10 章中进行讨论。由公司组成的第二种类型（通常称为一般公司或 C 型公司）既是受法律约束的人，又是以自身名义纳税的纳税人。公司在实体水平上对它们的所得纳税。如果一个公司分配税后收益给他的所有者，分配的收入将在个人水平上被征收第二次税。潜在的重复征税和企业纳税人的其他特征在第 10 章中被详细地分析。图 10.1 从纳税人身份方面对比了商业组织的两种类型。

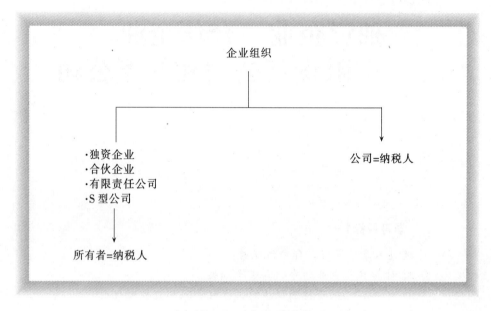

图 10.1 企业组织的类型

第四部分接下来的两章完成了我们对企业所得税的讨论。第 12 章比较了各种企业实体的税收有利条件和不利条件并且针对每一种企业构建了税收筹划策略。最后，第 13 章介绍了当企业实体在不止一个税收管辖范围内经营时所产生的复杂情况。

《中华人民共和国企业所得税法》将企业分为居民企业和非居民企业。所谓居民企业，是指依法在中国境内成立，或者依照外国（地区）法律成立但实际管理机构在中国境内的企业。所谓非居民企业，是指依照外国（地区）法律成立且实际管理机构不在中国境内，但在中国境内设立机构、场所的，或者在中国境内未设立机构、场所，但有来源于中国境内所得的企业。其中个人独资企业、合伙企业不适用企业所得税法，不用缴纳企业所得税，仅缴纳个人所得税。

独资企业

企业组织的最简单形式是**独资企业**，被定义为由个人拥有的非公司经营活动。① 一个独资者以他或她自己的名义拥有公司资产并且独自对企业债务负责。换句话说，该公司没有独立于其所有者的法律地位。在美国，独资企业是最普通的企业组织形式。根据最近的国内收入署数据，超过 1 970 万非农业的独资企业在美国经营，并且向国内收入署申报纳税的四分之三的企业都是以独资的形式经营的。②

附表 C 概览

目标 1
计算独资企业的净利润或净损失。

独资企业应税所得在独资者表 1040 的附表 C（企业利润或损失）中披露（美国个人所得税申报表）。③ 该表是独资企业当年的利润表。销售货物或者提供服务的毛收入在第一部分中列示。独资企业的可扣除营业费用和成本补偿扣除额在第二部分中列示。总收入超过扣除额的部分作为净利润申报，扣除额超过总收入的部分作为净损失申报。

仿制古董——独资企业

汤姆·欧文拥有并经营着一个生产古式家具复制品的公司。独资企业的企业名称是"仿制古董"。2006 年，企业记录反映了下面的收入和费用项目：

家具销售收入	$1 117 300
销售退回	（21 000）
费用：广告费	6 200
未收回账款的冲销	8 800
律师和注册会计师费用	2 150
营业执照税	2 500
销售成本	599 700
信用合作社的利息	7 300
MACRS 折旧	3 600
工薪税	9 250
财产和责任保险	5 600
厂房租金	23 200
工具和设备维修费	17 900
日用品	18 000
公用事业	14 000
工资	73 200

欧文先生使用上面的信息编制 1040 表中的附表 C。附表 C 的第一页请见表 10.1。表 C 中披露的 304 900 美元净利润包含在欧文先生 2006 年的应税所得中。

---

① 该定义包含了那些所有者的配偶依据国家财产法在企业中拥有同等利益的企业。
② IRS Statistics of Income Bulletin，Summer 2005.
③ 农业企业的经营结果在附表 F 中申报（农业的利润或损失）。

表 10.1

SCHEDULE C (Form 1040)	**Profit or Loss From Business**	OMB No. 1545-0074

SCHEDULE C (Form 1040)

Department of the Treasury Internal Revenue Service (99)

Profit or Loss From Business
(Sole Proprietorship)
► Partnerships, joint ventures, etc., must file Form 1065 or 1065-B.
► Attach to Form 1040, 1040NR, or 1041. ► See Instructions for Schedule C (Form 1040).

2006
Attachment Sequence No. **09**

Name of proprietor	Social security number (SSN)
Tom G. Owen	497 45 9058

A Principal business or profession, including product or service (see page C-2 of the instructions)
manufacturing - furniture

B Enter code from pages C-8, 9, & 10 ► 3 3 7 0 0 0

C Business name. If no separate business name, leave blank.
Faux Antique

D Employer ID number (EIN), if any 2 6 1 1 4 7 1 3 1

E Business address (including suite or room no.) ► **1012 East Main**
City, town or post office, state, and ZIP code **Widener, KY 42714**

F Accounting method: (1) ☐ Cash (2) ☑ Accrual (3) ☐ Other (specify) ► ....

G Did you "materially participate" in the operation of this business during 2006? If "No," see page C-3 for limit on losses ☑ Yes ☐ No

H If you started or acquired this business during 2006, check here .... ► ☐

Part I Income

1	Gross receipts or sales. **Caution.** If this income was reported to you on Form W-2 and the "Statutory employee" box on that form was checked, see page C-3 and check here ► ☐	1	1,117,300
2	Returns and allowances	2	21,000
3	Subtract line 2 from line 1	3	1,096,300
4	Cost of goods sold (from line 42 on page 2)	4	599,700
5	**Gross profit.** Subtract line 4 from line 3	5	496,600
6	Other income, including federal and state gasoline or fuel tax credit or refund (see page C-3)	6	
7	**Gross income.** Add lines 5 and 6 ►	7	496,600

Part II Expenses. Enter expenses for business use of your home **only** on line 30.

8	Advertising	8	6,200	18 Office expense	18
9	Car and truck expenses (see page C-4)	9		19 Pension and profit-sharing plans	19
10	Commissions and fees	10		20 Rent or lease (see page C-5):	
11	Contract labor (see page C-4)	11		a Vehicles, machinery, and equipment	20a
12	Depletion	12		b Other business property	20b 23,200
13	Depreciation and section 179 expense deduction (not included in Part III) (see page C-4)	13	3,600	21 Repairs and maintenance	21 17,900
				22 Supplies (not included in Part III)	22 18,000
				23 Taxes and licenses	23 11,750
14	Employee benefit programs (other than on line 19)	14		24 Travel, meals, and entertainment:	
				a Travel	24a
15	Insurance (other than health)	15	5,600	b Deductible meals and entertainment (see page C-6)	24b
16	Interest:			25 Utilities	25 14,000
a	Mortgage (paid to banks, etc.)	16a		26 Wages (less employment credits)	26 73,200
b	Other	16b	7,300	27 Other expenses (from line 48 on page 2)	27 bad debts 8,800
17	Legal and professional services	17	2,150		

28	**Total expenses** before expenses for business use of home. Add lines 8 through 27 in columns ►	28	191,700
29	Tentative profit (loss). Subtract line 28 from line 7	29	304,900
30	Expenses for business use of your home. Attach **Form 8829**	30	
31	**Net profit or (loss).** Subtract line 30 from line 29. • If a profit, enter on both **Form 1040, line 12,** and **Schedule SE, line 2,** or on **Form 1040NR, line 13** (statutory employees, see page C-6). Estates and trusts, enter on Form 1041, line 3. • If a loss, you **must** go to line 32.	31	304,900
32	If you have a loss, check the box that describes your investment in this activity (see page C-6). • If you checked 32a, enter the loss on both **Form 1040, line 12,** and **Schedule SE, line 2,** or on **Form 1040NR, line 13** (statutory employees, see page C-6). Estates and trusts, enter on Form 1041, line 3. • If you checked 32b, you **must** attach **Form 6198.** Your loss may be limited.	32a ☐ All investment is at risk. 32b ☐ Some investment is not at risk.	

For Paperwork Reduction Act Notice, see page C-8 of the instructions. Cat. No. 11334P Schedule C (Form 1040) 2006

　　注意附表 C 中没有计算净利润的税款，而是在 1040 纳税申报表的第一页作为普通所得并且和该年确认的其他收入项目结合在一起。结果，个人的经营所得只是计税总收入的一部分。类似地，如果独资企业亏损了，1040 纳税申报表的第一页将把净损失从本年其他收入中扣除。如果企业的损失超过其他收入，个人可以将多余的损失往前结转 2 年或者往后结转 20 年作为净营业亏损（NOL）扣除。而在我国企业只可以将损失往后结转 5 年。

个人净营业亏损 吉乐在他 2006 年的 1040 纳税申报表上申报了下列项目：

从雇主处得到的薪水　　　　　　　　　　　　　　　　$21 600

投资的利息和股息收入	1 200
独资企业经营亏损	（26 810）
净营业亏损	$ （4 010）

吉乐先生可以将他的 4 010 美元净营业亏损作为向前结转扣除额（对 2004 年和 2005 年）或者作为 20 年的向后结转扣除额。[①]

在我国，个人独资企业比照个体工商户生产、经营所得进行纳税。在计征个人所得税时，允许比照企业所得税应纳税所得额计算方法，扣除与其经营所得有关的成本、费用以及损失等，然后再按照个人所得税法做各种扣除，计算其应纳税所得额。个人独资企业的投资者以全部生产经营所得为应纳税所得额。

现金流的含义

独资企业的税后现金属于个人所有者。个人可以将现金留在企业中使用、用于个人消费或者投资于其他产生收入的财产。在后面的例子中，所有者的投资收益（利息、红利、租金等等）不被认为是经营所得，不用在附表 C 中进行披露。

"仿制古董"为欧文先生产生的现金　　回到前面的例子，欧文先生拥有并经营"仿制古董"。在 2006 年，欧文先生将 261 300 美元现金从公司银行账户转入他的个人银行账户。欧文先生和他的妻子克莱尔从他们的个人账户中支付家庭生活费用。该项现金转移绝对没有影响到在附表 C 中公布的"仿制古董"净利润的计算。

税收讨论
国内收入署估计每年的"税收缺口"（人们法律上所欠的但不用缴纳的税款）等于 3 000 亿美元。大约 800 亿美元是由于独资企业低估收

企业资产的处置

只有独资企业的日常经营结果在附表 C 中公布。如果所有者处置在企业中使用的资产，确认的收益和损失在 4797 表中披露（企业资产的销售）。处置的税收结果是以在第 8 章和第 9 章中讨论的原则为基础的。例如，如果所有者销售公司的设备获得收益，它必须将第 1245 条折旧冲减作为普通所得披露，并将额外利得作为第 1231 条利得披露。如果他变卖设备产生损失，该损失是第 1231 条亏损。

我国税法规定，企业转让财产的收入额减除财产原值和合理费用后的余额，为应纳税所得额。财产原值是指：

（1）有价证券，为买入价以及买入时按照规定缴纳的有关费用。

（2）建筑物，为建造费或者购进价格以及其他有关费用。

（3）土地使用权，为取得土地使用权所支付的金额、开发土地的费用以及其他有关费用。

（4）机器设备、车船，为购进价格、运输费、安装费以及其他有关费用。

---

① 这个例子忽略了个体净营业损失扣除额计算的细节。

（5）其他财产，参照以上方法确定。

纳税人未提供完整、准确的财产原值凭证，不能正确计算财产原值的，由主管税务机关核定其财产原值。合理费用，是指卖出财产时按照规定支付的有关费用。

利息费用

如果个人借款是出于与独资企业相关的商业目的，对该债务支付的利息可以在附表 C 中扣除。企业利息的扣除与其他利息费用的税收待遇形成鲜明对比。例如，个人不能扣除购买消费品（比如家庭汽车或者一个新的衣柜）所产生的负债利息。如果独资企业没有产生足够的现金来偿还企业债务，由个人所有者负责偿还，企业的债权人可以将所有者的非经营资产作为赔偿物。

我国个人独资企业取得与生产、经营活动无关的其他各项应税所得，应分别按照其他应税项目的有关规定，计算征收个人所得税。如取得银行存款的利息所得、对外投资取得的股息所得，应按"股息、利息、红利"税目的规定单独计征个人所得税。

家庭办公室扣除

如果个体经营者使用个人住所的一部分作为独资企业的办公室，分配到家庭办公室上的费用可以作为企业扣除额。

家庭办公室扣除　　　　吉尔夫人，一名自我雇佣的顾问，使用她家庭的一个房间作为办公室。该房间占房屋总面积的 15%。今年，吉尔家庭发生了下列费用：

家庭抵押借款利息	$18 000
住所财产税	4 300
房主保险	2 950
设施	3 600
家庭清洁服务	2 400
维修费	1 900
	$33 150

如果吉尔夫人的公司符合税法要求，她可以在附表 C 中作为经营扣除额扣除 4 973 美元（总费用的 15%）。[1] 她还可以在住所成本 15% 的基础上要求 MACRS 折旧扣除额。

允许扣除每月家庭费用的一部分，可能会促使一些空闲房间成为家庭办公室——即使使用这样的办公室对家庭所有的公司的经营是无关紧要的。法律通过对作为家庭办公室的住所的比例规定大致要求来限制滥用法规。从本质上说，办公室必须被唯一用做日常经营中房主经营的公司的主要场所或者是作为会见病人、当事人或者顾客的场所。[2] 如果纳税人没有其他固定的经营场所来进行这些活动，单独用来进行行政或者管理活动的家庭办公室可以作

---

[1] 吉尔夫人可以将剩余的房屋抵押借款利息和财产税作为分项扣除。见第 14 章。

[2] §280A(c)(1).

为经营的主要场所。

主要经营场所　　　米尔比医生是一名自我雇佣的产科医生，他在城区的三家不同医院照顾病人。尽管米尔比医生平均每周在每个医院的时间都超过 12 小时，但他在这些医院中没有办公室。他在他的家庭办公室读医学书、开病人的账单、做记录和其他行政工作，他每天在那里呆 2～3 小时。治疗病人是米尔比医生最重要的经营活动，并且他在医院工作比在家庭办公室中花费的时间要多。无论如何，他的家庭办公室有资格作为他经营的主要场所，并且他可以将分配到办公室上的费用扣除。

即使个人满足家庭办公室的要求，家庭办公室扣除额也仅限于考虑扣除额之前的企业的应税所得。[1] 换句话说，家庭办公室扣除额不可能创造或者增加净损失。要求家庭办公室扣除额的独资者必须在第 30 行上单独列示。附表 C 和附属的独立表格 8829 表明了扣除额的详细计算过程。很明显，国内收入署对家庭办公室扣除额非常敏感。如果税收返还被审计，有资格扣除的独资者必须仔细汇报基本的费用并准备证明家庭办公室的必要性。

我国税法规定，个人独资企业、合伙企业的个人投资者以企业资金为本人、家庭成员及其相关人员支付与企业生产经营无关的消费性支出及购买汽车、住房等财产性支出，视为企业对各个人投资者利润分配，并入投资者个人的生产经营所得，依照"个体工商户的生产经营所得"项目计征个人所得税。投资者及其家庭发生的生活费用不允许在税前扣除。投资者及其家庭发生的生活费用与企业生产经营费用混合在一起，并且难以划分的，全部视为投资者个人及其家庭发生的生活费用，不允许在税前扣除。企业生产经营和投资者及其家庭生活共用的固定资产，难以划分的，由主管税务机关根据企业的生产经营类型、规模等具体情况，核定准予在税前扣除的折旧费用的数额或比例。

雇佣税

独资者可能是企业中唯一的人，也可能有其他一些雇员。在后面的情况中，独资者必须从国内收入署获得一个**雇主身份号码**并且遵守国家和联邦雇佣税法对每个企业组织的要求。

目标 2
计算联邦保险特别税法的工资税和联邦自我雇佣税。

失业税和联邦保险特别税

雇主必须在本年支付给雇员的薪酬的基础上向国家和联邦缴纳失业税。[2] 就像我们在第 1 章中讨论的，这些税给国家失业救济计划提供资金。雇主还必须缴纳联邦保险特别税法（FICA）规定的税，这些税为国家社会保障和医疗系统提供资金。**雇主工资税**有两部分：支付给雇员报酬基础上的 6.2％的

---

① § 280A(c)(5). *Michael H. Visin*, TC Memo 2003-246.
② § 3301.

社会保障税和占雇员总报酬 1.45% 的医疗税。① 国会每年增加社会保障基数：2006 年基数是 94 200 美元，2007 年是 97 500 美元。

雇主工资税　　　卡尔先生有一位全职的雇员，斯特罗夫人，她管理着卡尔先生的独资企业。斯特罗夫人 2007 年的薪水是 108 500 美元，卡尔先生关于该薪水的雇主工资税是 7 618 美元。

社会保障税（6.2%×97 500 美元）	$ 6 045
医疗税（1.45%×108 500 美元）	1 573
雇主工资税	$ 7 618

除了支付失业和雇主工资税，雇主还必须代征对他们雇员征收的联邦保险特别税法的税款。② 雇员工资税的计算方式和雇主工资税完全一样。

雇员的扣缴工资税　　　根据前面的例子，斯特罗夫人 2007 年的雇员工资税也是 7 618 美元③，卡尔先生从斯特罗夫人的薪金中扣缴该税并和他的雇主工资税总计 15 236 美元一起缴纳给美国财政部。因此，卡尔先生是联邦政府雇员工资税的代理征收人。

雇主应该认真对待他们扣缴和上缴雇员工资税的责任。如果雇主没有为雇员上缴正确的联邦保险特别税法的税款，联邦政府可能向雇主征收这两部分税（雇主和雇员两部分）。④

雇员薪酬的所得税扣缴

雇主被要求从支付给雇员的报酬中扣缴联邦所得税（也可能是州所得税）。雇主在全年中必须定期向国库提交扣缴的税。⑤ 每个雇员的扣缴额是根据雇员表格 W—4（预扣职工所得税许可证）提供的信息并且参照国内收入署提供的扣缴表计算出来的。

总报酬和净报酬　　　2007 年，卡尔先生也从斯特罗夫人 108 500 美元总收入中扣除了 22 900 美元的联邦所得税。因此，斯特罗夫人只得到了 77 982 美元的税后（净）报酬。

总薪水	$ 108 500
扣缴的联邦保险特别税	（7 618）

---

①　§ 3111.

②　§ 3102.

③　§ 3101. 在计算联邦所得税时，雇员工资税是不可扣除的。

④　雇主不是技术上对雇员工资税负责。然而，一个雇主没有"征收、真实地核算和上缴"该税将会受到相当于该税款 100% 的惩罚。换句话说，对雇主的罚金等于欠收的雇员税。§ 6672。该惩罚被描述为联邦保险特别税法税收体制的"铁拳头"。

⑤　§ 3402.

扣缴的联邦所得税		(22 900)
收到的净薪水		$77 982

税收讨论
增加雇佣税扣缴的强制性是国内收入署优先考虑的事。国内收入署发现一些雇主将从雇员那里扣留的税款用于购置"游艇或第二套住房"而不是交给政府。

每年年末，雇主须提供关于本年支付给每个雇员的总工资或薪水以及从总收入中扣缴的所得税的信息。这些信息被列在与表 W—2（工资和税款表）相似的表格上。

所得税对雇主的影响

企业组织可以将支付给雇员的总报酬扣除。[①] 它们也可以扣除州和联邦失业税与雇主工资税，因为税是经营企业行为中产生的普通和必要的费用。通过回顾卡尔先生的独资企业[②]，让我们总结一下这些可扣除费用、雇主扣缴要求和支付给雇员的净报酬之间的关系。

我国个人独资企业也要负责职工所得税的扣缴，企业从业人员的工资支出按标准在税前扣除，具体标准由各省、自治区、直辖市地方税务局参照企业所得税计税工资标准确定。投资者的扣除标准，由各省、自治区、直辖市地方税务局参照个人所得税法"工资、薪金所得"项目的费用扣除标准确定。投资者的工资不得在税前扣除。

报酬和现金支出　　2007 年，卡尔先生扣除了 108 500 美元的报酬费用和 7 618 美元的雇主工资税。他同时扣缴了 7 618 美元雇员工资税，并从斯特罗夫人的总报酬（共 30 518 美元）中扣缴了 22 900 美元的所得税，并且向美国财政部上缴了 38 136 美元的税款。

	可扣除企业费用	分配的现金	
		斯特罗夫人	美国财政部
薪水	$108 500	$77 982	$30 518
雇主联邦保险特别税	7 618		7 618
	$116 118	$77 982	$38 136

自我雇佣税

独资者负责搜集和提交工资税与雇员所得税，而独资者本人不是雇员并且不从企业获得薪水。独资者是自我雇佣者且必须向联邦缴纳经营所得的**自我雇佣税**。[③]

---

① 除非部分或者全部的报酬按照资本化一致原则被资本化为存货。

② See Rev. Rul. 80-164，1980—1 CB 109.

③ §1401。自我雇佣者没有资格获得失业救济，因此不用缴纳国家和联邦失业税。

自我雇佣税有两部分：占自我雇佣净收入总额 12.4％的社会保障税和占总净收入 2.9％的医疗税。2006 年，社会保障基数是 94 200 美元，2007 年是 97 500 美元。注意自我雇佣税率等于合并的雇主/雇员工资税率，并且这两种税的社会保障基数是相同的。自我雇佣税是用来补充联邦保险特别税的；联邦政府对独资者的个体所得征收的税与对相同数量的报酬征收的税相同。为了实现对应，独资者可以要求将自我雇佣税（等价于雇主工资税）的一半作为所得税扣除。①

在计算税后经营所得时，独资者必须将对该所得征收的所得税和自我雇佣税进行分解。

自我雇佣税　　卡尔先生的独资企业在 2007 年产生了 200 000 美元净收入。如果他的边际所得税率是 33％，税后的经营所得是 119 433 美元。

附表 C 中的净利润		$ 200 000
自我雇佣税		
自我雇佣净收益*	$ 184 700	
社会保障税（12.4％×$ 97 500）	12 090	
医疗税（2.9％×$ 184 700）	5 356	
自我雇佣税总额		(17 446)
所得税		
附表 C 中的净利润	$ 200 000	
一半自我雇佣税	(8 723)	
	$ 191 277	
	0.33	
		(63 121)
税后经营所得		$ 119 433

注：*自我雇佣税的法律基础是"自我雇佣净收益"。净收益等于净利润减去等于该利润 7.65％的扣除额。§1402(a)(12)。自我雇佣税附表把净收益定义为附表 C 上净利润的 92.35％，从而将这个扣除额包含在净收益的计算中。

注意自我雇佣税不是累进税，因为合并的 15.3％的税率适用于自我雇佣所得的第一美元。对于获得收入较低的独资者，自我雇佣税比所得税的负担要重。

合伙企业

通过成为一个企业的共有人来共享资源的企业家可以组成一个合伙企业。合伙企业是由两个或两个以上企业合伙人通过契约性协议建立的非法人实

---

① §164(f).

体。[1] 这些合伙人可以是个人、股份公司甚至其他合伙企业。美国 50 个州和哥伦比亚特区都实施了法令（主要参照修订的《统一合伙企业法》和修订的《统一有限合伙企业法》）来规定在管辖区域内经营的合伙企业的特征和要求。我国《合伙企业法》规定，国有独资公司、国有企业、上市公司以及公益性的事业单位、社会团体不得成为普通合伙人。

组建合伙企业

组建合伙企业的第一步是由即将成为合伙人的人起草一份协议。[2] 合伙协议是一种法律合同，它规定了合伙人的权利与义务，以及损益的分配比例。合伙协议给合伙人提供了很大的灵活性去制定适合他们独特情况的经营安排。合伙人可以同意平均分配收益和损失，也可以根据具体的收入、利得、扣除或损失等决定不同的分配比例。按照理想的状态，合伙协议应该由律师来起草，采用书面形式，并由合伙人签字。然而，即使口头协议也被法庭认为是有约束力的合同。[3] 而我国合伙企业法规定合伙企业必须要有书面协议。

合伙企业可以是**普通合伙企业**，所有的合伙人对合伙企业的债务承担无限责任。或者，合伙企业可以是两合公司，一个或者更多的合伙人仅在他们对合伙企业的出资范围内对合伙企业的债务承担责任。两合公司必须至少有一个普通合伙人。有限合伙人的作用仅限定在出资。国家法律特别禁止有限合伙人参与合伙企业的经营活动。违反这条禁令的有限合伙人将失去对合伙企业债务承担有限责任的权利。

对病人或者客户提供专业服务的个人，例如医生、律师和注册会计师，通常组建**有限责任合伙企业**。有限责任合伙企业中的普通合伙人对由于其他合伙人的职业疏忽而产生的不法行为索赔不承担责任。但是，他们对有限责任合伙企业的其他债务承担责任。[4]

有限责任合伙企业　　医生杰夫·巴特森、苏珊·劳埃德和卡里·卡迪尤组建了一家有限责任合伙企业来从事医疗服务。这三个医生是普通合伙人。本年，该有限合伙企业成为两个诉讼案件的被告。

第一个诉讼案件是由该企业以前的一个雇员提起的，她声称她被解雇是因为年龄歧视。因此，这个被解雇的雇员要求合伙企业赔偿600 000 美元。第二个诉讼案件是由一个病人的家属提起的，这个病人在卡迪尤医生给他实施了一次常规的外科手术后不久去世了。这位家属认为卡迪尤医生粗心大意，因此要求有限合伙企业赔偿 120 万美元。

如果这家有限合伙企业在第一个诉讼案件中败诉，那么这三个普通合伙人都对这 600 000 美元的判决承担责任，而不是由合伙企业的

---

[1] 合伙企业一词包含了辛迪加、团体、联营、合资或者任何其他未包含在内的企业组织。§ 761(a).
[2] 见第 7 章中组织及筹建成本的讨论。
[3] See *Elrod*, 87 TC 1046(1986) and *Kuhl v. Garner*, 894 P. 2d 525 (Oregon, 1995).
[4] 四大会计师事务所是有限责任合伙企业。

保险公司来赔偿。如果有限合伙企业在第二个诉讼案件中败诉，那么只由卡迪尤医生个人对这 120 万美元的判决承担责任，而不是由有限合伙企业或者其治疗事故保险来赔偿。

合伙企业权益的税基

合伙企业既是法律主体（可以合伙企业的名义持有和转让财产）也是会计主体（合伙企业持有财务账簿和记录）。在合伙企业中，主体的权益是一项无形资产，它的价值取决于合伙企业经营的潜在价值。合伙企业的权益被认为是非流动性资产，因为合伙协议通常都禁止合伙人不经其他合伙人的同意处置他们的权益。一位合伙人在合伙企业权益中最初的税基等于现金加上为了获得权益转移到合伙企业中的财产的调整后税基。[①]

作为法律主体，合伙企业可以以自己的名义借钱。无论如何，普通合伙人对合伙企业债务的偿还都负有无限责任。如果合伙企业不能产生足够的现金来偿还债务，普通合伙人必须提供资金来偿还没有偿还的债务。[②] 结果，合伙人的经济投资由初始的现金或资产投资加上合伙人最终要承担的合伙企业的债务构成。税法假设合伙人对合伙企业债务承担的份额包含在合伙企业权益的税基中，从而承认该项义务。[③]

合伙企业权益基数	三个人每人出资 10 000 美元成立一个新的合伙企业，他们都是平等的普通合伙人。该合伙企业立即从当地银行借款 24 000 美元并且用这笔钱购买设备和材料。每个合伙人在合伙企业中的权益是 18 000 美元：初始的现金投入加上合伙企业债务的平均份额。[④]

我国合伙企业的生产经营所得和其他所得，按照国家的有关税收规定，由合伙人分别缴纳个人所得税。合伙企业的利润分配、亏损分担，按照合伙协议的约定办理；合伙协议未约定或者约定不明确的，由合伙人协商决定；协商不成的，由合伙人按照实缴出资比例分配、分担；无法确定出资比例的，由合伙人平均分配、分担。但是，合伙协议不得约定将全部利润分配给部分合伙人或者由部分合伙人承担全部亏损。

合伙企业披露的要求

《国内税收法典》规定，"合伙企业不应该缴纳所得税……作为合伙人来

---

① 为合伙企业利益而进行的资产交易对合伙人和合伙企业来说都是免税的。§721。见第 9 章中合伙企业组建的讨论。

② 在这方面，普通合伙人的合伙企业经营风险等于独资者的经营风险。

③ §752(a)。

④ 关于计算合伙人在合伙企业债务中份额的一般规定是极其复杂的。简单地说，这些原则是，带追索权的债务仅根据普通合伙人的相关损失分担比率来分配，并且不带追索权的债务根据所有合伙人的利润分配率来分配。Reg. §1.752-2 and Reg. §1.752-3。

经营企业的个人应该仅就他个人的份额缴纳所得税"①。尽管合伙企业不是应税主体，但它们须每年向国内收入署提供 1065 表（美国合伙企业所得申报表）资料。②

合伙企业活动产生的应税所得在实体水平上进行计量和分类。与企业活动严格相关的总收入和扣除额等项目在 1065 表中的第一页进行披露。这些项目的净值作为普通所得或损失在第 22 行披露。这些所得或损失根据合伙协议中列明的分配比例在各个合伙人之间分配。合伙人在各自的申报表上公布他们享有的收益或损失的份额，并且将其包含在应税所得的计算中。一般来讲，对于合伙企业的净收益，直接对合伙人征税。税率取决于合伙人是个人还是公司。③ 因为合伙企业仅仅是作为所得的通道，所以合伙企业被描述为**传递实体**。

| **仿制古董——合伙企业** | 回到我们前面讲的汤姆·欧文先生作为独资者经营家具公司（"仿制古董"）的例子。我们改变一下事实，假设汤姆·欧文先生和两个共有者组成合伙企业"仿制古董"。汤姆·欧文先生作为一个普通合伙人拥有 60% 的权益。2006 年"仿制古董"产生了 304 900 美元的经营收入。1065 表的第一页请见表 10.2。 |

合伙企业经常确认与企业经营无关的收入、利得、费用或者损失。例如，合伙企业可能投入过多的资金在支付红利或利息的可交易证券上。合伙企业可能确认卖出其中一种证券的利得或损失。合伙企业也可能对当地的慈善机构进行捐赠。这些项目不包括在日常经营收入或损失的计算中。相反，它们在 1065 表的附表 K 中披露并且被分配给合伙人，包含在合伙人的纳税申报表中。④ 这些分别列示的项目在转移给合伙人时保持其税收特性。⑤

| **分别列示的项目** | 连续几年，合伙企业"仿制古董"将多余的现金投资于共同基金。2006 年，合伙企业收到该基金分配的 1 680 美元的普通红利并且确认了 3 710 美元销售基金的资本利得。2006 年，"仿制古董"向"联合道路"（United Way）捐赠了 3 000 美元并分配了 250 000 美元的现金给合伙人。红利、资本利得、捐赠和分配不包括在日常经营收入的计算中。相反，这些项目分别在 1065 表的附表 K 中列明（见表 10.3）。 |

---

① §701.

② 作为一个一般性规定，合伙企业须使用和其合伙人相同的纳税年度。根据这个规定，由日历年纳税人组成的合伙企业在日历年的基础上编制 1065 表格。§706(b).

③ 如果合伙企业的收益分配给传递实体（其他合伙企业、有限责任公司或者 S 型公司）的合伙人，那么该收益会被再次传递直到最终分配给一个纳税主体（个人或者公司）。

④ 更具体地说，Reg.§1.702-1(a)(8)(ii) 解释了每个合伙人必须能单独考虑他从合伙企业项目分配的份额，如果这些项目没有被单独考虑，就会导致应纳所得税产生差异。

⑤ §702 (b).

表 10.2

Form **1065**		**U.S. Return of Partnership Income**	OMB No. 1545-0099

Department of the Treasury
Internal Revenue Service

For calendar year 2006, or tax year beginning .... , 2006, ending .... , 20...... .
► See separate instructions.

2006

A Principal business activity manufacturing	Use the IRS label. Other- wise, print or type.	Name of partnership **Faux Antique**	**D** Employer identification number 81 : 1138419
B Principal product or service furniture		Number, street, and room or suite no. If a P.O. box, see the instructions. **1012 East Main**	**E** Date business started **February 1, 1990**
C Business code number 337000		City or town, state, and ZIP code **Widener, KY 42714**	**F** Total assets (see the instructions) $ 1,136,640

G Check applicable boxes: **(1)** ☐ Initial return **(2)** ☐ Final return **(3)** ☐ Name change **(4)** ☐ Address change **(5)** ☐ Amended return
H Check accounting method: **(1)** ☐ Cash **(2)** ☑ Accrual **(3)** ☐ Other (specify) ► ....
I Number of Schedules K-1. Attach one for each person who was a partner at any time during the tax year ► ....
J Check if Schedule M-3 required (attach Schedule M-3) . . . . ☐

*Caution. Include **only** trade or business income and expenses on lines 1a through 22 below. See the instructions for more information.*

Income

1a Gross receipts or sales	1a	1,117,300			
b Less returns and allowances	1b	21,000	1c	1,096,300
2 Cost of goods sold (Schedule A, line 8)			2	599,700
3 Gross profit. Subtract line 2 from line 1c			3	496,600
4 Ordinary income (loss) from other partnerships, estates, and trusts *(attach statement)*.			4	
5 Net farm profit (loss) *(attach Schedule F (Form 1040))*			5	
6 Net gain (loss) from Form 4797, Part II, line 17 (attach Form 4797)			6	
7 Other income (loss) *(attach statement)*			7	
8 **Total income (loss)**. Combine lines 3 through 7			8	496,600

Deductions (see the instructions for limitations)

9 Salaries and wages (other than to partners) (less employment credits)			9	73,200
10 Guaranteed payments to partners			10	
11 Repairs and maintenance			11	17,900
12 Bad debts			12	8,800
13 Rent			13	23,200
14 Taxes and licenses			14	11,750
15 Interest			15	7,300
16a Depreciation *(if required, attach Form 4562)*	16a	3,600		
b Less depreciation reported on Schedule A and elsewhere on return	16b		16c	3,600
17 Depletion **(Do not deduct oil and gas depletion.)**			17	
18 Retirement plans, etc.			18	
19 Employee benefit programs			19	
20 Other deductions *(attach statement)*			20	45,950
21 **Total deductions.** Add the amounts shown in the far right column for lines 9 through 20 .			21	191,700
22 **Ordinary business income (loss).** Subtract line 21 from line 8			22	304,900
23 Credit for federal telephone excise tax paid (attach Form 8913)			23	

**Sign
Here**

Under penalties of perjury, I declare that I have examined this return, including accompanying schedules and statements, and to the best of my knowledge and belief, it is true, correct, and complete. Declaration of preparer (other than general partner or limited liability company member manager) is based on all information of which preparer has any knowledge.

May the IRS discuss this return with the preparer shown below (see instructions)? ☐ Yes ☐ No

► ....
Signature of general partner or limited liability company member manager ► Date

| **Paid
Preparer's
Use Only**	Preparer's signature		Date		Check if self-employed ► ☐	Preparer's SSN or PTIN
	Firm's name (or yours if self-employed), address, and ZIP code	►		EIN ►		
				Phone no.	( )	

For Privacy Act and Paperwork Reduction Act Notice, see separate instructions.   Cat. No. 11390Z   Form **1065** (2006)

表 10.3

Form 1065 (2006)   Page **3**

Schedule K	Partners' Distributive Share Items						Total amount	
Income (Loss)	1 Ordinary business income (loss) (page 1, line 22)					**1**	304,900	
	2 Net rental real estate income (loss) (attach Form 8825) .					**2**		
	3a Other gross rental income (loss)		3a					
	b Expenses from other rental activities (attach statement) .		3b					
	c Other net rental income (loss). Subtract line 3b from line 3a					**3c**		
	4 Guaranteed payments .					**4**		
	5 Interest income .					**5**		
	6 Dividends: a Ordinary dividends					**6a**	1,680	
	b Qualified dividends		6b		1,680			
	7 Royalties .					**7**		
	8 Net short-term capital gain (loss) (attach Schedule D (Form 1065))					**8**		
	9a Net long-term capital gain (loss) (attach Schedule D (Form 1065))					**9a**	3,710	
	b Collectibles (28%) gain (loss)		9b					
	c Unrecaptured section 1250 gain (attach statement)		9c					
	10 Net section 1231 gain (loss) (attach Form 4797) .					**10**		
	11 Other income (loss) (see instructions) Type ▶					**11**		
Deductions	12 Section 179 deduction (attach Form 4562) .					**12**		
	13a Contributions .					**13a**	3,000	
	b Investment interest expense .					**13b**		
	c Section 59(e)(2) expenditures: (1) Type ▶ .... (2) Amount ▶					**13c(2)**		
	d Other deductions (see instructions) Type ▶					**13d**		
Self-Employ-ment	14a Net earnings (loss) from self-employment .					**14a**	304,900	
	b Gross farming or fishing income .					**14b**		
	c Gross nonfarm income .					**14c**		
Credits	15a Low-income housing credit (section 42(j)(5)) .					**15a**		
	b Low-income housing credit (other) .					**15b**		
	c Qualified rehabilitation expenditures (rental real estate) (attach Form 3468).					**15c**		
	d Other rental real estate credits (see instructions) Type ▶					**15d**		
	e Other rental credits (see instructions) Type ▶					**15e**		
	f Other credits (see instructions) Type ▶					**15f**		
Foreign Transactions	16a Name of country or U.S. possession ▶................							
	b Gross income from all sources .					**16b**		
	c Gross income sourced at partner level .					**16c**		
	Foreign gross income sourced at partnership level							
	d Passive ▶............. e Listed categories (attach statement) ▶............. f General limitation ▶					**16f**		
	Deductions allocated and apportioned at partner level							
	g Interest expense ▶................ h Other . ▶					**16h**		
	Deductions allocated and apportioned at partnership level to foreign source income							
	i Passive ▶................ j Listed categories (attach statement) ▶............. k General limitation ▶					**16k**		
	l Total foreign taxes (check one): ▶ Paid ☐ Accrued ☐					**16l**		
	m Reduction in taxes available for credit (attach statement)					**16m**		
	n Other foreign tax information (attach statement)							
Alternative Minimum Tax (AMT) Items	17a Post-1986 depreciation adjustment .					**17a**		
	b Adjusted gain or loss .					**17b**		
	c Depletion (other than oil and gas) .					**17c**		
	d Oil, gas, and geothermal properties—gross income .					**17d**		
	e Oil, gas, and geothermal properties—deductions .					**17e**		
	f Other AMT items (attach statement)					**17f**		
Other Information	18a Tax-exempt interest income .					**18a**		
	b Other tax-exempt income .					**18b**		
	c Nondeductible expenses .					**18c**		
	19a Distributions of cash and marketable securities .					**19a**	250,000	
	b Distributions of other property .					**19b**		
	20a Investment income .					**20a**	1,680	
	b Investment expenses .					**20b**		
	c Other items and amounts (attach statement)							

Form **1065** (2006)

合伙人的税收结果

分配额和现金流

纳税年度结束后，合伙企业会给每一位合伙人发放一张附表 K—1（合伙人收入份额、抵免、扣除等）。附表 K—1 提供了关于合伙人分配的合伙企业

▶235

第 10 章　独资企业、合伙企业、有限责任公司和 S 型公司

目标 3

区分合伙企业的分配收入份额和现金流。

日常经营损益的份额和任何单独列示的项目的详细信息。该表的说明告诉了合伙人如何将每个项目列入纳税申报表以及列在何处。例如，合伙人日常损益的分配份额应该列在 1040 表的附表 E 中。

合伙人必须根据分配给他们的合伙企业应税所得的份额缴税，不管本年合伙企业的现金流是多少。在极端情况下，合伙人可能决定将所有的现金留在企业中。结果，每位合伙人必须寻找其他资金来源来缴纳他按照合伙企业的收入份额应缴纳的税款。另一种情况下，合伙人可能决定收回足够的现金来纳税。另一种可能性是合伙人收回所有可获得的现金用于个人消费。最重要的一点是，现金流和合伙人的应税所得的确定是无关的。

在我国，合伙企业的投资者按照合伙企业的全部生产经营所得和合伙协议约定的分配比例，确定应纳税所得额，合伙协议没有约定分配比例的，以全部生产经营所得和合伙人数量平均计算每个投资者的应纳税所得额。这里所称的生产经营所得，包括企业分配给投资者个人的所得和企业当年留存的所得（利润）。

合伙人的附表 K—1

"仿制古董"的每位合伙人收到一张 2006 年的附表 K—1，该表表现了日常经营所得的分配份额、红利收入、资本利得、捐赠和现金分配（见表 10.4）。汤姆·欧文的附表 K—1 反映了他在合伙企业每个项目中 60％的份额。欧文先生将"仿制古董"182 940 美元的经营所得份额作为 1040 表中的普通所得。他将他的 1 008 美元红利收入作为投资收入申报，并且将 2 226 美元的资本利得作为资本利得列在 1040 表中。他将"仿制古董"的 1 800 美元捐赠计入他个人 2006 年的慈善捐赠。他的 150 000 美元现金分配份额对他 2006 年的应税所得没有影响。

保证支付

每个合伙人对合伙企业经营的参与在不同合伙人之间是不同的。根据定义，有限合伙人不参与合伙企业的日常经营，最多可能参与主要管理决策。普通合伙人可能有不同水平的参与；有些可能偶尔参与，而其他人可能将其全部工作日都贡献给了企业。

连续为合伙企业工作的合伙人期望得到报酬。这些合伙人根据他们工作的价值从合伙企业得到保证支付。合伙人的保证支付类似于支付给合伙企业雇员的薪水。合伙企业在计算普通所得时要减去保证支付，并且合伙人要将保证支付作为普通所得披露。[①] 然而，就像个人不能是他独资企业的雇员一样，合伙人不能是其合伙企业的雇员。由于保证支付不是薪水，合伙企业和合伙人都不用缴纳联邦保险特别税法的工资税。合伙企业也不从保证支付中扣缴任何联邦所得税。如果一个合伙人每月收入 10 000 美元的保证支付，即合伙人每月收到 10 000 美元的现金。年末，合伙企业不用发 W—2 表格给该合伙人。相反，保证支付总额在合伙人附表 K—1 中作为普通所得项目列示。

---

① §707(c).

表 10.4

651106

Schedule K-1
(Form 1065)   2006

Department of the Treasury
Internal Revenue Service

For calendar year 2006, or tax
year beginning _____, 2006
ending _____, 20____

Partner's Share of Income, Deductions,
Credits, etc.   ▶ See back of form and separate instructions.

Part I	Information About the Partnership

A   Partnership's employer identification number
811138419

B   Partnership's name, address, city, state, and ZIP code

Faux Antique
1012 East Main
Widener, KY 42714

C   IRS Center where partnership filed return
Cincinnati

D   ☐ Check if this is a publicly traded partnership (PTP)
E   ☐ Tax shelter registration number, if any _____
F   ☐ Check if Form 8271 is attached

Part II	Information About the Partner

G   Partner's identifying number
497-45-9058

H   Partner's name, address, city, state, and ZIP code

Tom G. Owen
330 Aspen Lane
Widener, KY 42714

I   ☑ General partner or LLC   ☐ Limited partner or other LLC
     member-manager   member

J   ☑ Domestic partner   ☐ Foreign partner

K   What type of entity is this partner? **Individual**

L   Partner's share of profit, loss, and capital:

	Beginning	Ending
Profit	60.000 %	60.000 %
Loss	60.000 %	60.000 %
Capital	60.000 %	60.000 %

M   Partner's share of liabilities at year end:

Nonrecourse	. . . .$	0
Qualified nonrecourse financing	. .$	13,612
Recourse	. . . .$	21,050

N   Partner's capital account analysis:

Beginning capital account	. . . .$	25,000
Capital contributed during the year	. .$	
Current year increase (decrease)	. . .$	184,374
Withdrawals & distributions	. . .$ (	150,000)
Ending capital account	. . . .$	59,374

☐ Tax basis   ☐ GAAP   ☑ Section 704(b) book
☐ Other (explain)

For Privacy Act and Paperwork Reduction Act Notice, see Instructions for Form 1065.   Cat. No. 11394R   **Schedule K-1 (Form 1065) 2006**

Part III	Partner's Share of Current Year Income, Deductions, Credits, and Other Items

No.	Item	Amount	No.	Item	Amount
1	Ordinary business income (loss)	182,940	15	Credits	
2	Net rental real estate income (loss)				
3	Other net rental income (loss)		16	Foreign transactions	
4	Guaranteed payments				
5	Interest income				
6a	Ordinary dividends	1,008			
6b	Qualified dividends	1,008			
7	Royalties				
8	Net short-term capital gain (loss)				
9a	Net long-term capital gain (loss)	2,226	17	Alternative minimum tax (AMT) items	
9b	Collectibles (28%) gain (loss)				
9c	Unrecaptured section 1250 gain				
10	Net section 1231 gain (loss)		18	Tax-exempt income and nondeductible expenses	
11	Other income (loss)				
12	Section 179 deduction		19	Distributions	
			A	Cash	150,000
13	Other deductions		20	Other information	
A	Donation	1,800			
			A	Investment Inc	1,008
14	Self-employment earnings (loss)				
A		182,940			

*See attached statement for additional information.

For IRS Use Only

我国的合伙企业也会向为合伙企业工作的投资者支付一定的报酬，对于该报酬，我国个人所得税法规定投资者的工资不得在税前扣除。

自我雇佣经营所得

个人普通合伙人被认为是自我雇佣者。因此，任何保证支付加上他分配到的日常经营收入份额就是从自我雇佣中获得的要缴纳自我雇佣税的净收入。[1] 有限合伙人不被认为是自我雇佣者，并且不被要求缴纳分配的普通所得份额的自我雇佣税。[2]

我国的税法没有对普通合伙人和有限合伙人进行区分，只是对合伙企业的投资者进行相应的规范，从而将普通合伙人和有限合伙人都包含在内。普通合伙人和有限合伙人所遵守的税收政策是一样的。

自我雇佣所得　　　回到欧文先生的合伙企业"仿制古董"的附表 K—1 中（表 10.5）。欧文先生分配的 182 940 美元经营所得代表自我雇佣净收益。欧文先生必须在自我雇佣税表中披露这些收益，并且据此计算他的自我雇佣税。

综合案例

用 ABC 合伙企业的例子来总结我们对合伙企业税收结果的讨论。这个企业由三个个人合伙人拥有。在企业中工作的奥尔顿女士和巴赫先生是普通合伙人，科尔女士是有限合伙人。合伙协议表明奥尔顿女士和巴赫先生可各分得收益或损失的 40%，科尔女士可分得剩余的 20%。ABC 每月支付奥尔顿女士 3 000 美元保证支付，每月支付给巴赫先生 1 100 美元保证支付。2004 年，ABC 合伙企业的日常经营收入（减去保证支付后的）为 90 800 美元。ABC 还从证券基金投资中获得利息收入 3 300 美元。12 月 24 日，ABC 分配给合伙人 20 000 美元（支付给奥尔顿女士和巴赫先生 8 000 美元，科尔女士 4 000 美元）现金。ABC 在每个合伙人 2004 年的附表 K—1 中公布了下列信息。

ABC 合伙企业 2004 年的附表 K—1		
	奥尔顿女士	巴赫先生	科尔女士
保证支付	$ 36 000	$ 13 200	—0—
分配份额：			
日常经营收入	36 320	36 320	$ 18 160
利息收入	1 320	1 320	660
自我雇佣净收益	72 320	49 520	—0—
现金分配	8 000	8 000	4 000

合伙人将他们的保证支付、经营分配和利息收入计入应税所得，奥尔顿女士和巴赫先生根据他们从自我雇佣中获得的净收益缴税。假设奥尔顿女士适用 28% 的边际税率等级，巴赫先生和科尔女士适用 31% 的边际税率等级，

---

① §1402(a).

② §1402(a)(13).

则每个合伙人从 ABC 获得的税后现金流计算如下：

ABC 合伙人的现金流			
	奥尔顿女士	巴赫先生	科尔女士
保证支付	$36 000	$13 200	—0—
现金分配	8 000	8 000	4 000
自我雇佣税*	(10 218)	(6 997)	—0—
所得税	(19 189)	(14 676)	(5 834)
税后现金流	$14 593	$ (473)	$ (1 834)
所得税计算：			
保证支付	$36 000	$13 200	—0—
日常经营收入	36 320	36 320	$18 160
利息收入	1 320	1 320	660
自我雇佣税的一半	(5 109)	(3 499)	—0—
应税所得	$68 531	$47 341	$18 820
	0.28	0.31	0.31
所得税	$19 189	$14 676	$5 834

注：* 自我雇佣税的税基是自我雇佣净收益的 92.35%。

　　奥尔顿女士从合伙企业获得正的现金流，但是巴赫先生和科尔女士得到负的现金流。现金流信息反映这样一个事实，三个合伙人要为他们没有以现金形式获得的合伙企业利润缴纳税款。

调整合伙企业权益的基数

目标 4

调整合伙企业权益的计税基础。

　　当合伙人分得合伙企业收益的一定份额，但是没有收到该收益的现金时，相当于该合伙人对合伙企业进行了一次额外投资。合伙人在将来的某个日期应该有权收回这项免税的投资。当合伙人收到了分配的现金，该分配应被看做是免税的投资报酬。[①] 这些投资的增加或减少被理解为合伙人在合伙企业中权益的正或负的年末税基调整。[②] 让我们通过计算 ABC 合伙人 2004 年的基数调整来继续分析这个综合案例。

ABC 合伙人 2004 年的税基调整*			
	奥尔顿女士	巴赫先生	科尔女士
1 月 1 日调整后的税基	$35 000	$60 000	$100 000
增加：			
日常经营收入	36 320	36 320	18 160
利息收入	1 320	1 320	660
减少：			
现金分配	(8 000)	(8 000)	(4 000)
12 月 31 日调整后的税基	$64 640	$89 640	$114 820

注：* 该综合案例忽略了任何可能影响合伙人税基的合伙企业负债的变化。

---

① §731(a) and §733. 如果合伙人收到的现金分配超过合伙人的税基，超过的分配额被确认为资本利得。

② §705(a). 基数也会因为合伙人免税收益分配份额而增加。

当合伙企业产生了日常经营损失或单独披露的损失时，代表合伙人投资减少的每个合伙人分配到的损失被理解为负向税基调整。年末损失的基数调整是在任何收入项目或现金分配的调整之后进行的。①

为了说明损失的负向税基调整，假设 2005 年 ABC 合伙企业产生了99 200美元的经营损失（减去奥尔顿女士和巴赫先生的保证支付后）。ABC 获得 2 400 美元的利息收入并确认了 19 600 美元的销售共同基金的资本利得。合伙企业没有向合伙人分配现金。ABC 在每个合伙人 2005 年的附表 K—1 中公布了下列信息：

ABC 合伙企业 2005 年的附表 K—1			
	奥尔顿女士	巴赫先生	科尔女士
保证支付	$ 36 000	$ 13 200	—0—
分配份额：			
日常经营损失	(39 680)	(39 680)	$ (19 840)
利息收入	960	960	480
资本损失	(7 840)	(7 840)	(3 920)
自我雇佣净收益	(3 680)	(26 480)	—0—
现金分配	—0—	—0—	—0—

合伙人将他们的保证支付和利息收入的份额计入应税所得。他们也减去了日常经营损失，并且将他们分配到的 ABC 资本损失计入 2005 年的净资本利得或损失。② 因为奥尔顿女士和巴赫先生的自我雇佣收益为负值，所以他们本年没有缴纳自我雇佣税。

ABC 合伙人 2005 年的税基调整			
	奥尔顿女士	巴赫先生	科尔女士
1 月 1 日调整后的税基	$ 64 640	$ 89 640	$ 114 820
增加：			
利息收入	960	960	480
减少：			
日常经营损失	(39 680)	(39 680)	(19 840)
资本损失	(7 840)	(7 840)	(3 920)
12 月 31 日调整后的税基	$ 18 080	$ 43 080	$ 91 540

损失扣除额的基数限制

目标 5

在合伙企业损失扣除额上应用基数限制。

作为一般规定，合伙人本年可以扣除他们从合伙企业损失中分配的份额。然而，他们必须将他们损失的份额从他们在合伙企业权益中的基数减掉，并且这个基数不能减为零。如果合伙人损失的份额超过基数，超过部分不能在本年扣除。③ 合伙人可以将这部分未扣除损失无限期向后结转，并且可以在将

---

① Reg. §1.705—1(a). 税基也会因为合伙人不可扣除费用分配份额而减少。

② 这个例子假设§465 在险限制和§469 消极活动损失限制对三个合伙人都是不适用的。

③ §704(d).

税收筹划原理——经营和投资规划的税收原则

来的某年合伙企业权益基数重新恢复时扣除。

假设 ABC 公司在 2006 年又遇到了一个亏损年份。合伙企业没有给奥尔顿女士和巴赫先生任何保证支付。即使这样，ABC 公司还是产生了 160 000 美元的经营损失。ABC 公司从其基金中赚得 3 000 美元利息收入，并且在每个合伙人 2006 年附表 K—1 中公布了下列信息。

ABC 合伙企业 2006 年的附表 K—1			
	奥尔顿女士	巴赫先生	科尔女士
保证支付	—0—	—0—	—0—
分配份额：			
日常经营损失	$ (64 000)	$ (64 000)	$ (32 000)
利息收入	1 200	1 200	600
自我雇佣净收益	(64 000)	(64 000)	—0—
现金分配	—0—	—0—	—0—

奥尔顿女士和巴赫先生损失份额的扣除额限于损失负基数调整之前它们在合伙企业中的调整基础。

ABC 合伙人 2006 年的税基调整			
	奥尔顿女士	巴赫先生	科尔女士
1 月 1 日调整后的税基	$18 080	$43 080	$91 540
增加：			
利息收入	1 200	1 200	600
减少：			
可扣除损失	(19 280)	(44 280)	(32 000)
12 月 31 日调整后的税基	—0—	—0—	$ 60 140
向后结转的不可扣除损失	$ (44 720)	$ (19 720)	—0—

2006 年，三个合伙人都必须将他们在 ABC 合伙企业利息收入中的份额计入应税所得。科尔女士可以将她在 ABC 公司日常经营损失中的 32 000 美元份额全部扣除。奥尔顿女士仅能扣除 19 280 美元，巴赫先生可以扣除 44 280美元的损失份额。奥尔顿女士和巴赫先生可以将他们没有扣除的损失结转到将来的应税年度，但是他们必须恢复他们在合伙企业的税基来扣减结转额。这些合伙人可以很容易地通过向 ABC 合伙企业投资来创造税基。但是如果合伙企业的经营是失败的（就像 2005 年和 2006 年的亏损），奥尔顿女士和巴赫先生可能会损失他们附加的投资。在这种情况下，为了保护税收扣除额，他们可能会犯再次投资的错误。当然，如果 ABC 公司再次盈利，合伙人将来的收益份额将会再次创造税基，奥尔顿女士和巴赫先生可以用它来扣减他们结转的损失。

让我们用 ABC 合伙企业另一年的经营情况来结束我们的综合案例。2007年，合伙企业扣掉了支付给奥尔顿女士 18 000 美元和支付给巴赫先生 6 600 美元的保证支付后产生 64 400 美元的日常经营收入。ABC 获得 3 400 美元的利息收入，并确认 11 000 美元销售共同基金的资本利得。ABC 在每个合伙人 2007 年的附表 K—1 中公布了下列信息。

ABC 合伙企业 2007 年的附表 K—1			
	奥尔顿女士	巴赫先生	科尔女士
保证支付	$18 000	$6 600	—0—
分配份额：			
日常经营收入	25 760	25 760	$12 880
利息收入	1 360	1 360	680
资本利得	4 400	4 400	2 200
自我雇佣净收益	43 760	32 360	—0—
现金分配	—0—	—0—	—0—

合伙人将他们的保证支付、经营份额、利息和资本利得计入应税所得，奥尔顿女士和巴赫先生根据他们的自我雇佣净收益支付自我雇佣税。合伙人通过他们的收入份额增加他们在合伙企业中的权益基数，并且在计算 2007 年应税所得时，奥尔顿女士可以将结转的 2006 年损失扣减 31 520 美元，巴赫先生可以将结转的 2006 年损失扣减 19 720 美元。奥尔顿女士还剩下 13 200 美元的损失可以往后结转，并且她可以从她将来增加的在 ABC 公司的权益基数中扣减。

ABC 合伙人 2007 年的税基调整			
	奥尔顿女士	巴赫先生	科尔女士
1 月 1 日调整后的税基	—0—	—0—	$60 140
增加：			
日常经营收入	$25 760	$25 760	12 880
利息收入	1 360	1 360	680
资本利得	4 400	4 400	2 200
	$31 520	$31 520	$75 900
减少：			
可扣除的后转损失	(31 520)	(19 720)	—0—
12 月 31 日调整税基	—0—	$11 800	$75 900
剩余的扣除损失	$ (13 200)	—0—	—0—

有限责任公司

目标 6
解释计算联邦税收时，如何处理有限责任公司。

企业所有者相对于股份公司形式更偏好合伙企业形式，因为对于合伙企业的收益不在企业水平上征税，仅在所有者水平上征税。合伙企业的形式在将经营收入分配给共有者的方式上提供了最大的灵活性。合伙企业的主要缺点是普通合伙人对公司债务承担无限责任。

每个州（和哥伦比亚特区）都允许企业的所有者组建**有限责任公司**作为普通合伙或有限合伙企业的替代形式。有限责任公司是由一个或更多成员拥有的非法人法律实体。与合伙企业相比，每个成员都对有限责任公司的债务承担有限责任。该有限责任甚至保护那些积极参与有限责任公司经营的成员。州法律没有限制有限责任公司成员的数量，也没有限制主体类型。因此，有限责任公司的成员包括个人、合伙企业、公司甚至其他有限责任公司。

税收筹划原理——经营和投资规划的税收原则

财政部法规为计算联邦税收对企业主体进行了分类，有两个或更多成员的有限责任公司被划分为合伙企业。[①] 因此，对于有限责任公司取得的收益没有在企业水平征税而是流向了各个合伙人。一家仅拥有一个成员（比如，一个所有者）的有限责任公司被联邦税法定为可忽略的实体。如果该单个成员是个人，那么有限责任公司被认为是独资企业。如果单个成员是实体，那么有限责任公司被看做是实体的一个部门或一个分支。

有限责任公司为企业所有者提供一个极佳的结合：在所有者水平上对收入征税和企业债务的有限责任。进一步讲，有限责任公司没有遇到许多应用在S型公司上的烦琐的限制条件。因此，有限责任公司对企业投资者来说是一个有吸引力的选择。然而，有限责任公司是一个相对较新的组织形式，关于其经营的许多税收问题还没有解决。企业的所有者及其顾问在决定组建有限责任公司时必须考虑这些不确定的因素。

一个主要的未解决的问题是成员对其有限责任公司收益缴纳自我雇佣税的程度。自我雇佣税法规是在有限责任公司出现之前制定的，并且未言明有限责任公司经营收入的分配份额是否是自我雇佣的净收益。1997年，财政部试图通过立法来解决这个问题。[②] 该法规包含了有限责任公司成员是否可以被看做有限合伙人的详细规定。如果可以这样做，那么成员在有限责任公司收入中的份额就不是自我雇佣收入。如果一个成员不被看做是有限合伙人，那么任何保证支付和有限责任公司收益的份额都是自我雇佣收益。税收业界对这些规定的提案十分不满。国会通过实施禁令阻止财政部终止1997年的法规作为回应。至今，财政部拒绝对解决这个问题做第二次尝试。

是否是自我雇佣收入？　　米勒夫人是伍斯特有限责任公司的成员。她通常不为伍斯特工作也不获得任何保证支付。然而，上年10月份她工作了175个小时，并且在11月份为伍斯特一个特别的营销活动工作。去年，米勒夫人在伍斯特日常经营收益中的份额是38 170美元。因为她基本上不参与伍斯特的经营，所以米勒夫人可以辩称她应被视为有限合伙人并且不用为她在有限公司收益中的份额缴纳自我雇佣税。然而，国家税收机构可以认为米勒夫人确实为有限责任公司提供了大量个人服务，并且应该将她从有限责任公司获得的收益作为应缴纳自我雇佣税的税基。

可按合伙企业课税的S型公司

有限责任公司出现以前，要避免公司所得税和无限个人责任风险的公司

---

① Reg. § 301.7701-3(b)(1). 根据该规定，一家有限责任公司在计算联邦税收时可以选择被划分为法人公司。没有明显的原因表明为什么国内的有限责任公司会做出这样的选择。

② Prop. Reg. § 1.1402(a) -2(h).

所有者仅有一个选择：可按合伙企业课税的 S 型公司。企业组织的形式是按照州法律组建的法人实体。① 公司的主要特征是股东的有限责任。如果一个公司陷入财务困境并且不能偿还债务，公司的债权人不能要求用股东的个人财产偿还。因此，股东的风险仅限于他们对公司的投资。

计算联邦税时，一家可按合伙企业课税的 S 型公司是一个传递实体，它的经营收益被分配给公司股东并且直接就其对股东征税。② 该传递实体的法律规定与合伙企业的规定几乎一致。可按合伙企业课税的 S 型公司产生的日常经营收入或损失在 1120S 表格（美国 S 型公司所得税申报表）的第一页中披露。这些收益或损失根据股东对公司公开发行股票的持有份额在股东之间分配。③

"仿制古董"——S 型公司

回到我们前面提到的汤姆·欧文先生和他的古董家具生产公司的例子。我们再次改变一下事实，假设汤姆·欧文先生和两个共有者组成"仿制古董"公司，计算联邦税时将其视为 S 型公司。汤姆·欧文先生拥有 60% 公开发行的股票。2006 年"仿制古董"股份公司产生了 304 900 美元的经营收入。S 型公司 1120S 表格的第一页请见表 10.5。

如果 S 型公司确认了与日常经营无关的收入、利得、扣除或者损失，那么这些项目将分别列示在 1120S 表的附表 K 中，并且在流向股东的过程中仍保持其税收特性。

分别列示的项目

2006 年，"仿制古董"股份公司收到共同基金分配的普通红利 1 680 美元并且确认了 3 710 美元销售基金的资本利得。2006 年，"仿制古董"向"联合道路"捐赠了 3 000 美元并分配 250 000 美元的现金给股东。红利、资本利得、捐赠和分配不包括在日常经营收入的计算中。相反，这些项目分别在 1120S 表格的附表 K 中披露（见表 10.6）。

合格的公司

目标 7
判断一个公司是否有资格成为 S 型公司。

只有按照 50 个州和哥伦比亚特区其中之一的法律组建的国内公司才有资格成为 S 型公司。资格以三个法规要求为基础。④

（1）只有个人、集团、某些托管人和免税的组织可以成为股东，并且非居民的外国人（既不是美国公民也不是美国的永久居民）不能是股东。这个

---

① 一家合伙企业必须有至少两个共有人作为合伙人，而一家股份公司可能被一个股东拥有。

② §1363(a) and §1366.

③ §1377(a).

④ §1361. 作为一般公司经营和符合法律要求的公司可以转换成 S 型公司。转换后的 S 型公司需缴纳一些不适用于转换前公司的麻烦的公司税。见 §1374 和 §1375。另外，有"打钩选择"的被视为企业的有限责任公司也可以选择 S 身份。

要求保证了 S 型公司的收益以个人税率征税。

表 10.5

Form **1120S**	**U.S. Income Tax Return for an S Corporation**	OMB No. 1545-0130
Department of the Treasury Internal Revenue Service	► Do not file this form unless the corporation has filed Form 2553 to elect to be an S corporation. ► See separate instructions.	20**06**

For calendar year 2006 or tax year beginning _____ , 2006, ending _____ , 20 ____

A Effective date of S election **February 1, 1990**	Use IRS label. Other-wise, print or type.	Name **Faux Antique**	C Employer identification number 81 : 1138419
B Business activity code number (see instructions) **337000**		Number, street, and room or suite no. If a P.O. box, see instructions. **1012 East Main** City or town, state, and ZIP code **Widener, KY 42714**	D Date incorporated **February 1, 1990** E Total assets (see instructions) $ **1,136,640**

F Check if: (1) ☐ Initial return (2) ☐ Final return (3) ☐ Name change (4) ☐ Address change (5) ☐ Amended return

G Enter the number of shareholders in the corporation at the end of the tax year . . . . ►

H Check if Schedule M-3 is required (attach Schedule M-3) . . . . ► ☐

Caution. Include only trade or business income and expenses on lines 1a through 21. See the instructions for more information.

Income

1a Gross receipts or sales	1,117,300	b Less returns and allowances 21,000 c Bal ►	1c	1,096,300
2 Cost of goods sold (Schedule A, line 8)			2	599,700
3 Gross profit. Subtract line 2 from line 1c			3	496,600
4 Net gain (loss) from Form 4797, Part II, line 17 (attach Form 4797) . . .			4	
5 Other income (loss) (see instructions—attach statement)			5	
6 **Total income (loss).** Add lines 3 through 5. . . . . ►			6	496,600

Deductions (see instructions for limitations)

7 Compensation of officers	7	
8 Salaries and wages (less employment credits)	8	73,200
9 Repairs and maintenance	9	17,900
10 Bad debts	10	8,800
11 Rents	11	23,200
12 Taxes and licenses	12	11,750
13 Interest	13	7,300
14 Depreciation not claimed on Schedule A or elsewhere on return (attach Form 4562) .	14	3,600
15 Depletion (**Do not deduct oil and gas depletion.**)	15	
16 Advertising	16	6,200
17 Pension, profit-sharing, etc., plans	17	
18 Employee benefit programs.	18	
19 Other deductions (attach statement) . . . . ►	19	39,750
20 **Total deductions.** Add lines 7 through 19 . . . . ►	20	191,700
21 **Ordinary business income (loss).** Subtract line 20 from line 6	21	304,900

Tax and Payments

22a Excess net passive income or LIFO recapture tax (see instructions).	22a	
b Tax from Schedule D (Form 1120S)	22b	
c Add lines 22a and 22b (see instructions for additional taxes) . . .	22c	
23a 2006 estimated tax payments and 2005 overpayment credited to 2006	23a	
b Tax deposited with Form 7004.	23b	
c Credit for federal tax paid on fuels (attach Form 4136)	23c	
d Credit for federal telephone excise tax paid (attach Form 8913) .	23d	
e Add lines 23a through 23d . . . . ►	23e	
24 Estimated tax penalty (see instructions). Check if Form 2220 is attached . . . . ► ☐	24	
25 **Amount owed.** If line 23e is smaller than the total of lines 22c and 24, enter amount owed .	25	
26 **Overpayment.** If line 23e is larger than the total of lines 22c and 24, enter amount overpaid .	26	
27 Enter amount from line 26 **Credited to 2007 estimated tax** ► _____ **Refunded** ►	27	

Sign Here

Under penalties of perjury, I declare that I have examined this return, including accompanying schedules and statements, and to the best of my knowledge and belief, it is true, correct, and complete. Declaration of preparer (other than taxpayer) is based on all information of which preparer has any knowledge.

► Signature of officer _____ Date _____ ► Title _____

May the IRS discuss this return with the preparer shown below (see instructions)? ☐ Yes ☐ No

Paid Preparer's Use Only

Preparer's signature ►	Date	Check if self-employed ☐	Preparer's SSN or PTIN
Firm's name (or yours if self-employed), address, and ZIP code ►		EIN	
		Phone no. ( )	

For Privacy Act and Paperwork Reduction Act Notice, see separate instructions. Cat. No. 11510H Form **1120S** (2006)

表 10.6

	Shareholders' Pro Rata Share Items				Total amount
Income (Loss)	1 Ordinary business income (loss) (page 1, line 21)			1	304,900
	2 Net rental real estate income (loss) (attach Form 8825)			2	
	3a Other gross rental income (loss)	3a			
	b Expenses from other rental activities (attach statement) .	3b			
	c Other net rental income (loss). Subtract line 3b from line 3a			3c	
	4 Interest income			4	
	5 Dividends: a Ordinary dividends			5a	1,680
	b Qualified dividends	5b			
	6 Royalties			6	
	7 Net short-term capital gain (loss) (attach Schedule D (Form 1120S)) .			7	
	8a Net long-term capital gain (loss) (attach Schedule D (Form 1120S)) .			8a	3,710
	b Collectibles (28%) gain (loss)	8b			
	c Unrecaptured section 1250 gain (attach statement) . .	8c			
	9 Net section 1231 gain (loss) (attach Form 4797)			9	
	10 Other income (loss) (see instructions) Type ▶			10	
Deductions	11 Section 179 deduction (attach Form 4562)			11	
	12a Contributions			12a	3,000
	b Investment interest expense			12b	
	c Section 59(e)(2) expenditures (1) Type ▶ _____	(2) Amount ▶		12c(2)	
	d Other deductions (see instructions) . . . . Type ▶			12d	
Credits	13a Low-income housing credit (section 42(j)(5))			13a	
	b Low-income housing credit (other)			13b	
	c Qualified rehabilitation expenditures (rental real estate) (attach Form 3468) .			13c	
	d Other rental real estate credits (see instructions) Type ▶ _____			13d	
	e Other rental credits (see instructions) . . . . Type ▶ _____			13e	
	f Credit for alcohol used as fuel (attach Form 6478)			13f	
	g Other credits (see instructions) . . . . . Type ▶			13g	
Foreign Transactions	14a Name of country or U.S. possession ▶ _____				
	b Gross income from all sources			14b	
	c Gross income sourced at shareholder level			14c	
	Foreign gross income sourced at corporate level				
	d Passive			14d	
	e Listed categories (attach statement)			14e	
	f General limitation			14f	
	Deductions allocated and apportioned at shareholder level				
	g Interest expense			14g	
	h Other			14h	
	Deductions allocated and apportioned at corporate level to foreign source income				
	i Passive			14i	
	j Listed categories (attach statement)			14j	
	k General limitation			14k	
	Other information				
	l Total foreign taxes (check one): ▶ ☐ Paid ☐ Accrued . . .			14l	
	m Reduction in taxes available for credit (attach statement) . . .			14m	
	n Other foreign tax information (attach statement)				
Alternative Minimum Tax (AMT) Items	15a Post-1986 depreciation adjustment			15a	
	b Adjusted gain or loss			15b	
	c Depletion (other than oil and gas)			15c	
	d Oil, gas, and geothermal properties—gross income			15d	
	e Oil, gas, and geothermal properties—deductions			15e	
	f Other AMT items (attach statement)			15f	
Items Affecting Shareholder Basis	16a Tax-exempt interest income			16a	
	b Other tax-exempt income			16b	
	c Nondeductible expenses			16c	
	d Property distributions			16d	250,000
	e Repayment of loans from shareholders			16e	
Other Information	17a Investment income			17a	1,680
	b Investment expenses			17b	
	c Dividend distributions paid from accumulated earnings and profits . .			17c	
	d Other items and amounts (attach statement)				
Recon-ciliation	18 **Income/loss reconciliation.** Combine the amounts on lines 1 through 10 in the far right column. From the result, subtract the sum of the amounts on lines 11 through 12d and 14l			18	

Form **1120S** (2006)

（2）股东的数量限制在 100 人。一个家庭可能选择将所有的家庭成员作为一个股东来看待。

（3）公司可能仅有一种公开发行的普通股票；S 型公司在其资本结构中不能包含优先股。因为这个要求，S 型公司的股份在公司利润和资产方面享有同等的权利。如果公开发行股票有不同的投票权，这个要求是没有违背的。

对于S型公司的投资资本、销售量或者雇员数量没有法律上的限制。因此，S型公司可能是非常大的公司组织。

可按合伙企业课税的S型公司选择

一家合格的公司可以通过股东的一致投票变为S型公司。[①] 这个选择对公司来说是永久性的，除非拥有大部分股票的股东推翻这个选举。[②] 如果公司失去了资格，该选择会马上终止。例如，如果一个股东将他的股份出售给一家合伙企业（一个无资格的股东），那么这个选举将在销售日终止。[③] 该公司不再是一个传递实体并且要缴纳企业所得税。

S型公司选择的意外终止可能是股东税收筹划的灾难。而且，他们在5年内一般不能再进行新的选择。[④] 因为这个问题的潜在严重性，税法提供了一个缓解措施。如果股东发现出现了意外的终止，并且立即采取措施纠正（在上面例子中，即从合伙企业回购公司的股票），那么国内收入署允许原来的S型公司选择继续有效。[⑤]

S型公司股票的税基

一个股东在S型公司发行的股票上的初始税基等于现金加上公司股票交易转移的任何财产的调整税基。[⑥] 当S型公司产生了一项债务时，股东不负任何责任。因此，股东的股票计税基础中不包括S型公司的债务，即使股东对债务作了担保。

S型公司股票的计税基础

三个人每人出资10 000美元现金成立一家新的S型公司。每个人收到公开发行300股股票中的100股。该S型公司立即从当地银行借款24 000美元，并且用这笔钱购买设备和材料。银行要求股东对贷款的偿还提供个人担保。每个股东在S型公司股票上的计税基础是10 000美元：对公司的初始现金投入。

股东的税收结果

纳税年度结束后，S型公司给每一个股东发一张附表K—1（股东收入份额、抵免、扣除等）。该附表K—1和合伙人附表K—1有相同的作用；它为所有者提供他们在S型公司经营收入或损失中的比例份额以及任何单独列示项目的信息。

S型公司的股东必须将附表K—1上的信息包含在他们个人纳税申报表中。因此，公司的收益以个人税率征税，并且由股东缴纳税款。股东从公司

---

① §1362(a). 为了提供同意选举的证明，每个合伙人必须在2553表中签名并向国内收入署备案。

② §1362(d)(1).

③ §1362(e)(1).

④ §1362(g).

⑤ §1362(f).

⑥ 如果转移后转出者立即可以获得公司至少80%的控制权，那么将资产转移给公司交换股票，对转出者来说是不需纳税的。§351. 见第9章中关于公司组建的讨论。

中获得的现金（如果有的话）与其应税所得的确定无关。

股东的附表 K—1　　　　"仿制古董"的每个股东收到一张 2006 年的附表 K—1，该表体现了日常经营收入的比例份额、股利收入、资本利得、捐赠和现金分配。汤姆·欧文的附表 K—1 反映了他拥有股份公司每个项目 60% 的份额（见表 10.7）。欧文先生将"仿制古董"182 940 美元经营收入的份额作为普通所得列在 1040 表中。他将他的 1 008 美元股利收入作为投资收入，并将 2 226 美元的资本利得列在 1040 表中。他将"仿制古董"的 1 800 美元捐赠包含在他个人 2006 年的慈善捐赠中。他的 150 000美元现金分配对他 2006 年的应税所得没有影响。

表 10.7

薪水的支付

合伙企业和 S 型公司之间的一个很大区别是所有者（股东）可以是公司的雇员。在公司中工作的股东收到薪水作为他们服务的报酬。公司和雇员都要按照薪水缴纳联邦保险特别税法的工资税，并且由公司扣缴联邦所得税。年末，公司给每个股东/雇员发一张附表 K—1 和一张 W—2 表格。S 型公司的股东不被认为是自我雇佣者。因此，他们公司经营收益的份额不用缴自我雇佣税。[①]

向股东/雇员的支付	S 型公司采用日历年核算，麦洛·托德拥有 Sussex 公司 20％的股票，并且被聘为公司的 CEO。今年，麦洛从 Sussex 获得 75 000 美元的薪水，Sussex 扣缴雇员联邦保险特别税以及州与地方所得税。Sussex 的日常经营所得（扣除所有雇员的报酬后）为 984 000 美元，并且麦洛享有该所得的份额是 196 800 美元。麦洛从 Sussex 分得与股票有关的 160 000 美元的现金。麦洛必须将 271 800 美元（75 000 美元薪水＋196 800 美元公司所得份额）包含在应税所得中。160 000 美元的现金分配对麦洛的应税所得没有影响。

注意，支付给 S 型公司股东的薪金在计算企业普通所得时一般是可扣除的。因此，收到薪水的股东将申报更多的薪金所得并且减少普通所得。虽然对股东应税所得的净影响为零，但是薪金支付的工资税成本为 S 型公司少报应付股东的薪金创造了动机。结果，国内收入署试图仔细审查支付给 S 型公司股东的薪水来确保为股东的努力支付了足够的报酬（和足够的工资税）。

支付给股东/雇员足够的薪水	马克斯韦尔拥有戈尔登公司 100％的股票，戈尔登是一个采用日历年核算的 S 型公司。马克斯韦尔每周为该公司工作 60 小时。2006年，戈尔登公司在支付给马克斯韦尔工资之前赚得了 200 000 美元的普通所得。如果马克斯韦尔收到 100 000 美元的薪水，该公司将会就该所得欠 7 290 美元的雇主工资税。分配给马克斯韦尔后剩余的公司普通所得将会是 92 710 美元。马克斯韦尔将就他的薪水所得缴纳 7 290 美元的雇员工资税并就他的所得 192 710 美元缴纳个人所得税，他的薪水和所得是从 S 型公司中分配的。如果马克斯韦尔的边际税率为 35％，那么他的薪水和 S 型公司收益的所得税是 67 449 美元，并且它和 S 型公司相关的总税负（工资和所得税）为 74 739 美元。 如果马克斯韦尔没有从戈尔登公司获得薪水，他将申报 200 000 美元的 S 型公司总收益并就此纳税，使税负仅增加 70 000 美元。但是，如果国内收入署审计马克斯韦尔或戈尔登公司，基本上可以肯定公司应该对马克斯韦尔的工作支付合理的报酬，并且评估企业和股东的追加工资税负债。

---

① Rev. Rul. 59-221，1959—1 CB 225.

S 型公司股票税基的调整

股东对他们在 S 型公司股票计税基础上正或负的调整方式与合伙人对合伙企业权益计税基础的调整方式一致。① 特别的是，股东通过他们本年享有的公司所得和利得的份额增加股票的税基。反之，股东通过分担公司损失的份额减少税基。S 型公司对股东的现金分配是减少股票税基的免税投资报酬。②

损失扣除额的基础限制

目标 8

应用 S 型公司损失扣除额的基数限制。

税法像对合伙企业损失一样对 S 型公司施加相同的限制：这些损失的当前扣除额仅限定在所有者的投资金额范围内。在该 S 型公司的限制规定下，股东可以扣除损失，直到股票基数减少为零。③ 如果股东还有 S 型公司的债务基数，股东可以扣除额外的损失从而将债务基础减少到零。④ 换句话说，股东可以通过税收扣除形式转回的投资包括他的权益投资和他作为公司债权人的投资。

S 型公司的不可扣除损失

SMG 公司采用日历年核算，詹兹女士拥有 SGM 公司公开发行股票的 25％，且 SMG 公司是 S 型公司。2006 年初，詹兹女士股票的基数是 81 000 美元。几年前，詹兹女士借款 30 000 美元给 SGM 作为带息票据的交换。2006 年，SGM 发生了 500 000 美元经营损失。尽管詹兹女士的附表 K—1 反映了 125 000 美元的损失，但詹兹女士在她的 1040 表中仅可以扣除 111 000 美元的损失。

	股票基数	票据基数
年初	$81 000	$30 000
可扣除损失	(81 000)	(30 000)
年末	—0—	—0—
不可扣除损失	$ (14 000)	

詹兹女士不可扣除的 14 000 美元损失被结转到以后年度。如果她通过作为股东或者债权人对 SGM 进行额外的投资来增加基数，她可以在额外基数的范围内扣除损失。另一种方式是，如果 SGM 产生未来利润，詹兹女士不可分配收益的份额将首先将她在票据中的基数增加到 30 000 美元，然后将增加她股票的基数。⑤ 詹兹女士可以在她重新恢复的基数的范围内扣除后转的损失。

---

① § 1367(a).

② 对股东/雇员薪水的支付对股票基数没有影响。如果一个股东收到的现金分配额超过股票基数，超过的分配额被确认为资本利得。§ 1368.

③ § 1366(d)(1)(A).

④ § 1366(d)(1)(B).

⑤ § 1367(b)(2).

基数恢复　詹兹女士享有 SGM 公司 2007 年收益 25% 的份额，为 50 000 美元。本年公司没有分配现金。不可分配收益增加詹兹女士的投资基数，并且允许她在 2007 年的纳税申报表中扣除从 2006 年结转的 14 000 美元损失。

	股票基数	票据基数
年初	—0—	—0—
收益份额：		
增加的票据基数		$ 30 000
增加的股票基数	$ 20 000	
	$ 20 000	$ 30 000
结转的损失	(14 000)	
年末	$ 6 000	$ 30 000

因为她结转损失的扣除，詹兹女士 2007 年的应税所得仅包括 36 000 美元的 SGM 收益。

如果 SGM 公司准备在詹兹女士票据基数恢复到面值之前偿还 30 000 美元的贷款，那么该还款被视为销售票据的已实现款项。因为该票据对詹兹女士而言是一项资本性资产，她应该将还款超过本金的部分确认为资本利得。[1]

偿还负债的利得　改变前面的例子，假设 SGM 公司在 2007 年 6 月 30 日支付给詹兹女士 30 000 美元（加上产生的利息）清偿了债务，并且假设 SGM 公司根据詹兹女士享有 2007 年所得的 50 000 美元分配给她 50 000 美元的现金。在这种情况下，詹兹女士 2007 年没有不可分配收益去恢复 SGM 票据或者 SGM 股票的基数。因此，她必须确认关于偿还票据的长期资本利得 30 000 美元，并且不能扣除 2006 年结转的任何损失。

结　论

在本章中，我们分析了作为一个独资企业或者作为一个传递实体经营企业的税收结果。在独资企业的情形中，企业的所得计入所有者的应税所得，并且按个人税率征税。在普通或有限合伙企业、有限责任公司或者 S 型公司中，企业的所得被分配给实体的所有者，就所得直接对合伙人、成员或者股东以他们的边际税率征税。许多所有者故意使用这些组织形式来避免在企业水平上对企业收益纳税。这种税收策略是第 11 章中的一个主题。在我们评价这个策略以前，我们必须分析作为一般公司经营企业的税收结果。

---

[1]　§ 1271(a)(1) and Rev. Rul 64-162, 1964—1 CB 304.

关键术语

分配份额	有限责任公司	成比例的份额
雇员工资税	有限责任合伙企业	自我雇佣税
雇主身份号码	有限合伙企业	分别列示项目
雇主工资税	合伙企业	独资企业
普通合伙企业	传递实体	S 型公司
保证支付		

税收筹划案例

1. 贾纳斯夫妇经营一家作为独资企业的饭店。该夫妇决定为饭店购买 85 000 美元新的厨房设备。他们还想购买两辆汽车——一辆他们自己使用，另一辆给他们 19 岁的儿子使用。这两辆车将花费 65 000 美元。贾纳斯夫妇在储蓄账户中有 70 000 美元可以用来支付部分购买价款。他们打算从当地的银行以 7% 的年利率借其余的 80 000 美元。该夫妇应该如何使他们借款的税收成本最小？

2. 2007 年 3 月 1 日，伊夫和弗兰克在新成立的合伙企业 EF 中每人投入现金 30 000 美元换得 50% 的普通权益。合伙企业立即从一个非关联的贷款人处借入 50 000 美元，借款期为 2 年。11 月，合伙人合理地估计 EF 合伙企业 2006 年的经营损失将是 100 000 美元。然而，EF 的经营将开始产生正的现金流，并且合伙人估计 EF 在 2007 年将会盈利，也许会产生 125 000 美元一般所得。由于预期的将来利润，伊夫和弗兰克正考虑圣诞节前将他们的初始现金投入收回。伊夫和弗兰克都处于 35% 的税率等级。你可以给合伙人什么样的税收筹划建议？

3. 在本年（第 0 年），阿玛莎通过投入 15 000 美元现金交换股票成为采用日历年核算的 S 型公司 Sultan 的股东。年末之前，Sultan 的财务总监通知阿玛莎她本年的普通损失份额将是 55 000 美元。阿玛莎立即贷款 40 000 美元给 Sultan 换得一张 2 年期、附息的公司票据。结果，她有足够的股票和债务基数在她本年的申报表中扣除 55 000 美元的损失。

计算阿玛莎在下面三种情况中与她的贷款相关的现金流量的净现值。在每种情况中，假设她日常收入的累进税率为 35%，资本利得税率为 15%，并且采用 6% 的折现率。

a. 下面两年（第 1 年和第 2 年），阿玛莎在 Sultan 公司日常收入总额中的份额为 49 000 美元，并且 Sultan 没有对股东做任何现金分配。但是，它在第 2 年偿还了 40 000 美元的贷款和 3 800 美元的利息。

b. 下面两年（第 1 年和第 2 年），阿玛莎在 Sultan 日常收入总额中的份额为 19 100 美元，并且 Sultan 没有对股东做任何现金分配。但是，它在第 2 年偿还了 40 000 美元的贷款和 3 800 美元的利息。

c. 下面两年（第 1 年和第 2 年），阿玛莎在 Sultan 日常损失总额中的份额为 11 400 美元。在第 2 年，公司宣告破产并且没有偿还所有的债务，包括阿玛莎的贷款。

4. 马拉最近继承了 50 000 美元，并且正在考虑投资这些资金的两种选择方式。投资 A 是一家 C 型公司的股票，预期每年会分配 8% 的股利。投资 B 是一家 S 型公司的股票。根据收入预算规划项目，马拉每年在 S 型公司普通所得中的份额大致将为 10 000 美元。但是，预期 S 型公司在可预见的将来不会做任何现金分配。马拉将持有这种投资 3 年，她相信到那时 C 型公司的股票可以卖到 60 000 美元，S 型公司的股票可以卖到 90 000 美元。

假设在第 0 年作出初始投资，将在第 1 年、第 2 年和第 3 年收到 C 型公司股票的股利，S 型公司的收益将在第 1 年、第 2 年和第 3 年分配，并且每一项投资都将在第 3 年出售。假设马拉普通所得的边际税率为 35%，使用 4% 的折现率，计算分配给每一项投资的税后现金流的净现值，并且就马拉应该选择哪一种投资提出建议。

第11章

企业纳税人

学习目标

通过本章的学习，你应该能够：

1. 识别公司的四个主要法律特征。
2. 计算公司收到红利的扣除额。
3. 编制账面所得和应税所得调节表。
4. 计算公司应税所得的一般性税款。
5. 讨论公司选择性最低税的目的。
6. 描述公司税缴纳和返还的备案要求。
7. 解释为什么作为红利分配的企业利润被双重课税。
8. 讨论公司所得税的影响。

在第10章中，我们学习了不属于应税主体的商业组织：独资企业、合伙企业、有限责任公司和S型公司。这些组织是企业收益通向所有者的管道，所有者直接对这些收益纳税。在第11章中，我们开始研究对公司经营所得课税的规定。① 相对于独资企业和传递实体，企业是以它们自己名义纳税的纳税人。企业利润的税负不是由拥有企业的股东的税收条件所决定的。

第11章以公司法律特征的讨论作为开始，然后讨论转向企业应税所得的计算以及企业应税所得和财务报表收入的调节，并分析了企业税率结构、解

---

① 可按合伙企业课税的S型公司选择无效的企业被认为是一般公司或者C型公司。在本章中，任何涉及企业的部分都是指应纳税的，而不是传递性的。

释了税收抵免的作用，介绍了企业选择性最低税。本章以分析对企业投资者的收益分配的税收结果作为结束。

公司的法律特征

目标 1

识别公司的四个主要法律特征。

公司是按照国家法律组建的从事经营活动的企业主体。公司的所有者以公司公开发行股票的份额为代表。**封闭持股公司**被一些相对少量的股东私下拥有。这些股东经常亲自参与到企业的经营中，并且他们的所有权十分稳定。相对而言，**公众持股公司**的股票在已经建立的证券市场上进行交易，例如纽约股票交易所或纳斯达克。这些企业的所有权分散在成千上万的股东手里并且可能每天都在变化。与美国的封闭持股公司和公众持股公司相对应的也就是我国的有限责任公司和股份有限公司。

许多企业家采用公司形式进行经营，是因为公司形式有利的法律与财务特征。其中一个重要的法律特征就是股东的**有限责任**。公司债权人和其他提出要求者的权利仅限于公司资产，并且不能扩展到公司所有者的个人资产。这个特征保护了股东，使之避免了许多经营风险，但是保护的范围受到以下两方面的限制。首先，财务机构可能拒绝借钱给封闭持股公司，除非股东对债务的偿还提供个人担保。第二，有执照的专业人员，例如医生、律师和注册会计师，不能避免在公司运作中由于粗心大意或者行为不当的个人责任。即使他们作为个人服务公司的雇员向公众提供服务，专业人员也必须通过持有个人职业责任保险来保护自己。与美国类似，我国的有限责任公司的股东以其认缴的出资额为限对公司承担责任；股份有限公司的股东以其认购的股份为限对公司承担责任。

第二个有吸引力的特征是公司的**无限期**。在国家和联邦法律中，公司是独立于和不同于其所有者的个体。因此，它们的法律地位不会受到股东身份变化的影响。这个特征赋予企业生命力和稳定性，有助于它的成功经营。一个相关的特征是企业权益的**自由转让**。公众持股公司的股票是高度流动性资产；投资者可以很方便地在规范的市场上购买和出售这些股票，并且交易成本极小。结果，公众持股公司可以很方便地拥有成千上万的潜在投资者，并且可以筹集大量的风险资本。

在封闭持股公司中，明显缺乏自由转换的特征。股东经常是想保护公司所有权被外人拥有的家庭成员或者同事。结果，封闭持股公司的股票经常会涉及某些买卖协议。这些协议可能禁止所有者不经其他股东的同意处置股票，或者限制所有者将股票转移给现有股东或者公司本身以外的其他人。

在我国，有限责任公司的股东之间可以相互转让其全部或者部分股权。股东向股东以外的人转让股权，应当经其他股东过半数同意。股东应就其股权转让事项书面通知其他股东征求同意，其他股东自接到书面通知之日起满三十日未答复的，视为同意转让。其他股东半数以上不同意转让的，不同意的股东应当购买该转让的股权；不购买的，视为同意转让。

税收讨论

自第二次世界大战以来，作为联邦税收主要来源的企业所得税已经下降了，其占税收收入的比例从 1946 年的 30% 下降到 2005 年的 10%。

经股东同意转让的股权，在同等条件下，其他股东有优先购买权。两个以上股东主张行使优先购买权的，协商确定各自的购买比例；协商不成的，按照转让时各自的出资比例行使优先购买权。公司章程对股权转让另有规定的，从其规定。当人民法院依照法律规定的强制执行程序转让股东的股权时，应当通知公司及全体股东，其他股东在同等条件下有优先购买权。其他股东自人民法院通知之日起满二十日不行使优先购买权的，视为放弃优先购买权。

公司的第四个特征是**集中管理**。与独资企业或者普通合伙企业不同，公司不直接由所有者管理。相反，管理决策是由股东任命的并且代表股东利益行动的董事会或者董事会雇佣的高级职员作出的。这个特点对于拥有成千上万股东的公众持股公司的有效管理是至关重要的。相比之下，封闭持股公司的股东通常在董事会中工作，并且被雇佣为公司的高级职员。在这样的情况下，集中管理的特征几乎不显著。我国的有限责任公司股东会由全体股东组成。股东会是公司的权力机构，依照《中华人民共和国公司法》行使职权。有限责任公司设立董事会的，股东会会议由董事会召集，有限责任公司不设董事会的，股东会会议由执行董事召集和主持。两个以上国有企业或者两个以上的其他国有投资主体投资设立的有限责任公司，其董事会成员中应当有公司职工代表；其他有限责任公司董事会成员中可以有公司职工代表。董事会中的职工代表由公司职工通过职工代表大会、职工大会或者其他形式民主选举产生。

附属集团

由于法律、财务和管理等种种原因，单一企业主体对于一个多元化企业来讲可能不是最好的组织形式。如果企业被划分成几个企业主体并形成一个**附属集团**，可能会经营得更有效率。附属集团是由一个直接拥有至少一个子公司 80% 或者更多股权的母公司加上在该集团中被拥有 80% 股权的所有其他子公司组成的。[①] 只有纳税的国内公司才被包含在附属集团中。下面的图说明了由四个公司组成的附属集团。

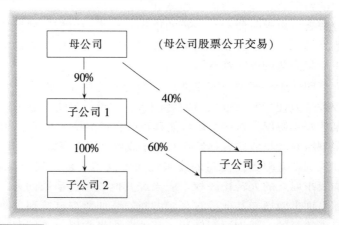

---

① § 1504(a)(1).

母公司是附属集团的母公司，因为它直接拥有子公司 1 的所有权为 90%。子公司 2 和子公司 3 也包含在该集团，因为每个公司公开发行股票的 100% 被该组织所拥有。

一个附属集团可能只拥有两个公司或者是一个拥有成百上千个子公司的联合大企业。不管附属集团的规模如何，税法都将它作为一个主体。例如，附属集团可能选择编制一张**合并纳税申报表**——一张披露该组织中所有公司经营结果的申报表。[①] 合并编制的主要好处是一个公司成员产生的净损失可以抵消其他成员产生的应税所得。

合并申报表的编制	参照前面提到图中的附属集团。本年，该集团成员各自的经营结果如下：

	净利润（损失）
母公司	$ 960 000
子公司 1	(750 000)
子公司 2	225 000
子公司 3	114 000

如果公司分别编制纳税申报表，母公司、子公司 2 和子公司 3 在各自的纳税申报表上披露利润，子公司 1 在纳税申报表上披露 750 000 美元的净营业亏损。该损失将产生的直接税收利益仅限于子公司 1 将其作为净营业亏损结转扣除的范围内。如果该集团编制一张合并申报表，那么纳税申报表上的应税所得是 549 000 美元（将四个成员的净利润和损失合并）。因此，子公司 1 损失产生的直接税收利益是使附属集团的应税所得减少了 750 000 美元。

我国对于附属集团的纳税问题在《中华人民共和国企业所得税法》中有如下规定：（1）除税收法律、行政法规另有规定外，居民企业以企业登记注册地为纳税地点；但登记注册地在境外的，以实际管理机构所在地为纳税地点。居民企业在中国境内设立不具有法人资格的营业机构的，应当汇总计算并缴纳企业所得税。（2）非居民企业在中国境内未设立机构、场所的，或者虽设立机构、场所但取得的所得与其所设机构、场所没有实际联系的，其来源于中国境内的所得以机构、场所所在地为纳税地点。非居民企业在中国境内设立两个或者两个以上机构、场所的，经税务机关审核批准，可以选择由其主要机构、场所汇总缴纳企业所得税。除国务院另有规定外，企业之间不得合并缴纳企业所得税。

从上述这些规定中，我们可以看出，只有居民企业在中国境内设立不具有法人资格的营业机构和非居民企业在中国境内设立两个或者两个以上机构、场所的才可以合并缴纳企业所得税，在某分支机构出现亏损的情况下，可以

---

① § 1501.

抵减其他机构的应纳税所得额。而对于由母公司控制的子公司由于具有法人资格而不能采用合并纳税的方式，使企业不能通过合并纳税的方式递延所得税的缴纳。

非营利企业

许多公司的组建是为了进行慈善活动而不是为了进行以营利为目的的活动。作为一个一般规定，这些非营利企业是非应税主体。尤其是为了"宗教的、慈善的、科学的、公共安全测试、文学或者教育目的，或者为了培养国家或者国际业余体育竞争者"而成立的任何企业都免交联邦所得税。[①] 国内收入署在对许多对公共利益做出贡献的组织给予免税地位方面是很慷慨的。无论如何，一个从事与慈善目的无关的营利活动的免税企业要对与之无关的企业应税所得缴纳公司税。[②]

无关的企业应税所得　　　Phi Delta Theta 是一个免税的国家互助会。该互助会每季出版杂志 *The Scroll*，该杂志以关于互助会成员或毕业生成就的文章为特色。杂志的出版成本从每年产生 100 000 美元投资收益的捐赠基金的收益中支付。国内收入署认为 *The Scroll* 的出版是教育目的的附属物，这也证明了 Phi Delta Theta 的免税地位。但是，从捐赠基金中获得的年收益是无关的经营收入，互助会必须就此纳税。[③]

与美国类似，我国对于非营利组织也给予一定的优惠政策，比如，《中华人民共和国企业所得税法》第二十六条第四款规定，符合条件的非营利组织的收入为免税收入。同时，第二十七条规定，企业的下列所得，可以免征、减征企业所得税：从事农、林、牧、渔业项目的所得；从事国家重点扶持的公共基础设施项目投资经营的所得；从事符合条件的环境保护、节能节水项目的所得；符合条件的技术转让所得等。

计算企业应税所得

企业在 1120 表（美国企业所得税申报表）上披露其应税所得，并计算该所得的联邦税。1120 表第一页的信息是对税收计算起关键作用的企业损益表。

企业可以扣除慈善捐赠。每年的扣除额限定在扣除之前应税所得的 10% 以内。超过该限制的捐赠往后结转 5 年，在未来的收益中扣除。[④]

---

① §501(a)and(c)(3).

② §511 and §512.

③ *Phi Delta Theta Fraternity v. Commissioner*，887 F. 2d 1302 (CA—6，1989)．

④ §170(b)(2)and(d)(2). 由于该限制，应税所得的计算中没有包括任何收到红利的扣除或者结转到本年的损失。

捐赠扣除额限制	Movement Plus 公司向当地慈善机构捐赠 40 000 美元。然而，该捐赠的扣除额仅限于 35 360 美元。该限制额的计算如下：

总收入	$ 835 800
不包括捐赠扣除额但包括净营业亏损扣除额的扣除额	(482 200)
捐赠扣除之前的应税所得	$ 353 600
	0.10
慈善捐赠扣除额	$ 35 360

Movement Plus 公司将 4 640 美元的捐赠结转（40 000 美元捐赠—35 360美元捐赠扣除额）到下一年。

《中华人民共和国企业所得税法》第九条规定，企业发生的公益性捐赠支出，在年度利润总额 12% 以内的部分，准予在计算应纳税所得额时扣除。

收到红利的扣除额

目标 2
计算企业收到红利的扣除额。

列示在 1120 表格（并且作为特殊扣除额列示在第 29b 行上）第一页上的最后一项扣除额是**收到红利的扣除额**。[①] 从其他应税国内公司收到红利的公司可以使用该项扣除。注意，从国外公司收到的红利一般不可以扣除。收到红利的扣除额等于总收入中总红利的一定百分比。该百分比由接受红利的公司在支付红利的公司中的投资决定，如下所示：

· 如果接受公司拥有支付公司的股票少于 20%，则扣除额等于收到红利的 70%。

· 如果接受公司拥有支付公司的股票多于 20% 但少于 80%，则扣除额等于收到红利的 80%。

· 如果接受公司拥有支付公司的股票为 80% 或更多，则扣除额等于收到红利的 100%。

收到红利的扣除额	ABC 股份公司拥有 X 公司 5% 的股票、Y 公司 50% 的股票、Z 公司 83% 的股票。ABC 投资的这三个公司都是应税国内主体。ABC 的总收入包含下面的红利：

X 公司红利	$ 24 000
Y 公司红利	8 000
Z 公司红利	90 000
	$ 122 000

ABC 收到红利的扣除额是 113 200 美元。

---

① §243. 如果收到红利扣除额之前的企业应税所得少于企业的红利收入，那么按照 §246(b)(1)，70% 或 80% 的扣除额限定在各自应税所得的一定百分比内。

X 公司红利扣除额（＄24 000×70％）	＄16 800
Y 公司红利扣除额（＄8 000×80％）	6 400
Z 公司红利扣除额（＄90 000×100％）	90 000
	＄113 200

因为收到红利的扣除，ABC 的总红利中只有 8 800 美元包含在应税所得中。如果 ABC 的边际税率是 35％，则该收入的税额是 3 080 美元，并且 ABC 在该红利收入上的税率仅为 2.5％（3 080 美元÷112 000 美元）。这个低税率不像它第一眼看上去那么慷慨。ABC 包含在总收入中的红利代表的是税后收入，因为 X、Y 和 Z 公司已经对作为红利分配给投资者（包含 ABC）的收益缴纳了联邦所得税。就像我们将在本章后面部分讨论的一样，ABC 收到红利的扣除额仅避免了大部分收益在企业水平被再次征税。

《中华人民共和国企业所得税法》规定，股息、红利等权益性投资收益应计入收入总额缴纳企业所得税。而在计算应纳税所得额时，向投资者支付的股息、红利等权益性投资收益款项支出不得扣除。同时也规定，非居民企业（在中国境内未设立机构、场所的，或者虽设立机构、场所但取得的所得与其所设机构、场所没有实际联系的），应当就其来源于中国境内的所得缴纳企业所得税）取得的股息、红利等权益性投资收益和利息、租金、特许权使用费所得，以收入全额为应纳税所得额，这些规定就使得红利有可能被双重课税。但是第二十六条对企业的股息、红利等投资收益规定了一条优惠政策。即符合条件的居民企业之间的股息、红利等权益性投资收益，以及在中国境内设立机构、场所的非居民企业从居民企业取得与该机构、场所有实际联系的股息、红利等权益性投资收益可以作为免税收入。

居民企业从其直接或者间接控制的外国企业分得的来源于中国境外的股息、红利等权益性投资收益，外国企业在境外实际缴纳的所得税税额中属于该项所得负担的部分，可以作为该居民企业的可抵免境外所得税税额，从其当期应纳税额中抵免，抵免限额为该项所得依照《企业所得税法》规定计算的应纳税额；超过抵免限额的部分，可以在以后 5 个年度内，用每年度抵免限额抵免当年应抵税额后的余额进行抵补。

目标3

编制账面所得和应税所得调节表。

税收讨论

国内收入署保证附表 M—3 将被更新，以包含由未来 FASB 按照 FAS109 或税法的变动发布的关于报告递延所得税的公告所导致的新的账面/税收差异。

调整账面所得和应税所得

由于联邦税法对收入的计量和公认会计准则对收入的计量存在差异，因此在 1120 表第一页上披露的应税所得往往和公司财务报表上披露的收入不一样。公司必须调整这两个数字以便国内收入署可以识别出财务报表收入和应税所得的区别。截至 2004 年，所有公司都在 1120 表第四页附表 M—1 中提供此项调整。2004 年，国内收入署编制了一张新的调整附表 M—3 供资产在 1 000 万美元以上的公司使用。附表 M—3 比附表 M—1 要求的信息更详细，并且将使账面/税收的调整对税务机构更透明。根据国内收入署的说法，"这张新的附表将使我们把遵从资源集中在申报表和需要分析的问题上，并且避开那些不需要分析的问题"。

总资产少于 1 000 万美元的公司可以继续在附表 M—1 上提供账面/税收的调整。这里是一个此类调整的例子。

账面/税收的调整

戴蒙德股份公司，有总资产 681 万美元，审计的财务报表上披露了税后的净收益为 343 093 美元，在 1120 表格上的应税所得为 453 364 美元。这里是调整了下列数字的附表 M—1：

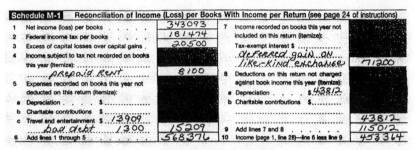

• 戴蒙德公司每个账簿上的净收入都列在第 1 行上，每个账簿的联邦所得税费用都列在第 2 行上。[①] 该费用在计算应税所得时是不可扣除的。

• 戴蒙德公司实现了销售投资证券的净资本损失 20 500 美元，并将损失包含在财务报表的收入中。该不可扣除损失列在第 3 行上。

• 戴蒙德公司收到预付租金 8 100 美元，在编制财务报表时将其作为未取得收益的负债记录。该应税收入列在第 4 行上。

• 戴蒙德公司发生了 27 818 美元的交际应酬费。该费用中不可扣除的那一半列入第 5（c）行。

• 戴蒙德公司的坏账准备超过了实际冲销的坏账 1 300 美元。该不可扣除的超额部分列在第 5 行上。

列在第 6 行上的总数是财务报表收入加上：（1）不包含在账面收益中的应税所得项目；（2）不可在纳税申报表中扣除的费用项目。

• 戴蒙德公司确认了商业不动产交易的收益 71 200 美元。该交易包含类似财产，所以计税时没有确认实现的利得。递延收益列入第 7 行。

• 戴蒙德公司的 MACRS 折旧扣除额超过了每个账簿中的折旧费用 43 812 美元。该超过部分列入第 8（a）行。

第 9 行的总数等于：（1）不包含在应税所得中的账面收益项目；（2）没有在账面中作为费用披露的可扣除额。

第 10 行是调整后的最终数字：1120 表第 1 页中披露了净营业亏损扣除和收到红利扣除之前的应税所得。戴蒙德公司今年没有这些特殊

---

① 见第 6 章中税收费用和应纳税款的讨论。

的扣除额，因此，该公司要为 453 364 美元的所得支付联邦税。

　　由于我国的会计准则对收入、费用的计量标准和方法与税法对收入、费用的计量标准和方法之间存在差异。因此，往往导致按照会计准则计量的利润与按照税法计算出的应税所得不一致。这就需要我们将会计报表上的会计利润按照税法的规定进行一定调整。我国的《企业所得税法》中明确列明了需要调整的项目。

　　在计算应纳税所得额时，下列支出不得扣除：

　　(1) 向投资者支付的股息、红利等权益性投资收益款项；

　　(2) 企业所得税税款；

　　(3) 税收滞纳金；

　　(4) 罚金、罚款和被没收财物的损失；

　　(5) 《企业所得税法》第九条规定以外的捐赠支出；

　　(6) 赞助支出；

　　(7) 未经核定的准备金支出；

　　(8) 与取得收入无关的其他支出。

　　这些不得扣除项目在计算应税所得时就需要相应调增应纳税所得额。

计算一般性公司税款

目标 4

计算公司应税所得的一般性税款。

　　1120 表的第一页的最后一部分标题为"税款和缴纳"。公司计算应税所得之后，它必须计算该所得应缴纳的联邦税。计算的第一步是决定以下面税率表为基础的一般性公司税额。①

如果应税所得是：	税款是：
不超过 50 000 美元	应税所得的 15%
超过 50 000 美元但不超过 75 000 美元	7 500 美元＋超过 50 000 美元部分的 25%
超过 75 000 美元但不超过 100 000 美元	13 750 美元＋超过 75 000 美元部分的 34%
超过 100 000 美元但不超过 335 000 美元	22 250 美元＋超过 100 000 美元部分的 39%
超过 335 000 美元但不超过 10 000 000 美元	113 900 美元＋超过 335 000 美元部分的 34%
超过 10 000 000 美元但不超过 15 000 000 美元	3 400 000 美元＋超过 10 000 000 美元部分的 35%
超过 15 000 000 美元但不超过 18 333 333 美元	5 150 000 美元＋超过 15 000 000 美元部分的 38%
超过 18 333 333 美元	6 416 667 美元＋超过 18 333 333 美元部分的 35%

　　技术上说，该税率结构是累进的：观察对最初的应税所得 100 000 美元

---

① §11(b)(1).

使用的 15％、25％和 35％的税率。对超过 100 000 美元的应税所得，边际税率增长到 39％，但是对 335 000～1 000 万美元的应税所得，边际税率下降到 34％。对收入在 100 000～335 000 美元额外征收的 5％的边际税率实际是超额累进所得税，或者额外税，它冲回了最初 75 000 美元应税所得的 15％和 25％税率的收益。该收益等于 11 750 美元，计算如下：

以 34％的税率对 75 000 美元课税		$ 25 500
以 15％的税率对 50 000 美元课税	$ 7 500	
以 25％的税率对 25 000 美元课税	6 250	
		(13 750)
15％和 25％税率的收益		$ 11 750

　　最高的 5％的超额累进所得税是 11 750 美元（235 000 美元×5％）。因此，应税所得在 335 000～10 000 000 美元之间的公司实际上以 34％的税率纳税。

一般性税款的计算　　M 公司的应税所得是 4 000 000 美元。根据公司税率表，该收入的一般性税额是 1 360 000 美元。

应税所得	$ 4 000 000
	(335 000)
超过 335 000 美元的应税所得	$ 3 665 000
超过部分的边际税率	0.34
	$ 1 246 100
335 000 美元的应纳税款（根据税率表）	113 900
	$ 1 360 000

　　因为 M 公司的应税所得在 335 000 美元和 10 000 000 美元之间，所以其一般性税款可以通过 400 万美元乘以 34％简单地计算出来。

　　对超过 1 000 万美元的公司应税所得以 35％的税率课征。对 1 500 万～1 833 万美元之间的应税所得征收第二级 3％的超额累进所得税。应税所得 3％的超额累进所得税最高为 100 000 美元（3 330 000 美元×3％），等于对前 1 000 万美元应税所得按照 34％和 35％征税的差额。因为第二级超额累进所得税，对于应税所得超过 1 833 万美元的公司以 35％的税率纳税。

一般性税款的计算　　R 公司的应税所得是 4 000 万美元。根据公司税率表，该所得的一般性税款是 1 400 万美元。

应税所得	$ 40 000 000
	(18 333 333)
超过 18 333 333 美元的应税所得	$ 21 666 667
超额的边际税率	0.35

<table>
<tr><td>18 333 333 美元的应纳税款（根据
税率表）</td><td>$7 583 333
6 416 667
$14 000 000</td></tr>
</table>

因为 M 公司的应税所得超过 1 833 万美元，所以该公司的一般税可以通过 4 000 万美元乘以 35％ 简单地计算出来。

按照我国税法规定相应调增或调减应纳税所得额就可以计算出企业实际的应纳税所得额。企业的应纳税所得额乘以适用税率，减除依照税法关于税收优惠的规定减免和抵免的税额后的余额，为应纳税额。企业所得税的一般税率为 25％。非居民企业在中国境内未设立机构、场所的，或者虽设立机构、场所但取得的所得与其所设机构、场所没有实际联系的，应当就其来源于中国境内的所得按照 20％ 的税率缴纳企业所得税。对于符合条件的小型微利企业，减按 20％ 的税率征收企业所得税。国家需要重点扶持的高新技术企业，减按 15％ 的税率征收企业所得税。

个人服务公司

在健康、法律、工程、建筑、会计、保险、表演艺术或者咨询等领域提供服务的个人所拥有的封闭持股公司即使对公司税率表最小的累进也不适用。**个人服务公司**赚得的收益按照 35％ 的不变税率课税。[1]

为谁提供健康医疗？　　动物医疗公司是一家提供全方位服务的宠物医疗机构。公司的股份由四个有兽医证书的人拥有。四个股东都被动物医疗公司雇佣，为狗、猫和其他作为病号被带到该机构的动物提供医疗服务。公司还有 6 个雇员提供饲养、训练、托管服务和犬类驯养课程。根据国内收入署的规定，医疗领域包括对动物提供兽医治疗。因此动物医疗公司有资格作为个人服务公司，对它每年的收益按照 35％ 的税率纳税。[2]

国内制造商税负的减轻

税收讨论

参议会财政委员会声明星巴克公司在美国的咖啡酿造活动不符合国内生产

目前适用于公司应税所得的税率忽视了产生收益的活动类型或者活动的地理位置。因此，销售有形货物的收益和提供服务的收益按照相同的税率课税，并且国内活动的收益和国外活动的收益按照相同的税率课税。最近几年，国会试图寻找降低国内生产活动税负的途径，因为国会相信对国内制造商实行较低税率会提高他们的现金流，刺激国内机构的投资，并最终增加美国制造业工作的数量。

按照这个信念，国会颁布了作为美国 2004 年《就业机会创造法案》一部分的新的基本税收扣除。该扣除适用于任何从符合资格的活动中获得收入的

---

[1]　§ 11(b)(2) and § 448(d)(2).

[2]　Rev. Rul. 91-30，1991—1 CB 61.

活动的要求。该委员会划了一条明显的界限，"烘烤咖啡豆的活动适用制造税减免，冲泡咖啡不适用"。

美国纳税人："租借、出租、特许、销售、交易或者其他处置"，"全部或重要部分在美国由纳税人制造、生产、培育或者提取"的有形资产、计算机软件和录音。[1] 该国内生产活动扣除等于公司从符合资格的活动中获得的净收益或扣除之前计算的应税所得中较小的一个。

纳税年度开始于：	
2005—2006 年	3%
2007 年，2008 年，2009 年	6%
2010 年及以后	9%

任何纳税年度允许扣除的数量不能超过该公司支付给美国劳动力总报酬的 50%。

国内生产活动扣除　　PeriProducts 是一家专门从事国内制造业和电子零件销售的纽约公司。假设在 2010 年，该公司从该合格活动中获得 800 000 美元净收入。在国内生产活动扣除之前，该公司的应税所得也是 800 000 美元，支付给劳动力的报酬是 219 675 美元。

PeriProducts 公司 2010 年的国内生产活动扣除额是 72 000 美元（9%×800 000 美元），少于支付的总报酬的 50%。因此，公司 2010 年的联邦所得税是 247 520 美元。

扣除之前的应税所得	$800 000
国内生产活动扣除额	(72 000)
应税所得	$728 000
税率	0.34
税款	$247 520

国内生产活动扣除是人为的扣除，因为它不对公司纳税人产生的任何费用、损失或者现金流出发生反应。因此，它相当于对从任何合格活动中获得的收益降低税率。在我们的例子中，PeriProducts 公司对它 800 000 美元的净收益缴纳 247 520 美元的联邦税，实际税率为 30.94%，即使它明确的税率是34%。国内生产活动扣除额导致了账簿和应税所得之间的永久性差异。

税收抵免

一个公司（或非公司）纳税人的一般税被纳税人有资格获得的税收抵免所抵消。**税收抵免**是应纳税款的直接减少。因此，抵免的价值大于相同金额的扣除价值。

---

[1]　§199，对纳税年度开始于 2004 年 12 月 31 日以后的企业有效。虽然该项扣除仅适用于非公司纳税人，但很明显，它是作为公司税减免措施颁布的。

扣除与抵免　　　　JHG 股份公司的应税所得是 600 000 美元，它的一般税（按 34% 的税率）是 204 000 美元。如果 JHG 被准予额外的 50 000 美元的扣除，则税款减少到 187 000 美元，从扣除中节省的税款是 17 000 美元（50 000 美元×34%）。相对而言，如果 JHG 被准予 50 000 美元的税收抵免，则税款减少到 154 000 美元，从抵免中节省的税款是 50 000 美元。

	扣除	抵免
应税所得	$ 600 000	$ 600 000
额外的扣除	(50 000)	
重新计算的应税所得	$ 550 000	$ 600 000
	0.34	0.34
抵免前税款	$ 187 000	$ 204 000
税收抵免		(50 000)
重新计算的税款	$ 187 000	$ 154 000

　　税收抵免一般是不可退还的，这意味着可以将本年的税款降至零，但是任何超过抵免前税款的抵免不可以从国库中退还。同时，税法规定超额抵免可以向后或向前结转来减少不同年份的税款。

　　因为税收抵免减少了经营收入的税款，因此它与特惠税率作用相同。因此，税收抵免利用第 4 章中讨论过的特征变量来减少应纳税款。为了获得某项抵免，纳税人必须进行国会认为值得政府支持的特定活动或交易。从这方面看，税收抵免是财政政策的工具，并由国会将其作为经济变革的催化剂来实行，以增加税收体制的效率。目前，税法规定了一般企业抵免，它是纳税年度 26 种不同抵免的总和。[1]

　　26 种抵免的大部分在范围上都很窄，并且只有相对很少的企业可以使用这些抵免。而且，当国会对新抵免进行试验并且去掉那些没有产生预期行为效果的抵免后，税收抵免的项目还会发生变化。为了研究税收抵免是如何引导特定行为的，我们将考察只有一种抵免的结构。

修复抵免

　　整修或者重建 1936 年以前已经存在并使用的商业建筑物或被美国内政部确认为历史建筑物的纳税人有资格获得**修复抵免**。[2] 抵免等于合格商业建筑物修复成本的 10%，被确认为历史建筑物的建筑的修复成本的 20%。国会设计这项抵免来鼓励企业承担城市重建项目，这些项目如果得不到抵免所节约的税款，在经济上就不可能实施。

---

　　① §38. 纳税人每年可使用的一般企业抵免限定在 25 000 美元加上超过 25 000 美元抵免前税款的 75%。§38(c). 任何未使用的抵免可以向前结转 1 年或向后结转 20 年。§39(a).

　　② §47.

修复抵免	QT 公司必须寻找一个合适的地方办公，并且将寻找的范围限制在两个建筑物内。一个建筑物是新建的并且马上可以使用。第二个建筑物建于 1925 年，需要大范围的整修。第一个建筑物的购买价格是 1 000 万美元，第二个建筑物的购买价格是 300 万美元。QT 估计第二个建筑物的修复成本是 750 万美元。出于税收的考虑，QT 任何一个建筑物的成本基数（新建筑物的 1 000 万美元或者旧建筑物的 1 050 万美元）可以在相同的 39 年回收期中折旧。

在没有修复抵免的情况下，新建筑物的成本少于旧建筑物，并且 QT 公司没有理由在旧建筑物上投资。但是，抵免将旧建筑物的成本减少到 9 750 000 美元。

购买价格	$ 3 000 000
修复成本	7 500 000
	$ 10 500 000
抵免的税款节约额	(750 000)
税后成本	$ 9 750 000

因为修复抵免，QT 公司可以通过购买旧建筑物来最小化它的成本。注意，从修复抵免中节约的税款不是 QT 公司边际税率的作用。但是节约额的计算是建立在抵免前税款足够在本年中充分使用该抵免的假设基础上。如果不是这种情况，且 QT 必须结转部分抵免到以后年度使用，那么结转的现值可能不够支持修复项目。

拯救一座建筑，节约一笔税款	国家公园局（National Park Service）发布了一项报告，总结了修复抵免对历史文物的积极影响。根据该报告，在过去的 5 年中，2 967 个历史性建筑物被保留下来，包括芝加哥的办公大厦、巴尔的摩的联立房屋、圣路易的货栈和迈阿密的艺术装饰酒店。公园局的结论是税收抵免"刺激了萧条地区的私人投资，创造了就业，激励了社会保障，培养了传统教育，提高了州和地方的税收收入，增加了财产的价值"。税收抵免不错！[1]

包含在一般经营抵免中的其他普通企业税收抵免包括：研究活动抵免，促进基础科学研究活动；授权地区就业抵免，该项抵免是为了促进在指定的经济萧条地区雇佣雇员；低收入家庭住房抵免，该项抵免是为了建设或更新低收入家庭的住房；多燃料交通工具的税收抵免。这些抵免的详细内容超出了本章的范围。意在减轻美国纳税人国外收益双重课税的国外税收抵免将在第 13 章中详细讨论。

我国税法中也规定了一些税收抵免的情形，例如，企业取得的下列所得

---

[1] "Tax Matters", *Journal of Accountancy*, September 2001, p. 107.

已在境外缴纳的所得税税额，可以从其当期应纳税额中抵免，抵免限额为该项所得依照规定计算的应纳税额；超过抵免限额的部分，可以在以后 5 个年度内，用每年度抵免限额抵免当年应抵税额后的余额进行抵补：

（1）居民企业来源于中国境外的应税所得；

（2）非居民企业在中国境内设立机构、场所，取得发生在中国境外但与该机构、场所有实际联系的应税所得。

选择性最低税

目标 5

讨论公司选择性最低税的目的。

选择性最低税（AMT）是和前面描述的一般性所得税制平行的第二种联邦税制。国会颁布公司选择性最低税主要是出于政策原因。在一般税制下，有大量经济收入的公司可能偶尔利用税收免征额、扣除额或者抵免大量减少甚至消除它们的税款。在过去几年中，这些偶然事件被大量宣传，导致人们对充满漏洞以致大公司可以一起逃避税款的税收体制失去尊重。作为对这个令人尴尬的公众认知的回应，国会创建了一个支持系统来保证每个公司缴纳联邦税负的"公平份额"。

每家新成立的公司在第一个纳税年度都可以免缴选择性最低税。第一年之后，公司如果通过总收入测试，就可以每年都免缴选择性最低税。这个测试是建立在测试年之前三年（或者其中部分时间）的平均年总收入的基础上。如果在测试期间年平均总收入不超过 5 000 000 美元，那么公司就可以在第一个测试年度免税。对于接下来的所有测试年度，如果在测试期间年平均总收入不超过 7 500 000 美元，公司就可以免税。如果公司没有通过总收入测试，那么它在测试年度和以后的所有年度都要缴纳选择性最低税。[1]

免缴选择性最低税的情况

赫尔曼股份公司于 2002 年 1 月 1 日成立，采用日历年核算。该公司前五年纳税年度的总收入如下：

2002	$ 4 890 000
2003	6 520 000
2004	9 891 000
2005	10 037 000
2006	11 440 000

赫尔曼公司 2002 年（它的第一个纳税年度）免缴选择性最低税。因此赫尔曼公司的第一个测试年是 2003 年，并且该年的测试期是 2002 年。因为测试期平均的年总收入（4 890 000 美元）没有超过 5 000 000 美元，所以它可以免缴 2003 年的选择性最低税。

赫尔曼公司的第二个测试年是 2004 年，并且该年的测试期是 2002

---

① §55(e).

年和 2003 年。该期间的平均年总收入是 5 705 000 美元〔（4 890 000 美元＋6 520 000 美元）÷2〕。因为这个平均值没有超过 7 500 000 美元，所以赫尔曼公司可以免缴 2004 年的选择性最低税。

赫尔曼公司的第三个测试年是 2005 年，并且该年的测试期是 2002—2004 这三年。该期间的平均年总收入是 7 100 333 美元〔（4 890 000 美元＋6 520 000 美元＋9 891 000 美元）÷3〕。因为这个平均值没有超过 7 500 000 美元，所以赫尔曼公司可以免缴 2005 年的选择性最低税。

赫尔曼公司的第四个测试年是 2006 年，并且该年的测试期是 2003—2005 这三年。该期间的平均年总收入是 8 816 000 美元〔（6 520 000 美元＋9 891 000 美元＋10 037 000 美元）÷3〕。因为这个平均值超过 7 500 000 美元，所以赫尔曼公司要缴纳 2006 年和所有以后年度的选择性最低税。

选择性最低税应税所得

公司选择性最低税的计税基础是**选择性最低税应税所得（ATMI）**。[1] 计税时选择性最低税应税所得的计算从应税所得开始。所得的数量因为一系列复杂的**选择性最低税调整**而增加或减少，并因为特定的**税收优惠**而增加。选择性最低税应税所得的计算以下面的公式表示：

应税所得
±选择性最低税调整
＋选择性最低税优惠
选择性最低应税所得

为了了解选择性最低税调整和优惠的性质，让我们研究四个更常见的例子：折旧调整、超额的百分比折耗、调整后当前收益的调整和净营业亏损调整。

折旧调整

根据 MACRS，回收期为 3 年、5 年、7 年或 10 年的企业资产按照双倍余额递减法进行折旧。计算选择性最低税时，这些资产的折旧按照 150% 余额递减法计算。[2] 因此，这些资产的 MACRS 扣除额大于该资产最初几年的选择性最低税中的扣除额，并且超额的 MACRS 变成选择性最低应税所得计算中的正向调整项目。在该资产寿命中的某些时点，情况相反，且可选择性最低税折旧超过了 MACRS 折旧。在该时点，年选择性最低税调整项目变为负值。在该资产的整个寿命期中，MACRS 折旧和选择性最低税折旧是相等的，并且选择性最低税的正负调整项目相抵为零。

---

① §55(b)(2).

② §56(a)(1). 对于 1999 年 1 月 1 日之前投入使用的财产，根据 §168(g) 所述的选择性折旧体制，选择性最低税折旧是建立在延长的回收期基础之上的。

	MACRS	选择性最低税折旧	选择性最低税调整项目
资产 1	$17 800	$12 000	$5 800
资产 2	2 100	4 300	(2 200)
	$19 900	$16 300	$3 600

选择性最低税折旧 JS 股份公司拥有两项折旧资产。本年，每项资产的 MACRS 折旧、选择性最低税折旧和选择性最低税调整项目是：

JS 的资产 1 有一项 5 800 美元的选择性最低税正向调整项目（超过选择性最低税折旧的超额 MACRS），资产 2 有一项 2 200 美元的选择性最低税负向调整项目（超过 MACRS 的超额选择性最低税折旧）。JS 公司在计算选择性最低税应税所得时必须将合计的 3 600 美元正向调整加入总的应税所得中。

超额百分比折耗

就像我们在第 7 章中讨论的一样，公司在矿山或油井的生产期内扣除的折耗额不限于矿藏资产的计税基础。如果一家公司已经回收了全部税基并且继续扣除折耗，那么超过零税基的折耗扣除是一项选择性最低税优惠。[1]

折耗优惠 JS 股份公司在年初拥有一项 240 000 美元的未回收税基。这项资产本年的百分比折耗扣除额是 310 000 美元。JS 有 70 000 美元的超额折耗，在计算选择性最低税应税所得时必须将该优惠加入应税所得总额中。

调整后当期收益的调整

调整后当期收益的调整针对的是那些向股东报告了大量收入但在联邦纳税申报表中仅报告了很少收入的公众持股公司。为了确定这些调整项目，公司首先必须计算它的调整后当期收益（ACE），大致等于财务报告上的账面收入。[2] 因此，调整后当期收益包含了不是税收优惠项目的非应税所得，例如免税利息、会计分期收款销售法下的递延收益以及由 70% 收到红利扣除额庇护的利得收入。

调整后当期收益的调整等于调整当期收益超过选择性最低税应税所得的超额部分的 75%（在调整后当期收益的调整或本年净营业亏损扣除之前计算）。[3] 如果调整后当期收益少于选择性最低税应税所得，那么可能出现负的调整后当期收益的调整，但是仅限在前几年正调整后当期收益调整的累计数额范围内。

---

[1] §57(a)(1).

[2] Joint Committee on Taxation, *General Explanation of the Tax Reform Act of* 1986，p. 449.

[3] §56(g).

调整后当期收益的正调整	本年，JS 股份公司有 250.4 万美元的调整后收益并且调整后当期收益调整前的选择性最低税应税所得是 208.8 万美元。调整后当前收益超过选择性最低税应税所得 416 000 美元，所以 JS 的调整后当期收益的调整是 312 000 美元（75%×416 000 美元），并且选择性最低税应税所得是 240 万美元（208.8 万美元＋31.2 万美元）。

调整后当期收益的负调整	本年是 JS 的第二个纳税年度，它第一年的调整后当期收益的调整是 81 000 美元；本年它的调整后当期收益的调整是 312 000 美元；它累积的正调整额是 393 000 美元。 假设明年 JS 公司的调整后当期收益是 202 万美元，且它在调整后当期收益调整之前的选择性最低税应税所得是 276 万美元。因为选择性最低税应税所得超过调整后当期收益 740 000 美元，因此 JS 可以进行负的调整后当期收益调整。调整额等于 555 000 美元（75%×740 000 美元），但限额为 393 000 美元（前几年累积的正调整额）。因此，JS 明年的选择性最低税应税所得是 236.7 万美元（2 760 000 美元－393 000 美元）。

净营业亏损扣除额

即使公司产生了利润，它也可能因为向前或向后结转到本年的净营业亏损而没有应税所得。计算选择性最低税时，净营业亏损扣除额限定在选择性最低税应税所得的 90% 以内。[①]

选择性最低税净营业亏损扣除	JS 股份公司净营业亏损扣除之前的应税所得是 200 万美元，且有结转到本年的净营业损失 300 万美元。计算总税款时，JS 可以扣除结转的 200 万美元，因此将应税所得减少到零。JS 在净营业亏损扣除之前的选择性最低税应税所得是 240 万美元。按照选择性最低税规定，JS 仅可以扣除结转净营业亏损的 216 万美元（240 万美元×90%），结果将产生 240 000 美元的选择性最低税应税所得。

我国企业纳税年度发生的亏损，准予向以后年度结转，用以后年度的所得弥补，但结转年限最长不得超过五年。

计算选择性最低税

计算公司的选择性最低税有三个步骤。[②] 第一，选择性最低税应税所得由

---

① §56(a)(4) and §56(d). 因为选择性最低税净营业损失是按照选择性最低税制度计算的，所以选择性最低税的净营业亏损扣除额与计算一般税时的净营业亏损扣除额不同。

② §55 规定了选择性最低税计算的方法。

于公司获得的免征额而减少。基本的免征额是 40 000 美元。该免征额被选择性最低税应税所得超过 150 000 美元部分的 25% 所抵减。因此，对于选择性最低税应税所得超过 310 000 美元的公司来说，免征额被抵减到零。

选择性最低税应税所得的免征额	IQP 公司的选择性最低税应税所得是 293 000 美元，它的免征额是 4 250 美元。	
	选择性最低税应税所得	$293 000
		(150 000)
	超额的选择性最低税应税所得	$143 000
		0.25
	免征额的减少额	$35 750
	基本免征额	$40 000
		(35 750)
	IQP 的免征额	$4 250

在计算选择性最低税的第二个步骤中，通过超过免征额的选择性最低税应税所得乘以不变的 20% 税率来计算**暂时性最小税额**。第三步是比较暂时性最小税额和公司的总税额。暂时性最小税额超过总税额的部分即选择性最低税。该税是公司在一般税之外缴纳的。[①] 下面的例子说明了选择性最低税的计算。

选择性最低税的计算	2007 年，Bantam 股份公司有 5 000 000 美元的应税所得，选择性最低税应税所得是 9 750 000 美元。Bantam 公司的税款计算如下：	
	选择性最低税应税所得	$9 750 000
		—0—
		$9 750 000
		0.20
	暂时性最小税额	$1 950 000
	一般税额（$5 000 000×34%）	(1 700 000)
	选择性最低税	$250 000
	税款总额（一般税额＋选择性最低税）	$1 950 000

尽管 Bantam 公司的选择性最低税应税所得几乎是应税所得的两倍，但它的选择性最低税相对较小。因为 20% 的税率比 34% 或 35% 的一般税率低很多，暂时性最小税额不会超过一般税，除非选择性最低税应税所得超过应税所得非常多。因此，拥有很小的选择性最低税调整额或税收优惠的公司就不需缴纳选择性最低税。无论如何，有必要保存计算年选择性最低税的记录，从而增加这些公司的税收遵从成本。

---

① 在计算选择性最低税时，一般税通常等于公司抵免前的应纳税款。

最低税收抵免

在前面的例子中，由一般税和选择性最低税构成的 Bantam 公司 1 950 000美元的税收账单可能看起来不是很重要。即使如此，公司也必须保持选择性最低税的记录，因为缴纳的该税款可转换成**最低税收抵免**。该抵免可以无限期地向后结转，减少了公司以后几年的税额。但是，抵免不能将税额减少到比公司本年的暂时性最小税额还低。① 该抵免背后的逻辑是，公司选择性最低税不是设计为永久性的税款增加。相反，选择性最低税仅仅是当公司应税所得明显少于选择性最低税应税所得时，加速税款的缴纳。为了说明最低税收抵免的重要作用，重新回顾一下 Bantam 公司的例子。

最低税收抵免　　2008 年，Bantam 公司的应税所得是 7 500 000 美元，选择性最低税应税所得是 8 000 000 美元。Bantam 公司的税额计算如下：

选择性最低应税所得	$8 000 000
免征额	—0—
	$8 000 000
	0.20
暂时性最小税额	$1 060 000
一般税额（$7 500 000×34%）	$2 550 000
选择性最低税（税款超过暂时性最小税额的部分）	—0—
2007 年的最低税收抵免	(250 000)
总税款	$2 300 000

在这个两年的例子中，选择性最低税只影响时间而不影响 Bantam 公司的所得税额。不论是否存在选择性最低税，Bantam 公司这两年都要缴纳 4 250 000美元的总税款。

	对 Bantam 公司两年中应纳税款的总结	
	有选择性最低税的总税款	没有选择性最低税的总税款
2007	$1 950 000	$1 700 000
2008	2 300 000	2 550 000
	$4 250 000	$4 250 000

选择性最低税这两年的影响是将 250 000 美元的税款提前到前一年，而不是永久性地增加税款。实际上，作为一般税的最低税收抵免的选择性最低税可能会使任何情况逆转。由于不断增长的业务，后续各年的暂时性最低税可能会超过一般税。在这种情况下，对最低税收抵免的使用被无限期地推迟了。当然，无论一个公司在将来年度中是否扣除选择性最低税，从现值方面看，选择性最低税总是会增加公司的税收成本。

---

① §53.

缴纳和备案要求

目标 6

描述公司
税款缴纳
和返还的
备案要求。

公司需分四次缴纳本年的联邦所得税。[①] 每次的缴税额是全年税款的 25%，缴税日期分别是纳税年度的第 4、6、9、12 个月的 15 日。没有按时缴纳分期税款的公司将被处以**缴付不足罚款**。如果分期缴纳的总额少于在 1120 表上披露的实际税款，那么公司必须在本纳税年度结束后第 3 个月的 15 日缴纳欠缴的余额。[②] 如果已缴总额超过实际税款，公司有权利获得多缴纳税款的返还。

要求分期缴纳的税款总额必须等于在 1120 表上披露税款的 100%。因为公司在年末之前不可能知道其精确的应纳税款，因此必须将其分期缴纳的税款建立在最佳估计的基础上。低估了税款的公司会被处以缴付不足罚款。法律对小公司（应税所得少于 100 万美元的公司）规定了误差范围。如果这些公司分期缴纳的总额等于前一年纳税申报表上税款的 100%，就不用缴纳缴付不足罚款。[③] 这个安全港条款对于新成立且成长迅速的公司是很有用的。

安全港估计

2006 年，DF 公司的应税所得是 400 000 美元，税款为 136 000 美元。2007 年，DF 缴纳了四次 35 000 美元的分期税款。2007 年它的应税所得是 930 000 美元，税款为 316 200 美元。尽管 DF 公司在 2007 年仅缴纳了 140 000 美元，但是由于它缴纳的税款超过了 2006 年税款的 100%，所以不用缴纳缴付不足罚款。

税收讨论

2006 年初，拥有超过 5 000 万美元资产的公司须提供电子版的联邦纳税申报表。2007 年初，这一资产界限下降到 1 000 万美元。

公司在纳税年度结束后第三个月的 15 日必须向国内收入署提交年度所得税申报表。[④] 无法在提交截止日提交的公司可以申请为时 6 个月的自动展期，公司通常都会利用这个宽限期。[⑤] 拖欠提交纳税申报表的公司会导致延期提交罚款，这一点也不意外。[⑥] 提交截止日的展期不会延后缴纳本年欠缴税款余额的截止日。即使公司提交了延期的纳税申报表，它也必须在本年度结束后第三个月的 15 日缴纳任何欠缴税款的估计余额。

我国对于企业纳税和备案也有以下几点要求：（1）企业所得税按纳税年度计算。纳税年度自 1 月 1 日起至 12 月 31 日止。企业在一个纳税年度中间开业或者终止经营活动，使该纳税年度的实际经营期不足 12 个月的，应当以其实际经营期为一个纳税年度。企业依法清算时，应当以清算期间作为一

---

① §6655.

② 公司不直接向国内收入署缴纳税款，而是使用电子联邦税缴纳系统（EFTPS）缴税或将联邦税存款息票存入一个由受托公司，比如说商业银行，保管的政府账户。

③ 年度所得波动很大的大公司可能期望出台其他法定特例，以减轻缴纳缴付不足罚款的严格要求。

④ §6072(b).

⑤ Reg. §1.6081-3.

⑥ §6651 说明了延迟备案的惩罚措施。这些惩罚措施在第 16 章中有更详细的讨论。

个纳税年度。（2）企业所得税分月或者分季预缴。企业应当自月份或者季度终了之日起15日内，向税务机关报送预缴企业所得税纳税申报表，预缴税款。（3）企业应当自年度终了之日起5个月内，向税务机关报送年度企业所得税纳税申报表，并汇算清缴，结清应缴应退税款。（4）企业在报送企业所得税纳税申报表时，应当按照规定附送财务会计报告和其他有关资料。

缴纳和备案要求　　Keno是一家采用日历年核算的公司，在2008年3月3日该公司提交了7004表（申请自动延期提交公司所得税申报表），其中对公司2007年的申报表申请6个月的展期。在该申请表上，Keno估计2007年的税款是258 500美元，每季分期缴纳的总额是244 000美元。因此，Keno根据7004表格缴纳了估计的欠缴余额14 500美元。Keno在2008年8月29日提交了公司2007年的申报表。申报表上的实际税款是255 039美元，这使Keno公司获得了2007年的税款返还（258 500美元的缴纳总额—255 039美元的实际税款）3 461美元。

对投资者的利润分配

　　公司形式的企业组织允许无限数量的投资者对企业投入资本。投资者可以变成债权人，方式可以是直接借钱给公司换取票据，也可以是在公开的证券市场上购买公司的债券。另外，投资者还可以通过直接对公司投入现金或财产交换一定份额的权益股票，从其他股东那里购买股份或者购买在公开股票市场上交易的股票而成为所有者。

　　当然，债权人和股东都期望获得投资收益。债权人收到公司票据或债券的利息收益。作为交易的另一方，公司可以扣除为这些债务支付的利息。因此，作为利息流向投资者的企业利润没有在公司水平上纳税，而仅由投资者纳税。公司的股东可能以股利的形式收到他们的投资收益。公司在计算应税所得时不能扣除支付的股利。作为股利流向投资者的公司利润在公司水平被课税，并在股东收到股利时被再次课税。

目标 7
解释为什么作为红利分配的企业利润被双重课税。
　　公司收益的双重课税是联邦所得税制的一个重要特征。从税后利润中支付股利是影响组织形式选择的主要考虑因素——我们将会在下一章中分析所考虑的因素。该事实也说明了公司对收到的股利进行扣除的合理性。如果没有该项扣除，公司利润在最终分配给个人股东消费之前，随着它沿着公司投资者链条被分配，企业利润将被一次次地征税。

　　从公司的角度来看，股利支付的不可扣除性导致了偏爱债务融资的倾向。[①] 通过借款筹集资本的公司可以扣除债务利息。按照 35％的税率，资本的税后成本仅是税前成本的 65％。实际上，联邦政府支付了债权人投资收益的 35％。如果公司通过销售股票来筹集资本，那么股票股利支付的税后成本等于税前成本。当然，债务融资的选择还有重要的非税收因素，其中一个比较重要的因素是利息和本金的支付（不像普通股股利的支付）对管理层来说是无法任意决定的。具有高债务权益比的公司相对于在资本结构中债务更少的公司有更重的现金流负担和更大的破产风险。对债权人违约的公司会遭受财务困境，甚至可能破产。在许多情形下，债务融资的相关非税成本超过了公司利息扣除所节省的税款。[②]

双重课税的选择

如何改革现有所得税体制以消除对公司收入的双重课税？一种选择是要求公司以年度为基础对股东分配收益，从而将公司作为传递实体对待。股东会将公司收益的份额包含在总收入中并据此纳税。即使可行，对于股票所有者每天不断变化的公众持股公司，这种选择在管理上也十分麻烦。另外，这种选择将会使那些发现他们欠缴相应份额的税款，却没有从公司中获得相应现金分配的投资者出现现金流问题。

另一种选择是对个人股东分配非应税股利，以便仅在主体水平对公司收益课税。国会最近对个人收到的股利收入实行 15％的优惠税率，从而在这个方向上迈出了空前的一步。但是，由于富人比中低收入的人有更多的股利收入，所以任何股利的优惠待遇很容易受到政治攻击。对该选择的一个变通是允许公司扣除支付的股利（采取与扣除支付的利息相同的方式），以便使分配的公司收益仅在股东水平被课税。

还有一种选择，在这种制度下允许个人将分配到他们总收入中的股利的企业所得税进行税收抵免。例如。如果一个股东收到 6 500 美元的股利，代表公司已经对产生该股利的 10 000 美元收入缴纳了 3 500 美元的税款，股东将这 10 000 美元（收到的 6 500 美元现金加上 3 500 美元税款）全部计入他的收入中并据此计算税款。股东将通过 3 500 美元的抵免减少他的税款。最终的结果是 10 000 美元的收入仅以个人的税率被课税一次。这种抵免体制的变化形式目前正被加拿大和几个欧洲国家使用。

在过去的几十年中，国会和财政部为解决结构性双重课税问题考虑过所有上述选择形式。然而尽管这些选择形式存在理论优点，但它们的应用会导致巨大的税收损失。因此，看起来任何一种选择方式都不可能在不久的将来被运用到法律中。

---

① Richard A. Brealey and Stewart C. Myers, *Principles of Corporate Finance*, 5th ed. (New York: McGraw-Hill, 1996), p. 418.

② Ibid, p. 421.

公司税的影响

目标 8
讨论公司
所得税的
影响。

因为公司是以自身名义纳税的纳税人，并且不具备人的身份，所以在任何税收改革的争论中都很容易成为政策目标。人们不喜欢纳税，并且经常认为自己的税负太重是因为其他纳税人的税负太轻。在一片"对公司巨人征税，而不要对中产阶级的美国人征税"的责难声中，不具备人格的公司纳税人成为了替罪羊。这种观点忽略了一个事实，即公司仅仅是一种人们组织其商业的形式，而公司税的增加代表了额外的经营成本。

是谁缴纳公司所得税？不同的公司对这个问题的答案是不同的，这取决于它们所处的市场的本质。在一些市场中，公司可以将税收成本作为商品或服务价格的一部分直接转嫁给顾客。在价格竞争激烈的市场中，管理者可能通过调整生产成本来抵消税收成本。在这种情况中，税收被传递给公司的供应商（减少材料订单）、雇员（较低的报酬或者削减劳动力）和顾客（降低质量）。还有一种可能是税收成本简单地减少了公司的净利润。在这种情况下，税款由股东以缩水的股利或者股票市场价格减少的形式缴纳。公司税的经济影响是什么，税收负担对顾客、供应商、劳动力、资本何者最重，这些问题被研究并且争论了几十年而没有一个确定的答案。无论如何，有一个结论是确定的：不是公司而是人民在缴纳税款。

今天你缴纳公司税了吗？

根据最近的一项调查，2006 年每单位资本的税负（被分配给位于美国的每个男人、女人和孩子身上的地方、州和联邦税）是 12 122 美元。这个负担包含了 1 254 美元的州和联邦企业所得税。该调查解释说，"将这些税作为国民税负一部分计算的理由是，公司的这些税负最终以更高的价格、较低的工资或雇员水平和较低的股票价值被转移给了顾客、雇员和股东"[①]。

结　论

公司的许多法律和财务特征是企业家将其作为企业形式的原因，而且对公众持股公司来说公司形式是唯一的选择。公司是以其自身名义纳税的纳税主体，按照 15%～35% 的累进税率等级对年度利润纳税。当公司将税后利润作为股利分配给股东时，该利润被再次征税。在下一章，我们将会考虑双重课税对企业形式选择和整个税收筹划过程的影响。

---

① "America Celebrates Tax Freedom Day", *The Tax Foundation*, Special Report No. 140, April 2006, p. 11.

会计与税收差异的来源

永久性差异
- 收到红利的扣除
- 公司慈善捐赠

暂时性差异
- 美国生产活动扣除

关键术语

调整后当期收益的调整	收到股利扣除	公众持股公司
附属集团	美国生产活动扣除	修复抵免
选择性最低税	自由转换	超额累进所得税
选择性最低税应税所得	一般企业抵免	税收抵免
选择性最低税调整项目	有限责任	税收优惠
买卖协议	最低税收抵免	暂时性最小税额
集中管理	非营利公司	缴付不足罚款
封闭持股公司	个人服务公司	无限期
合并纳税申报表		

税收筹划案例

1. 国会最近颁布了一项新的政策，允许对公司雇主向雇员提供的滥用烟酒和药物合格咨询项目成本实行不可返还抵免。该抵免限定在项目总成本的50%之内。如果一个公司选择该抵免，则计划成本不可扣除。任何超过本年税款的抵免不可向后或向前结转到其他年度。

　　a. TMM 公司本年在咨询项目上花费了 80 000 美元。如果 TMM 在考虑该费用之前的应税所得是 500 000 美元，那么它应该选择抵免还是作为日常经营费用扣除计划的成本？

　　b. 如果 TMM 在考虑该费用之前的应税所得仅为 70 000 美元，你的答案会改变吗？

2. A&Z 公司一年的平均应税所得是 400 万美元。因为它需要充足的现金，董事会正考虑两个选择：向公众销售新的总价为 500 000 美元的优先股，或者从当地银行借款 500 000 美元。优先股的市场利率是 5.6%，而银行的利率是 9%。哪个选择使新资本的税后成本最低？

3. 2006 年，Elspeth 公司缴纳了一般税（2 714 000 美元）和选择性最低税（129 300 美元）。税务主管预计 Elspeth 公司在 2007 年和 2008 年将缴纳选择性最低税。但是，它 2009 年的暂时性最小税额将比它的一般税少很多。假设折现率为 6%，从净现值角度计算 2006 年选择性最低税的成本。

4. 适用 34% 的所得税税率的 Wingo 公司正考虑在证券市场上作一次大的投资，该投资本年将产生 400 000 美元的收益/现金流。计算在每种假设情况下 Wingo 的税后现金流。

a. 投资于免税债券，且 Wingo 不能缴纳选择性最低税（Wingo 本年将缴纳一般税而不是选择性最低税）。

b. 投资于公开交易的股票，400 000 美元的现金股利可以获得收到股利70％的扣除，并且 Wingo 不可缴纳选择性最低税。

c. 投资于免税债券，且 Wingo 处于可以缴纳选择性最低税的年度，且在考虑利息收入前有调整后当期收益的正调整。

d. 投资于公开交易的股票，400 000 美元的现金股利可以获得收到股利70％的扣除。Wingo 可以缴纳选择性最低税，且在考虑利息收入之前有调整后当期收益的正调整。

第12章

经营主体的选择

学习目标

通过本章的学习，你应该能够：

1. 解释在传递实体中筹建损失的好处。

2. 计算传递实体和应税企业的税后现金流。

3. 描述家庭如何利用合伙企业或S型公司转移收入。

4. 定义推定红利这一术语。

5. 解释为什么个人不能再使用公司作为避税手段。

6. 解释累积收益税和私人持股公司税的目的。

7. 选择受控公司集团的收入适用的税率。

在前面两章中，我们介绍了企业组织的基本形式，也了解了形式选择如何决定企业利润以个人税率还是以公司税率课税。这些章节集中于不同企业主体的税收法规和规章。在第12章中，我们在这些技术性知识的基础上来考虑企业主体选择的税收筹划意义。本章的前半部分将关注作为传递实体经营企业的优势。后半部分解释企业所有者如何在公司形式中控制企业的税收成本。本章，我们将分析筹划政策如何影响企业所有者的税后现金流。

对每个企业来说，没有一种组织形式是完美的。一种形式的税收特征在一种情况下是有利的，在另一种情况下可能就是不利的。在一些情况下，传递实体达到了所有者的税收目标，然而在另一些情况下，应税企业是更好的选择。所有者经常会有令人信服的非税理由以某种特定形式经营他们的企业。随着公司的成熟和所有者财务状况的改善，最佳的组织形式可能会发生变化。

最后，企业所有者在每次国会修订《国内税收法典》时都必须重新评估经营公司的形式。即使是法律上的很小变化也可能影响传递实体和应税企业的税负。

传递实体的税收筹划

从第 10 章中，我们知道合伙企业、有限责任公司和 S 型公司在企业水平上不用缴纳联邦所得税。收入通过企业转移给所有者，由所有者进行申报和纳税。如果企业经营产生损失，该损失转移给所有者并且作为所有者的扣除额而申报。传递实体的现金分配一般是免税的。这些现金流代表了所有者在企业中投资的返还，并且不影响所有者披露的收入或损失。对许多个人来说，这些规定共同帮助他们控制了税收成本，并使从企业中获得的现金流最大化。

筹建损失的税收收益

目标 1

解释在传递实体中筹建损失的好处。

一个新企业的组织者可能期望在筹建阶段产生损失。如果企业是作为传递实体而筹建的，那么这些初始损失会为所有者产生直接的税收节约额。如果企业是作为公司而筹建的，那么这些损失不可传递，但是会在企业水平上作为净营业亏损结转，从而递延了筹建损失的税收节约额，直到公司可以将其从将来的收入中扣除。下面的例子集中分析了这个时间上的重要差异。

筹建损失

一些人拥有一家公司，其前三年的收入和扣除额如下所示：

年份	总收入	可扣除额	净收入或损失
0	$420 000	$(720 000)	$(300 000)
1	800 000	(920 000)	(120 000)
2	1 530 000	(1 000 000)	530 000

如果所有者以传递实体的形式组织公司，他们可以在第 0 年和第 1 年扣除该经营损失。[①] 在第 2 年，他们对 530 000 美元的企业所得纳税。如果所有者没有选择以 S 型公司形式组织企业，那么第 0 年和第 1 年的损失就被结转，并在第 2 年产生 110 000 美元的企业应税所得，为了避免时间差异的税收影响，我们假设个体所有者和公司的税率都为 35%，且折现率为 5%。

---

① 如果转移损失超过了所有者本年的其他收入，超额损失是净营业亏损，所有者可以将净营业亏损作为扣除额向前结转 2 年或向后结转 20 年。

税收节约和成本

		传递实体		
年份	(扣除额或) 应税所得	税收节约 (或成本)	折现 系数	税收节约 (或成本) 的现值
0	$(300 000)	$105 000		$105 000
1	(120 000)	42 000	0.952	39 984
2	530 000	(185 500)	0.907	(168 249)
		$(38 500)		$(23 265)

		公司		
年份	(净营业亏损结转或) 应税所得	税收节约 (或成本)	折现 系数	税收节约 (或成本) 的现值
0	$(300 000)	—0—		—0—
1	(120 000)	—0—		—0—
2	110 000	$(38 500)	0.907	$(34 920)
		$(38 500)		$(34 920)

在这个简单的例子中，当企业是以传递实体而不是以公司的形式组织时，税收成本的现值是最小的。税收成本的显著差异完全是由于前两年损失的扣除时间不同。在传递实体中，这些损失在发生当年是可扣除的。因此，所有者获得了第 0 年和第 1 年扣除额的税收节约。在公司主体中，这些损失扣除额的税收节约被推迟到第 2 年，因此，从现值角度看，这些节约减少了。

《中华人民共和国企业所得税法》规定，企业纳税年度发生的亏损，准予向以后年度结转，用以后年度的所得弥补，但结转年限最长不得超过五年。同时，我国税法还规定企业在筹建期发生的开办费，应当从开始生产、经营月份的次月起，在不短于 5 年的期限内分期扣除。如果企业在成立之初亏损，其亏损可以弥补以后年度的所得，递延所得税的缴纳，从而使企业获得资金的时间价值。

避免对企业收入的双重课税

目标 2
计算传递实体和应税企业的税后现金流。

拥有自己公司的人们经常依靠公司的现金流来满足他们的家庭消费需求。他们基本的财务策略是使从企业银行账户转移到他们个人支票账户上的现金最大。这些策略经常要求他们作为传递实体而不是公司来经营企业，以便收入只被征一次税。

单次课税和双重课税

吉伯特夫妇是一个经营饭店生意的 S 型公司的唯一股东。① 该饭店每年产生 100 000 美元的应税所得和相同的现金流。公司每年将所有可获得的现金分配给吉伯特夫妇。假设个人所得税税率为 28%，公司的税后现金流是 72 000 美元。

---

① 为了使例子简化，假设两个股东都不是公司的雇员。

税收筹划原理——经营和投资规划的税收原则

每年经营获得的现金	$100 000
个人所得税（100 000 美元应税所得×28%）	(28 000)
税后现金流	$72 000

如果吉伯特夫妇没有为他们的企业选择 S 型公司身份，那么该 100 000 美元的收入将在企业水平上被课税，公司本身将缴纳 22 250 美元的税款。可用来分配的现金仅为 77 750 美元。该项分配将成为吉伯特夫妇的红利，可获得的用于他们个人消费的税后现金仅为 66 087 美元。

每年经营获得的现金	$100 000
公司所得税	(22 250)
分配给股东的现金	$77 750
个人所得税（77 750 美元应税所得×15%）	(11 663)
税后现金流	$66 087

在吉伯特夫妇的例子中，由企业组织形式产生的双重课税将导致他们经营收入的税率为 33.9%（33 913 美元总税款÷100 000 美元收入）。很明显，吉伯特夫妇使他们的所得税最少，并且由于他们将饭店作为传递实体经营，因此使获得的收入最大化。

家庭成员间的收入转移

目标 3
描述家庭如何使用合伙企业或 S 型公司转移收入。

筹建家庭合伙企业或 S 型公司是在纳税人之间分配企业收入的另一种有效方式。这种分配在某种程度上导致收入以较低的累进税率被课税，企业的总税负降低了。就像在第 4 章中所讨论的，这种策略是主体变量的一种应用。让我们用一个简单例子来说明这个概念。

企业收入的转移

安姆夫人拥有一家每年产生 150 000 美元应税所得的个人独资企业。安姆夫人处于 35% 的税率级次，但是有两个处于 25% 税率级次的孩子。如果安姆夫人将企业转变成她和孩子共同所有的传递实体，那么年度收入将会在这三个纳税人之间分配。如果安姆夫人转移给每个孩子 50 000 美元，将会使税率从 35% 减少到 25%，税收节约额将为 10 000 美元。

以 35% 的税率对 100 000 美元课税	$35 000
以 25% 的税率对 100 000 美元课税	(25 000)
	$10 000

尽管安姆夫人对该税收策略印象深刻，但她必须明白该策略不只是将收入转移给她孩子——还应该将钱转移给他们。作为所有者，孩子们有权利从企业获得相同份额的现金分配。当企业终止营业或被出售时，每个孩子将会

获得剩余财产或实现的销售金额的三分之一。换句话说，如果安姆夫人想转移企业收入的三分之二，她必须将代表公司财富的三分之二分离出去。

法定的限制

通过将收入转移给税率较低的家庭成员实现的税款节约额会十分可观。因此，《国内税收法典》限制使用合伙企业和 S 型公司作为转移收入的工具，这并不奇怪。让我们首先考虑关于家庭合伙企业的法律规定。

如果合伙企业收入主要来自个人合伙人的工作而不是合伙企业拥有的财产，那么任何将收入分配给非工作合伙人的分配都是收入的不公平分配。因此，一个家庭成员不可能是一个个人服务公司的合伙人，除非他有资格为企业提供服务。[①] 相比之下，在一个财产为实质的收入创造要素的企业中，一个家庭成员可能会成为一个合伙人。[②] 与服务性合伙企业不同，在资本密集型合伙企业中，合伙者仅凭所有者权益就可分配利润。

家庭合伙企业存在吗？

伊丽莎白和爱默生·温克住在伊利诺伊州的一个农场里，有五个孩子。爱默生不是很健康并且经常住院。伊丽莎白和孩子们总是送爱默生去医院。在去医院的路上，这个家庭总是在他们停下来加油的加油站购买 3 张 1 美元的彩票。这些钱总是由恰好有美元的家庭成员来支付，伊丽莎白在她的瓷器橱柜中保存这些彩票。家庭成员们总是开玩笑地讨论如何花这些家庭彩票赢得的钱。在一次旅途中，伊丽莎白用自己的钱买了三张彩票。那晚，其中一张彩票中了 650 万美元。家庭成员同意伊丽莎白和爱默生各获得头彩的 25%，每个孩子获得 10%。因此，当伊丽莎白收到这 650 万美元时，她给她的五个孩子每人 650 000 美元。国内收入署认为，在温克家中不存在家庭合伙企业，并且伊丽莎白和爱默生对他们孩子做出了赠与（彩票赢得的钱），为此他们欠了超过 116 000 美元的赠与税。但是联邦法庭不同意国内收入署的观点，法庭认为温克家组成了一个家庭合伙企业购买彩票。当每个家庭成员花 1 美元购买一张彩票时，他们向合伙企业投入了资本，并且通过走进加油站购买彩票提供了服务。因此，头彩的分配行为是向合伙人分配利润而不是伊丽莎白和爱默生向他们孩子作出应税赠与。[③]

当企业所有者将所有者权益赠与一个亲属时，经常会成立家庭合伙企业，创立一个捐赠者和被捐赠者之间的合伙企业。还有一种方式，所有者可以将所有者权益出售给亲属来创建合伙企业。在任何一种情况下，企业收入必须

[①] *Commissioner v. Culbertson*，337 U. S. 733 (1949)。

[②] §704(e)(1)。如果企业需要大量的存货或需要大量资金投资于工厂、机器或设备，那么财产就是一个实质的收入创造要素。Reg. §1. 704−1(e)(1)(iv).

[③] *Estate of Emerson Winkler*，TC Memo 1997−4.

按照合伙人在合伙企业资本中的权益比例在各合伙人之间进行分配。①

家庭合伙企业　　　回到关于安姆夫人和她的两个孩子的例子。只要资本是实质的收入创造要素，安姆夫人就可以将她的个人独资企业转换成家庭合伙企业。换句话说，如果安姆夫人是一名从医疗服务中获取 150 000 美元收入的个体外科医生，她就不能使她的孩子成为合伙人，除非他们有资格为该医疗服务提供某种服务。从另一方面来看，如果安姆夫人的企业是一家零售服装店，她就可以将企业资产转移给合伙企业，并给她的孩子一部分新企业的资本权益。如果每个孩子收到三分之一的权益，那么合伙企业的收入可以平均分配给合伙人。如果安姆夫人只留给每个孩子 10% 的资本权益，那么只能转移给每个孩子 10% 的收入。

如果合伙人向为合伙企业提供服务的家庭成员赠送或出售一部分所有者权益，那么合伙人必须收到作为补偿的保证支付。② 合伙企业可以扣除该支出，剩余收入按资本权益比例分配。

家庭合伙企业服务的报酬　　　前面的例子假设安姆夫人通过分给每个孩子三分之一零售服装店的权益来组建一个家庭合伙企业。安姆夫人一周工作 40 小时来管理企业。如果她的服务一年价值 60 000 美元，那么合伙企业必须向她支付 60 000 美元的保证支付。如果合伙企业扣除保证支付后的收入是 90 000 美元，那么分配给每个孩子的最大额为 30 000 美元。因为该分配规定，安姆夫人不能为了孩子的利益通过免费工作来增加转移给孩子们的收入。

当一个企业作为 S 型公司经营时，年度收入将按公开发行的公司股票的份额比例分配。因此，可分配给每个人的收入比例严格以拥有股份的数量为依据。如果安姆夫人将她的个人独资公司转换成 S 型公司，并给每个孩子三分之一的股份，那么每个孩子将分到企业收入的三分之一。如果她仅给每个孩子 10% 的股份，那么他们收入的相应比例份额下降为 10%。在企业收入分配给股东之前，安姆夫人必须就她为企业提供的服务收到一份合理的薪水。③

交易成本

即使有这些法定限制，合伙企业和 S 型公司仍是减少家庭企业总所得税负担的一种切实可行的方式。潜在的税收节约必须与组建主体的交易成本相比较。如果一个人通过将已成立企业的一部分所有者权益赠送给一个家庭成员来成立家庭合伙企业或 S 型公司，那么捐赠的转移可能会涉及联邦赠与税。

---

① 在非家庭合伙企业中，收入的分配不必与每个合伙人的资本所有权成比例。例如，合伙协议可能规定拥有 50% 资本的合伙人分得经营损益的 80%。

② §704(e).

③ §1366(e).

该税以转移权益的公允市场价值为税基，并且必须由捐赠人缴纳（作出赠与的个人）。如果企业的价值很大，赠与税可能代表了可观的交易成本。[①] 与成立和经营一个独立法人主体相关的各种非税交易成本也应该成为决定成立家庭合伙企业还是 S 型公司的考虑因素。

合伙企业组建的交易成本	回到前面的例子，安姆夫人通过赠与每个孩子三分之一零售服装店的所有者权益来成立一个家庭合伙企业。成立之前，该企业评估的公允市场价值为 950 000 美元。因此，安姆夫人赠与给每个孩子的公允市场价值为 316 667 美元，她的联邦赠与税为 21 600 美元。合伙企业支付给起草合伙企业协议的律师 2 750 美元，并为将企业的不动产名称转移到合伙企业支付了 800 美元的费用。因此，成立家庭合伙企业的交易成本总计为 25 150 美元。赠与税是不可扣除的个人费用，律师费是可扣除的组织成本。名称转移费被资本化到合伙企业的不动产中。[②]

非税考虑因素

企业家应仔细确定家庭所有主体的成立将稀释其企业控制权的程度。许多愿意将收入和资金转移给亲属的企业所有者可能不愿意让这些亲属参与管理活动。企业家是唯一普通合伙人的有限合伙企业可以消除这项顾虑。企业家的另一个选择是成立一个由有投票权股票和无投票权股票构成资本的 S 型公司。企业家可以保留有投票权股票，给他的家人无投票权股票，由此保留对企业的完全控制。

将所有者权益转移给家庭成员的个人必须明白该转移必须是完全的和有法律约束力的。接受者成为无形资产权利的所有者。接受者在其他所有者同意或不同意的情况下，都可以自由处置该权利，没有任何限制。合伙人或股东之间的买卖协议通常用来限制家庭成员将其所有者权益销售或转让给不相关的第三团体。

另一个需要考虑的重要因素是所有者权益的转移是不可收回的；转移者不能简单地改变主意就将所有者权益收回。如果转移者疏远了他的家庭，那么一个改变收入的安排有可能成为一个怨恨的圈套。有一个不孝的父母总是剥夺孩子的继承权。如果孩子在 S 型公司中拥有自己的股票那就完全是另外一回事了。家庭成员相关经济环境的变化也会破坏收入转移策略。考虑这样一种情况，一个高收入的纳税人遭受了一次严重的经济挫败。从该纳税人处转移走的不可收回的收入可能会导致个人财务危机。这些不愉快的可能性强调了本书前面提到的一点：必须对税收策略进行灵活评估。如果一个企业拥有者对合作的家人的能力不放心，那么成立一个家庭合伙企业或者 S 型公司可能就不是一个好主意。

① 第 15 章将对联邦赠与税进行更详细的讨论。
② Reg. § 1. 709—2.

| 家庭合伙企业的问题 | 最后一次分析安姆夫人及其两个孩子创立的家庭合伙企业。合伙企业成立六年后，其中一个孩子在一次事故中去世了，他的妻子继承了他在合伙企业中的三分之一所有者权益。这位寡妇不能和安姆夫人以及那个幸存的孩子很好地相处，并反对他们做出的有关零售服装店的任何管理决策。由于一直无法调和，这三个合伙人最终决定停止经营并且终结了合伙企业。 |

合伙企业还是 S 型公司？

以传递实体作为企业组织形式的企业家们必须在合伙企业和 S 型公司中做出选择。该选择取决于区分这两种组织形式的税收和非税收特征。下面，我们将比较和对比决策制定过程中需要考虑的几个重要特征。然后我们将分析两个筹划案例。

对比特征

主体组建和经营成本

将现金或财产转移到一家新的合伙企业或公司来换取控制权的所有者权益是一种非应税变化。[①] 因此，成立一个新的企业主体并不会提高所得税成本。所有者将会支付组建行为附带的法律、会计和专业费。如果所有者成立一家公司，那么他们必须到国内收入署备案及时的分章 S 选择。另外，他们必然产生逐渐增加的监管所有权结构的成本，对该所有权结构的监管保证了他们的 S 型公司继续满足法律的要求。如果一家 S 型公司丧失了法律地位并且选择权也终止了，那么公司会自动地转换成一个应税主体。一家 S 型公司可能因为州的税收成本而比合伙企业的经营更昂贵。有几个州，包括纽约州、田纳西州和得克萨斯州对 S 型公司征收企业所得税或许可税。相比之下，合伙企业完全免予缴纳企业水平的州税。

我国的相关法律、法规对于组建有限责任公司、股份有限公司和合伙企业都规定了相应的限制条件。

设立有限责任公司，应当具备下列条件：（1）股东符合法定人数；（2）股东出资达到法定资本最低限额；（3）股东共同制定公司章程；（4）有公司名称，建立符合有限责任公司要求的组织机构；（5）有公司住所。

有限责任公司的注册资本为在公司登记机关登记的全体股东认缴的出资额。公司全体股东的首次出资额不得低于注册资本的 20%，也不得低于法定的注册资本最低限额，其余部分由股东自公司成立之日起 2 年内缴足；其中，投资公司可以在 5 年内缴足。有限责任公司注册资本的最低限额为人民币 3

---

① 见第 8 章中 §721 和 §351 的讨论。

万元。法律、行政法规对有限责任公司注册资本的最低限额有较高规定的，从其规定。

设立股份有限公司，应当具备下列条件：（1）发起人符合法定人数；（2）发起人认购和募集的股本达到法定资本最低限额；（3）股份发行、筹办事项符合法律规定；（4）发起人制定公司章程，采用募集方式设立的经创立大会通过；（5）有公司名称，建立符合股份有限公司要求的组织机构；（6）有公司住所。

股份有限公司采取发起设立方式设立的，注册资本为在公司登记机关登记的全体发起人认购的股本总额。公司全体发起人的首次出资额不得低于注册资本的20%，其余部分由发起人自公司成立之日起2年内缴足；其中，投资公司可以在5年内缴足。在缴足前，不得向他人募集股份。

股份有限公司采取募集方式设立的，注册资本为在公司登记机关登记的实收股本总额。股份有限公司注册资本的最低限额为人民币500万元。法律、行政法规对股份有限公司注册资本的最低限额有较高规定的，从其规定。

设立合伙企业，应当具备下列条件：（1）有二个以上合伙人，合伙人为自然人的，应当具有完全民事行为能力；（2）有书面合伙协议；（3）有合伙人认缴或者实际缴付的出资；（4）有合伙企业的名称和生产经营场所；（5）法律、行政法规规定的其他条件。

从以上几种组织的设立条件我们可以看出，合伙企业的设立条件相对简单，没有最低出资额的限制，仅从组建成本来看，合伙企业的组建成本最低，但是企业选择哪种组织形式需要从整体的、战略性角度去考虑，不能仅仅考虑组建成本，因此，虽然合伙企业的组建成本最低，但未必就是最优的组织形式，还要具体情况具体分析。

收入和损失分配安排的灵活性

合伙企业提供给所有者最大的灵活性来进行适合其需要的经营安排。合伙协议列明了每个合伙人投入企业资本的数量和类型，并且制定了不同收入、利得、扣除额和损失项目的具体分配比例。而且，合伙人可以每年修订他们的协议。S型公司由于资本结构上的法定限制，灵活性较小。S型公司只能有一种类型的股票，且每一股必须代表相同的企业收入和资本要求权。

分章K和分章S

尽管合伙企业和S型公司都是传递实体，但在《国内税收法典》中它们由不同部分规范。规范合伙企业的部分在分章K中，而规范S型公司的在分章S中。分章K中许多来自于1954年《国内税收法典》的条款是已废除的，很难实行。分章K中关于有限责任公司的规定尤其过时，分章K颁布30年后，有限责任公司作为组织形式变得非常普遍。相比之下，分章S在1982年被完全修订，以适应现代S型公司，并且在应用中很少遇到困难。

自我雇佣税

就像我们在第10章中讨论的一样，普通合伙人以及为有限责任公司工作的成员必须将其在企业经营收入中的份额作为自我雇佣净收益，据此缴纳自我雇佣税。S型公司的股东不被认为是自我雇佣的，因此不用就其在公司经营收入中的份额缴纳自我雇佣税。

所有者负债

在历史上，S 型公司是希望在企业水平上缴纳一次企业税并且避免对企
业承担无限责任的所有者唯一的选择。相比之下，传统合伙企业包含了对企
业负债承担无限责任的普通合伙人的重大财务风险。最近几年，传统合伙企
业被有限责任合伙企业和有限责任公司取代了，这两种形式对财务风险提供
了更大的保护。在有限责任合伙企业中，合伙人不对由另一个合伙人的职业
错误行为引发的要求权负责。在许多州，注册会计师和律师这类专业从业者
都成立有限责任合伙企业来保护自己免于承担其他合伙人的疏忽行为所导致
的责任。在有限责任公司中，每个成员对企业的债务和要求权都承担有限责
任。因此，有限责任公司结合了传递实体的税收优势和公司形式的法律保护，
却没有后者的成本和复杂性。采用这些组织形式的企业正以很高的比例上升，
有限责任公司是目前许多新企业选择的企业形式。

两个筹划案例

为了完成我们对合伙企业和 S 型公司相关优势和劣势的讨论，我们设计
了两个案例，这两个案例之间的差异在筹划过程中非常明显。

税基包含投入的现金和一部分有限责任公司的债务。由于旅馆有 300 万美元的无追索抵押,所以每个人有 520 000 美元的初始税基(20 000 美元现金＋1/6 抵押贷款)。因为有限责任公司的债务包含在税基中,所以每个人可以扣除他们第 1 年经营损失的全部份额。①

关于财务损失的风险,每个人在有限责任公司和 S 型公司中是不同的。在任何一种情况下,商业借款人都可以用旅馆的财产来偿还抵押。企业的选择不会影响每个人最终扣除的总经营损失。在 S 型公司的情况下,每个股东可以将 24 000 美元的不可扣除损失结转,从旅馆的将来收入中扣除。S 型公司的缺点是损失扣除额被递延了。通过成立有限责任公司,每个人可以在损失发生当年就扣除损失,因此使损失节约税额的价值最大化。

将权益转移给后代

曹柏夫妇正接近退休的年龄,他们想将企业转交给他们的 3 个孩子,并最终转交给他们的 7 个孙辈。这些孙辈的年龄在 1～18 岁之间,大人们都认为让孙辈们成为所有者还太早。曹柏夫妇将成立一个家庭合伙企业,将企业的所有者权益交给他们的孩子。在这个例子中,一份合法起草的合伙企业协议将规定每个家庭成员的所有者权益。但是,4 年后,当一个合伙人想将他的一部分权益转移给最大的孙子时,或者 6 年后,曹柏夫妇想从企业中撤出并且将权益在他的三个孩子之间分配时会发生什么事?每次家庭修改所有权结构时,合伙企业的协议必须被修改并且重新定义合伙企业权益——这是一个可能既麻烦又昂贵的过程。

作为一种选择方式,曹柏夫妇可以将他们的企业组建为一个拥有特定数额股份的 S 型公司。每一股将代表一定比例的公司权益。曹柏夫妇和孩子们可以简单地将股票交给另外一个亲属来修改公司所有权结构。通过选择组建为 S 型公司而不是合伙企业,曹柏夫妇可以使将所有者权益系统转移给后代的交易成本最小。

封闭持股公司的税收筹划

税收讨论
在 2005 年的判决中,税收法庭规定

在小型企业生命周期中的某个时点,所有者可能决定将企业形式从传递实体变成公司。其原因可能是组织形式过于复杂以至于合伙企业形式不再实用,也可能是企业已经成长到了所有者希望把股票出售给公众的程度,而公司形式成为法律上的必要。无论企业的大小、本质还是股东的数量,收入的双重课税是公司形式的主要税收问题。在本章的这个部分中,我们将讨论封

---

① 出于风险方面的考虑,这个表述假设该抵押贷款是无追索权的融资,并且不适用消极活动损失限额。

闭持股公司的所有者如何处理这个问题。

将现金从公司中取出

封闭持股公司的所有者明白红利有很高的税收成本。因此，他们在设计将资金从公司中拿出的方式上很有创造性。个人股东的基本策略是假定一个与公司有关的附加角色。例如，股东通常是公司的职员或主管人员。作为雇员，他们有权利获得薪水，以此使现金流向他们，而对公司来说这些成本是可以扣除的。因此，企业作为报酬支付的钱只在个人水平上被课税一次。类似地，股东可以通过借钱给他们的企业成为债权人；公司对该债务支付的利息是可扣除的费用。股东可以将财产租赁给公司来获得租金，该支付对公司来说也是可以扣除的。在所有这些例子中，股东收到的无论是作为薪水、利息还是租金的现金都是普通所得从而需要纳税。主要的区别是在企业水平上，红利是用税后的钱支付的，但薪水、利息和租金是用税前的钱支付的。

在 2003 年《就业和增长减税调节法案》实施之前，个人股东按照一般累进税率对红利纳税。从 2003 年开始，红利按照最高 15% 的税率课税。[①] 因为这一新的优惠税率减少了红利的双重课税负担，所以封闭持股公司的所有者变得不那么积极地用薪水、利息和租金来代替红利了。

推定红利

目标 4
定义推定红利这个术语。

如果和非关联方谈判的条款相比，股东与其公司进行的交易是基于合理的交易条款进行的，那么国内收入署以及与企业交易的股东不会发生争议。即便如此，国内收入署仍认为股东有违反公平交易原则的企图。当税务机构审计封闭持股公司时，他们特别注意支付给股东的扣除额。如果一个机构中含有根据事实和情况判断是不合理的支付项目，国内收入署就可能决定将不合理部分作为**推定红利**。

《国家税务总局关于企业股权投资业务若干所得税问题的通知》在我国企业所得税法中第一次引入了"隐性和推定股息"的概念。公司以非正式分配方式向股东的价值转移应视为分配处理。被投资企业通过"超额扣除"的不正常的利息、租金、捐赠、工资等名义支付给股东的金额，公司为股东提供的与经营活动无关的"小额优惠"，公司股东无偿使用公司资产等情况，将依法推定为对股东的分配，包括为股东无偿支付的与本身经营无关的任何费用。

不合理报酬

茂平先生是 MP 公司的股东和首席执行官，每年收到 450 000 美元的薪水。如果和 MP 相同规模和职能的其他公司支付给首席执行官的薪水分布在 400 000～500 000 美元之间，并且茂平先生有相当于该报酬的才能和经验，那么他的薪水看起来是合理的，并且 MP 公司可以扣除它。反之，如果类似公司首席执行官的薪水平均仅为 300 000 美元，并且茂平先生花费在高尔夫上的时间比待在公司总部的时间多，

---

① §1(h)(3)(B). 红利所得的税率从 15% 下降到 5%，红利在一般税率结构中将按 15% 或更低的税率纳税。

那么国内收入署可能认为他薪水的某部分是不合理的。[1]

我们在前面例子的基础上，假定国内收入署认为茂平先生每年收入中的 150 000 美元是不合理的，并且应作为红利对待。该决定的税收结果是什么？

推定红利　　　　下面的表格比较了当全部支付作为薪水时，MP 公司支付给茂平先生 450 000 美元的净税收成本以及只有 300 000 美元作为薪水，150 000 美元作为红利时的净税收成本。该表假定茂平先生普通所得的边际税率为 35%，MP 公司的边际税率为 34%。（该比较忽略了两种假设情况下的工资税差异。）

	薪水	薪水/红利
茂平先生的薪水	$450 000	$300 000
	0.35	0.35
茂平先生薪水的税收成本	$157 500	$105 000
茂平先生的红利	—0—	$150 000
		0.15
茂平先生红利的税收成本		$22 500
MP 支付项目的扣除额	$450 000	$300 000
	0.34	0.34
MP 扣除的税收节约	$153 000	$102 000
支付项目的净税收成本（税收成本减税收节约）	$4 500	$25 500

注意茂平先生对红利适用 15% 优惠税率的税收成本减少额不足以抵消 MP 不可扣除红利支付的税收节约的减少额。当 450 000 美元支付中的 150 000 美元必须作为红利落入作为公司唯一所有者的茂平先生身上时，净税收成本增加了 21 000 美元。

下面两个例子说明了其他两种背景下的推定红利：

不合理的租金支付　　　　Serednesky 先生以每年 8 000 美元的租金从非关联第三方租得办公空间，然后将办公空间以 16 604 美元转租给他完全拥有的公司。该公司在他的纳税申报表上作为租金费用扣除了这 16 604 美元的支付。国内收入署认为，只有 8 000 美元的支付代表了合理的公平交易租金，并且支付中的 8 604 美元是不可扣除的红利。[2]

股东费用　　　　伦纳德先生是一家个人服务公司的唯一股东和雇员。公司支付给

---

[1]　合理报酬的问题将在第 15 章中详细讨论。
[2]　*Social Psychological Services，Inc.*，TC Memo 1993—565.

伦纳德先生 1 663 美元的差旅费和招待费，并且作为企业经营费用扣除了该支付。国内收入署将该支付作为伦纳德先生没有计入应税所得的不可扣除的推定红利。联邦法庭同意国内收入署对该交易的评价。当伦纳德先生抗议税收结果对他以公司形式经营企业的处罚不公时，法庭回答，"公司的形式各有利弊，但是，一旦做出选择，纳税人就要不时忍受失眠的夜晚"[①]。

按照《国家税务总局关于企业股权投资业务若干所得税问题的通知》规定，对于推定分配支付额需要进行性质判断：其来源于被投资单位累计未分配利润和盈余公积的部分，视为股息性所得；超过累计未分配利润和盈余公积但低于投资成本的部分，视为投资成本回收；超过投资成本的部分视为投资转让所得。

资本弱化

封闭持股公司的组织者经常认为如果他们投入资金交换公司债务，公司可以将为债务支付的利息扣除。而且，贷款是暂时性的，组织者根据一个固定的偿还计划将会收到投资的返还，或者一旦要求就可以获得返还。从另一个角度来说，如果他们投入资金交换权益股票，那么他们的投资是永久性的，并且任何就该投资支付的红利都是不可扣除的。结果，组织者有动机将尽可能多的债务包含在公司的资本结构中。

如果股东持有的债务过多，国内收入署就可能会认为部分或全部债务是伪装的权益。因此，利息支付实际上是不可扣除的红利。更糟糕的是，本金的偿还可能被划分为推定红利。[②] 因为这些偿还对公司来说是不可扣除的，对它们的重新分类并不会影响公司的应税所得。但是，认为自己收到的是投资的非应税返还的股东必须将该偿还款项确认为收入。

伪装的权益　　万斯夫妇在 1997 年通过投入 100 股价值 1 000 美元的普通股（州法律规定的最小资本）成立了 V&V 公司。该夫妇贷款给公司 25 000 美元并取得公司的票据。该票据没有固定的偿还期，但是每年都会支付利息。公司 1997—2002 年从没有支付红利和票据利息。2003 年末，V&V 公司分配了 36 250 美元给万斯夫妇。根据公司的财务记录，该分配是 1997 年贷款加上产生的 11 250 美元的利息。公司在纳税申报表上扣除了 11 250 美元的利息，万斯夫妇在他们的纳税申报表上披露了11 250 美元的利息收入。审计 V&V 公司 2003 年申报表的税务机构认为万斯夫妇的贷款实际上是权益性投资。因此，全部 36 250 美元的分配都是红利——它们对 V&V 公司来说是不可扣除的，而对万斯夫妇

---

① *Leonard*，TC Memo 1989—432.
② 当股东持有的债务与他们的股票权益成比例时，这是一个典型的例子。因此，按照 § 302(d)，本金的偿还被看做是分配，并且作为公司收益和利润范围内的红利是应纳税的。

来说是要纳税的。

当封闭持股公司是资本弱化的，有着不寻常的高债务权益比率时，国内收入署更可能怀疑股东债务的合法性。从政府的角度看，债务权益比率是衡量公司债权人所承担的经营风险的方式。资本结构可能由于沉重的债务，以至于偿还债务依赖于公司的持续利润而不是基础权益的保障。在这种情况下，债务具有普通股的经济特征。尽管税法不包含安全港，但债务权益比为 3∶1 或者更少时，通常不会受到国内收入署的质疑。[①] 不管公司的债务权益比率是多少，股东都应该注意他们公司的任何贷款都应有公平交易债务的特征。该贷款应该有公司的书面证明，无条件承诺在某个特定日期偿还本金和按固定市场利率计算的利息。理想地说，该债务不应从属于其他公司的债务，并且股东不应该像他们拥有公司股票那样持有相同比例的债务。通过遵守这些规定，股东可以将国内收入署质疑其公司资本结构的可能性降至最低。

在当前的税收制度下，因为红利按照优惠税率课税，而利息重新按照普通所得税率课税，所以个人股东相对于利息待遇来可能更偏好按红利处理（当然，忽略对本金偿还的重新划定）。公司股东因为收到红利可以扣除，所以几乎总是更喜欢按红利处理。因为公司水平上的利息支付扣除产生的损失和相关的税收节约必须与收到红利的股东的较低税收成本相平衡。而在我国，税务机关有权根据纳税人的合同或协议的有关条款、投资双方的目的、投资双方的关系、投资方参与被投资方管理的程度、被投资方的资本结构、投资的风险性质、投资的使用范围、投资的清偿顺序等情况，本着实质重于形式的原则具体确定一项投资是权益性投资还是债权性投资。

公司避税手段的减少

一个历史角度

对联邦所得税的大部分历史来说，个人税率远远高于公司税率。例如，1965—1980 年，个人的最高边际税率为 70%，而公司最高的边际税率徘徊在48%左右。企业所有者可以通过以公司的形式经营企业来利用税率差异。当然，这种套利政策仅在所有者不会从他们封闭持股公司中获得年度红利的时候有效。

使公司累积税后收益（例如留存收益）而不是分配红利的个人股东最终无法避免对这些收益的双重课税。累积收益增加了股东的权益和公司股票的价值。只要股东持有股票，未实现的价值增值就不会被课税。但是如果股东在一项应税交易中处置股票，股东须将该增值确认为资本利得，并且对公司的累积收益间接第二次纳税。因为第二次课税被递延到股票处置这一年，所以从现值的角度看它的成本降低了。进一步说，第二次课税是以优惠的资本利得税率而不是普通所得的一般税率计算的。这种递延和转换（普通所得变

---

① Boris I. Bittker and James S. Eustice, *Federal Income Taxation of Corporations and Shareholders*, 6th ed. (Boston: Warren Gorham Lamont, 1994), pp. 4—35.

294 ▶ 税收筹划原理——经营和投资规划的税收原则

为资本利得）的结合提高了公司避税手段的吸引力。

经典的公司避税手段

多年以前，当最高的个人税率是 70%，而最高的公司税率仅为48% 时，万斯夫妇组建了一家名为 V&S 的新公司。第 1 年，V&S 产生了 200 000 美元的应税所得，缴纳了 96 000 美元的所得税，并且积累了 104 000 美元。如果万斯夫妇将他们的企业组建成传递实体，那么第 1 年 200 000 美元收入的个人所得税将会是 140 000 美元。

万斯夫妇将 V&S 股票持有了 15 年，然后将其卖给了一个竞争者。他们出售的资本利得被以 20% 的优惠税率课税，该利得也反映了 V&S 公司 15 年来累积收益的价值增值。因此，间接对第 1 年累积的104 000 美元第二次征收的税为 20 800 美元，这些税款用 8% 的折现率折现的现值为 6 552 美元。从现值的角度看，对公司收入的两次课税总计 102 552 美元。通过将他们的企业组建为公司而不是传递实体，万斯夫妇的第 1 年收入节省了 37 448 美元（140 000 美元的个人所得税—102 552 美元的两次税款）的税款。

目标 5

解释为什么个人不能再使用公司作为避税手段。

当前环境

1981 年，国会开始逐渐减少个人和企业纳税人的最高边际税率，并且减少税率之间的差距。2003 年《就业和增长减税调节法案》最终使最高边际税率降至 35%。就像你在第 11 章中学到的，仅有极少数公司按 34% 以下的累进税率纳税。因此，在今天的税收环境中，对于个人来说，利用个人税率结构和公司税率结构之间差异的机会是非常小的。

不能再避税

如果万斯夫妇今天开办他们的新企业将会如何？他们可以通过组建一家公司而不是传递实体来节省税款吗？让我们来比较两种不同假设情况下企业 2007 年产生的收入的税收结果。

如果企业产生了 200 000 美元的收入并且是作为公司组建的，2007 年的企业税将是 61 250 美元，累积收益将为 138 750 美元。如果万斯夫妇在 2022 年（15 年后）卖掉股票，对这 138 750 美元累积收益按照 15% 的资本利得税率间接征收的税款将为 20 813 美元。税款按照8% 折现率折现的净现值为 6 556 美元，对公司收入两次课税的净现值总计 67 806 美元。但是如果万斯夫妇以传递实体的形式组建企业，他们 2007 年的 200 000 美元收入按照最高的边际税率计算的税款将为70 000 美元，比公司情况下仅仅增加 2 194 美元。

如果企业产生了 400 000 美元的收入并且是作为公司组建的，那么 2007 年的企业税将是 136 000 美元，累积收益将为 264 000 美元。如果万斯夫妇在 2022 年出售股票，对这 264 000 美元累积收益按照15% 的资本利得税率间接征收的税款将为 39 600 美元。税款按照 8% 折现率折现的净现值为 12 474 美元，对公司收入两次课税的净现值总计 148 474 美元。但是如果万斯夫妇以传递实体的形式组建他们的企业，他们 2007 年 400 000 美元的收入按照最高的边际税率计算的税款将为 140 000 美元，比公司情况下少 8 474 美元。

这个例子说明，只要企业税非常低并且企业家愿意长时间放弃从企业获得现金（股利），那么像万斯夫妇那样的企业家可以通过以公司的形式组建企业来节省税款。对大多数人来说，公司形式并没有提供避税手段，而传递实体是合理的选择。

公司积累的税款滞纳罚金

目标 6

解释累积收益税和私人持有公司税的目的。

在最高的个人税率和公司税率相等之前，个人可以通过以公司形式经营企业来大量减少税收成本。十几年前，国会决心通过对没有分配红利给个人股东的公司实行两项税款滞纳罚金来限制使用封闭持股公司作为避税手段。累积收益税和私人持股公司税这两项税即使在公司避税盛行的日子结束后也仍是税法的一部分。公司发现它们除了要缴纳本年的所得税之外还要缴纳这两项税之一。

累积收益税

国内收入署可以对"通过允许收益和利润累积而不是被分割或分配，为了避免和股东有关的所得税的目的而成立或被用作这一目的的任何公司征收**累积收益税**"①。当公司累积收益超过了经营的合理需要量时，就会被假定存在避税目的。该税款滞纳罚金等于公司累积应税所得的 15%（大致等于应税所得减去所得税和支付的红利）。例如，一家有 660 000 美元税后收入、没有支付股利并且没有经营理由累积收益的公司将会欠缴 99 000 美元的累积收益税（660 000 美元×15%）。

累积收益税明显是试图强迫企业支付红利。它不是一种自愿接受的税，而是由国内收入署在审计时征收的。国内收入署对该税的适用是不确定和主观的。许多公司累积了几百万美元的收益，并且它们的股东从来不担心税款滞纳罚金，因为他们有文件来证明该积累的正当性。② 公司的资产负债表可能表明该留存收益正为一条新的产品线的开发、公司的地理扩张、长期债务的偿还或者一项新生产设备的建设提供资金。从另一方面说，易被征税的企业呈现出两个共同的特点。它们历来的红利支付很少或者没有红利支付，并且资产负债表中有过多的非经营资产，例如长期存款单、市场证券、投资性不动产和最受到责备的来自股东的大量贷款。

税法在"不同问题"的基础上给新组建企业一些保留税收收益的回旋余地。特别是，每家公司在没有确定经营需要时可以积累 250 000 美元，并且不用缴纳税款滞纳罚金。③

---

① §532(a). 第 531～537 条介绍了累积收益税。
② 公众持股公司通常不缴纳累积收益税，因为它们的股利政策不是由股东控制的。
③ 个人服务公司在没有合理经营需要时仅可积累 150 000 美元。

"不问问题" 时的积累	塞柏公司是采用日历年核算的企业纳税人，成立于 2005 年。在 2005 年 12 月 31 日，塞柏公司的累积收益是 82 700 美元。因此，塞柏不用缴纳 2005 年的累积收益税。截至 2006 年 12 月 31 日，塞柏的累积收益已经增长到 204 900 美元。因为该累积收益仍然少于 250 000 美元，塞柏仍然不需缴纳 2006 年的累积收益税。2007 年，塞柏的税后收益为 400 000 美元，并且公司没有支付红利。在 "不问问题" 的基础上，塞柏在 2007 年只能积累 45 100 美元（250 000 美元－204 900 美元以前年度的累积收益）。它必须能够说明这额外的 354 900 美元的合理经营需要，以避免在 2007 年为这些收益缴纳累积收益税。

在我国，企业从被投资单位的累计净利润（包括累计未分配利润和盈余公积）中取得的任何分配支付额，是股息性所得；企业所获得的被投资单位分配支付额超过上述累计利润的部分，是企业的投资返还（投资回收），冲减投资计税成本；企业获得的超过投资的计税成本（或调整计税成本）的分配支付额，包括转让投资时超过投资计税成本（调整计税成本）的收入，是投资转让所得（资本利得）性质，反之则作为投资转让损失。

私人持股公司税

有资格作为私人持股公司的企业可能要缴纳**私人持股公司税**。[1] 私人持股公司的学术定义是很复杂的——可以说**私人持股公司**是由一小部分个人拥有的，主要赚取非经营收入，例如红利、利息、租金和版税。惩罚税等于本年未分配的税后公司所得的 15%。例如，有 2 450 000 美元未分配税后所得的私人持股公司欠缴 367 500 美元的私人持股公司税（2 450 000 美元×15%）。百分之百分配税后收益的私人持股公司不用缴纳任何税款滞纳罚金。[2]

国会在 60 多年以前实行了私人持股公司税。它的目的是阻止个人合并其投资组合来利用比个人税率少 45 个百分点的公司税率。现在，最高的公司税率和个人税率没有区别，因而个人没有税收动机合并他们的投资组合。无论如何，有资格作为私人持股公司的企业必须附上一张附表 PH，来说明每年 1120 表格上的额外税款滞纳罚金的计算过程。

受控公司集团

目标 7
选择受控公司集团的收入适用的税率。

在达到 335 000 美元应税所得之前，公司税率都是逐渐累进的，达到这点后税率变成了固定的 34%。直到应税所得达到 1 000 万美元之前，该税率都是适用的，达到该点后税率增加到 35%。税率再次变为轻微累进，直到应税所得达到 18 333 333 美元，在该点税率变为固定的 35%。公司业务的所有者可能试图通过将业务分散到几个企业主体来利用税率的累进。例如，如果一家每年产生 100 万美元收入的企业组建为一家公司。它每年的税款是

---

[1] §541。第 541～547 条介绍了私人持股公司税。
[2] 私人持股公司不缴纳累积收益税。§532(b)(1).

340 000美元。但是，如果该企业可以分成五家公司，每家申报 200 000 美元的应税所得，那么每年的税款将会减少到 306 250 美元（200 000 美元收入的税款为61 250美元×5）。

法律通过适用于受控公司集团的规定来阻止这种避税策略。特别是，一个受控集团仅有"一次性"累进税率，因为税率适用于整个集团的合计应税所得，而不是每个成员的应税所得。[①] 另外，没有合理经营需要进行积累的受控集团作为一个整体仅可以保留 250 000 美元的税后收益。[②]

税法区分了两种类型的受控公司集团。第一种类型是由一些个人股东控制的两家或更多公司组成的兄妹集团。第二种类型是拥有一家或更多受控子公司的母公司组成的母子集团。两类受控公司集团的图示见图 12.1 所示。

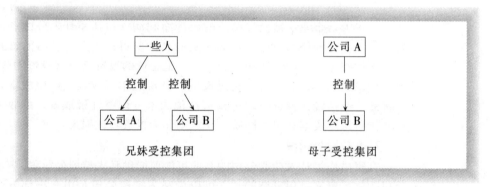

图 12.1 受控公司集团

母子型受控集团通常有资格作为附属集团，而且可以编制合并纳税申报表。[③] 选择编制合并纳税申报表的母子控制集团要在合并应税所得的基础上计算该集团的所得税。类似地，累积收益税规定也适用于合并的税后收益。因此，受控集团规定仅关注那些编制个别申报表而不是合并申报表的母子集团。但是，兄妹集团没有资格编制合并申报表。因此，受控集团规定考虑到了所有兄妹集团，但是个人股东可能有很好的非税理由来创建兄妹集团，他们这样做不是出于追求任何税收优惠。

由于我国企业所得税法不适用于个人独资企业和合伙企业，不对它们征收企业所得税，仅征收个人所得税，而对于公司，既要征收企业所得税又要征收个人所得税，因此，公司在设立时，需要考虑的就是企业缴纳两种所得税还是一种所得税的税负比较轻。

一般来说，企业在选择纳税主体时，需要考虑的因素主要有以下几方面：

（1）比较不同组织形式下的税负。比较不同组织形式的税负大小，不能光看其收入，更重要的是要注意其税基和税率以及税收优惠政策等因素。比如，如果选择以企业的形式进行经营，适用 25% 的企业所得税税率。而如果

---

① §1561(a)(1).

② §1561(a)(2).

③ 见第 10 章中关于合并纳税申报表的讨论。

采用独资企业或合伙企业的形式，适用 5％～35％的五级超额累进税率。选择组织形式需要看企业使用哪种税率纳税。另外，从前面的章节中，我们也了解到会计利润和应税所得的差异，会计利润的大小最终不决定纳税额的大小。要将影响税负的所有因素都考虑进来，才能正确判断各种组织形式下企业的税负，才能做出正确的选择。

（2）分析企业和国外企业的关系。我国企业所得税法将企业分为居民企业和非居民企业。两种纳税主体在某些税收政策上存在差异，也会导致双方的税负不同。在税基相同的情况下，选择非居民企业作为纳税主体比较有利。

（3）是否涉及双重课税。从缴纳的所得税的种类来看，合伙企业和独资企业的税负要低于公司制企业，因为公司制企业既要缴纳企业所得税，又要缴纳个人所得税。因此，公司制企业组织形式下往往会出现双重课税的现象。在考察组织形式时，要注意公司制企业是否涉及双重课税，如果存在双重课税，是否可以通过一些合法的操作来避免。

（4）企业的经营发展战略。税收筹划作为企业的一项财务管理活动是为企业的整体发展服务的，不能仅为筹划而筹划。降低税负是我们在经营过程中降低经营成本的一种方式，但是，在某些情况下，出于企业发展战略的需求，企业可能会选择税收负担较重的一种方式进行经营。因此，在选择经营主体时，不能仅看税负，以偏概全，而应统筹帷幄，从企业的大局出发，以一种发展的眼光来筹划企业的活动。

（5）下面，我们通过一个案例来分析如何选择组织形式。

某企业预计每年可获盈利 100 000 元，企业在设立时有两个方案可供选择。

方案 1：有 4 个合伙人，每人出资 100 000 元，订立合伙协议，设立合伙企业。

方案 2：设立有限责任公司，注册资本 400 000 元。

分析：

方案 1 的纳税状况：4 个合伙人每人需缴纳个人所得税 3 750 元（100 000 元÷4×20％－1 250 元），4 个合伙人合计纳税 15 000 元（3 750 元×4）。

方案 2 的纳税状况：假设公司税后利润全部作为股利平均分配给 4 个投资者，则公司需要缴纳企业所得税 27 000 元（100 000 元×27％），4 个股东每人还需缴纳个人所得税 3 650 元，共计 14 600 元。两税合计共需缴纳 41 600 元。

两个方案相比较，方案 1 少缴纳所得税 26 600 元，因此，从税收负担方面来看，选择合伙企业组织形式比公司制企业组织形式有利。

结　论

本章总结了我们学习的五种基本的企业组织形式。这些形式中的四种——个人独资企业、合伙企业、有限责任公司和 S 型公司——对于联邦税而言是非应税主体。采用这些形式的个人对他们的经营收入仅缴纳一次税。

只有第五种形式——公司——在企业水平上纳税，并且当股东从公司收到红利时要缴纳第二次税。想进行成功的税收筹划的企业所有者必须理解区分传递实体和公司的基本税则。通过利用这些规定，所有者可以控制税收成本，最大化用于个人消费的税后所得，并且提高他们在企业中的投资价值。

关键术语

累积收益税	受控公司集团	私人持股公司
推定红利	私人持股公司税	资本弱化

税收筹划案例

1. Tinker 夫妇在公众持股公司中拥有大额的股票投资。该夫妇有 4 个孩子，年龄分别为 20 岁、22 岁、25 岁和 27 岁，他们想和孩子分享他们的财富。遗憾的是，没有一个孩子表明有能力来管理这些资金。因此，Tinker 夫妇计划将投资转入一个新公司中交换 20 股有投票权的股票和 400 股无投票权的股票。他们将给每个孩子 100 股无投票权股票。该夫妇将作为公司的董事管理证券投资，并且在他们的孩子需要钱时分配现金股利。他们估计该投资每年将产生 72 000 美元的股利收入。

a. 如果 Tinker 家庭公司作为 S 型公司经营，计算该证券投资产生的股利所得的每年所得税负担。假设 Tinker 夫妇处于 35%的税收级次，且每个孩子处于 15%的税收级次。为了简化该例子，忽略该夫妇对公司提供管理服务的价值。

b. 如果家庭公司没有选择 S 型公司，且每股分配 100 美元的年红利，计算第 1 年的税收负担。

2. 阿加莎正计划成立一个新的商业风险投资企业，并且必须决定是作为独资企业还是公司进行经营。她预计该企业将产生年现金流和 100 000 美元的应税所得。假定阿加莎的其他收入来源的个人边际税率为 35%。

a. 如果阿加莎作为独资企业经营公司，计算可用于再投资于商业风险投资的年税后现金流。

b. 如果阿加莎成立一般公司（C 型）经营，并且没有分配红利，计算可用于再投资该企业的税后现金流。

c. 现在假设阿加莎希望每年从企业收回 20 000 美元，并且将所有剩余的税后收益再投资，如果企业是作为独资企业经营，这样的收回会对阿加莎和企业产生什么样的税收结果？将有多少税后现金流用于再投资于本企业？阿加莎将从该收回中获得多少税后现金？

d. 如果企业是作为 C 型公司经营，那么以股利形式收回的 20 000 美元将对阿加莎和企业产生什么税收结果？将有多少税后现金流用于再投资于本企业？阿加莎将从该股利中获得多少税后现金流？

e. 如果阿加莎希望成立公司进行经营，并且希望每年从企业收到现金，你将如何建议来获得更好的税收结果？

3. 杨先生成立了独资企业，经营一个照相室。他的平均年经营所得为100 000美元。因为杨先生不需要将全部现金流用于个人消费，所以正考虑创建公司。他将作为公司雇员工作获得 40 000 美元的年薪，并且公司用累积税后收益支持将来的经营扩展。在该例中，假设杨先生的边际所得税税率是33%，并且忽略任何雇佣税影响。

a. 假设新公司不是个人服务公司，杨先生通过创建公司会减轻年税收负担吗？

b. 如果新公司是个人服务公司，你的答案会有何变化？

第13章

企业所得税的管辖权问题

学习目标

通过本章的学习，你应该能够：

1. 定义术语"联系"。

2. 根据 UDITPA 在各个州之间分配公司应税所得。

3. 解释永设机构的重要性。

4. 计算国外税收抵免。

5. 比较国外分公司和国外子公司的税收结果。

6. 计算应纳国外税收的抵免。

7. 解释受控国外公司获得的分章 F 所得的税收结果。

8. 描述第 482 条在国际转移定价领域内的作用。

第13章介绍了当公司在多于一个税收管辖区内经营时出现的问题。跨越领土边界的公司必须明白权限的交叠可能导致同一收入被课征不止一次税。在本章中，我们将学习公司如何使双重课税负担最小化。我们也将发现税收管辖权之间的税收成本差异如何创造筹划机会。公司可以实行许多有效的策略来将收入从高税收成本管辖区内转移出去。这些策略和我们的准则有关，即当收益产生于低税率的区域内时，税收成本减少而现金流增加。

第13章先回顾了作为经营成本的州和地方税，然后重点关注涉及州所得税的主要问题。第一个问题是关于州对跨州商业活动课税的权利以及联邦对这些权利的限制。其中介绍了所得分配的概念，并且讨论了减少跨州企业总税负的策略。本章的剩余部分是关于国际企业的课税。我们将了解到，美国有一种全球性税收制度，它可能导致国外所得的双重课税。本章还详细讨论了国外税收抵免在减轻双重课税中的主要作用和抵免的限制条件。我们将考虑美国公司如何选择海外业务的组织形式来控制这些业务的税收结果。最后，我们将讨论美国公司如何利用国外子公司来递延确认所得，减少国际企业的税收成本。

州和地方课税

在美国，即使最小的企业也涉及三种税收管辖权：地方政府、州政府和联邦政府。从历史情况来看，企业的税收筹划集中于联邦层次，而较少注意州和地方的税收成本。最近，企业开始较多地注意州和地方的税收负担了。应企业的要求，会计师事务所开发了专门的州和地方税收业务来提供专业帮助。企业及其税收顾问制定了比以往任何时候都多的策略，以使不动产与个人财产税、失业税和销售与使用税最小化。

在本章的第一部分，我们集中分析州所得税领域的筹划机会。就像我们在第 1 章中学到的，大部分州都征收个人所得税和公司所得税。因此，无论企业是作为传递实体还是公司来组建，企业所得都须缴纳州税收。企业在计算联邦所得税应税所得时可以扣除州所得税。[1] 从该扣除中节约的税款减少了州税收成本。

对州所得税的联邦扣除	ZT 公司本年缴纳了 45 000 美元的州所得税，如果 ZT 的联邦税率为 34%，则该支付的税后成本仅为 29 700 美元。

缴纳的州所得税	$ (45 000)
联邦税节约额（45 000 美元的扣除额×34%）	15 300
税后成本	$ (29 700)

无论如何，因为 ZT 公司必须在州和联邦两个级次缴纳所得税，所以它的总税负增加了。如果 ZT 的税前所得为 900 000 美元，并且州税率为 5%，那么 ZT 本年的税率为 37.3%。

州所得税（900 000 美元的应税所得[2]×5%）	$45 000
联邦所得税（855 000 美元的应税所得×34%）	290 700
总所得税	$335 700
335 700 美元÷900 000 美元的税前所得＝37.3%	

在中国，企业一般只涉及两种税收管辖权：中央和地方政府两级管辖权。

---

[1] 对于个体纳税人，经营所得和非经营所得的州税款都可以作为分项扣除额。

[2] 州所得税在计算州所得税应税所得时是不可扣除的。5 个州（亚拉巴马州、衣阿华州、路易斯安那州、密苏里州和北达科他州）允许公司在计算州应税所得时将有限的联邦税扣除。

根据国务院关于实行分税制财政管理体制的决定，按税种划分为中央和地方的收入。同时根据按收入归属划分税收管理权限的原则，中央税的税收管理权由国务院及其税务主管部门（财政部和国家税务总局）掌握，由中央税务机构负责征收；地方税的管理权由地方人民政府及其税务主管部门掌握，由地方税务机构负责征收；中央与地方共享税，原则上由中央税务机构负责征收，共享税中地方分享的部分，由中央税务机构直接划入地方金库。在实践中，由于税收制度在不断完善，因此，税收的征收管理权限也在不断完善之中。属于地方税收管理权限的，在省级及其以下的地区如何划分，由省级人民代表大会或省级人民政府决定。企业在经营过程中一般都会涉及这两种管辖权，但是由于我国实行分税制管理体制，这两种管辖权之间不会出现重复征税的问题。企业在进行税收筹划的过程中，可以对这两种管辖权所涉及的税种同时进行筹划。

州管辖权的宪法限制

目标 1

定义术语"联系"。

一个州有权对居住在州内的所有个人和按照州法组建的所有公司课税，该权利也扩展到在州内从事经营的非居民和公司。因此，参与跨州商业活动的公司可能需要缴纳几个州的税。如果成千上万的美国公司不只在一个州中从事经营，那么就有必要采取某种程度的国家协调措施来避免财政上的混乱。

美国宪法第 1 条赋予联邦政府一项权利来"协调与外国、各个州之间和印第安部落的交易"。该**商业条款**授权国会和联邦法庭确立州税法的基本原则。由于州法是拥护宪法的，因此它不得歧视跨州商业活动。例如，常驻企业适用 3％的所得税率而非常驻企业适用 6％的所得税率是明显不符合宪法规定的。另外，州税只对与州有联系的企业征收。联系意味着企业和有必要确立管辖权的州之间的关联程度。

联系问题

让我们通过考虑 Show-Me 公司从事的区域性商业活动来分析联系这个概念，Show-Me 公司是在密苏里州成立的。Show-Me 公司的总部在圣路易斯，而它的两个制造厂在堪萨斯州和阿肯色州。公司使用一架普通的飞机将产品运送给密苏里州、堪萨斯州、阿肯色州、衣阿华州、内布拉斯加州和俄克拉何马州的顾客。

因为 Show-Me 公司是按密苏里州法律成立的并且受其保护，经济上定居在该州，所以公司和密苏里州有联系。Show-Me 拥有位于堪萨斯州和阿肯色州的雇员、不动产以及个人财产，并且这些州提供了增加公司商业价值的公共福利（消防和警察的保护、道路和高速公路等等）。因此，Show-Me 在这两个州中的实物存在创造的联系使堪萨斯州和阿肯色州可以对公司课税。

但是在 Show-Me 经营区域中的其他三个州情况又如何呢？根据事实，Show-Me 在衣阿华州、内布拉斯加州和俄克拉何马州没有实物存在。按照长期以来的联邦法令（公法 86－272）公司只是将有形货物销售给居住在这些州中的顾客，并没有建立联系。公司甚至可以派销售人员到一个州中征求这

税收讨论

国会正考虑通过联邦立法来阻止州对在州内无实物存在的公司课税。反对者称"经营活动税的实物存在标准是简洁、公平的，并且将减轻在美国和

些货物的订单而不用建立联系。① 因为该项联邦法定免税规定，Show-Me 不用缴纳衣阿华州、内布拉斯加州和俄克拉何马州的所得税。

除销售有形货物外，公法 86－272 不适用于商业活动。因此，对州内居民提供服务（包括有形财产的租赁）或营销无形资产的非居民公司都要缴纳州税。目前，关于这些州内活动的联系问题还没有解决。几个州已经采取了积极做法，即任何在该州内进行经常性商业活动的公司都视为建立了经济联系。因此，即使公司在该州中没有实物存在，该州也有权对公司课税。② 到目前为止，国会和联邦法庭都对该争议性问题保持沉默。③

经济联系　　Show-Me 的研发部门最近开发了一种生产工艺，公司就该工艺向联邦政府申请了专利。Show-Me 将该专利的许可证发给了一些公司，其中三个在南卡罗来纳州经营。这些公司对使用该专利支付年使用费。尽管 Show-Me 在南卡罗来纳州没有实物存在（有形财产或雇员），但它确实从将无形资产出售给南卡罗来纳州顾客的交易中赚得了收益。根据该经济联系，南卡罗来纳州声称对 Show-Me 的使用费收入有课税权。

联系问题对于那些通过网络销售商品和服务的公司来说尤为不确定。当应用于在电脑空间中进行运作的公司时，传统的联系概念变得没有意义了。因此，许多公司对于扩展到网络经营是犹豫不决的，害怕与那些没有实物存在的州建立联系。而政府则担心电子商务预期中的增长将导致从传统商业活动中获得的销售税和所得税收入发生损失。企业团体、互联网行业和州政府都承认需要一项关于电子商务的可操作性税收政策。这一政策应"灵活，不阻碍新技术的发展，同时也要保证那些开发和利用这些技术的公司不会产生不公正的税收利益"④。

电脑空间中无税收　　1998 年 10 月 1 日，《互联网免税法案》（Internet Tax Freedom Act）生效。该法案包含对通过互联网经营的企业征收的新的州和地方税的延期缴纳期，并且国会宣称，互联网应该没有国际关税、贸易壁垒和其他限制。该法案的支持者认为互联网仍处于起步阶段，必须受到保护，不对其随便征税。批评者认为该法案使互联网成为一项大型避税手段，并且"对于一群技术狂人来说，电脑模式被证明是非常有

---

①　15 U. S. C 381－384 (1959).

②　这个领域的里程碑案例是杰佛里公司诉南卡罗来纳州税务委员会一案 [*Geoffrey, Inc.* v. *South Carolina Tax Commission*, 437 S. E. 2d 13 (1993), *cert. denied*, 510 U. S. 992 (1993)]。

③　毕马威对企业税收主管和财务总监进行的一项调查表明，联系问题是最重要的州和地方税收问题。"当一个州外的公司和一个州有足够的联系而要纳税时，不确定的环境阻碍了遵从和筹划的努力，并且阻碍了经营。"*Tax Adviser*, June 1996, p. 324.

④　Houghton and Friedman, "Lost in [Cyber] Space?" 97 *State Tax Notes* 74－25.

效的说客"①。2004 年 11 月 19 日，国会通过投票将互联网税收延期缴纳期推迟到 2007 年 11 月 1 日。

我国对于企业所得税的征管权的划分不是以该企业是否在经营过程中与该管辖权发生联系为标准，而是按照统一的规定向特定的税收管辖机构纳税。《中华人民共和国企业所得税法》第 50 条规定：除税收法律、行政法规另有规定外，居民企业以企业登记注册地为纳税地点；但登记注册地在境外的，以实际管理机构所在地为纳税地点。该规定避免了那些在不同管辖权内进行经营的公司由于被不同的管理机构征税而产生的重复征税问题，也避免了财政的混乱。

经营所得的分配

联邦法庭确立了一项原则，即州仅可以对分配到公司在州内经营活动上的所得课税，不可以对分配到公司域外价值上的所得课税。为了遵守该原则，州法必须提供一个合理而公正的办法，用以确定公司总收入中应缴纳州税的部分。

目标 2
根据 UDITPA 在各个州之间分配公司应税所得。

1957 年，一个统一州法的国内会议起草了《应税所得统一分配法案》，(Uniform Division of Income for Tax Purposes Act，UDITPA)，作为一种推荐使用的方法，用来在各州之间分配收入。目前，大部分州都使用一个按照 UDITPA 建立模型的分配公式。公司使用该公式计算**分配**百分比，该比例决定了每个州的应税所得。UDITPA 公式建立在三个相等权重的系数基础上：销售系数、工资系数和财产系数。

$$\frac{销售系数＋工资系数＋财产系数}{3}＝州分配百分比$$

每个系数的计算方法如下所示：

· 销售系数是向州内顾客销售获得的总收入除以总销售收入的比例。
· 工资系数是支付给在州内工作的雇员的报酬除以总报酬。
· 财产系数是位于州内的不动产或有形个人财产的成本除以该财产的总成本。

为了说明收入分配的结构，让我们分析 Duo 公司的下列数据，该公司仅在北达科他州和蒙大拿州两个州中从事经营。

分配公式
Duo 公司的财务记录提供了下列信息（所有数字以千美元为单位）：

	北达科他州	蒙大拿州	总额
总销售所得	$8 200	$6 800	$15 000
工资费用	1 252	697	1 949
财产成本	18 790	10 004	28 794

① Lee Sheppard, "What 'Does No New Internet Taxes' Mean?" 97 *State Tax Notes* 141-51.

因为两个州都使用三系数的 UDITPA 公式，所以每个州的分配比例计算如下：

	北达科他州	蒙大拿州
销售系数	54.67% （$8 200÷$15 000）	45.33% （$6 800÷$15 000）
工资系数	64.24% （$1 252÷$1 949）	35.76% （$697÷$1 949）
财产系数	65.26% （$18 790÷$28 794）	34.74% （$10 004÷$28 794）

$$北达科他州 \quad \frac{54.67\% + 64.24\% + 65.26\%}{3} = \underline{61.39\%}$$

$$蒙大拿州 \quad \frac{45.33\% + 35.76\% + 34.74\%}{3} = \underline{38.61\%}$$

如果 Duo 公司每年的收入为 4 000 万美元，北达科他州的应税部分为 2 455.6 万美元 （61.39%×4 000 万美元），蒙大拿州的应税部分为 1 544.4 万美元 （38.61%×4 000 万美元）。在这些简单假设下，Duo 公司百分之百的收入被课税了。没有收入被课税两次或逃过州税。

实际上，州分配法从未达到如此精确。一个主要原因是 24 个州现在都使用一个修正的三系数公式，在该公式中，收入或者是**双倍加权**的（销售系数被计算了两次，并且用系数总和除以 4），或者被赋予比工资系数和财产系数更大的权重。至少有 12 个州要求或允许使用单系数分配公式。在这种分配公式中，分配收入时只考虑销售系数。例如，密苏里州允许 7 种不同的分配方法，包括传统的三系数公式和以销售为基础的单系数公式。另一个原因是系数的定义在各个州之间不同。例如，弗吉尼亚州法律中的工资系数包括支付给公司高级职员的报酬，而在北卡罗来纳州的工资系数中是不包含该项报酬的。类似地，可分配所得的定义在各个州之间也不一致。例如，新泽西州法律的分配基数中不包括利息和红利收入，而纽约州法律则将这两项都包含在可分配收入中。很明显，这些州没有严格地遵循统一分配方法，并且联邦法庭也没有要求它们这样做。[①] 因此，各州之间的应税所得划分不可避免地导致交叠或遗漏。

相比之下，我国没有对经营所得进行划分，而是将税款按照不同的税种划分给中央或地方，或是由中央和地方按照一定的比例共同享有某种税收。

税收筹划的含义

根据能将收入从高税州转移到低税州的程度，跨州经营的企业可以减少它们的总税收成本。该策略通常涉及对州分配公式的操作。让我们回到 Duo 公司的例子。目前，北达科他州的公司所得税率为 10.5%，而蒙大拿州的税率为 6.75%。因为该项税率的差异，Duo 公司每从北达科他州转移到蒙大拿州 100 美元的收入，就可以节约 3.75 美元的税款。

---

① *Moorman Manufacturing Co. v. Bair，Director of Revenue of Iowa*，437 U. S. 267 （1978）。

	北达科他州	蒙大拿州	总额
财产成本	$18 790	$10 004	$28 794
新生产车间	—0—	17 000	17 000
修正的财产成本	$18 790	$27 004	$45 794
修正的财产系数	41.03%	58.97%	

修正财产系数　Duo 公司计划修建一座估计成本为 1 700 万美元的新生产车间。如果该车间建在蒙大拿州，则公司的财产系数将被修正成如下形式（所有数字以千美元为单位）：

因此，北达科他州的分配比例将减少，而蒙大拿州的分配比例将增加。

$$北达科他州　\frac{54.67\%+64.24\%+41.03\%}{3}=\underline{53.31\%}$$

$$蒙大拿州　\frac{45.33\%+35.76\%+58.97\%}{3}=\underline{46.69\%}$$

因为 Duo 公司在蒙大拿州修建新车间的决策增加了该州的分配比例，所以该决策将收入从北达科他州转移到蒙大拿州，并且节约了 121 200 美元的州税。[①]

修正的分配

	原分配	
	北达科他州	蒙大拿州
总应税所得	$40 000 000	$40 000 000
分配比例	0.613 9	0.386 1
州应税所得	$24 556 000	$15 444 000
	0.105	0.067 5
州税	$2 578 380	$1 042 470

	修正后的分配	
	北达科他州	蒙大拿州
总应税所得	$40 000 000	$40 000 000
分配比例	0.533 1	0.466 9
州应税所得	$21 324 000	$18 676 000
	0.105	0.067 5
州税	$2 239 020	$1 260 630
总州税		
原分配	$3 620 850	
修正的分配	(3 499 650)	
税款节约	$121 200	

当然，从收入转移中获得税收节约仅是该车间最佳地点选择的一个因素。

---

① 蒙大拿州的分配比例也将反映由于新生产设备而增加的蒙大拿州的工资系数。

Duo公司应确切地知道车间地理位置将如何影响其不动产和个人财产的税收成本。非税因素，比如当地的建设成本和熟练劳动力的可得性，都是选择过程中的关键因素。虽然Duo可以通过将新生产设备设在蒙大拿州从而使它的州所得税成本最低，但该地点对公司来说不一定是最大化该设备价值的最好选择。

国际企业经营的税收结果

在当前的企业环境中，公司进行跨国经营正在变成一项规则而不是特例。全球化正为美国企业扩展到东欧、非洲、亚洲和南美的潜在市场创造极好的机会。这些机会和强大的障碍联系在一起。想进行跨国经营的公司必须处理货币、语言、工艺、文化与政治传统的差异。

公司必须认识到跨国经营中国外税收的含义。当一家美国公司计划将其活动扩展到另一个国家时，它应该清楚该国财政结构中的税收情况。公司的应纳税款取决于在该国中活动的本质与范围，以及这些活动是否触发了该国的税收管辖权。如果该国实行了一项净所得税，那么它的管辖权可能取决于该国和美国之间的税收协定的有效性。

所得税协定

目标3
解释永设机构的重要性。

所得税协定是两个国家政府之间定义和限定各国各自税收权限的双边协议。该协议条款仅适用于定居于各国，并且按照该国的一般管辖权规定经营的个人和公司。[①] 在典型的协定中，除非公司在另一个国家（东道国）有**永设机构**，否则公司的所得仅被居住国（母国）课税。当公司在东道国有永设机构时，分配给永设机构的所得可以被东道国课税。永设机构是一个固定的场所，比如说一间办公室或一个工厂，公司在那里进行日常经营。[②] 因为该规定，在签署了协定的国家中从事经营的美国公司如果在东道国中没有固定的经营地点，那么就不用缴纳该国的所得税。

永设机构

一个美国制造商亚当公司将产品销售给许多意大利的大客户。美国和意大利有一项所得税协定。按照协定，除非该公司在意大利有永设机构，否则意大利无权对亚当公司课税。如果亚当有一个永设机构（例如位于罗马的销售分公司），那么意大利就有权对亚当公司的所得中分配给该机构的部分课税。

如果一个美国公司在与美国没有所得税协定的国家中从事经营活动，那么东道国的管辖权取决于它的唯一税法。因此，美国公司必须研究这些法律

---

① 居民是指一个国家的公民或永久居住在一个国家的人，以及按照该国或该国某个政区的法律成立的公司。
② U. S. Treasury Department，Model Income Tax Treaty，article 5.

来决定触发管辖权的活动的水平。该决定通常是主观的，并可能导致很高的不确定性。进一步说，在非协定国家中，企业活动的必要水平通常大大少于有永设机构的国家。

我国也已经与许多国家签订了避免双重征税的税收协定，企业在涉及跨国经营时，可以先去查询我国与该国是否签订了税收协定，再做决策。

美国对全球所得课税的权限

美国有一种全球性的税收制度，在该制度下，美国对它的公民、永久性居民和国内公司的全球所得课税。换句话说，当美国是母国时，无论在哪里取得收入，它都有权对该收入课税。当美国公司与其他国家的居民进行**跨国交易**时，即使该交易的所得已被外国政府课税，美国也并不放弃这项重要的权限。[①] 因此，在国外经营的美国公司面临的一个基本问题是潜在所得的双重课税。

就像我们在第 6 章中学到的，公司可以扣除在纳税年度中缴纳或产生的国外所得税。但是，扣除对于双重课税来说是一个不完美的补救方式。

国外所得税的扣除

Q 公司缴纳税率为 35% 的美国所得税，产生的 100 万美元收入应向其他国家缴纳税率为 22% 的所得税。即使有国外所得税款（忽略州税）的扣除，Q 公司的该国外收入的全球税率仍为 49.3%。

国外税（100 万美元的应税所得×22%）	$ 220 000
美国税（780 000 美元的应税所得×35%）	273 000
全球所得税	$ 493 000

493 000 美元÷100 万美元的税前所得=49.3%

联邦政府明白，面临该税负的美国公司可能在全球市场中处于竞争劣势。因此，税法包含有力的国外税收抵免机制，以在国际水平上消除双重课税。

国外税收抵免

美国公民、居民和国内公司可以选择从其美国税款中抵免当年缴纳或产生的国外所得税。[②] 选择抵免的纳税人不可将国外所得税作为扣除额。**国外税收抵免**仅适用于所得税[③]；国外消费税、增值税、销售税、财产税和转移税是不可抵免的。[④] 让我们回到 Q 公司的例子来说明国外税收抵免的力度。

---

① 美国也对非居民外国人和外国公司的经营所得课税。§871(b)和§882。关于适用于这些界内交易的税收规定的讨论超出了本书的范围。

② §901(a)。国外税收抵免的选择应按年作出，因此纳税人可以按年选择抵免或扣除。

③ §275(a)(4)(A)。

④ 公司可以将与其国外经营活动相关的不可抵免税款扣除或资本化。

国外所得税抵免　　如果 Q 公司没有扣除 220 000 美元的国外税款，而是选择税收抵免，那么它的美国税款减少到 130 000 美元，并且全球税率减少到 35%。

抵免前美国税（100 万美元的应税所得×35%）	$350 000
国外税收抵免	(220 000)
美国税	$130 000
国外税（100 万美元的应税所得×22%）	$220 000
美国税	130 000
全球所得税	$350 000
350 000 美元÷100 万美元的税前所得＝35%	

　　通过允许 Q 公司获得国外税收抵免，美国放弃了其他国家行使管辖权部分的税收管辖权。换句话说，美国将它 35% 的税率减去了 22% 的国外税率，因此，Q 公司仅就它的国外收入缴纳税率为 13% 的美国税。

年度抵免的限制

目标 4
计算国外税收抵免。

　　国外税收抵免受到一个主要限制：即年抵免额不能超过本年抵免前美国税的一定百分比。这个百分比是用纳税人的国外所得除以应税所得计算出的。[1]

国外税收抵免限制　　2007 年，RH 公司有 800 000 美元的应税所得，其中 300 000 美元是在 M 国的经营活动中产生的。RH 公司向 M 国缴纳了 123 900 美元的国外税（按高于 40% 的税率）。[2] 它的美国所得税计算如下：

美国所得	$500 000	
国外所得	300 000	
应税所得		$800 000
美国税率		0.34
抵免前美国税		$272 000
国外税收抵免（有限制的）		(102 000)
美国税		$170 000

　　RH 公司的国外税收抵免限定在抵免前的 272 000 美元的美国税乘以国外所得与应税所得之比以内。

$$272\ 000\ 美元 \times \frac{300\ 000\ 美元国外所得}{800\ 000\ 美元应税所得} = 102\ 000\ 美元$$

　　即使 RH 公司缴纳了 123 900 美元的国外所得税，也只有 102 000 美元可

---

[1] §904(a).《国内税收法典》包含了区分国外所得和美国所得的冗长规定。见 §861 到 §865。

[2] 这个表述假设 M 国和美国使用相同的应税所得定义。实际上，应税所得的定义在各个国家之间差异很大。

以从美国税中抵免。注意，抵免限额等于 RH 公司国外所得的全部抵免前美国税（300 000 美元×34%＝102 000 美元）。也应注意，美国税等于 500 000 美元美国所得的 34%。因为存在国外税收抵免，RH 公司没有就它的国外所得缴纳美国税。因为对该税收抵免的限制，它就其国内所得缴纳了全部的美国税。

我国税法实行限额扣除，企业所得税法规定，纳税人来源于中国境外的所得，已在境外缴纳的所得税税款，准予在汇总纳税时，从其应纳税额中扣除，但是扣除额不得超过其境外所得依照中国税法规定计算的应纳税额。所谓已在境外缴纳的所得税税款，是指纳税人来源于中国境外的所得，在境外实际缴纳的所得税税款，不包括减免税或纳税后又得到补偿，以及由他人代为承担的税款。

超额抵免的向前或向后结转

当一个公司存在国外税收抵免限制时，**超额国外税收抵免**（缴纳但没有抵免的国外税）可以向前结转 1 年和向后结转 10 年。[①] 在向前或向后结转的年度中，公司可以根据年度限额使用它的超额国外税收抵免。而在我国超额国外税收抵免可以向后结转 5 年。

超额抵免结转　　　　在前面的例子中，RH 公司在 2007 年有 21 900 美元的超额国外税收抵免（缴纳的 123 900 美元国外税—102 000 美元的抵免限额）。它的 2006 年美国纳税申报表如下所示：

美国所得	$ 350 000	
国外所得	250 000	
应税所得		$ 600 000
美国税率		0.34
抵免前美国税		$ 204 000
国外税收抵免（有限制的）		（77 500）
美国税		$ 126 500

抵免限额没有发挥作用，因为缴纳的 77 500 美元国外税低于 85 000 美元的限额。

$$204\ 000\ \text{美元} \times \frac{250\ 000\ \text{美元国外所得}}{600\ 000\ \text{美元应税所得}} = \underline{85\ 000\ \text{美元}}$$

因此，RH 公司在 2006 年超过限额 7 500 美元（85 000 美元限额—77 500 美元抵免的国外税）。因为超过限额的部分，RH 公司可以将 2007 年超过抵免额的 7 500 美元向前结转并可以获得 7 500 美元 2006 年的税款返还。剩余的 14 400 美元超额抵免可以向后结转到 2008 年。

我国税法规定，居民企业应当就其来源于中国境内、境外的所得缴纳企业所得税。而非居民企业分为两种情况：一种是在中国境内设立机构、场所

---

① 　§ 904(c)是按照美国 2004 年《就业机会创造法案》修订的。

的，应当就其所设机构、场所取得的来源于中国境内的所得，以及发生在中国境外但与其所设机构、场所有实际联系的所得，缴纳企业所得税；另一种是在中国境内未设立机构、场所的，或者虽设立机构、场所但取得的所得与其所设机构、场所没有实际联系的，应当就其来源于中国境内的所得缴纳企业所得税。

企业取得的下列所得已在境外缴纳的所得税税额，可以从其当期应纳税额中抵免，抵免限额为该项所得依照企业所得税法规定计算的应纳税额；超过抵免限额的部分，可以在以后 5 个年度内，用每年度抵免限额抵免当年应抵税额后的余额进行抵补：

（1）居民企业来源于中国境外的应税所得。

（2）非居民企业在中国境内设立机构、场所，取得发生在中国境外但与该机构、场所有实际联系的应税所得。

某企业应纳税所得额为 100 万元，适用 33％的企业所得税税率。另外，该企业分别在甲、乙两国设有分支机构（我国与甲、乙两国已经缔结避免双重征税协定），在甲国分支机构的应纳税所得额为 50 万元，甲国税率为 30％；在乙国分支机构的应纳税所得额为 30 万元，乙国税率为 35％。假设该企业在甲、乙两国所得按我国税法计算的应纳税所得额和按甲、乙两国税法计算的应纳税所得额是一致的，两个分支机构在甲、乙两国分别缴纳 15 万元和 10.5 万元的所得税。计算该企业汇总在我国应缴纳的企业所得税税额。

（1）该企业按我国税法计算的境内、境外所得的应纳税额：

应纳税额＝（100＋50＋30）×33％＝59.4（万元）

（2）甲、乙两国的扣除限额：

甲国扣除限额＝59.4×[50÷（100＋50＋30）]＝16.5（万元）

乙国扣除限额＝59.4×[30÷（100＋50＋30）]＝9.9（万元）

在甲国缴纳的所得税为 15 万元，低于扣除限额 16.5 万元，可全额扣除。

在乙国缴纳的所得税为 10.5 万元，高于扣除限额 9.9 万元，其超过扣除限额的部分 0.6 万元不能扣除。

（3）在我国应缴纳的所得税：

应纳税额＝59.4－15－9.9＝34.5（万元）

乙国超过扣除限额的 0.6 万元可以在以后 5 个纳税年度内抵免该公司的应纳税额。

交叉抵免

如果一家公司的国外所得已经被国外管辖机构以比美国税率低的税率课税，那么公司该所得的全球税率是较高的美国税率。在这种情况下，公司的抵免限额等于就国外所得缴纳的美国税额。如果国外所得由国外管辖机构以高于美国税率的税率课税，那么全球税率是较高的国外税率。在这种情况下，公司没有就它的国外所得缴纳美国税。但是，它将有超额的国外税收抵免。

如果一家公司在低税和高税两个国外管辖区内获得收入，那么高税所得上的超额抵免可以用到低税所得的超额限制上。这种交叉抵免减少了公司国外所得的全球税率。让我们设计一个例子来说明这一重要结果。

交叉抵免	CVB 公司有下列应税所得:	
	美国所得	$ 350 000
	国外所得	
	L 国	100 000
	H 国	100 000
	应税所得	$ 550 000

L 国适用 15% 的所得税率，H 国适用 42% 的所得税率。因此，CVB 公司缴纳 15 000 美元所得税给 L 国，缴纳 42 000 美元所得税给 H 国。它的美国税是 130 000 美元。

应税所得	$ 550 000
美国税率	0.34
抵免前的美国税	$ 187 000
国外税收抵免（实际缴纳的税款）	(57 000)
美国税	$ 130 000

抵免限额没有发挥作用，因为缴纳的 57 000 美元国外税低于 68 000 美元的限额。

$$187\ 000\ 美元 \times \frac{200\ 000\ 美元国外所得}{550\ 000\ 美元应税所得} = 68\ 000\ 美元$$

在这个例子中，CVB 仅为它的 200 000 美元国外所得缴纳了 11 000 美元的美国税。

国外所得	$ 200 000
美国税率	0.34
	$ 68 000
国外税收抵免	(57 000)
国外所得的美国税	$ 11 000

因此，即使在 H 国赚得的 10 000 美元是以 42% 的税率课税的，但 CVB 公司在该所得上的全球税率为 34%。因为 CVB 在计算它的国外税收抵免限额时混合了低税和高税所得，它少缴纳的美国税等于本年缴纳的国外税。

相比之下，我国实行的是分国不分项的抵扣方法，在有超额国外税收抵免的情况下，纳税人不能将不同国家的所得交叉抵免，而只能用该国以后年度的所得进行抵免。

海外经营的组织形式

进行国际扩展的美国公司必须决定以何种形式来经营它们的海外活动。本节概述了国外企业的基本组织形式。

分公司和国外合伙企业

目标 5

比较国外分公司和国外子公司的税收结果。

希望在国外建立机构的美国公司可以开办一家分公司。分公司不是一个独立的法律主体,仅仅是美国公司的扩展。国外分支机构产生的任何收入或损失都和公司其他经营活动的收入和损失一并计算。如果分支机构盈利,那么它的所得要缴纳美国税。就分支机构所得缴纳的任何国外税都包含在国外税收抵免的计算中。如果一家美国公司成为国外合伙企业的合伙人,那么将产生相同的税收结果。公司申报它在合伙企业的国外所得或损失中的份额,并可以就合伙企业缴纳的国外所得税的份额获得税收抵免。

国外合伙企业

SC 公司是俄克拉何马州进行石油和天然气开采的一家公司,在一家按照南非法律组建的合伙企业中拥有 60% 的权益。本年,国外合伙企业从它在非洲的开采活动中产生了 300 万美元的收入,并且向非洲各个管辖机构缴纳了 420 000 美元的所得税。SC 公司必须将 180 万美元(60%×3 000 000 美元)的国外所得计入它的应税所得,并且在计算国外税收抵免时可以包含在合伙企业缴纳的 252 000 美元(60%×420 000 美元)的非洲税款。

国内子公司

美国公司经常创建完全所有的子公司来经营国外业务。因为作为股东的母公司负有限责任,所以这种策略将国外经营的风险限定在子公司。如果子公司是国内公司,那么税收结果和国外分支机构是一致的。母公司和子公司可以编制一张合并的美国纳税申报表,以便海外业务产生的利润和损失可以与母公司以及其他国内子公司合并。[①] 该集团可以为由子公司和该集团中任何其他公司缴纳的所得税选择合并的国外税收抵免。

国内子公司

前例中描述的俄克拉何马州 SC 公司拥有一家位于加利福尼亚州的太平洋公司 100% 的公开发行股票。太平洋公司在几个东南亚国家进行石油开采活动。本年,太平洋公司产生了 1 400 万美元的收入,并向东道国缴纳了 310 万美元的所得税,SC 编制了一张包含太平洋公司在内的合并联邦纳税申报表。因此,太平洋公司 1 400 万美元的国外所得包含在合并应税所得中,并且太平洋公司缴纳的 310 万美元的国外所得税包含在 SC 合并集团的国外税收抵免的计算中。

国外子公司

对于美国公司来说,另一种可选择的方式是按照国外的法律组建一个子

---

① 见第 11 章中关于合并企业纳税申报表的讨论。

公司。在这种情况下，子公司是一个国外公司，尽管它完全由美国母公司所控制。即使美国的股东拥有该公司，其所在的国家对该子公司来说既是母国也是东道国。跨国公司尤其有使用国外子公司的强烈的政治和法律原因，例如东道国企业的公众形象或对位于东道国的不动产的国外所有权的限制。当美国公司通过国外子公司从事业务时，子公司的活动不能和母公司的活动相混合，因为国外子公司不能包含在美国的合并纳税申报表中。[1] 因此，子公司产生的所得不能计入合并应税所得中。子公司产生的损失也被分离出来；母公司不能使用这些损失从美国税中抵消自身的所得。根据国外税法，公司可以将损失作为净营业亏损扣除额向前或向后结转。

国外子公司	俄克拉何马州的石油和天然气公司 SC 拥有一家巴西公司 Latina 100％公开发行的股票。Latina 仅在巴西从事业务活动。本年，Latina 产生了 900 万美元的所得，并且缴纳了 225 万美元的巴西所得税。尽管 SC 公司将所有国内子公司编制了一张合并联邦纳税申报表，但申报表中不包含 Latina 公司。因为 Latina 是一家只在国外管辖区内经营的国外公司，它不缴纳美国所得税。

与美国的公司一样，我国的公司要想到海外进行经营必须考虑采用何种经营形式。企业可以选择在国外设立子公司也可以选择设立分公司。一般来说，设立的子公司具有独立的法人资格，可以享受当地的税收优惠政策，但是也要接受当地税收管辖机构的管理，按照当地的税收规定纳税，和母公司之间的一些资金和业务往来都会受到限制。分公司不具有独立的法人资格，作为总公司的一部分受总公司所在地的管辖权管理，和总公司合并纳税，可以平抑总公司损益的波动，与总公司之间的资金和业务往来所受的限制较少。

根据子公司和分公司的特点，我们知道，对于初创阶段很可能会亏损的公司，最好选择成立分公司，这样可以抵减总公司的应纳税所得额，降低企业集团的整体税负水平。而对于一般可以盈利的企业就应该考虑成立子公司，以便享受当地的税收优惠政策。在具体筹划公司的组织形式时，并不能仅仅从税收负担的角度来考虑问题，税收只是需要考虑的一个重要因素，具体的组织形式还要综合其他方面的因素共同确定。

来自国外子公司的红利

当一家美国公司从另一家公司（支付者）收到红利时，该红利包含在接受者的总收入中。如果支付者是一家美国公司，那么接受者将获得一项收到红利的扣除。因此，红利不计入接受者的应税所得中。[2] 如果支付者是一家国

---

[1] §1504(b)(3).

[2] 见第 11 章中关于收到红利扣除的讨论。编制合并纳税申报表的附属集团成员之间的跨公司红利不计入合并应税所得。Reg.§1.1502—13(f)(2).

外公司，那么接受者无权获得收到红利的扣除。[1] 红利计入接受者的应税所得，而双重课税问题又占据了核心位置。

许多国家（包括美国）都对居民公司支付给国外股东的红利课税。支付者必须从支付的红利中预扣税款并且交给政府。因此，股东收到的金额是预扣税后的净额。预扣税率在各个国家是不同的，并且通常在国家所得税协定中会有所说明。例如，西班牙对西班牙公司支付给国外股东的红利征收预扣税，并且美国和西班牙之间的税收协定中载明预扣税率为15%。收到扣除了国外预扣税的红利净额的公司有权获得国外税收抵免。

国外预扣税的抵免　　美国公司 Domino 拥有一家西班牙公司 Carmela 2%的股票。本年，Domino 收到 Carmela 分配的要缴纳15%西班牙预扣税的红利265 000美元。因此，Domino 仅收到225 250美元的现金（265 000美元红利—39 750美元扣缴的国外税）。这265 000美元的红利包含在 Domino 的国外应税所得中，并且39 750美元的预扣税是一项可抵免的国外所得税。

我国居民企业从其直接或者间接控制的外国企业分得的来源于中国境外的股息、红利等权益性投资收益，外国企业在境外实际缴纳的所得税税额中属于该项所得负担的部分，可以作为该居民企业的可抵免境外所得税税额。

目标6
计算应纳国外税收抵免。

应纳国外税收抵免

美国公司从国外公司收到的红利包含在应税所得中，并且要缴纳美国税。无论该红利是否缴纳了国外预扣税，如果国外公司不得不向东道国缴纳所得税，它们就代表税后收益。如果美国公司拥有国外公司10%或更多的有投票权股票，那么它有权获得**应纳国外税收抵免**。[2] 该抵免是以国外公司缴纳的所得税为基础的，而不是以美国公司直接缴纳的所得税为基础。解释应纳国外税收抵免的最好方式是通过一个例子来说明。

应纳国外税收抵免　　美国公司 YNK 按照 F 国的法律组建了 FC 公司。在它经营的第1年，FC 产生了100 000美元的所得，并向 F 国缴纳了25 000美元的税款。国外子公司将75 000美元税后所得作为红利分配给了 YNK，该红利没有被 F 国征收预扣税。计算 YNK 的应纳国外税收抵免的第一步是将 FC 缴纳的国外税加（加总）到该红利上。因为 FC 分配了它全部的税后所得，75 000美元红利加上25 000美元的 F 国所得税。因此，YNK 公司将加总后的100 000美元红利作为国外所得申报。[3] YNK 现在可以获得一项25 000美元的应纳国外税收抵免。因为这项抵免，YNK 就该红利应缴纳的美国税仅为10 000美元。

---

[1]　§245 包含了这项一般规定的几个特例。

[2]　§902(a).

[3]　§78.

国外所得（加总后的红利）	$ 100 000
美国税率	0.35
抵免前的美国税	$ 35 000
应纳国外税收抵免	（25 000）
美国税	$ 10 000

YNK 公司 25 000 美元抵免不受限制，因为 25％的国外税率低于美国税率。因为该抵免，YNK 公司通过 FC 赚得的 100 000 美元国外所得的全球税款为 35 000 美元；FC 缴纳了 25 000 美元国外税款，YNK 缴纳了 10 000 美元美国税款。

现在改变一下事实，假设 FC 仅将它 75 000 美元税后所得中的 10 000美元作为红利分配。在这种情况下，FC 可分配到该红利上的税款为 3 333 美元（［10 000 美元÷75 000 美元］×25 000 美元 F 国税款）。加总后的红利是 13 333 美元，YNK 就该红利应缴纳的美国税为 1 333 美元。

加总后的红利	$ 13 333
美国税率	0.35
抵免前的美国税	$ 4 666
应纳国外税收抵免	（3 333）
美国税	$ 1 333

YNK 通过 FC 赚取的 13 333 美元国外所得的全球税款为 4 666 美元；FC 缴纳了 3 333 美元国外税款，YNK 缴纳了 1 333 美元美国税款。

国外所得的美国税的递延

除非国外公司向美国股东支付红利，否则由国外公司赚得的国外所得是不需缴纳美国税的。因此，只要美国公司不把国外子公司的收益汇回国内（带回国内），就可递延这些收益的美国税。如果美国母公司没有迫切需要从国外经营中获得现金，这种递延就可以无限持续下去。让我们设计一个例子来确定该递延的价值。

美国税的递延　　　　一家适用 35％的美国税率的加利福尼亚公司 RWB，拥有两个国外经营机构，一个是作为分公司组建的，而另一个是作为国外子公司组建的。在第 1 年，分公司和子公司都赚得了要缴纳 20％税率的国外税的 500 000 美元所得。两个机构都将其税后收益重新投入各自的企业中。

在第 1 年，RWB 在分公司赚得的 500 000 美元国外所得应缴纳的美国税为 75 000 美元。

国外所得（加总后的红利）	$ 500 000
美国税率	0.35
抵免前的美国税	$ 175 000
应纳国外税收抵免	(100 000)
美国税	$ 75 000

RWB 在分公司所得上的全球税款为 175 000 美元（100 000 美元国外税＋75 000 美元美国税）。相比之下，RWB 在国外子公司赚得的 500 000 美元所得应缴纳的全球税款仅为 100 000 美元，这 100 000 美元是由子公司向母国缴纳的税款。

注意，即使 RWB 没有从分公司收回任何现金，它也要为分公司的所得缴纳美国税。如果 RWB 确实从分公司收回了现金，所收回的现金将无税收结果。相比之下，RWB 不用对子公司赚得的所得缴纳美国税，直到它从子公司收回现金（例如，收到红利）。

递延产生的税收节约　　RWB 的国外子公司一直没有支付红利，直到第 6 年才向母公司分配了 400 000 美元。该分配代表了子公司在第 0 年赚得的税后收益。RWB 公司的该红利应缴纳的美国税为 75 000 美元。

收到的红利	$ 400 000
子公司缴纳的总税款	100 000
国外所得（加总后的红利）	$ 500 000
美国税率	0.35
抵免前的美国税	$ 175 000
应纳国外税收抵免	(100 000)
美国税	$ 75 000

按照 9% 的折现率，该税款在第 0 年的现值为 44 700 美元，RWB 在子公司第 0 年赚得的 500 000 美元所得应缴纳的全球税款和在第 6 年收回的金额的现值为 144 700 美元。

子公司在第 0 年缴纳的国外税	$ 100 000
在第 6 年缴纳的美国税的现值（75 000 美元×0.596 的折现系数）	44 700
全球税的净现值	$ 144 700

该成本是 30 300 美元减去子公司第 1 年所得的全球税款 175 000 美元；税收节约完全产生于国外所得的美国税的递延。

只要子公司的所得是以比美国税率低的国外税率课税，国外子公司的税款递延就是可能的。如果在一个高税国家中经营的子公司将税后所得作为红利收

回，那么应纳国外税收抵免将使母公司对该红利应缴纳的美国税减至零。因此，母公司国外所得应缴纳的税款是子公司在取得收入年份缴纳的国外所得税。

由于我国税法要求企业将产生于国内外的所得一并计算企业所得税，而不论该所得是否分回，因此，该递延所得税方法对我国不适用。

高税子公司的红利

一家适用 35% 的美国税率的佐治亚州公司 Vernon 有一家适用 40% 企业所得税的国外子公司。该子公司分配了 315 000 美元红利，该红利等于 525 000 美元的税前所得减去 210 000 美元的国外公司税。Vernon 公司对该红利应缴纳的美国税为零。

收到的红利	$ 315 000
子公司缴纳的总税款	210 000
国外所得（加总后的红利）	$ 525 000
美国税率	0.35
抵免前的美国税	$ 183 750
应纳国外税收抵免（有限制的）	(183 750)
美国税	—0—

尽管子公司对从 Vernon 公司收回的收益缴纳了 210 000 美元的国外税，但 Vernon 公司对该税款的抵免限定在该红利的抵免前美国税范围内。因为该限制，Vernon 公司有 26 250 美元的超额抵免向前或向后结转使用。

目标 7

解释受控国外公司获得的分章 F 所得的税收结果。

受控国外公司

在低税国家（税率比美国税率低的国家）拥有国外子公司的美国公司可以通过尽可能多的将收入转移到这些子公司来使公司的税款最小化。1962 年以前，美国通常在**避税港**——所得税很少或没有所得税的国家建立子公司。在许多情况下，避税港子公司仅在名义上存在，除了提供避税手段没有其他用处。考虑这样一个案例，美国生产商通过一家法国子公司将货物出口并在欧洲市场上销售。如果美国母公司直接以公平交易价格销售给该销售公司，它将就该出口交易获得的所得缴纳美国税。而且，子公司将对从零售货物中获得的所得缴纳法国税。但是，如果美国还拥有一个在开曼群岛成立的子公司（开曼群岛是一个没有企业所得税的加勒比海国家），那么母公司可以将货物以非常低的价格销售给这家子公司。然后开曼子公司再将货物以非常高的价格销售给法国子公司。

即使美国母公司将货物销售给开曼子公司，它也将把货物直接运到在巴黎郊外的法国子公司的仓库。开曼公司没有涉及实际的生产或分配过程。无论如何，子公司对货物的中间法定所有权将大部分境外交易所得转移给了开曼公司。直到这家公司向美国母公司支付红利，才应就该所得缴纳所得税。

这个经典的避税计划仅是跨国公司将所得转移到避税港所使用的创造性

策略中的一个例子。1962 年，国会通过颁布一套适用于受控国外公司的"反递延"法案结束了大部分的滥用策略。**受控国外公司（CFC）**是由美国股东拥有超过 50％投票权或股票价值的国外公司。[1] 如果受控国外公司赚取某特定类型的所得，法律将这些所得视为直接分配给受控国外公司股东的所得。[2] 任何拥有 10％或更多权益的股东必须就他在该推定红利中的相应比例纳税。这些股东可以将他们的推定红利加入受控国外公司股票的税基中。[3]

如果受控国外公司经常向股东分配现金，那么这些分配在任何以前年度推定红利的范围内都是非应税的，并且可以减少股东在受控国外公司股票上的税基。[4]

递延和推定红利　2005 年，ABC 在 B 国创建了一家完全所有的受控国外公司 Flortez。2005 年、2006 年和 2007 年，Flortez 赚取 20 000 美元的所得，并向 B 国缴纳了 3 000 美元的税收。Flortez 在 2005 年和 2006 年没有支付红利，并在 2007 年分配了 51 000 美元现金。

下表反映了在两种不同假设下 ABC 公司的税收结果。在"递延"假设下，ABC 不必就 Flortez 的所得缴纳美国税，直到 Flortez 公司通过支付红利的形式分配这些所得。在"推定红利"假设下，ABC 必须在受控国外公司赚取所得的年度将 Flortez 每年 17 000 美元的税后所得确认为推定红利。

	递延	推定红利
2005		
ABC 从 Flortez 收到的现金	—0—	—0—
ABC 确认的红利	—0—	$17 000
缴纳的 B 国税款总和	—0—	3 000
ABC 从 Flortez 获得的国外所得	—0—	20 000
ABC 在 Flortez 股票中增加的基数	—0—	17 000
2006		
ABC 从 Flortez 收到的现金	—0—	—0—
ABC 确认的红利	—0—	$17 000
缴纳的 B 国税款总和	—0—	3 000
ABC 从 Flortez 获得的国外所得	—0—	20 000
ABC 在 Flortez 股票中增加的基数	—0—	17 000
2007		
ABC 从 Flortez 收到的现金	$51 000	$51 000
ABC 确认的红利	51 000	17 000
缴纳的 B 国税款总和	9 000	3 000
ABC 从 Flortez 获得的国外所得	60 000	20 000
ABC 在 Flortez 股票中增加的基数	—0—	34 000

---

[1]　§ 957(a).
[2]　§ 957(a)(1)(A).
[3]　§ 961.
[4]　§ 959.

两种假设下，税收结果的唯一区别是 ABC 公司确认从 Flortez 公司获得国外所得的时间不同。在两种假设下，ABC 都可以在它确认一项从 Flortez 获得的实际或推定红利的年度获得一项应纳国外税收抵免。

分章 F 所得

不是由受控国外公司赚得的所有国外所得都必须推定为被美国股东收回。只有几种规定的所得（《国内税收法典》中标为**分章 F 所得**）被认为是推定红利。因此，分章 F 所得是人为的所得，因为它和受控国外公司母国没有商业或经济联系。分章 F 所得包含许多复杂的内容，其中比较重要的一项是来自于销售货物的所得，如果（1）受控国外公司从关联方购买货物或销售货物给关联方；（2）这些货物既不是在受控国外公司母国生产的，也不是销往母国使用。[①] 在开曼群岛的例子中，开曼受控国外公司与美国制造商和法国分销商都有关联，因为所有三家公司都是一个受控集团的成员。而且，例子中描述的货物从未到达开曼的领土，并且和这个国家没有联系。非常明显，开曼子公司的全部应税所得都是分章 F 所得，美国母公司必须对该所得缴纳流转税。

分章 F 所得

Petroni 拥有 RYM100％的股票，RYM 是一家在 M 国经营的受控国外公司。本年，RYM 赚取了 100 万美元的应税所得，其中的 700 000 美元与 RYM 在 M 国的商业活动有关，并且其中的 300 000 美元（30％）是分章 F 所得。RYM 向 M 国缴纳了 100 000 美元的所得税并且没有向 Petroni 支付红利。无论如何，Petroni 必须确认一项等于 RYM 可分配给分章 F 所得的税后收益的推定红利。

Petroni 从 RYM 收到的推定红利（30％×RYM900 000 美元的税后收益）	$270 000
RYM 缴纳的国外税总和	30 000
Petroni 从 RYM 获得的国外所得	$300 000
Petroni 的应纳国外税	$30 000

Petroni 可以在他 RYM 股票的基数上增加270 000美元的推定红利。

税收讨论

欧洲国家正在通过减少企业所得税率来吸引美国投资者。爱尔兰的税率为 12.5％，葡萄牙的税率为27.5％，奥地

美国母公司对受控国外公司收益的投资

如果满足以下三个条件，公司就可以使用受控国外公司来递延美国税：

（1）受控国外公司在比美国税率低的管辖区内产生国外所得。

（2）国外所得不是分章 F 所得。

（3）受控国外公司积累的是税后收益而不是分配红利。

如果美国母公司愿意将受控国外公司收益再投资于国外业务，那么

[①] 根据 §954(d)(1)，这些收入构成了公司本部在国外的销售收入。分章 F 所得在 §952 到 §954 中有详细说明。

利 的 税 率 为
25%。荷 兰 最
近 通 过 将 企 业
税 率 从 34.5%
下 降 到 31.5%
加 入 到 减 税 运
动 中。

第三个条件可能不是障碍。但是如果母公司需要从国外业务中获得现金，那么它可能会围绕这个条件尝试该策略。对于母公司来说，一个明显的策略是从受控国外公司借入资金或是将自己的股票销售给受控国外公司。两种交易都不会使母公司产生应税收益，但是两种交易都会导致正的现金流。比较遗憾的是，对母公司来说该策略不可行。税法将受控国外公司在母公司中的债务或权益投资作为收益的收回：母公司必须就推定红利缴纳美国所得税。[①]

受控国外公司收益的美国投资

达克曼拥有 FV 公司 100% 的股票，FV 是一家在所得税率为 20% 的国家中经营的受控国外公司。本年，FV 赚取了 100 000 美元的应税所得（没有分章 F 所得），并且没有支付红利。但是，FV 向达克曼支付了 40 000 美元现金购买刚发行的 1 600 股达克曼股票。因为 FV 收益的"后门"收回，达克曼必须确认 50 000 美元的国外所得。

达克曼从 FV 收到的推定红利（收到的股票支付现金）	$40 000
FV 缴纳的国外税的总和	10 000
达克曼从 FV 获得的国外所得	$50 000
达克曼的应纳国外税	$10 000

达克曼可以在 FV 的股票基数上增加 40 000 美元的推定红利。

目标 8

描 述 第
482 条 在
国 际 转 移
定 价 领 域
中 的 作 用。

转移定价和第 482 条

虽然分章 F 所得的规定是有效力的，但该规定不能扩展到由受控国外公司赚得的多种国外所得。因此，当美国母公司将收入转移给它们在低税管辖区内的子公司时，它就会受益。如果美国母公司在高税管辖区内拥有子公司（例如日本、法国、德国和英国），税收政策就可能正好相反。在这种情况下，母公司希望使用它的国内子公司作为避税手段。

受控集团的公司可以通过公司间交易的定价结构在各个成员之间转移收入。如果美国公司拥有一家生产出口到世界各地的消费品的爱尔兰子公司，考虑收入转移的可能性。尽管爱尔兰子公司是一家受控国外公司，但从销售爱尔兰生产的货物中获得的利润和销售给非关联购买者的利润并不是分章 F 所得。因此，直到受控国外公司向母公司支付红利时，该所得仅缴纳了 10% 的爱尔兰公司税。如果母公司（或者任何国内子公司）销售原材料给爱尔兰子公司，那么原材料的价格越低，转移到爱尔兰的所得越大。如果美国母公司为爱尔兰子公司提供管理、销售或财务服务，那么母公司可以通过对所提供的服务收取一定的名义费用来进一步提高子公司的利润（减少自己的利润）。如果母公司拥有专利、版权、许可证或者其他可以增加爱尔兰生产过程价值的无形资产，那么它可以免收子公司使用该无形资产的特许权费用。

---

① §951(a)(1)(B) and §956.

上述所有的定价策略都能将收入转移给爱尔兰子公司。因此，美国和大部分国家都注意到了由人为**转移价格**导致的所得扭曲，并要求关联方像与非关联方交易那样以相同的公平交易方式进行交易。按照联邦税法第 482 条赋予国内收入署在关联方之间分配总收入、扣除或抵免的权力，以修正任何发现的由于不现实转移价格导致的扭曲。[①]

第 482 条调整　加利福尼亚公司 BSX 拥有一家在亚洲市场上生产和销售货物的受控国外公司。这家受控国外公司是在没有企业所得税的国家中成立的。几年以前，BSX 派一队系统工程师向受控国外公司提供咨询来提高存货管理水平。BSX 没有就该服务向受控国外公司收费。同年，BSX 以 385 000 美元销售给受控国外公司工业设备。在审计 BSX 公司的纳税申报表时，国内收入署认为该咨询服务的合理转移价格为 150 000 美元，设备的合理转移价格为 500 000 美元。因此，国内收入署从受控国外公司分配 265 000 美元总收入给 BSX，并估算了该第 482 条调整的美国税。

在过去几十年中，国内收入署毫不犹豫地使用第 482 条来保证国内公司按照其国际所得的适当比例缴纳美国税。然而公司可以在法庭上向国内收入署提出质疑，普遍的司法态度是，应该支持国内收入署确定的公平交易转移价格，除非公司可以证明该决定是"武断的、反复无常的或不合理的"[②]。很明显，跨国公司在转移价格的操作上处于防守地位，并且必须始终注意公司之间交易中的任何触及第 482 条的交易。

转移定价——一个全球分摊问题　安永就转移定价问题调查了 450 多家跨国公司的税务总监。该调查结果显示了下列意见：

- 全世界的公司都认为转移定价是它们将来要面对的最重要的国际税收问题。
- 开发和形成市场的财政部正逐渐增加对转移定价工具的关注。
- 公司间服务是转移定价争论中最受质疑的交易。
- 被调查的公司中，接近三分之二的公司表明，它们的公司间交易已经成为转移定价检查的目标。
- 80％的跨国公司认为在将来会面临转移定价检查。

由于世界上各个国家和地区之间的税率存在差异，因此对于在不同税收管辖权范围内进行经营的公司来说，可能会面临不同的税率，这就为企业利用企业内部交易、转移利润、规避税收提供了机会。目前，转移定价已经成为跨国企业进行国际税收筹划的重要手段。跨国企业采用转让定价进行税收

---

① 第 6 章中介绍了 §482。
② *Liberty Loan Corp. v. U. S.*，498 F. 2d 225（CA—8，1974），*cert. denied*，419 U. S. 1089。

筹划主要有以下几种形式：

（1）货物购销的转让定价。关联企业之间发生的交易主要就是有形资产的购销，包括原材料、低值易耗品、半成品、零部件、产成品、固定资产等等，其价格的制定对购销双方的利润水平有着显著的影响，从而影响双方的税负水平，一般来说，通过这种价格的调整，可以使集团整体税负降低。

（2）无形资产使用和转让的定价。关联企业之间相互提供专利、专有技术、版权、商标等无形资产，其公允价格的制定一直是一个难题，但这也正好为转让定价提供了更好的机会，使用无形资产发生的特许权使用费会影响成本费用的分摊，而转让无形资产价格的高低直接影响应税收入，进而影响应税所得。

（3）劳务提供的转让定价。关联企业之间经常会相互提供劳务，包括提供设计、维修、广告、科研、咨询等劳务活动，这些劳务价格的高低主要是由关联企业之间相互协商制定的，从整个企业集团的利益角度出发，双方可以根据彼此管辖权内税率的高低来确定相应的劳务费用。

（4）资金借贷的转让定价。税法规定，正常的贷款利息准予从应纳税所得额中扣除，而支付的股息则不能扣除，因此，许多跨国企业都采用举借债务的形式改善资本结构。从税负的角度来看，举借债务的形式要优于发行普通股的方式。

与关联方共同开发、受让无形资产，或者共同提供、接受劳务发生的成本，在计算应纳税所得额时应当按照独立交易原则进行分摊。企业与关联方之间的业务往来，不符合公平交易原则而减少企业或者其关联方应纳税收入或者所得额的，税务机关有权按照合理方式调整。因此，转让定价虽然为我们提供广泛的税收筹划空间，但是，许多转让定价行为的涉税风险还是比较大，如果制定的转让定价不被税务当局所认可，并由此导致补缴税款和缴纳罚款，不仅不会降低企业的税收成本，相反还会增加企业的税收成本。因此，在运用转让定价进行税收筹划时，必须遵守公平交易原则。

结　论

在前面一章中，我们讨论了当所有者选择一种具体企业组织形式从事商业时的税收含义。在本章中，我们增加了一个新的税收筹划变量——对企业课税的管辖权。在某种程度上，所有者可以通过在低税管辖权中经营来操纵这个变量，控制税收成本。当一个企业跨管辖区经营时，所有者将产生被双重课税的风险，这将会侵蚀它们的税后利润。如果竞争性管辖权是州政府，那么可以根据每个州的分配规定划分所得。企业经常可以利用这些规定的特例和州税率的差异来减少税收负担。如果竞争性管辖权是美国和国外政府，那么国外税收抵免就是避免双重课税的无价机制。

美国跨国公司可以通过在低税管辖区内组建国外子公司的方式获得大量税收节约。作为一项一般规定，这些子公司的所得不缴纳美国税，直到它们被收回。为了利用这项递延，美国母公司必须小心避免产生分章 F 所得，并愿意将国外收益再投资于海外企业。它们必须清楚国内收入署和其他国家的税收机构在转移定价问题上的争论。当然，国际税收筹划是一个复杂和具有挑战性的课题，随着全球经济的持续发展，它将变得更有价值。

会计与税收差异的来源

永久性差异
· 国外红利的总和

暂时性差异
· 从受控国外公司获得的推定红利

关键术语

分配	国外所得	分章 F 所得
商业条款	国外税收抵免	避税港
受控国外公司	所得税协定	转移定价
交叉抵免	联系	《应税所得统一分配法案》
应纳国外税收抵免	境外交易	（UDITPA）
超额国外税收抵免	永设机构	预扣税

税收筹划案例

1. 利德公司目前在 P 和 Q 两个州经营。P 州的税率为 5%，并且使用相等权重的三系数分配公式。Q 州的税率为 9%，并且使用销售系数为双倍权重的分配公式。本年，利德分配之前的州应税所得是 1 500 000 美元。下面是利德在各州的当期经营数据：

	P 州	Q 州	合计
销售	$ 3 000 000	$ 2 000 000	$ 5 000 000
工资	1 000 000	500 000	1 500 000
平均资产	1 200 000	800 000	2 000 000

利德正考虑通过建立一个新的生产机构来扩展经营。该机构将使利德的总资产增加到 100 万美元，增加工资 400 000 美元。公司预计新机构将增加总销售收入 800 000 美元。该新销售收入中的一半来自于 P 州的消费者，一半来自于 Q 州的消费者。总净收入将增加 300 000 美元。仅考虑州所得税，你建议利德将该新机构坐落在哪个州？

2. Minden 公司想在东欧开设一家分支机构，并且必须打算将分支机构位于 R 国或者是 S 国。R 国的劳动力成本大大低于 S 国。出于这个原因，R 国分支机构每年将会产生 700 000 美元的所得，S 国分支机构每年将仅产生 550 000美元的所得。但是，R 国的企业所得税率为 20%，而 S 国的企业所得税率为 10%。基于这些事实，Minden 公司应在哪个国家开设它的东欧分支机构？

3. 适用 35％美国税率的 Echo 公司计划将它的业务扩展到 J 国。它可能在 J 国开设一家分公司或者开设一家国外子公司。分公司在第 0 年将产生 5 000 000 美元的所得。国外分公司将产生增加的法律成本，因此在第 0 年将仅产生 4 750 000 美元的所得。该所得将被按照 18％的 J 国企业所得税税率课征。Echo 计划将子公司第 0 年的税后收益递延到第 4 年收回。假设折现率为 6％，Echo 应该开设分公司还是子公司来最大化第 0 年国外所得的净现值？

4. 兰德公司拥有一家在葡萄牙从事经营的国外公司 Flo 100％的股票，Flo 每年产生 100 000 美元的税前所得，并且据此缴纳 30％的葡萄牙税。Flo 可以以 7％的税前报酬率将它的税后收益无限期再投资于欧洲。另一种可选择的方式是，Flo 可以将它的税后收益分配给兰德，兰德可以将这些资金以 9％的税前报酬率投资于美国。假设兰德的美国税率为 35％，它应该收回 Flo 的收益来最大化它的报酬率吗？

5. Chole 公司是一家每年产生 200 万美元收益的俄克拉何马州公司，Chole 最近在 A 国开设了一家分公司，该国的所得税税率为 38％。Chole 预计分公司本年将赚得 100 万美元的国外所得。Chole 计划在 D 国或 G 国开设第二家分公司。Chole 预计 D 国分公司将赚得 425 000 美元适用 D 国 13％税率的国外所得，G 国分公司将赚得 530 000 美元适用 G 国 32.5％税率的国外所得。假设 Chole 的美国税率为 34％，Chole 应该在哪里开设它的第二家分公司以使它的全球税后所得最大化？

第四部分的综合题

1. Univex 是一家使用日历年和权责发生制核算的零售企业。它本年的财务记录提供了下列信息：

销售货物收入	$783 200
销售成本（先进先出法）	(417 500)
利润总额	$365 700
存款利息所得	1 300
从 IBM 股票中获得的股息收入	6 720
销售 2000 年购买的 IBM 股票获得的资本利得	8 615
坏账费用	3 900
行政人员工资	153 400
营业税和雇佣税	31 000
购买存货产生的债务的利息	5 100
广告	7 000
交际应酬费	3 780
财产保险费	4 300
折旧	10 800
修理和维护	18 700

续前表

供应品	4 120
公用事业	21 000
慈善捐赠	5 000

Univex 的记录披露了下列事实：

· 坏账费用等于坏账准备的增加。实际冲销的不可收回账款总计 2 000 美元。

· 本年的 MACRS 折旧是 21 240 美元。

· Univex 没有处置经营性资产。

· 所有者没有收到任何报酬或从 Univex 收回任何资金。

· Univex 获得了一项 1 800 美元的经营抵免。

a. 假设 Univex 是一家独资企业。计算 1040 表的附表 C 中的净利润，并且从 Univex 的记录中找出没有在附表 C 中出现的项目。

b. 假设 Univex 是一家有限责任公司。计算 1065 表第一页上的普通所得，并完成 1065 表的附表 K。

c. 假设 Univex 是一家在没有企业所得税的州中经营的企业。Univex 缴纳的联邦税总额估计为 23 500 美元。计算 1120 表第一页上的应税所得，计算 Univex 的联邦所得税，并完成 1120 表第一页。

2. Dollin 公司是按照弗吉尼亚州法律成立的，公司总部在里士满市。Dollin 公司是一个分销商；它从制造商处购买有形货物并将货物销售给零售商。它在英国有一家销售货物的分公司 Brio，并 100％拥有一家在法国销售货物的法国公司（法国 Dollin）。Dollin 本年的财务记录提供了下列信息：

销售的税前净收入	
国内销售额	$ 967 900
英国销售额（国外所得）	415 000
	$ 1 382 900
股息收入：	
Brio 公司	$ 8 400
法国 Dollin（国外所得）	33 800

· Dollin 在弗吉尼亚州、北卡罗来纳州和南卡罗来纳州缴纳州所得税。这三个州都对它们在 Dollin 从世界范围内的销售中获得的净收入的分配份额课税。因为弗吉尼亚州是 Dollin 的商业住所，因此它还要对 Dollin 的美国（而不是国外所得）股息收入课税。各州的分配系数和税率如下：

	分配系数	税率
弗吉尼亚州	43.19％	6.00％
北卡罗来纳州	11.02％	7.75％
南卡罗来纳州	39.52％	5.00％

· Dollin 向英国缴纳了 149 200 美元的所得税。

· Brio 公司是一家应税的美国公司，Dollin 拥有 Brio 2.8％的股票。

·从法国 Dollin 获得的 33 800 美元红利是法国 Dollin 缴纳了 17 000 美元法国所得税的税后收益的分配。

·Dollin 选择了国外税收抵免而不是扣除国外所得税。

仅根据以上事实，计算下列项目：

a. Dollin 在弗吉尼亚州、北卡罗来纳州和南卡罗来纳州的州所得税。

b. Dollin 的联邦所得税。假设本年 Dollin 缴纳了州税，并且没有州所得税可以分配到国外所得上。

第五部分

个体纳税人

第14章

个人税收公式

通过本章的学习，你应该能够：

1. 确定个人申报纳税身份。
2. 列出计算个人应税所得的四个步骤。
3. 解释标准扣除和分项扣除之间的关系。
4. 计算免税额。
5. 计算普通所得的固定纳税额。
6. 解释结婚惩罚存在于联邦所得税税收体制中的原因。
7. 描述孩子的税收抵免和受抚养者的看护抵免。
8. 确认可能产生个人选择性最低税的情况。
9. 陈述个人税款缴纳和申报纳税要求。

本书的第三部分和第四部分介绍了企业所得税。在第三部分，我们学习了应税所得的计算以及应税所得与会计所得之间的重要差异。这里所说的应税所得是指计算联邦税收时的应税收入，而会计收入是指按照公认会计准则编制的财务报表上的收入额。通过第四部分的学习，我们知道，不同营业主体应税所得的计算过程基本上是相同的，而所得税税率却是不同的，所得税税率要根据企业类型来确定。其中，个人独资公司和S型公司按照个人所得税税率来课征所得税；一般公司按照公司所得税税率来课征所得税；合伙企业先将所得分配给个人合伙人或企业合伙人，再相应地根据合伙人的身份来课征所得税。

在第四部分，我们注意到公司营业收入与应税所得基本上是相等的。相对而言，个人经营收入只是所得税税基的一部分，这里的税基指的是 1040 表（美国个人所得税纳税申报表）上的税基。与公司纳税人不同的是，个体纳税人还可能从事许多非经营活动。如果个人从事了非经营活动并取得了经济收益，那么这部分收益就是一种所得，而在非经营活动中所发生的费用或损失也可以扣除。这样，我们在计算个人应税所得以及应缴纳的联邦税额时，还须考虑常见的非经营活动。

第五部分讨论了关于个体纳税人的问题。第 14 章不仅介绍了个人税基和税额的计算，而且还说明了个人申报纳税要求。第 15 章专门讨论了雇员和雇主双方关于薪酬安排的不同税收筹划。在整个第五部分，我们将重点分析筹划机会和现金流对个体纳税人的影响。

个人申报纳税身份

无论是美国公民还是永久居住者，都是联邦所得税的纳税主体，都可能需要提交联邦所得税纳税申报表。[1] 个人纳税申报表的第一项信息就是**申报纳税身份**。申报纳税身份反映了个人的婚姻状况和家庭情况，它影响应税所得的计算和所得税率的确定。

在我国，所得税的纳税义务人包括企业和个人，前者缴纳企业所得税，后者缴纳个人所得税。个人，即自然人，包括中国公民、个体工商户以及在中国有所得的外籍人员和香港、澳门、台湾同胞，他们依据住所和居住时间两个标准，分为居民和非居民，前者承担无限纳税义务，后者承担有限纳税义务。个人纳税人的纳税方式有两种，即代扣代缴和自行申报，其中年所得 12 万元以上的纳税人，在纳税年度终了后，应当填写《个人所得税纳税申报表》。在个人所得税纳税申报表上，纳税人名称代表了纳税人的身份，包括个体工商户、个人独资企业、合伙企业、承包承租经营的企事业单位以及其他个人。

已婚个人和未亡配偶

在纳税年度的最后一天，已婚个人及其配偶可以选择提交**联合纳税申报表**。[2] 联合申报纳税反映了夫妻双方在整个纳税年度的联合活动。夫妻双方对于所提交的纳税申报表这张税收账单既负有**共同责任**，也负有**个别责任**，也就是说，每一方都对纳税负有完全义务，而不仅仅是一半义务。[3] 实际上，纳税申报表中提到的"纳税人"均是指夫妻双方。

---

① 《国内税收法典》第 7701 条第（b）款将居民外国人和非居民外国人进行了区分。居民外国人和美国公民一样遵守同一税收法规。非居民外国人只就来源于美国的收入纳税。

② § 6013.

③ § 6013(d)(3).

婚后联合申报纳税	1991 年 12 月 12 日，莱恩夫妇在夏威夷合法结婚，而在税法上，他们的结婚日为 12 月 31 日。

1991 年，这对新婚夫妇可以按照整个年度的共同收入来提交联合纳税申报表。

目标 1
确定个人申报纳税身份。

如果已婚夫妇中的一人死亡，那么活着的人可以在其配偶死亡年度和死者联合申报纳税。[①] 如果这个人不仅没有组建新的家庭，而且还抚养着没有自立能力的子女，那么在其配偶死后的两个纳税年度内，她或他就符合未亡配偶的规定。[②] 在两年内，未亡配偶可以按照已婚联合报税的税率来申报纳税。

未亡配偶

承前例。莱恩夫人于 2004 年 9 月 14 日去世，而莱恩先生没有再婚。莱恩先生所提交的 2004 年联合纳税申报表不仅反映了他已亡妻子从 2004 年 1 月 1 日至 9 月 14 日的活动，同时也反映了莱恩先生在整个 2004 年度的活动。这对夫妇有 2 个孩子，分别为 6 岁和 10 岁，他们和父亲生活在一起。因为莱恩先生满足未亡配偶的定义，所以他有权使用已婚联合申报的税率来计算他在 2005 年和 2006 年的纳税额。

除了联合申报以外，已婚个人还可以选择单独申报，单独申报所提交的单独纳税申报表反映了夫妻双方各自的活动和应税所得。在某些情况下，单独申报纳税可以使纳税人获得某种程度上的税收收益，但是大多数选择单独申报的夫妇，都不是出于税收考虑。

已婚分别申报纳税

康拉德夫妇已经合法分居了 6 年，但由于宗教信仰，两人一直没有离婚。康拉德夫妇不仅生活在不同的城市，而且没有共同的资金交易或财务责任。正是因为康拉德夫妇过着各自独立的生活，所以他们选择了提交单独纳税报表。

未婚个人

符合以下三个条件的个人，具有法定意义上的户主纳税申报身份：在纳税年度的最后一天还没有结婚；不适用于未亡配偶规定；维持着一个家庭，这里的家庭指的是纳税人的子女或者其他非独立家庭成员的居所。[③]

户主

再回到莱恩先生的例子中。我们知道，莱恩家中有两个需要抚养的孩子，他在 2005 年和 2006 年都按照未亡配偶的规定来提交纳税

---

① § 6013(a)(2).

② § 2(a). 如果他或者她在配偶死后两年内再婚，则不适用未亡配偶规定。

③ § 2(b).

申报表。而在 2007 年，莱恩先生的申报纳税身份变成了户主。莱恩先生只有在孩子长大离家后或者自己再婚后才能够结束户主身份。

如果未婚个人既不是未亡配偶也不是户主身份，那么他就是**单身纳税人**。值得注意的是，税法并没有为未成年人或者没有自立能力的孩子提供专门的申报纳税身份规定。所以对于孩子来说，无论其年龄为多大，收入是否被父母收走或控制，只要在他的名下有收入，他就属于单身纳税人。①

应纳税所得额计算概念

纳税申报表 1040 上提供的计算方法是一种实用的计算方法，个人可以据此来计算应纳税所得额。在本部分，我们只关注计算的基本结构而不注重个别因素的影响。在下面几章，我们再详细地检验比较重要的个别影响因素。从纳税遵从观点对应税收入计算进行概述，将帮助你阅读和理解纳税申报表 1040。由于联合纳税申报表是一个具有法律效力的文件，所以个人必须在表上签名。人们在表上签名，是为了证明自己已经检查了报表，并认为报表上的信息是"真实、正确和完整的"。因此，即使雇佣了专业纳税申报表编制者，每个纳税人还是应该对纳税申报表 1040 上的信息流程有所了解。

我国个人所得税的缴纳方式除了代扣代缴还有个人自行申报。相对于美国来说，我国的税收代理业还处于初级阶段，因而要求个人对应税所得的计算有一定程度的了解。美国实施的是综合所得税制，因而它的应税所得额分为四步递进式计算过程；而我国实行的是分类所得税制，因而将所得分为 11 种征税对象来分类计算应税所得额，这 11 种征税对象分别是工资、薪金所得，个体工商户生产、经营所得，对企事业单位的承包、承租经营所得，劳务报酬所得，稿酬所得，特许权使用费所得，利息、股息、红利所得，财产租赁所得，财产转让所得，偶然所得，经国务院财政部门确定征税的其他所得。严格来讲，美国应税所得可以分为普通所得和资本利得，而我国将资本利得合并在 11 类所得中（比如财产转让所得），并没有资本利得这一资本性概念。相对于美国的个人所得税纳税申报表 1040，我国只要求年所得 12万元以上的纳税人申报填写个人所得税纳税申报表，该表按照 11 个类别分别计算各项应税所得，各类应税所得按总额分为境内和境外两个部分列示。

计算应纳税所得额的四个步骤

目标 2
列出计算个人应税所得的四个步骤。

个人纳税申报表上应纳税所得额的计算应遵循四个程序化的步骤，这些步骤反映在 1040 表的第一页和第二页上。

---

① §73.

第一步：计算总收入

在第一步中，个人必须列出需在1040表第一页上确认的所有本年度收入项目。根据第13章的资料，我们知道这些列示项目包括个人经营活动所产生的所有应纳税所得额。如果个人经营独资公司，可以先在1040表的附表C上计算净利润，然后再将计算结果移至1040表的第一页上。如果个人通过合伙方式或持股方式经营S型企业，那么他就可以先在1040表的附表E上按其所有份额将S型企业的总收入进行折算，然后再将折算额移至1040表的第一页。另外，收入列示项目还包括个人获得的雇佣薪金或工资以及投资收益。以上列表项目的总和就是个体纳税人的总收入。

沃普夫妇：第一步	在2006年，沃普夫妇确认了三个收入项目：	
	沃普先生从他的雇主那里获得的薪金	$39 400
	存单的利息收入	8 600
	沃普夫人经营独资公司获得的收入	56 730
	总收入	$104 730

这些收入项目列示在沃普夫妇纳税申报表1040的第一页上，如表14.1所示。

第二步：计算调整后总收入

第二步就是计算个人**调整后总收入（AGI）**，它等于总收入减去1040表第一页所列示的特定扣除项目。[1] 比如，50%的自我雇佣税的扣除。[2] 我们将在本书后续部分来认识所谓的线上扣除项目。

在计算个人应纳税所得额的过程中，调整后总收入的计算只是一个中间步骤，但它本身却是至关重要的。正如随后我们所讨论的那样，许多个人扣除项目和抵免项目都要受限于调整后总收入。也就是说，扣除项目金额和抵免额均是调整后总收入的函数，调整后总收入列示在1040表第一页的最后一行。

沃普夫妇：第二步	沃普夫人2006年度的自我雇佣税（其具体计算见1040表的附表SE）是8 016美元，它的一半可以在计算调整后总收入时予以扣除。6月份，沃普先生将持有仅10个月的一年期存单兑现。由于提前取款，银行向沃普先生索取了435美元的罚款。在计算沃普夫妇的调整后总收入时，这部分罚款也可扣除。这两项扣除项目都列示在1040表的第一页上（见表14.1）。最后，在1040表第一页的最后一行，即第

---

[1] 《国内税收法典》第62条提供了计算调整后总收入时应减去的线上扣除项目列表。

[2] 可以参照《国内税收法典》第164条第（f）款，也可以参照本书第9章关于自我雇佣税的讨论。

37 行上，沃普夫妇申报了 100 287 美元的调整后总收入。

表 14.1

Form **1040**	Department of the Treasury—Internal Revenue Service **U.S. Individual Income Tax Return**	**2006**	(99)	IRS Use Only—Do not write or staple in this space.

For the year Jan. 1–Dec. 31, 2006, or other tax year beginning , 2006, ending , 20   OMB No. 1545-0074

Label
(See instructions on page 16.)
Use the IRS label.
Otherwise, please print or type.

L A B E L H E R E			
Your first name and initial	Last name		Your social security number
James L.	Volpe		784 45 9042
If a joint return, spouse's first name and initial	Last name		Spouse's social security number
Nancy J.	Volpe		617 38 0081
Home address (number and street). If you have a P.O. box, see page 16.		Apt. no.	▲ You **must** enter your SSN(s) above. ▲
10 St. Martin Circle			
City, town or post office, state, and ZIP code. If you have a foreign address, see page 16.			Checking a box below will not change your tax or refund.
Exeter, CN 04012			

Presidential Election Campaign ▶ Check here if you, or your spouse if filing jointly, want $3 to go to this fund (see page 16) ▶ ☑ **You** ☑ **Spouse**

Filing Status

Check only one box.

1 ☐ Single
2 ☑ Married filing jointly (even if only one had income)
3 ☐ Married filing separately. Enter spouse's SSN above and full name here. ▶
4 ☐ Head of household (with qualifying person). (See page 17.) If the qualifying person is a child but not your dependent, enter this child's name here. ▶
5 ☐ Qualifying widow(er) with dependent child (see page 17)

Exemptions

If more than four dependents, see page 19.

6a ☑ **Yourself.** If someone can claim you as a dependent, do not check box 6a
b ☑ **Spouse** . . . .
c **Dependents:**

(1) First name Last name	(2) Dependent's social security number	(3) Dependent's relationship to you	(4) ✓ If qualifying child for child tax credit (see page 19)
Sara M. Volpe	249 98 1322	child	☑
Shana E. Volpe	312 05 7886	child	☑
			☐
			☐

Boxes checked on 6a and 6b — **2**
No. of children on 6c who:
• lived with you — **2**
• did not live with you due to divorce or separation (see page 20)
Dependents on 6c not entered above
Add numbers on lines above ▶ **4**

d Total number of exemptions claimed . . . .

Income

Attach Form(s) W-2 here. Also attach Forms W-2G and 1099-R if tax was withheld.

If you did not get a W-2, see page 23.

Enclose, but do not attach, any payment. Also, please use Form 1040-V.

7	Wages, salaries, tips, etc. Attach Form(s) W-2	7	39,400
8a	Taxable interest. Attach Schedule B if required	8a	8,600
b	Tax-exempt interest. **Do not** include on line 8a . . . [8b]		
9a	Ordinary dividends. Attach Schedule B if required	9a	
b	Qualified dividends (see page 23) . . . . . [9b]		
10	Taxable refunds, credits, or offsets of state and local income taxes (see page 24)	10	
11	Alimony received	11	
12	Business income or (loss). Attach Schedule C or C-EZ	12	56,730
13	Capital gain or (loss). Attach Schedule D if required. If not required, check here ▶ ☐	13	
14	Other gains or (losses). Attach Form 4797	14	
15a	IRA distributions . . [15a] b Taxable amount (see page 25)	15b	
16a	Pensions and annuities [16a] b Taxable amount (see page 26)	16b	
17	Rental real estate, royalties, partnerships, S corporations, trusts, etc. Attach Schedule E	17	
18	Farm income or (loss). Attach Schedule F	18	
19	Unemployment compensation	19	
20a	Social security benefits [20a] . . . . . b Taxable amount (see page 27)	20b	
21	Other income. List type and amount (see page 29)	21	
22	Add the amounts in the far right column for lines 7 through 21. This is your **total income** ▶	22	104,730

Adjusted Gross Income

23	Archer MSA deduction. Attach Form 8853	23	
24	Certain business expenses of reservists, performing artists, and fee-basis government officials. Attach Form 2106 or 2106-EZ	24	
25	Health savings account deduction. Attach Form 8889 . .	25	
26	Moving expenses. Attach Form 3903	26	
27	One-half of self-employment tax. Attach Schedule SE .	27	4,008
28	Self-employed SEP, SIMPLE, and qualified plans . .	28	
29	Self-employed health insurance deduction (see page 29)	29	
30	Penalty on early withdrawal of savings	30	435
31a	Alimony paid b Recipient's SSN ▶	31a	
32	IRA deduction (see page 31)	32	
33	Student loan interest deduction (see page 33) . . .	33	
34	Jury duty pay you gave to your employer	34	
35	Domestic production activities deduction. Attach Form 8903	35	
36	Add lines 23 through 31a and 32 through 35	36	4,443
37	Subtract line 36 from line 22. This is your **adjusted gross income** ▶	37	100,287

For Disclosure, Privacy Act, and Paperwork Reduction Act Notice, see page 80.   Cat. No. 11320B   Form **1040** (2006)

续前表

Form 1040 (2006)   Page **2**

Tax and Credits	38	Amount from line 37 (adjusted gross income)		38	100,287
	39a	Check if: ☐ You were born before January 2, 1942, ☐ Blind. ☐ Spouse was born before January 2, 1942, ☐ Blind. Total boxes checked ▶ 39a			
Standard Deduction for—	b	If your spouse itemizes on a separate return or you were a dual-status alien, see page 34 and check here ▶39b ☐			
● People who checked any box on line 39a or 39b or who can be claimed as a dependent, see page 34.	40	**Itemized deductions** (from Schedule A) or your **standard deduction** (see left margin)		40	17,070
	41	Subtract line 40 from line 38		41	83,217
	42	If line 38 is over $112,875, or you provided housing to a person displaced by Hurricane Katrina, see page 36. Otherwise, multiply $3,300 by the total number of exemptions claimed on line 6d		42	13,200
	43	**Taxable income.** Subtract line 42 from line 41. If line 42 is more than line 41, enter -0-		43	70,017
● All others:	44	**Tax** (see page 36). Check if any tax is from: a ☐ Form(s) 8814 b ☐ Form 4972		44	10,619
Single or Married filing separately, $5,150	45	**Alternative minimum tax** (see page 39). Attach Form 6251		45	
	46	Add lines 44 and 45 ▶		46	10,619
	47	Foreign tax credit. Attach Form 1116 if required	47		
Married filing jointly or Qualifying widow(er), $10,300	48	Credit for child and dependent care expenses. Attach Form 2441	48	870	
	49	Credit for the elderly or the disabled. Attach Schedule R	49		
	50	Education credits. Attach Form 8863	50		
	51	Retirement savings contributions credit. Attach Form 8880	51		
Head of household, $7,550	52	Residential energy credits. Attach Form 5695	52		
	53	Child tax credit (see page 42). Attach Form 8901 if required	53	2,000	
	54	Credits from: a ☐ Form 8396 b ☐ Form 8839 c ☐ Form 8859	54		
	55	Other credits: a ☐ Form 3800 b ☐ Form 8801 c ☐ Form	55		
	56	Add lines 47 through 55. These are your **total credits**		56	2,870
	57	Subtract line 56 from line 46. If line 56 is more than line 46, enter -0- ▶		57	7,749
Other Taxes	58	Self-employment tax. Attach Schedule SE		58	8,016
	59	Social security and Medicare tax on tip income not reported to employer. Attach Form 4137		59	
	60	Additional tax on IRAs, other qualified retirement plans, etc. Attach Form 5329 if required		60	
	61	Advance earned income credit payments from Form(s) W-2, box 9		61	
	62	Household employment taxes. Attach Schedule H		62	
	63	Add lines 57 through 62. This is your **total tax** ▶		63	15,765
Payments	64	Federal income tax withheld from Forms W-2 and 1099	64	2,863	
	65	2006 estimated tax payments and amount applied from 2005 return	65	14,000	
If you have a qualifying child, attach Schedule EIC.	66a	Earned income credit (EIC)	66a		
	b	Nontaxable combat pay election ▶ 66b			
	67	Excess social security and tier 1 RRTA tax withheld (see page 60)	67		
	68	Additional child tax credit. Attach Form 8812	68		
	69	Amount paid with request for extension to file (see page 60)	69		
	70	Payments from: a ☐ Form 2439 b ☐ Form 4136 c ☐ Form 8885	70		
	71	Credit for federal telephone excise tax paid. Attach Form 8913 if required	71		
	72	Add lines 64, 65, 66a, and 67 through 71. These are your **total payments** ▶		72	16,863
Refund	73	If line 72 is more than line 63, subtract line 63 from line 72. This is the amount you **overpaid**		73	1,098
Direct deposit? See page 61 and fill in 74b, 74c, and 74d, or Form 8888.	74a	Amount of line 73 you want **refunded to you.** If Form 8888 is attached, check here ▶ ☐		74a	
	b	Routing number ▶ c Type: ☐ Checking ☐ Savings			
	d	Account number			
	75	Amount of line 73 you want **applied to your 2007 estimated tax** ▶	75	1,098	
Amount You Owe	76	**Amount you owe.** Subtract line 72 from line 63. For details on how to pay, see page 62 ▶		76	
	77	Estimated tax penalty (see page 62)	77		

Third Party Designee	Do you want to allow another person to discuss this return with the IRS (see page 63)? ☐ **Yes.** Complete the following. ☐ **No**
	Designee's name ▶ Phone no. ( ) Personal identification number (PIN)

Sign Here	Under penalties of perjury, I declare that I have examined this return and accompanying schedules and statements, and to the best of my knowledge and belief, they are true, correct, and complete. Declaration of preparer (other than taxpayer) is based on all information of which preparer has any knowledge.
Joint return? See page 17. Keep a copy for your records.	Your signature Date Your occupation Daytime phone number ( )
	Spouse's signature. If a joint return, **both** must sign. Date Spouse's occupation

Paid Preparer's Use Only	Preparer's signature ▶ Date Check if self-employed ☐ Preparer's SSN or PTIN
	Firm's name (or yours if self-employed), address, and ZIP code ▶ EIN Phone no. ( )

Form **1040** (2006)

第三步：减去标准扣除项目或分项扣除项目

目标 3

解释标准扣除和分项扣除之间的关系。

在计算应纳税所得额的第三步中，调整后总收入要减去标准扣除和分项扣除项中的较大者。

相对于美国的分项扣除和标准扣除来说，我国应纳税所得额的确定也有相应的费用减除标准，它们也按类别确定。工资、薪金所得，以每月收入额减除费用 2 000 元（2008 年 3 月 1 日起施行）后的余额为应纳税所得额，其中符合相应条件的外籍人员、华侨、港澳台同胞等还有 3 200 元的附加减除费用标准；个体工商户的生产、经营所得，以每一纳税年度的收入总额，减除成本、费用以及损失后的余额，为应纳税所得额；对企事业单位的承包经营、承租经营所得，以每一纳税年度的收入总额，减除必要费用后的余额，为应纳税所得额；劳务报酬所得、稿酬所得、特许权使用费所得、财产租赁所得，每次收入不超过 4 000 元的，减除费用 800 元，4 000 元以上的，减除20％的费用，其余额为应纳税所得额；财产转让所得，以转让财产的收入额减除财产原值和合理费用后的余额，为应纳税所得额；利息、股息、红利所得，偶然所得和其他所得，以每次收入额为应纳税所得额。除此之外，还有一些特别规定的扣除项目，比如境外已纳税额、公益救济性捐赠等。

标准扣除

标准扣除是根据申报纳税身份确定的。2007 年的基本扣除有：

已婚联合申报和未亡配偶	$ 10 700
已婚分别申报	5 350
户主	7 850
单身	5 350

只要个人在纳税年度的最后一天满 65 岁，他就有权利要求附加扣除。另外，法律规定盲人也有权利要求附加扣除。2007 年的附加扣除有：

已婚联合申报、已婚单独申报或未亡配偶	$ 1 050
户主或单身	1 300

由于基本标准扣除和附加标准扣除每年都要根据通货膨胀进行指数化调整，所以它们每年都可能会发生变动。[①]

标准扣除	O'Neil 夫妇联合申报纳税，他们的年龄分别为 79 岁和 75 岁。由于 O'Neil 先生属于盲人， 所以 O'Neil 夫妇 2007 年的标准扣除为 13 850 美元。

基本标准扣除	$ 10 700
O'Neil 先生的附加扣除：	
满 65 岁或 65 岁以上的老人	1 050
盲人	1 050
O'Neil 夫人的附加扣除：	
满 65 岁或 65 岁以上的老人	1 050
	$ 13 850

受抚养者的标准扣除限额

若一个人在另一个人的纳税申报表中被认定为受抚养者（见后面关于受抚养者的讨论），那么他就可以在受抚养者申报栏中填写有限额的基本标准扣除。2007 年的基本标准扣除不可超过下列两者的较大者：（1）850 美元，或

---

① § 63(c) and (f).

（2）受抚养者的劳动收入（工资、薪金或者自我雇佣收入）与 300 美元之和（这两个限额都要根据通货膨胀进行指数化调整）。

标准扣除限额　　　　17 岁的杰尔和 15 岁的贾尼斯在父母 2007 年度纳税申报表中都被认定为受抚养者。2007 年，杰尔通过暑假工作赚取了 3 940 美元，贾尼斯通过看护婴儿获得了 486 美元。杰尔和贾尼斯有各自的储蓄账户，里面存着祖母赠予的小额遗产。2007 年，他们每人获得了 712 美元的利息收入。

杰尔 2007 年的调整后总收入（工资＋利息）为 4 652 美元，作为单身纳税人的标准扣除为 5 350 美元，但实际扣除标准却为 4 240 美元（3 940 美元的劳动所得＋300 美元）。贾尼斯 2007 年的调整后总收入为 1 198 美元（486 美元的婴儿看护收入＋712 美元的利息收入），标准扣除限额为 850 美元。

分项扣除

调整后总收入的所有扣除项目都包括在分项扣除范畴之中。[1] 如果个人的总扣除额超过年标准扣除数，就选择有利的分项扣除（从调整后总收入中减去分项扣除）。而实际上，例外总是多于常规；大约只有 30% 的个体纳税人选择分项扣除。[2] 分项扣除列示在 1040 表的附表 A 上。

个人只有选择分项扣除，才能够获得节税的好处。如果在纳税年度，个人采用标准扣除法，那么任何分项扣除都不能带来税收优惠。

选择分项扣除　　　　回忆前面 O'Neil 夫妇的例子。我们假定 O'Neil 夫妇 2007 年的分项扣除总额为 12 000 美元，这个数额小于前例中 13 850 美元的标准扣除，这样，O'Neil 夫妇就会采用标准扣除来计算应纳税所得额。于是，分项扣除没有产生任何税收优惠。

现在，我们再假设 O'Neil 夫妇的分项扣除总额为 15 000 美元。在这种情况下，他们将会选择从调整后收入中减去分项扣除项目的做法。假如 O'Neil 夫妇的边际税率为 28%，这样，他们的分项扣除节税额为 4 200 美元（15 000 美元×28%），标准扣除节税额为 3 878 美元（13 850 美元×28%）。可见，分项扣除节税额比标准扣除节税额要多 322 美元（分项扣除比标准扣除多出的 1 150 美元乘以 28% 的边际税率）。

这个例子引出了个人税收扣除的一个关键问题。表内扣除项目一般都会造成应纳税所得额的减少；分项扣除可能对应纳税所得额产生有限影响，甚

---

[1]　§ 63(d).

[2]　"Individual Income Tax Returns：Selected Income and Tax Items for Specified Tax Years 1996—2003", Table 1, *Statistics of Income Division*, February 2005.

至可能没有影响。国会将会决定哪些项目属于表内扣除项目，哪些项目属于分项扣除项目。这种分类通常反映了税收政策的关注点，并且每年都不断变动。我们就以下面的例子来说明这个问题。个人受到了雇主的非法歧视，他将雇主诉诸法庭，在此期间，他发生了可扣除的律师费以及其他诉讼成本。2004年，美国政府颁布了《就业机会创造法案》，在此之前，个人所发生的上述诉讼费用属于分项扣除；而在该法案颁布之后，为了提高税法对涉及此类诉讼事项的个人的公平性，上述诉讼费就成为表内扣除项目。

捆绑的分项扣除

人们经常通过税收筹划捆绑技巧来最大化他们的分项扣除额，所谓的捆绑就是通过控制费用的扣除时间，将可扣除费用集中到一年之内。这样做，人们可以最大程度地集中扣除项目，以使其超过标准扣除额。下面的例子说明了这项筹划技巧。

捆绑起来的分项扣除		分项扣除 水平形式	捆绑 扣除
	诺里斯先生是单身纳税人，他的边际税率为35%。按照常规，他每年有4 750美元的分项扣除额，这个扣除额小于他的标准扣除额。如果每年他的费用形式都是这个水平，那么他将得不到来自费用扣除的税收优惠。相反，如果诺里斯能够把1 500美元的费用从2007年转移到2008年，那么他就可以在2007年采用标准扣除，而在2008年选择分项扣除。		
	2007		
	分项扣除	$ 4 750	$ 3 250
	标准扣除（单身）	5 350	5 350
	2008		
	分项扣除	$ 4 750	$ 6 250
	标准扣除（单身）	5 350	(5 350)
	分项扣除超过标准扣除额		$ 900
			0.35
	来自捆绑的节税额		$ 315

诺里斯先生如何将他的费用从2007年转移到2008年？诺里斯意识到，自己的大多数年度扣除项目都是现金形式，于是他就将2007年12月的费用支付推迟到2008年1月，这样诺里斯就将前一年度的费用扣除转移到了下一年度。在2008年末，诺里斯先生再加速支付2009年正常支出中的可扣除费用。如果实施这种循环捆绑策略，诺里斯在2009年将获得标准扣除。

分项扣除总限额

如果个人调整后总收入超过了限额，那么他就必须按照超额部分的3%

来减少某些分项扣除项目总额，但减少额不能超过这些扣除项目总额的80%。[1] 也就是说，不管收入水平如何，每个人至少可扣除项目总额的20%。分项扣除总限额随着纳税人收入的提高而递减，但标准扣除并不受纳税人收入高低的影响。

　　自2006年起，分项扣除总限额将被逐步废止，预计到2010年将完全取消。2007年，个人必须减少他们的分项扣除额，幅度大约为总扣除额的三分之二（调整后总收入超额部分的3%和扣除项目总额的80%中的较小者）。本章附录14—A中所包含的分项扣除工作表阐明了总限额的计算方法。

沃普夫妇：第三步

2006年，沃普夫妇发生了下列符合分项扣除的费用：

康涅狄格州的地方个人所得税	$ 5 140
沃普夫妇个人居所的房产税	1 920
住房抵押利息	8 080
慈善捐款	1 930

　　这些扣除项目列示在附表A（见表14.2）中，其总数填报在表A的第28行。我们知道，分项扣除总限额并没有对沃普夫妇造成影响，这是因为他们的调整后总收入没有超过2006年国家规定额标准（已婚联合申报额为150 500美元）。沃普夫妇的分项扣除总额为17 070美元，超过了他们的标准扣除额，因此他们选择了分项扣除。沃普夫妇将17 070美元的分项扣除总额填报在了1040表第二页的第40行上（见表14.1）。

第四步：减去免税额

目标4
计算免税额。

　　调整后总收入减去免税额，是计算应纳税所得额的第四步，也是最后一步。[2] 免税总额等于进行通货膨胀指数化调整后的年**免税额**（2007年为3 400美元）乘以个体纳税人的家庭成员数。家庭成员既包括纳税人（联合申报时计为两个纳税人），也包括受抚养者。受抚养者必须是纳税人的合格孩子或合格亲属。此外，**受抚养者**不能和其配偶联合申报纳税，并且他还必须是美国公民或美国、墨西哥、加拿大居民。

　　相对于美国的免税额来说，我国也有相应的免税项目，通常被称为税收优惠。我国税收优惠分为免征、减征和暂免三类。在计算应纳税所得额时，减免税项目不纳入计算范畴，比如国债利息只需在计算利息所得时，把其排除在外即可。而美国的免税项目则需要将其从综合所得中扣除。我国税法并没有受抚养者或者合格孩子、合格亲属的相应概念，当然也没有针对纳税人及其受抚养者而特别设定的免税标准额，但这并不代表我国对受抚养者没有

---

[1] §68.
[2] 《国内税收法典》第151条和第152条包含了免税规定和定义。

表 14.2

Schedule A—Itemized Deductions

(Schedule B is on back)

► **Attach to Form 1040.**   ► **See Instructions for Schedules A&B (Form 1040).**

OMB No. 1545-0074

2006

Attachment
Sequence No. **07**

Name(s) shown on Form 1040

James L. and Nancy J. Volpe

Your social security number

784 : 45 : 9042

Medical and Dental Expenses		**Caution.** Do not include expenses reimbursed or paid by others.			
	1	Medical and dental expenses (see page A-1) . . .	1		
	2	Enter amount from Form 1040, line 38 ⌐ 2			
	3	Multiply line 2 by 7.5% (.075)	3		
	4	Subtract line 3 from line 1. If line 3 is more than line 1, enter -0-		4	
Taxes You Paid (See page A-3.)	5	State and local income taxes	5	5,140	
	6	Real estate taxes (see page A-3)	6	1,920	
	7	Personal property taxes	7		
	8	Other taxes. List type and amount ►	8		
	9	Add lines 5 through 8		9	7,060
Interest You Paid (See page A-3.)	10	Home mortgage interest and points reported to you on Form 1098	10	8,080	
	11	Home mortgage interest not reported to you on Form 1098. If paid to the person from whom you bought the home, see page A-3 and show that person's name, identifying no., and address ►			
Note. Personal interest is not deductible.	12	Points not reported to you on Form 1098. See page A-4 for special rules	11		
			12		
	13	Investment interest. Attach Form 4952 if required. (See page A-4.)	13		
	14	Add lines 10 through 13		14	8,080
Gifts to Charity	15	Gifts by cash or check. If you made any gift of $250 or more, see page A-5 . . .	15	1,930	
If you made a gift and got a benefit for it, see page A-4.	16	Other than by cash or check. If any gift of $250 or more, see page A-5. You **must** attach Form 8283 if over $500	16		
	17	Carryover from prior year	17		
	18	Add lines 15 through 17		18	1,930
Casualty and Theft Losses	19	Casualty or theft loss(es). Attach Form 4684. (See page A-6.)		19	
Job Expenses and Certain Miscellaneous Deductions (See page A-6.)	20	Unreimbursed employee expenses—job travel, union dues, job education, etc. Attach Form 2106 or 2106-EZ if required. (See page A-6.) ►	20		
	21	Tax preparation fees	21		
	22	Other expenses—investment, safe deposit box, etc. List type and amount ►	22		
	23	Add lines 20 through 22	23		
	24	Enter amount from Form 1040, line 38 ⌐ 24			
	25	Multiply line 24 by 2% (.02)	25		
	26	Subtract line 25 from line 23. If line 25 is more than line 23, enter -0-		26	
Other Miscellaneous Deductions	27	Other—from list on page A-7. List type and amount ►		27	
Total Itemized Deductions	28	Is Form 1040, line 38, over $150,500 (over $75,250 if married filing separately)? ☑ **No.** Your deduction is not limited. Add the amounts in the far right column for lines 4 through 27. Also, enter this amount on Form 1040, line 40. ► ☐ **Yes.** Your deduction may be limited. See page A-7 for the amount to enter.		28	17,070
	29	If you elect to itemize deductions even though they are less than your standard deduction, check here ► ☐			

For Paperwork Reduction Act Notice, see Form 1040 instructions.   Cat. No. 11330X   **Schedule A (Form 1040) 2006**

提供税收优惠项目。比如，我国政府对在校小学 4 年级（含）以上学生的教育储蓄存款提供了免征存款利息所得税的税收优惠，教育储蓄存款是专门用于为孩子接受非义务教育而每月固定存款、到期支取本息的储蓄，这里的孩子通常根据纳税人的户口簿来确认，因此他们都属于中国公民。

美国关于**合格孩子**的定义比这个术语本身的含义和范畴要更广。这个定义不仅包括纳税人的子女和后代（孙辈等等），而且还包括纳税人的兄弟姐妹（包括同父异母或同母异父者），以及这些兄弟姐妹的后代（侄女和侄子等等）。然而，这些符合合格孩子定义的亲属，都必须满足三个条件。首先，这些亲戚和纳税人需在同一主要住所居住满半年。第二，亲属必须是小于 19 岁的孩子或者小于 24 岁的学生。[①] 第三，亲属在一年内的自我资金支持不能够超过他或她抚养费的一半。

合格孩子　　怀特夫妇抚养了 15 岁的儿子杰克和 17 岁的侄女凯伦，凯伦已经与她伯父和伯母一起生活了 4 年。2007 年，两个孩子找了一份暑假工作，但他们的收益远远小于本年度所收到的抚养费的一半。也就是说，他们符合合格孩子的定义。因此，怀特夫妇在其 2007 年的 1040 表上就可以将他们认定为受抚养者。

　　合格亲属的定义包括纳税人的家族成员以及其继父母的家族成员（长辈和后代、兄弟姐妹、姑妈和叔叔、侄子侄女，以及各种法定亲属）这些不符合合格孩子定义的家庭成员。合格亲属也包括与纳税人没有亲缘关系，但多年来都属于纳税人家庭成员的人。属于合格亲属的家庭成员，必须满足两个条件。首先，他必须从纳税人那里获得一半以上的生活费。其次，他的年收入总额要小于免税额。

法定亲属　　布莱克女士，单身，从 1998 年开始，就独立抚养南·安德森和鲍比·安德森。南和鲍比是布莱克女士大学室友的女儿和儿子，她的大学室友死于空难。2007 年，南找了一份暑假工作，赚得了 4 790 美元的薪金。鲍比在本年度没有收入。

　　南和鲍比都是布莱克女士的家庭成员，他们都从布莱克女士那里收到了半数以上的抚养费。然而，南的总收入超过了免税额 3 400 美元，因而她不满足法定亲属的定义。鲍比没有获得任何其他收入，满足合格亲属定义。这样，布莱克女士可以在其 2007 年的 1040 表中将鲍比定为受抚养者。

在受抚养者的纳税申报表中无免税额

　　即使一个人在另一个人的纳税申报表中被认定为受抚养者，他也可能要填写自己的纳税申报表。在这种情况下，受抚养者在其纳税申报表中不得申报免税额。相对于美国受抚养者的概念，我国个人所得税的纳税义务人也包括受抚养者，甚至包括未成年人，但由于我国受抚养者的经济收益并不是十分普遍，金额也不是很高，因此并没有对受抚养者及其抚养者的交叉税收问题作出特别规定，现阶段，这并不影响我国税收缴纳和征管。我国将受抚养者也看做一个独立的纳税义务人，其是否申报也应根据《个人所得税自行纳税申报办法》的相关规定来执行，特别是年所得在 12 万元以上的纳税人，在纳税年度终了后，还应当填写《个人所得税纳税申报表》。

---

①　对于永久性残疾和完全残疾的亲属没有年龄要求。

| 不可免税 | 约翰·莱诺克斯是一名23岁的大学生，对于他的父母马克斯·莱诺克斯和林恩·莱诺克斯来说，他满足合格孩子的定义。因此，莱诺克斯夫妇在他们2007年的1040表上将约翰定为受抚养者。然而，由于约翰在2007年的业余工作中赚得了7 800美元，所以他还要在自己的1040表中申报这项收入。在1040表中，约翰可以扣除5 350美元的标准扣除，但不可扣除免税额。这样，约翰在2007年的应纳税所得额就是2 450美元。 |

免税额的减少

如果调整后总收入超过了限额，纳税人就要减少免税额。显然，这对高收入者的免税额造成了影响，这一点与前面所讨论的分项扣除的减少非常类似。这两项减少机制最大的不同就是免税额能否减到零。从2006年开始，减少免税额的规定将逐渐被废止，而到2010年，将完全取消。2007年，免税额的减少额只占全部减少额的三分之二。在本章的附录14—B中，有一张免税额工作表，该表详细地列示了免税额减少额的计算过程。

| 沃普夫妇：第四步 | 沃普夫妇抚养了两个女儿，分别是7岁和10岁，一家人共同居住。沃普夫人还有一位82岁的寡居母亲——安妮·贾维斯，沃普夫妇每年要负担母亲80%的生活费。贾维斯夫人在2006年获得了4 216美元的应税存款利息。在1040表第一页的第6行，沃普夫妇为他们自己和两个孩子申请了免税额（如表14.1所示）。但是，他们并不能将安妮·贾维斯定为受抚养者，这是因为安妮·贾维斯的总收入超过了3 300美元的免税额。这样，沃普夫妇共享有免税额13 200美元（3 300美元×4），他们可以将安妮·贾维斯填报在1040表第二页的第42行上（如表14.1所示）。由于沃普夫妇的调整后总收入小于2006年的已婚联合申报限额225 750美元，所以免税额的减少额对他们没有影响。 |

应税所得的计算公式

下面总结了个人应税收入的四步计算公式。

总收入

（线上扣除）

调整后总收入

（标准扣除或分项扣除）

（免税额）

应纳税所得额

1040表中的调整后总收入是纳税人可用收入的近似值。标准扣除和免税额并不以货币支出和经济损失为基础，并且与特定现金流无关。从调整后总收入中减去标准扣除和免税额，其目的是避免税负过重，以保护基本的可支配收入额。若一个人的调整后总收入小于标准扣除额和免税额之和，则他的应纳税所得额为零。从理论上讲，此人须将调整后总收入中的每一美元都用于购买生活必需品，因而他也没有能力缴纳所得税。

沃普夫妇：应纳税所得额

1040 表的第一页和第二页（如表 14.1 所示）反映了沃普夫妇以下应纳税所得额的计算：

总收入（第 22 行）	$ 104 730
表内扣除（第 36 行）	（4 443）
调整后总收入（第 37 行）	$ 100 287
分项扣除（第 40 行）	（17 070）
免税额（第 42 行）	（13 200）
应纳税所得额（第 43 行）	$ 70 017

个人应纳税额的计算

美国根据申报纳税身份所确定的税率表来计算个人应纳税所得额[①]，并且税率表随着每年的通货膨胀率进行调整；我国根据分类税目所确定的税率表来计算个人应纳税所得额，而税率表并不随着每年的通货膨胀率进行调整。美国的个人所得税税率均属于超额累进税率；我国的个人所得税税率既包括累进税率，也包括比例税率。在我国，工资、薪金所得采用九级超额累进税率，个体工商户生产经营所得以及对企事业单位承包经营、承租经营所得采用五级超额累进税率，劳务报酬所得采用三级超额累进税率；其他税目采用比例税率。在美国，每年的累进税率基本上不相同，以下是 2007 年的税率表：

个人税率表

已婚联合申报和未亡配偶

如果应纳税所得额是：	税额是：
应纳税所得额≤ $ 15 650	应纳税所得额×10％
$ 15 650＜应纳税所得额 ≤ $ 63 700	$ 1 565.00＋（应纳税所得额 － $ 15 650）×15％
$ 63 700＜应纳税所得额 ≤ $ 128 500	$ 8 772.50＋（应纳税所得额 － $ 63 700）×25％
$ 128 500＜应纳税所得额 ≤ $ 195 850	$ 24 972.50＋（应纳税所得额 － $ 128 500）×28％
$ 195 850＜应纳税所得额 ≤ $ 349 700	$ 43 830.50＋（应纳税所得额 － $ 195 850）×33％

①　在1040 表的指南中规定，若个人应纳税所得额小于 100 000 美元，就要根据税率表来计算应纳税额。这里的表格引用了税率表，但剔除了算术计算过程。

| 应纳税所得额＞$349 700 | $94 601.00＋(应纳税所得额－$349 700)×35% |

已婚分别申报

如果应纳税所得额是：	税额是：
应纳税所得额≤$7 825	应纳税所得额×10%
$7 825＜应纳税所得额≤$31 850	$782.50＋(应纳税所得额－$7 825)×15%
$31 850＜应纳税所得额≤$64 250	$4 386.25＋(应纳税所得额－$31 850)×25%
$64 250＜应纳税所得额≤$97 925	$12 486.25＋(应纳税所得额－$64 250)×28%
$97 925＜应纳税所得额≤$174 850	$21 915.25＋(应纳税所得额－$97 925)×33%
应纳税所得额＞$174 850	$47 300.50＋(应纳税所得额－$174 850)×35%

户主申报

如果应纳税所得额是：	税额是：
应纳税所得额≤$11 200	应纳税所得额×10%
$11 200＜应纳税所得额≤$42 650	$1 120.00＋(应纳税所得额－$11 200)×15%
$42 650＜应纳税所得额≤$110 100	$5 837.50＋(应纳税所得额－$42 650)×25%
$110 100＜应纳税所得额≤$178 350	$22 700.00＋(应纳税所得额－$110 100)×28%
$178 350＜应纳税所得额≤$349 700	$41 810.00＋(应纳税所得额－$178 350)×33%
应纳税所得额＞$349 700	$98 355.50＋(应纳税所得额－$349 700)×35%

单身申报

如果应纳税所得额是：	税额是：
应纳税所得额≤$7 825	应纳税所得额×10%
$7 825＜应纳税所得额≤$31 850	$782.50＋(应纳税所得额－$7 825)×15%
$31 850＜应纳税所得额≤$77 100	$4 386.25＋(应纳税所得额－$31 850)×25%
$77 100＜应纳税所得额≤$160 850	$15 698.75＋(应纳税所得额－$77 100)×28%
$160 850＜应纳税所得额≤$349 700	$39 148.75＋(应纳税所得额－$160 850)×33%
应纳税所得额＞$349 700	$101 469.25＋(应纳税所得额－$349 700)×35%

每一张税率表都包含六个递增的等级税率。这些等级税率列于左栏。而右栏则给出了收入的应纳税额，它等于本级超额收入与本级边际税率的乘积再加上前一级累积税额。如果给定了一个收入额，首先要根据左栏确定收入等级，并计算超过本等级下限的应纳税所得额。然后，再参照右栏，用右栏的本级边际税率乘以超额数。最后，把这个结果加到前一级累积税额上，加总的结果就是给定收入的应纳税额。

我国适用于超额累进税率的征税对象也是同样的计算原理，此外，我国还提供了速算扣除计算法，即应纳税额＝应纳税所得额×适用税率－速算扣除数，其中速算扣除数也被列示在累进税率表中。我国适用于比例税率的征税对象，其应纳税额＝应纳税所得额×适用税率。

普通所得的应纳税额

2007 年，艾姆斯夫妇（已婚联合申报）、博伊德先生（户主申报），以及克罗尔女士（单身申报）均申报了 170 000 美元的应纳税所得额。他们的纳税额（四舍五入后的金额）计算如下：

	艾姆斯夫妇 （已婚联合申报）	博伊德先生 （户主申报）	克罗尔女士 （单身申报）
应纳税所得额	$170 000	$170 000	$170 000
等级下限	(128 500)	(110 100)	(160 850)
超过下限的金额	$41 500	$59 900	$9 150
等级税率	0.28	0.28	0.33
	$11 620	$16 722	$3 020
累积税额	24 937	22 700	39 149
总税额	$36 593	$39 472	$42 169

优惠税率

如果应纳税所得额中包含红利和资本利得，那么在计算应纳税所得额时，就应考虑所适用的优惠税率。下面的例题说明了优惠税率对税收计算的基本影响。

普通所得和资本利得的应纳税额

假定克罗尔女士确认了 25 000 美元的资本利得，这项利得适用于 15％ 的优惠税率。下面，我们就对克罗尔女士的应纳税额进行计算：

应纳税所得额	$170 000
资本利得	(25 000)
应纳税所得额中的普通所得	$145 000
等级下限	(77 100)
超过下限的数额	$67 900

等级税率			0.28
			$ 19 012
累计税额			15 699
普通所得的课税额			$ 34 711
资本利得的课税额（$ 25 000×15%）			3 750
纳税总额			$ 38 461

15%的资本利得税税率使得克罗尔女士的应纳税额从 42 169 美元减少到了 38 461 美元，节税 3 708 美元。

结婚惩罚困境

目标 6

解释结婚惩罚存在于联邦所得税体制中的原因。

前边，我们谈到了已婚夫妇艾姆斯和单身个人克罗尔女士，尽管他们都有 170 000 美元的普通所得，但是他们却有截然不同的纳税额，分别是 36 593 美元和 42 169 美元。产生这种差异原因是显而易见的：在同样的收入水平下，两个人的生活水平要低于一个人的生活水平。在假定艾姆斯夫妇比克罗尔女士有更低的资金支付能力的情况下，艾姆斯夫妇就应缴纳较少的税。

然而，在这里，我们不仅假定艾姆斯夫妇获得相同的雇佣薪金，还假定他们分别申报了 85 000 美元的应税所得（即联合收入的一半）。如果艾姆斯夫妇都采用单身纳税人税率表，那么他们每人将缴纳 17 911 美元的税款，也就是说，艾姆斯夫妇总共负担了 35 822 美元的税款。如果把这个数额和联合申报额 36 593 美元进行比较，这对夫妇就会抱怨他们由于结婚而多缴纳了 771 美元的税款。①

以上的比较表明，在联邦所得税体制中结婚是非中性的。然而，在 2003 年《就业与增长减税协调法案》中，国会同意免除低收入者的结婚惩罚。目前，对于那些适用于 10%和 15%的税率等级的已婚夫妇来说，其联合申报收入额恰好等于单身申报收入总额。并且，已婚夫妇的联合申报标准扣除额恰好等于单身纳税人标准扣除额的两倍。

结婚惩罚的解除 2007 年，凯丽·伯恩斯和她的未婚夫鲍勃·塔利分别赚得了 28 000 美元的薪金和 17 300 的工资。他们可能在本年度结婚，也可能依旧单身，下面我们就比较这两种情况下两个人所负担的总税额：

	已婚联合申报	单身申报（凯丽）	单身申报（鲍勃）
调整后总收入	$ 45 300	$ 28 000	$ 17 300
标准扣除	(10 700)	(5 350)	(5 350)
免税额	(6 800)	(3 400)	(3 400)

---

① 这对夫妇通过单独申报的方式并不能规避结婚惩罚。这是因为按照已婚单独申报的税率结构表所计算的配偶共同税额等于他们的联合申报税额。

应税收入	$ 27 800	$ 19 250	$ 8 550
税款	$ 3 388=	$ 2 497 +	$ 891

从上面的例子中可以看出，凯丽和鲍勃结婚联合申报和不结婚单独申报所缴纳的税额是相等的。这样，所得税在他们的婚姻税收筹划中属于中性因素。

为什么国会没有设置一个完全中性的所得税体制呢？这个税收政策谜题的答案可以通过一组简单的事实加以说明。假设有 A、B、C、D 四个纳税人，他们都遵循这样一个假定的税收体制：收入不超过 30 000 美元的纳税人适用于 20％的税率；收入超过 30 000 美元的纳税人适用于 30％的税率。下表列示了 4 人所填写的纳税申报表的相关信息：

纳税人	应纳税所得额	税额
A	$ 30 000	$ 6 000
B	30 000	6 000
C	10 000	2 000
D	50 000	12 000

现在，我们假定 A 和 B 结婚，C 和 D 结婚。如果这两对夫妇均联合申报纳税，则有以下结果：

纳税人	应税收入	税额
AB	$ 60 000	$ 15 000
CD	60 000	15 000

作为已婚夫妇的身份，AB 和 CD 有同等的应税所得和纳税额。AB 这对夫妇已婚联合申报比单身申报要多缴纳 3 000 美元税款。这是因为 A 和 B 在联合申报中把他们的收入累加，从而致使 30 000 美元的收入从 20％的等级税率提高到 30％的等级税率，其结果就是税款增加了 3 000 美元。CD 这对夫妇已婚联合申报比单身申报要多缴纳 1 000 美元税款。在 CD 的案例中，他们的收入只有 10 000 美元进入了高等级税率中征税。

如果四个人都填写单身纳税申报表，那么就可以规避结婚惩罚。AB 夫妇在各自的纳税申报表中申报纳税 6 000 美元，共计税款 12 000 美元。CD 这对夫妇在其各自的纳税申报表中分别申报纳税 2 000 美元和 12 000 美元，共计税款 14 000 美元，比 AB 夫妇要多缴纳 2 000 美元的税款。CD 夫妇可能会以违反横向公平的标准为由而对这种不公平的结果提出抗议。在现今社会，已婚夫妻被认为是一个经济单位，并且他们的纳税能力是总收入的函数。因此像 AB 和 CD 这样具有相同总收入的夫妇，不论其个人收入是多少，都应该缴纳同样的税款。正如这一系列事实所揭示的那样，允许已婚夫妇联合申报的所得税体制改革可能达到结婚中性或者横向公平二者之一，却不能兼顾。

难以捉摸的边际税率

边际税率就是适用于应纳税所得额最后一美元的百分比。显然，纳税人在计算税收支出和来自收入性交易事项的税后现金流时，一定要知道其边际税率。通过对照年应纳税所得额与所适用的等级税率表，个人就能确定他的显性边际税率。比如，2007年，一个单身纳税人估计将有200 000美元的年收入，他可从税率表中看出边际税率为33％。但是，这种显而易见的边际税率并不等于实际边际税率。

个人每增加一美元的收入，他的调整后总收入通常也增加一美元。这种增加改变了计算调整后总收入时所限定的扣除或抵免金额。在这一章，我们要学习这些可分项扣除的项目数额和免税额。在下一章，我们将讨论更多的这类对调整后总收入敏感的项目。如果调整后总收入每增加一美元就减少了一项或者多项扣除或抵免额，那么所增加的收入的税收成本将比显性边际税率所意味的还要大。

调整后总所得和边际税率的增加　　格兰特女士是一位单身个人，适用35％的显性边际税率。她所从事的交易事项预计将会产生10 000美元的应税现金流，她需要计算该事项的税后现金流。这笔交易不仅使调整后总所得增加了10 000美元，而且还使分项扣除减少了700美元。这样，10 000美元的收入增加额带来了10 700美元的应税收入额和3 745美元的应纳税额（10 700美元×35％）。收入增加后，格兰特女士的实际边际税率为37.45％，而交易所产生的税后现金流则为6 255美元（10 000美元的现金收入－3 745美元的税收成本）。

这个例子告诉我们个人边际税率是难以捉摸的。调整后总收入与某些扣除项目、抵免项目之间的反向关系导致了隐性附加税收的产生，而显性法定税率并没有对此加以反映。将交易所产生的税收结果完全考虑到税收计算中，这是计算税收增加额的唯一正确方法。

关于边际税率的若干视角　　目前，美国个人所得税的最高法定税率是35％。与其他工业化国家的最高税率相比，该税率是较优惠的。比如，英国的最高税率为40％，日本为50％，德国为53％，法国为54％。而从历史数据上看，35％的税率似乎也很低，比如最高联邦税率在1951年为92％，1964年为77％，甚至在1981年也为50％。

个人税收抵免

个人可以通过法定税收抵免来减少税款。经营个人独资企业或传递实体的人们所享受的税收抵免，在第11章中进行了讨论。拥有国外收入的人们所享受的税收抵免，在第13章中进行了讨论。除了这些讨论之外，个人还可能符合其他税收抵免的条件，下面我们就讨论其中的四种情况。

税收筹划原理——经营和投资规划的税收原则

孩子的抵免

目标 7

描述孩子的抵免和受抚养者的看护抵免。

在目前的法律体制下，在纳税年度末还未满 17 岁的每一个符合规定的孩子都可以在其抚养者的纳税申报表上要求 1 000 美元的抵免额。[①] 孩子的抵免额随着纳税人收入的提高而递减。对于已婚联合申报，如果调整后总收入超过 110 000 美元，那么它之后每增加 1 000 美元，总抵免额就会减少 50 美元（或本例数额的一部分）。对于单身申报或户主申报，当调整后总收入超过 75 000 美元后，这种抵免开始减少。而对于已婚分别申报，当其调整后总收入超过 55 000 美元时，这种抵免开始减少。

孩子的抵免

戴尔夫妇在其纳税申报表 1040 上申报了 117 890 美元的调整后总收入。12 月 31 日，他们的合格孩子分别是 18 岁、14 岁、12 岁和 10 岁。这些孩子的抵免总额为 2 600 美元。

调整后总收入	$117 890
调整后总收入限额	（110 000）
超额调整后总收入	$7 890
超额调整后总收入除以 1 000 美元后四舍五入	8
总抵免额的最大值（$1 000×17 岁以下孩子的个数）	$3 000
分阶段减少额（$50×8）	（400）
孩子的抵免额	$2 600

受抚养者的看护抵免

如果一个人看护着一个或多个 13 岁以下的孩子或在身体或精神上有残疾的人，他就可能享有看护抵免。[②] 看护抵免是根据受抚养者的看护费用确定的。看护费用既包括对家中看护者（保姆、管家、临时保姆）的补偿，又包括支付给看护中心的费用。看护抵免为那些因看护而损失收入的人提供了税收减免。基于这个目的，年抵免额以纳税人的年收入为限。在联合纳税申报表上，看护抵免限额是根据夫妻二人收入中的较低者确定的。如果纳税人只有一个受抚养者，年看护费用还需进一步被限定在 3 000 美元，而如果纳税人有两个或两个以上的受抚养者，年看护费用则被限定在 6 000 美元。

看护抵免等于受抚养者看护费用（受前述限额的限制）的一定百分比。这个百分比可参照调整后总收入确定。当调整后总收入不大于 15 000 美元

---

① §24. 孩子的税收抵免可以为某些低收入家庭提供返还收入。

② §21.

时，为35％；当调整后总收入超过15 000美元而不大于43 000美元时，每增加2 000美元（或2 000美元的一部分）就减少一个百分点；当调整后总收入超过43 000美元时，适用20％的最低百分率。

受抚养者的看护抵免

阿克塞尔夫妇每年要为六岁的女儿花费1 300美元的看护费用。夫妇二人的调整后总收入为25 400美元，他们的受抚养者看护抵免率为29％，计算过程如下：

调整后总收入	$ 25 400
调整后总收入的下限	(15 000)
超过调整后总收入下限的数额	$ 10 400
扣除（超过调整后总收入下限的数额除以2 000美元）	5.2
最大抵免百分率	35％
扣除率（取整数百分率）	(6)
夫妇二人的看护抵免率	29％

二人的受抚养者抵免总额为377美元（1 300美元的看护费用×29％）。

沃普夫妇：孩子和受抚养者的看护抵免

沃普夫妇1040表第二页（见表14.1）第43行申报了70 017美元的应纳税所得额，第44行申报了10 619美元的税款（根据第43行的应纳税所得额计算）。在整个纳税年度，沃普夫妇共为两个女儿支付了4 350美元的课外活动费。受抚养者的看护费用小于沃普先生39 400美元的薪金（沃普先生是夫妻双方收入中的较低者）。因而，沃普夫妇有权在第48行申报870美元的受抚养者的看护抵免（4 350美元的看护成本×20％的看护抵免率）。另外，他们还有权在第52行申报2 000美元的孩子抵免（每个女儿1 000美元）。这样，夫妻二人的所得税就减少到7 749美元，见第57行。

劳动所得抵免

许多个人并没有缴纳联邦所得税，这是因为标准扣除额和免税额为其提供了避税手段。然而，低收入家庭无法从工薪税上避税，工薪税从所获得的第1美元的工资和薪金开始起征。1975年，国会实施了劳动收入抵免，这项措施抵消了低收入者工薪税的负担，并且还鼓励人们不要依靠福利，而是去寻找工作。

劳动所得抵免是根据个人劳动所得的一定百分比确定的。[1] 这个百分比取决于个人是否有孩子以及孩子的数量。2007年，有两个或两个以上孩子的家庭至多可抵免4 716美元。如果劳动所得超过了限额，劳动所得抵免将逐渐

---

① §32.

减少。对于拥有两个或多个孩子的已婚夫妇来说，17 390 美元就是他们在 2007 年的限额，如果劳动所得超过了 17 390 美元这一限额，劳动所得抵免就会逐渐减少，而当其劳动所得达到 39 783 美元时，抵免额就将减为零。劳动所得抵免与大多数其他抵免是不同的，这是因为它具有可返还性：如果抵免额超过了抵免前的所得税额，纳税人就有可能获得抵免返还款。

劳动所得的抵免返还　　王氏夫妇本年度抵免前的所得税额为 2 200 美元。根据他们的孩子人数和劳动所得额，可以知道夫妇二人共享有 3 000 美元的劳动所得抵免。这项抵免使得他们不仅不用缴纳所得税，还可以从国库中获得 800 美元的返还性收入。

据国内收入署估计，约有 2 000 万美国家庭享有劳动所得抵免，这些家庭属于美国最贫困的家庭，其数量约占全国劳动力的五分之一。当他们作为纳税人在所得税纳税申报表上请求这项帮助时，国内收入署就会计算他们的抵免额。

选择劳动所得抵免还是较高的最低工资额　　一些经济学家认为，与相对较高的最低工资额相比，劳动所得抵免是给予低收入家庭补贴更好的选择。一些公司雇佣了技能水平有限的工人，工人最低工资额的增长提高了公司的劳动力成本。这样，最低工资额就可能导致这部分工人就业机会的减少。相对而言，劳动所得抵免对经营成本并不会造成不良影响。另外，人们只有通过工作才能够获得劳动所得抵免，劳动所得抵免鼓励人们参加入门级的低技能水平的工作。赚取最低收入的人（比如十几岁的青少年）所生活的家庭可能处于贫困线以上许多，因此最低工资额并不能真正地帮助那些穷困家庭，而劳动所得抵免却能够发挥家庭收入调节功能，而非个人收入调节。[①]

以上分析表明劳动所得抵免所产生的效应要优于最低工资额，国家采用劳动所得抵免更能体现税收政策的公平性原则，有利于贫富差距的调节。近年来，我国的基尼系数已然要求国家采取措施缩小贫富差距，因此我国也应对工薪所得的定额扣除进行政策调整思考，以体现国家制度的优越性。

超额工薪税的扣缴

联邦雇员工薪税等于年基本薪金额的 6.2% 再加上年薪金总额的 1.45%。雇主要将从雇员的工资中代扣代缴的工薪税上缴给国库。如果雇员换了新工作，新雇主也必须代扣代缴工薪税。新雇主代扣代缴的工薪税与以前雇主代扣代缴的工薪税无关。这样，雇员就可能间接地多支付了年工薪税。我国工薪税也采用代扣代缴制度，当然如果纳税人符合年末自行申报规定，还应于

---

① Gary Becker, "How to End Welfare As We Know It—Fast," *Business Week*, June 3, 1996.

年末再进行申报。我国工薪税的计算一般以月为实际参照标准，与美国相反，我国个人的离职与再就业可能获得税收利益。个人因与用人单位解除劳动关系而取得一次性补偿收入，其收入在当地上一年职工平均工资 3 倍数额以内的部分，免征个人所得税；超过 3 倍数额部分的一次性补偿收入，可视为一次取得数月的工资、薪金收入，允许在一定期限内平均计算。因此，我国个人因离职可能少支付了工资、薪金所得所应缴纳的个人所得税。

超额工薪税的扣缴　　2006 年 1—9 月（包括 9 月份），沃恩女士在 FM 集团工作；10 月，沃恩女士辞去了 FM 集团的工作，转而到 CN 公司就职。沃恩女士从 FM 集团获得了 98 000 美元的薪金，FM 集团代扣代缴的工薪税为 7 261 美元（94 200 美元×6.2%＋98 000 美元×1.45%）。沃恩女士从 CN 公司获得了 42 000 美元的薪金，CN 公司代扣代缴的工薪税为 3 213 美元（42 000 美元×7.65%）。在计算代扣代缴税额时，CN 公司忽略了 FM 集团已经代扣代缴的年基本薪金额的 6.2%。因而，CN 公司从沃恩女士的薪金中代扣代缴 2 604 美元的超额工薪税。

沃恩女士 2006 年度的工薪税：	
94 200 美元×6.2%	$5 840
140 000 美元的年薪金总额×1.45%	2 030
	$7 870
代扣代缴工薪税：	
FM 集团	$7 261
CN 公司	3 213
	$10 474
超额代扣代缴工薪税（10 474 美元—7 870 美元）	$2 604

沃恩女士将这笔**超额的代扣代缴工薪税**作为 2006 年度的所得税抵免项进行申报。[①] 这项税收抵免并不对本年度雇佣她的两个公司造成影响，即 FM 集团和 CN 公司无权获得沃恩女士的任何工薪税返还。

选择性最低税

除了普通所得税之外，个人还可能需要缴纳选择性最低税。[②] 个人选择性最低税是以选择性最低税所得（AMTI）为计算基础的，选择性最低税所得的计算已在第 11 章中介绍。

普通税收的应税所得
±选择性最低税调整

---

① §31. 代扣代缴的超额工薪税抵免是可以返还的。
② §55.

十 选择性最低税税收优惠

选择性最低税所得

目标 8
确认产生
个人选择
性最低税
的情况。

在通常情况下，许多选择性最低税调整项目和优惠项目既适用于公司，也适用于个人。然而，也有几个项目只适用于个人。例如，标准扣除额和免税额都属于选择性最低税调整，在计算选择性最低税所得时，它们都必须加回到应税所得中。[①] 分项扣除总限额并不属于选择性最低税调整，因此，任何分项扣除都应减去，即分项扣除限额是负的选择性最低税调整项。[②] 在下一章中，我们将介绍其他选择性最低税项目。

个人可以根据申报纳税身份来确定所享有的免税额，而选择性最低税所得超过免税额的部分就是计算选择性最低税的基础。一直以来，每年的选择性最低税免税额都由国会特别设定。2006 年的法定免税额直到 5 月份才设定，而 2007 年的免税额还未确定。选择性最低税免税额随着纳税人收入的增加而减少。特别要注意的是，当选择性最低税所得超过限额时，就要从免税额中减去选择性最低税所得超额部分的 25%。2006 年的免税额、选择性最低税所得限额，以及免税额减少至零时的选择性最低税所得（选择性最低税所得最大值）列示在下表中：

	免税额	选择性最低税所得限额	选择性最低税所得最大值
已婚联合申报和未亡配偶	$ 62 550	$ 150 000	$ 400 200
已婚分别申报	31 275	75 000	200 100
户主申报或单身申报	42 500	112 500	282 500

选择性最低税所得免税额

埃普斯女士，户主身份，其选择性最低税所得为 91 000 美元，该金额小于 112 500 美元的选择性最低税所得限额，因此她的免税额为 42 500 美元。

弗洛伊德夫妇联合申报纳税，其选择性最低税所得为 513 000 美元，该金额大于选择性最低税所得最大值，因此他们的免税额减少至零。

贾尔斯夫妇联合申报纳税，其选择性最低税所得为 215 000 美元，该金额在分阶段减少额的范围内，因此他们的免税额为 46 300 美元，计算如下：

AMTI	$ 215 000
AMTI 限额	(150 000)
超过限额的 AMTI	$ 65 000
	0.25
免税额的减少额	$ 16 250

[①]　§ 56(b)(1)(E).

[②]　§ 56(b)(1)(F).

已婚联合申报的免税额	$62 550
免税额的减少额	(16 250)
贾尔斯夫妇的免税额	$46 300

根据以下两级税率确定个人暂定最小课税额：

· 选择性最低税所得减去免税额的余额，在 175 000 美元以内的部分，乘以 26%（已婚分别申报为 87 500 美元）。

· 选择性最低税所得附加余额乘以 28%，其中选择性最低税所得的附加余额是指选择性最低税所得超过免税额的余额再减去 17 500 美元。如果在计算个人应税所得时，股息收入和资本利得全部按照优惠税率（通常为 15%）来课征，那么在计算属于选择性最低税所得范畴的股息收入和资本利得的暂定最小课税额时，也适用同样的优惠税率。[①]

暂定的选择性最低税

参照前例中的三个纳税人。假定他们的选择性最低税所得不包括任何利息收入和资本利得，他们 2006 年的暂定最小课税额计算如下：

	埃普斯女士	弗洛伊德夫妇	贾尔斯夫妇
选择性最低税所得	$91 000	$513 000	$215 000
免税额	(42 500)	—0—	(46 300)
选择性最低税所得超过免税额的数额	$48 500	$513 000	$168 700
在 175 000 美元内的选择性最低税所得余额的 26%	$12 610	$45 500	$43 862
选择性最低税所得附加余额的 28%	—0—	94 640	—0—
暂定最小课税额	$12 610	$140 140	$43 862

对于个人来说，暂定最小课税额减去抵免前的固定所得税额就是选择性最低税。也就是说，个人除了要缴纳固定税额以外，还要缴纳选择性最低税。

选择性最低税

前例中的三个纳税人，必须将他们的固定所得税额和暂定最小课税额进行比较。比较如下：

	埃普斯女士	弗洛伊德夫妇	贾尔斯夫妇
暂定最小课税额	$12 610	$140 140	$43 862
固定所得税额	(14 216)	(148 900)	(39 200)
选择性最低税	—0—	—0—	$4 662

---

① §55(b)(3).

2006 年，贾尔斯夫妇缴纳了固定税额和选择性最低税两项，共计43 862美元，而埃普斯女士和弗洛伊德夫妇只缴纳了固定所得税额。

缴纳选择性最低税的个人，可以将本年一定比例的选择性最低税金额留抵以后年度的固定所得税额。① 以后年度的最低税收抵免额仅限于当年固定税额超过暂定最小税额的部分。

最小留抵税额　　　假定贾尔斯夫妇可以将 4 662 美元选择性最低税中的 1 400 美元作为 2007 年的最低税收抵免额。2007 年，若夫妻二人的固定所得税额为 45 718 美元，暂定最小税额为 44 888 美元，则选择性最低税为 0（因为固定税额超过了暂定最小税额），实际上他们是用 830 美元的抵免额将固定税额减少到 44 888 美元。那么，2008 年，贾尔斯夫妇将拥有 570 美元（1 400 美元—830 美元）的留抵额。

选择性最低税陷阱

　　高收入纳税人十分喜欢利用税收优惠来大幅减少固定税额，使高收入者缴纳公平的所得税份额，就是个人选择性最低税的最初目的。但是近年来，越来越多的中层收入纳税人发现他们也有少量选择性最低税调整额或优惠额，也要缴纳选择性最低税。这是由于固定所得税率每年都随着通货膨胀率进行调整，而选择性最低税税率并没有调整。当一定收入的固定所得税率降低而选择性最低税税率不变时，该收入的固定所得税低于暂定最小税的可能性就增加了。事实上，固定税率和选择性最低税税率的日益接近能够产生选择性最低税，甚至这种情况也会发生在该年没有选择性最低税调节或优惠的个人身上。

选择性最低税的盲点　　　2007 年，布斯夫妇的应税所得为 385 000 美元，其中普通所得为 285 000 美元，股息和资本利得为 100 000 美元。这对夫妇没有选择性最低税调整或优惠，所以其选择性最低税所得为 385 000 美元，选择性最低税所得免税额为 0。但令他们吃惊的是，2007 年，布斯夫妇应缴纳 3 050 美元的选择性最低税。

暂定最小税额：	
$26\% \times 175\ 000$ 美元的普通选择性最低税所得	\$45 500
$28\% \times 110\ 000$ 美元（285 000 美元的普通选择性最低税所得—175 000 美元）	30 800
$15\% \times 100\ 000$ 美元的股息和资本利得	15 000
	\$91 300

---

① 《国内税收法典》第 53 条对精确的最小留抵税额的复杂计算进行了规范。

固定税额：

285 000 美元的普通收入的固定税额（MFJ）	$ 73 250
15% × 100 000 美元的股息和资本利得	15 000
应税所得的固定税额	88 250
选择性最低税（91 300 美元—88 250 美元）	$ 3 050

选择性最低税本是针对多数富人而设计的，结果却成为了一个广泛适用的税种。国会如果不作出重大改革，到 2010 年为止，选择性最低税将对 3 300万个人造成影响，其中收入在 50 000～75 000 美元的家庭占 37%，收入在75 000～100 000 美元的家庭占 73%。[①]

申报纳税要求

目标 9

陈述个人税款缴纳和申报纳税要求。

个人有义务向联邦政府缴纳整个年度的所得税和自我雇佣税。薪酬所得税是自动缴纳的；雇主有义务从雇员每次的工资和薪金中扣缴所得税并把这部分扣缴额以雇员的名义上缴给国库。[②] 其他收入项目的所得税，比如独资公司净利润、合伙企业分配额、投资收益，必须分为四个等额部分进行缴纳。[③] 其中，前三个部分分别在当年的 4 月 15 日、6 月 15 日、9 月 15 日缴纳，而第四部分在下一年度的 1 月 15 日之前缴纳。

个人如果没有及时地按照当前税额的 90% 或以上按季纳税，将被处以罚款。[④] 由于估计正在发展变动的税额本来就有不确定性，所以法律提供了一种**免责估计**。如果个人前一年的选择性最低税小于或等于 150 000 美元，本年缴纳的估计税额就为前一年税额的 100%。[⑤] 这样做，就避免了因少纳税而引起的处罚。而如果个人前一年的选择性最低税超过 150 000 美元，本年缴纳的免责估计税额就为前一年税额的 110%。[⑥]

免责估计

鲁伊斯女士在当地的一家公司工作，公司每年为她代扣代缴所得税 14 000 美元。最近，鲁伊斯开始从事一项新的高风险和收益不确定的经营。前年，鲁伊斯夫妇的选择性最低税是 92 000 美元，所得税和自我雇佣税共计 25 116 美元。如果分期纳税额为 2 779 美元，那么四次分期纳税金额加上公司的代扣代缴额就是 25 116 美元，这样，不管

---

① "Key Points on the Alternative Minimum Tax," *Urban-Brookings Tax Policy Center*, January 21, 2004.

② §3402. 根据雇员提供给雇主的 W—4 表上的婚姻和家庭状况来确定扣缴额。雇员也可以确定该年中代扣代缴的每一美元所得税额。

③ §6654(c).

④ §6654(a) and (d)(1)(B)(i).

⑤ §6654(d)(1)(B)(ii).

⑥ §6654(d)(1)(C).

实际年纳税额为多少，他们都免除了处罚。

纳税人必须随着纳税年度的结束，在来年第 4 个月 15 日之前提交 1040 表；若从日历年度来看，4 月 15 日就是到期日。[①] 如果全年代扣代缴和四次分期纳税总额小于按照纳税申报表计算的税额，那么纳税人就必须在申报纳税日缴纳这一差额。如果预付税款大于申报表上的应纳税额，那么就可凭纳税申报表要求返还多纳税额。

用信用卡纳税　　　　国内收入署与私人信用卡公司签订协议，允许个人通过这些公司缴纳他们的联邦税款。现在，个人可以通过美国的运通信用卡、维萨信用卡、发现信用卡、万事达信用卡来缴纳税款余额以及预计分期纳税额。尽管国内收入署并没有对信用卡纳税收费，但信用卡公司很可能根据缴纳的税额来收取服务费。

无法投递的返还款　　　　由于错误的邮寄地址，国内收入署收到美国邮局退还的 2005 年度的税收返还款账单，目前国内收入署正在寻找这 95 746 个纳税人。这些地址错误的税收返还款账单额共计 9 200 万美元！如果个人希望收到返还款，那么可以登录国内收入署网站，在"我的返还款在哪里"栏目里查询他们的返还款的情况。

如果纳税人没有准备好提交纳税申报表，可以请求自动展期四个月，日历年的 8 月 15 日就是申报纳税到期日。[②] 这项延期只适用于纳税申报表的提交要求；如果纳税人估计自己还欠税，那么他就应该缴纳税款余额，否则就会因展期期满而需缴纳利息和罚款。[③] 如果四个月的展期不足，个人可以再要求两个月的展期，即展期到 10 月 15 日。第二次展期不是自动的，只有存在不寻常的情况能够证明有进一步延迟的必要性时，国内收入署才会同意再延期。[④]

沃普夫妇：税收返还　　　　在表 14.1 中，列示了沃普夫妇 1040 表的第二页。在第 58 行，沃普夫人缴纳 8 016 美元的自我雇佣税。在第 63 行，夫妇二人共支付 15 765 美元的所得税和自我雇佣税。当年，沃普先生的雇主从其工资中代扣代缴所得税 2 863 美元，且沃普夫妇分期缴纳预计税款共计 14 000 美元。因为第 72 行的总纳税额 16 863 美元超过了总税额 1 098 美元，所以沃普夫妇拥有一项国库欠缴的返还款。第 75 行的数据表明，他们决定将此项返还款用于 2007 年的估计税款，而不是收取现金

---

① §6072(a).

② 见 4868 表（提交美国个人所得税纳税申报表的自动展期申请）。

③ Reg. §1.6081-4T.

④ 见 2688 表（提交美国个人所得税纳税申报表的额外展期申请）。

返还款。

结 论

第 14 章为个体纳税人提供了一部"大片"。在本章，我们逐步得出了应税所得的基本计算公式，并讨论了调整后总收入在这个公式中的重要性。我们学会了如何计算个人收入的固定税额，认识了大部分常见的税收抵免，并考虑了选择性最低税的发展趋势。最后，本章以个体纳税人的税款缴纳和申报要求结束。

关键术语

线上扣除	免税额	合格亲属
调整后总收入（AGI）	申报纳税身份	免责估计
捆绑	户主	个别纳税申报表
孩子的税收抵免	分项扣除	单身纳税人
受抚养者	连带责任	标准扣除
受抚养者的看护抵免	联合纳税申报表	未亡配偶
劳动所得抵免	合格孩子	总收入
超额工薪税扣缴		

税收筹划案例

1. WG 夫妇的调整后总收入平均为 425 000 美元，适用于 35％的等级税率。他们有一个 22 岁的儿子，儿子正在上全日制大学。WG 夫妇给了儿子一组债券资产组合，该证券组合每年能产生 20 000 美元的利息收入。儿子靠这部分收入流可以完全自立，并申报他自己的纳税申报表。请计算一下这个税收筹划方案每年能够为该家庭带来多少节税额。

2. TP 夫妇估计其调整后总收入为 260 000 美元，分项扣除额为 40 000 美元。今年，这对夫妇获得了一个投资机会，该投资机会预计将产生 2 万美元的额外普通收入。在 TP 夫妇作出投资决策前，他们必须弄清楚这项收入所带来的税收成本。假设 TP 夫妇采用联合申报纳税，有三个受抚养的孩子，当年没有选择性最低税，请计算一下税收成本。

3. 假设税法有这样一条规定：纳税人及其家庭成员可以将音乐课程的成本分项扣除；若没有这项扣除，纳税人可以要求前 1 000 美元的音乐课程成本作为不可返还的税收抵免（任何抵免余额都不能向前后年度结转）。在下列各个选项中，纳税人的申报纳税身份都是单身纳税人，她应该采用税收扣除还是采用税收抵免，请给出你的建议。

a. M 女士的调整后总收入为 95 000 美元。在考虑 5 000 美元的音乐课程成本之前，她没有分项扣除。

b. N 女士调整后总收入为 27 000 美元。在考虑 5 000 美元的音乐课程成本之前，她有 5 820 美元的分项扣除。

c. O 女士调整后总收入为 95 000 美元。在考虑 5 000 美元的音乐课程成本之前，她有 7 200 美元的分项扣除。

4. 史密斯先生系美国公民，在中国境内无住所。他于 1997 年 1 月 20 日来青岛，一直居住到 2003 年 12 月 5 日，之后回国，并于 2004 年 1 月 1 日再次来青岛，一直居住到 2007 年 5 月 30 日，之后回国。假设史密斯先生可以将 2003 年 12 月 5 日的离境时间调整为 2003 年 11 月 30 日。请参照《中华人民共和国个人所得税法》、《中华人民共和国个人所得税法实施条例》、财税〔1995〕98 号，分析史密斯先生调整筹划后与调整筹划前的纳税情况有何不同。

5. 李小姐，现年 18 岁，高中生，从亲属那里获得 6 000 元人民币的压岁钱。经父母许可，李小姐可自行处置这笔压岁钱。李小姐欲将这笔钱进行一年期投资，有如下几种选择：（1）存入银行；（2）用于教育储蓄；（3）购买国库券；（4）购买股票。请从税收成本出发，依据国务院令第 272 号、《教育储蓄利息所得税免征个人所得税实施办法》、《中华人民共和国个人所得税法》、财税〔2005〕102 号、107 号等法律规范，对以上选择进行分析。

附录 14—A

分项扣除工作表

列示在附表 A 上的分项扣除总额	……		列示在附表 A 上的分项扣除总额	$ 22 875
减去以下扣除项目:			减去以下扣除项目:	
医疗费用	……		医疗费用	—0—
投资利息费用	……		投资利息费用	$ 4 289
意外、失窃或赌博损失	——		意外、失窃或赌博损失	—0—
合计	( )		合计	(4 289)
实行总限额的分项扣除总额	……		实行总限额的分项扣除总额	$ 18 586
	0.80			0.80
最大扣除额			**最大扣除额**	$ 14 869
调整后总收入	……		调整后总收入	$ 293 370
经年度通货膨胀调整后的限额	( )		经年度通货膨胀调整后的限额	(156 400)
超额调整后总收入	……		超额调整后总收入	$ 136 970
	0.03			0.03
	……			$ 4 109
2007 年的递减率	0.667		2007 年的递减率	0.667
暂定扣除额			**暂定扣除额**	$ 2 741
列示在附表 A 上的分项扣除总额	……		列示在附表 A 上的分项扣除总额	$ 22 875
减去最大扣除额和暂定值中的较小者	( )		减去最大扣除额和暂定值中的较小者	(2 741)
允许的分项扣除总额			**允许的分项扣除总额**	$ 20 134

注:* 2007 年的限额为 156 400 美元(已婚分别申报为 78 200 美元)。

例子　2007 年,摩根先生的分项扣除总额为 22 875 美元,调整后总收入为 293 370 美元。尽管摩根先生没有医疗费用和意外、失窃或赌博损失,但有 4 289 美元的投资利息费用。根据以上计算可知,摩根先生可以扣除的分项扣除额为 20 134 美元。

附录 14-B

免税额工作表

经年度通货膨胀调整后的免税额	······	2006 免税额	$3 400
申报表上的免税额乘数（纳税人和受抚养者人数）	×	申报表上的免税额乘数（纳税人和受抚养者人数）	×6
暂定免税额	=	**暂定免税额**	$20 400
调整后总收入	······	调整后总收入	$298 040
经年度通货膨胀调整后的调整后总收入限额*	( )	经年度通货膨胀调整后的调整后总收入限额*	(234 600)
调整后总收入余额	=	**调整后总收入余额**	$63 440
调整后总收入余额除以2 500美元	······	调整后总收入余额除以2 500美元	
（$1 250MFS）（取整）		（$1 250MFS）（取整）	
（若不小于 50,免税额就为 0）		（若不小于 50,免税额就为 0）	26
乘以 2	×2	乘以 2	×2
暂定免税额减少百分比	=	**暂定免税额减少百分比**	52
暂定免税额	······	暂定免税额	$20 400
减少百分比	____	减少百分比	0.52
	······		$10 608
2007 年的递减率	0.667	2007 年的递减率	0.667
免税额的减少额	____	**免税额的减少额**	$7 076
免税额		**免税额**	
（暂定免税额—减少额）	____	（暂定免税额—减少额）	$13 324

注：* 2007 年的限额：已婚联合申报（MFJ），234 600 美元；已婚分别申报（MFS），117 300 美元；户主申报（HH），195 500 美元；单身申报（S），156 400 美元。

例子　　　　金夫妇提交的联合纳税申报表上申报了六项免税额。他们的调整后总收入是 298 040 美元。根据上述列表计算得知，金夫妇在 2007 年的免税额是 13 324 美元。

第15章

薪酬和退休金计划

学习目标

通过本章的学习，你应该能够：

1. 区分雇员和独立承包人。

2. 列举确定股东/雇员合理薪酬的因素。

3. 认识最常见的非应税雇员额外福利。

4. 描述股票期权的税收结果。

5. 比较合格退休金计划和不合格退休金计划的税后财富累计额。

6. 区分固定福利计划和固定缴款计划。

7. 解释雇员采用不合格延期薪酬计划的原因。

8. 叙述基欧计划为自我雇佣者带来的税收利益。

9. 叙述向个人退休账户缴款和取款所产生的税收结果。

许多个人将他们作为雇员所赚取的薪酬作为最重要的收入项目之一，这项收入被列示在1040表第一页的第一项里。[①] 薪酬包括小时工资、年薪、销售佣金、小费、酬金、额外福利、奖金、解雇费或在雇佣过程中所获得的其他经济利益。[②] 在第15章的第一部分，我们将介绍几种常用的薪酬筹划方法，并分析每种方法的税额和现金流量，借此来了解广义所得的范畴。在本章的第二部分，我们将考察人们如何将当前的薪酬转移到退休后的收入之中。通

---

① 根据国家税收联合委员会的一项报告，工资和薪金占个人申报收入总额的75%。

② Reg. § 1.61-2.

过长期的税收筹划，个人能够最大化他们在职期间用于消费和娱乐的现金流。

　　薪酬也是我国人民最重要的收入项目，被列示在税法和个人所得税纳税申报表的第一项纳税对象里。我国将薪酬所得称为工资、薪金所得，是指个人因任职或受雇而取得的工资、薪金、奖金、年终加薪、劳动分红、津贴、补贴以及任职或者受雇有关的其他所得。在我国，薪酬转移到退休后的收入中以获取税收利益的税收筹划空间比较有限，主要是因为我国社会保障体系处于初级阶段，国家对退休后薪酬性质的所得只有少量的税收规定和税收优惠政策。

薪酬交易

　　薪酬的支付是一项交易，它根据交易双方的税收结果来确定：雇主支付薪酬，雇员收到薪酬。劳资双方通过合同来约定薪酬的种类及数额。在签订合同时，雇主要最小化薪酬支付所带来的税后成本；而雇员则要最大化所获得的薪酬的税后价值。高级雇员以个体身份在自由市场上与雇主进行谈判和交易，劳资双方都能达到其目的。值得注意的是，在这个过程中，交易双方可以将不同的薪酬分配方案进行比较，计算双方的税收结果。这样做，雇主和雇员能够在相互满意的基础上达成总税额最小的协议。与高级雇员相比，普通雇员一般只能在公共市场上与雇主进行非私人交易。普通雇员对雇主所提供的薪酬配置只能选择接受或拒绝。在这种情况下，劳资双方就一定会追求各自的税收筹划目标。

雇员还是独立承包人？

目标1
区分雇员交易和独立承包人。

　　雇主/雇员关系的一个重要特征就是：雇主有权指定和控制雇员的工作时间、工作地点以及工作方式。[①] 雇主与雇员之间的关系具有持续性，其原因在于薪酬的定期性以及由此而导致的工作时间的规律性；雇主与雇员之间的关系具有排他性，其原因在于雇员只为一个雇主工作，而不是为整个公共市场服务。

　　如果公司不雇佣雇员，也可以聘用独立承包人。**独立承包人**（independent contractor），就是个体经营者（self-employed individual），他们为了临时性货币需求而提供劳务。独立承包人可以控制提供劳务的方式。独立承包人的工作过程并不为客户所关注，客户只对他们的工作结果表示接受或拒绝。独立承包人和客户之间的关系具有暂时性，除此之外，独立承包人还可以同时拥有多个客户。

　　在我国，个人所得税的课税对象是分类所得，因而劳资关系就成为划分

---

① Reg. § 31.3401(c) -1(b) .

所得范畴的一个重要指标。一般来说，工资、薪金所得属于非独立劳动所得、雇佣所得；劳务报酬所得属于独立劳动所得、非雇佣所得。此外，个体工商户除了经营所得之外，还有独立劳动所得；个人还有对企事业单位的承包经营、承租经营所得等等。相对于美国来说，我国劳动人员的身份较多。实际上，我国工资、薪金所得的劳动主体就是美国劳务关系划分中的雇员；而美国的独立承包人则基本上包含了我国独立劳动的个体工商户、承接社会组织及个人客户事项的个体纳税人。这两个分类最重要的区分点就是劳务提供主体的独立性（雇佣性）和劳务提供时间的持续性。独立劳动，即个人从事的是由自己自由提供的、不受他人指定、安排和具体管理的劳动。

工人分类的税收结果

税收差异是独立承包人和雇员之间最大的区别。正如你在第 10 章中所了解到的那样，雇主必须就支付给雇员的薪酬缴纳联邦工薪税和州工薪税。此外，雇主还要代扣代缴雇员的工薪税，以及雇员来自工资和薪金的联邦、州、地方所得税。美国的"工人"指的是独立承包人和雇员的总称，即劳动提供者、劳务人员，与我国通常所称的获取薪酬的工人概念是不同的。在我国，个人提供劳务所获得的收入无需缴纳工薪税，只缴纳个人所得税。个人所得税属于中央与地方共享税种。与美国一样，我国雇员的个人所得税征缴也要求代扣代缴。我国的雇员概念不包括投资者、股东、个体工商户、对企事业单位的承包经营人及外籍人员。

在日历年度末，雇主必须将 W—2 表（工资纳税表）分发给每一位员工。[①] W—2 表提供了雇主为雇员代扣代缴的各种税款的详细信息。

W—2 表　　　　Crockett 生产公司雇佣了罗宾·西姆斯。2006 年，罗宾获得 111 000 美元的薪金。她的月工资单净额为 6 390 美元，总额为 9 250 美元。净额等于总额减去公司代扣代缴的联邦所得税、联邦社会保险税、联邦医疗税以及州所得税。参见表 15.1，即罗宾的 W—2 表。

客户雇佣独立承包人所支付的酬金不必按照《联邦社会保险缴款法》（FICA）缴纳工薪税，也无需代扣代缴所得税。年末，客户须将 1099—MISC 表（Miscellaneous Income，杂项收入表）分发给每一个独立承包人，以供承包人申报本年度的酬金。若独立承包人经营个人独资公司，则要在 1040 表的附表 C 上将这项酬金作为经营收入申报。独立承包人应根据营业净利润来缴纳自我雇佣税。自我雇佣税和联邦所得税一样，分四期缴纳。我国个人经营独资公司一律缴纳个人所得税，征税办法包括查账征税和核定征收两种。此外，我国没有自我雇佣税这一税种，对于个人所得分 11 类课征个人所得税，其中除了个体工商户生产经营所得以及比照其征税的个人独资企业、合伙企

---

① §6051(a).雇主必须在1月31日之前分发 W—2 表。如果雇员在该年终止了雇佣关系，并提交了索要 W—2 表的书面申请，那么雇主就必须在收到申请后的 30 天内发出 W—2 表。

业以外，其余类别都属于按月代扣代缴的范围。

表 15.1

a Control number		OMB No. 1545-0008	Safe, accurate, FAST! Use	IRS e-file	Visit the IRS website at www.irs.gov/efile.

b Employer identification number (EIN) 87-40078325		1 Wages, tips, other compensation 111,000	2 Federal income tax withheld 20,496
c Employer's name, address, and ZIP code **Crockett Products** P.O. Box 92252 Wilmington, DE 12899		3 Social security wages 94,200	4 Social security tax withheld 5,840
		5 Medicare wages and tips 111,000	6 Medicare tax withheld 1,610
		7 Social security tips	8 Allocated tips
d Employee's social security number 496-45-3150		9 Advance EIC payment	10 Dependent care benefits
e Employee's first name and initial Last name Suff.		11 Nonqualified plans	12a See instructions for box 12
Robin L. Simms	13 Statutory employee ☐ Retirement plan ☐ Third-party sick pay ☐		12b
108 Brunswick Court Clayton, DE 12890	14 Other		12c
			12d
f Employee's address and ZIP code			

15 State Employer's state ID number	16 State wages, tips, etc.	17 State income tax	18 Local wages, tips, etc.	19 Local income tax	20 Locality name
DE 400648	111,000	6,374			

Form **W-2** Wage and Tax Statement   **2006**   Department of the Treasury—Internal Revenue Service

Copy B—To Be Filed With Employee's FEDERAL Tax Return.
This information is being furnished to the Internal Revenue Service.

1099—MISC 表　　萨姆·林肯是一位独立承包人，他偶尔为 Crockett 生产公司提供专业性服务。2006 年，萨姆从公司共获得了 34 700 美元的酬金。这些酬金列示在表 15.2 中，表 15.2 是 1099—MISC 表。

工人分类的争议

应根据每项劳务的实际情况，将工人分类为雇员和独立承包人。[①] 通常，这种分类都是简单的、直截了当的。但有时，工作关系的本质并不能清楚地表明工人究竟是雇员还是独立承包人。而在我国，所得税分类明确，对劳务关系也在税法中予以说明，不存在较大争议。

公司的观点

当工人分类不明确时，公司倾向于把工人看做独立承包人。因为这样做，公司不仅避免了工薪税和代扣代缴所带来的管理成本，而且还不必支付永久雇佣所带来的额外福利。雇主支付给雇员的工资成本实际上包括两个部分，即薪酬和福利。薪酬是指工资、薪金；福利是指雇员应享有的医疗保险、人寿保险、假薪、病薪、退休养老金等等。如果公司能够用雇佣雇员的薪酬来雇佣独立承包人，那么它就规避了福利成本。我国雇员相对于其他劳动者来说，公司不一定为其多支付了代扣代缴管理成本，但一定多支付了福利成本，比如住房公积金、医疗保险费、基本养老保险费、失业保险费及福利费

[①]　在 Rev. Rul. 87-41, 1987-1 CB 296 中，国内收入署列举了 20 个因素来确定个人是雇员还是独立承包者。

等等。

表 15.2

<table>
<tr><td colspan="5" style="text-align:center">☐ CORRECTED (if checked)</td></tr>
<tr><td rowspan="2">PAYER'S name, street address, city, state, ZIP code, and telephone no.

Crockett Products
P.O. Box 92252
Wilmington, DE 12899</td><td>1 Rents
$</td><td colspan="2">OMB No. 1545-0115

2006
Form **1099-MISC**</td><td rowspan="4">**Miscellaneous Income**

Copy B
For Recipient</td></tr>
<tr><td>2 Royalties
$</td></tr>
<tr><td></td><td>3 Other income
$</td><td colspan="2">4 Federal income tax withheld
$</td></tr>
<tr><td>PAYER'S federal identification number
87-4007325</td><td>RECIPIENT'S identification number
165-39-2238</td><td>5 Fishing boat proceeds
$</td><td>6 Medical and health care payments
$</td></tr>
<tr><td>RECIPIENT'S name
Sam Lincoln</td><td></td><td>7 Nonemployee compensation
$ 34,700</td><td>8 Substitute payments in lieu of dividends or interest
$</td><td rowspan="5">This is important tax information and is being furnished to the Internal Revenue Service. If you are required to file a return, a negligence penalty or other sanction may be imposed on you if this income is taxable and the IRS determines that it has not been reported.</td></tr>
<tr><td>Street address (including apt. no.)
68 Fernglade #316</td><td></td><td>9 Payer made direct sales of $5,000 or more of consumer products to a buyer (recipient) for resale ▶ ☐</td><td>10 Crop insurance proceeds
$</td></tr>
<tr><td>City, state, and ZIP code
Wilmington, DE 12849</td><td></td><td>11</td><td>12</td></tr>
<tr><td>Account number (see instructions)</td><td></td><td>13 Excess golden parachute payments
$</td><td>14 Gross proceeds paid to an attorney
$</td></tr>
<tr><td>15a Section 409A deferrals
$</td><td>15b Section 409A income
$</td><td>16 State tax withheld
$
$</td><td>17 State/Payer's state no.</td><td>18 State income
$
$</td></tr>
</table>

Form **1099-MISC**　　　　(keep for your records)　　Department of the Treasury - Internal Revenue Service

税收讨论

联邦快递公司（FedEx）将其数千名司机归类为独立承包人，而国内收入署和加利福尼亚州政府却将其归类为雇员。结果，联邦快递还是必须支付额外福利和工薪税。

国内收入署的观点

理论上，联邦政府对雇员和独立承包人的分类应持无差异观点，国内收入署应对工人薪酬征收相同的雇佣税（包括工资税和自我雇佣税）和所得税。而实际上，国内收入署对雇员征收的税比对独立承包人征收的税要高一些。如果工人的身份是雇员，那么雇主就要依法向政府提交薪酬雇佣税和薪酬所得税。

如果公司将工人归类为独立承包人，纳税责任就转移给承包人。国内收入署认为，个体经营者总体上的纳税遵从度相对较低，或者是因为他们没有提交纳税申报表，或者是因为他们低报了申报经营所得。由于这个原因，国内收入署在工人分类问题上采取主动姿态。在将工人归类为独立承包人时，公司必须认识到纳税检查风险的存在。如果在工人分类检查中，税务员认为事实和情况倾向于雇员身份，那么公司就可能因为没有履行雇主纳税责任而缴纳利息和罚款。

在分类范围较明确的前提下，我国政府对纳税人的劳动身份并没有偏好，但并不表示政府不关注其确定。比如，对于出租车司机的纳税类别归属问题，财税部门就以车辆的所有权为标准，将其区分为薪酬所得纳税人和个体工商户纳税人。

进一步讨论　　　如果国内收入署对独立承包人做出了明确的书面规定，那么雇佣独立承包人的公司就会停止同国内收入署的争执。例如，独立承包人是被"聘请"或"解聘"并获得"酬劳"或"酬金"的工人，而不是被"雇佣"或"解雇"并获得"工资"或"薪金"的工人。公司不应将自己定位为"雇主",而应是"委托人"或"客户"。最后,与独立承包人交涉的部门不应挂牌为"人力资源部",而是"承包人关系部"①。

工资和薪金的支付

雇员的税收结果

雇员是典型的以收付实现制为基础的纳税人,他们将一年中实际收到的工资和薪金作为收入。从现金流的角度来看,所得就是雇主代扣代缴工资税和所得税后的支付净额。工资税的代扣代缴额通常等于个人所负担的工资税额,所得税的代扣代缴大约也是这个数额。如果年度代扣代缴额超过了个人实际所得税额,那么就会出现财政部对个人的税收返还。相反,如果代扣代缴额少于实际税额,个人就要在提交 1040 表或展期申请时缴纳余额。我国个人所得税的代扣代缴一般发生在负有扣缴税款义务的单位或个人向个人支付应纳税所得额时,因此通常不存在退税情况,但也存在例外。比如,像采掘业、远洋运输业等特定行业要按月预缴个人所得税,年度终了后 30 日内,再按 12 个月计算实际应纳税额,多退少补。

雇主的税收结果

雇主支付工资和薪金的所得税结果取决于雇员所提供服务的类型。如果雇员以个人身份提供与经营无关的劳务,那么这些劳务所得对个人来说是不可扣除的。比如,人们雇佣私人管家、园丁、保姆,就要支付酬劳,而这些酬劳是不可扣除的。当然,雇主支付给提供家政服务的雇员酬劳,这是客观存在的事实,但这并不能免除雇主的工资税纳税义务。②

薪酬支付的核算　　贝里公司支付给内部代理人 9 万美元的薪金,这部分费用在计算应税所得时可以扣除。公司还支付 2 679 000 美元的工资给生产工人,这些费用可作为直接人工成本资本化到所生产的存货中去。

如果薪酬是可扣除的,那么以收付实现制为基础的公司获得这项扣除的时间是薪酬支付年度,以权责发生制为基础的公司获得这项扣除的时间是薪酬义务发生年度。③

---

① Daniel P. O'Meara and Jeffrey L. Braff, "A Preventative Approach to Using Independent Contractors," *Jouranal of Accountancy*, September 1997, p. 43.

② 2007 年,如果雇主支付给提供家政服务的雇员的年工资不超过 1 500 美元,就不用代扣代缴工资税,见 §3121(a)(7)(B) 及 (x)。只有在家政雇员要求并且雇主同意的情况下,作为家庭雇主才代扣代缴联邦所得税,见 §3401(a)(3)。

③ 如果以权责发生制为基础的公司支付薪酬给实行收付实现制的单位,那么这部分薪酬只有在实际支付并且被该单位确认为收入时才可扣除。见 §267 (a)(2)。

合理薪酬

税法规定只有提供劳务所获得的合理薪酬才能够作为营业费用予以扣除。这条规定是基于这样的目标:"合理和真实的薪酬是指类似企业在类似情况下通常所支付的数额。"[1] 国内收入署通常假定经过雇员和雇主正常交易谈判所商定的酬金是合理的。也就是说,国内收入署不质疑在竞争市场上所达成的薪酬。公共持股公司的薪酬扣除的确受到了法律限制。[2] 这些公司支付给首席执行官和其他四位薪酬最高的领导的年酬金只能扣除 100 万美元。这项限制也有一个很大的例外:它不适用于单独支付的绩效薪酬,这是因为公司领导所达到的绩效目标是由薪酬委员会制定的,而薪酬委员会包括外部执行董事。薪酬分配的相关条款,包括绩效目标,必须向股东披露,并获得多数通过。在我国,如果纳税人在应税所得计算中涉及费用,那么其所支付的薪酬一般可据实全部作为计算基础,但税法对资本所有者自我雇佣的本人薪酬有限制性规定,比如个人独资企业和合伙企业投资者本人的费用扣除标准为每年19 200元。

首席执行官的薪酬方案

将 CEO 薪酬限制在 100 万美元的扣除范围之内,好像并没有收到实际的效果。戴尔电脑公司的 CEO 麦克尔·戴尔,位列《福布斯》杂志年收入的榜首,2006 年,他赚得了 95 万美元的基本薪金。另外,他还收到了 1 805 000 美元的奖金和 100 万美元的额外福利,这些薪金属于基本业绩酬金,并被其雇主全额扣除。

封闭持股公司

封闭持股公司支付给拥有雇员和股东双重身份的雇员的薪酬可能不是公平交易下的报酬。如果股东雇员能够影响公司政策,甚至可能控制公司政策,那么薪金谈判就在虚拟市场上进行。[3] 这样,国内收入署就会密切关注薪酬确定是否合理。如果国内收入署认为薪酬高得不合理,那么它就会将不合理的薪酬部分划归为推定红利。[4]

目标 2

列出确定股东/雇员合理薪酬的因素。

薪酬要根据每一个特定股东/雇员的实际情况来合理确定,联邦法庭已经受理了数千例国内收入署和公司雇主之间关于合理薪酬问题的争议。第二巡回上诉法院列举了雇员薪酬合理确定的五个条件,这五个条件经常被人们引用。

(1) 股东/雇员在公司经营中的作用,包括工作时间和履行的职责。

(2) 与其他公司的外部比较。特别是在相同的情况下,无关联的雇主支付给雇员的薪酬比较。

---

① Reg. § 1.162-7(a)(3).

② § 162(m).

③ 参考第 3 章中对涉及关联方的虚拟市场的讨论。

④ 参考第 12 章中对推定红利的讨论。

（3）公司雇主的财务状况，包括销售额、净收入、资本价值、总体经济状况。

（4）雇员作为股东对公司股利政策的控制程度。

（5）各雇员等级之间公司薪酬体系的内部连续性。[1]

上诉法院指出不能单凭一项因素就确定这个问题，必须"从独立投资者的角度，评估整个因素项目列表，也就是说，享有既定企业股息和收益的无利害关系的股东是否会同意将薪酬支付给雇员"[2]。如果无关股东在实现利己经济利益的同时，也同意将薪酬支付给股东/雇员，那么这个薪酬就是合理的。

值100万美元的人

威廉姆·乔特于1989年创建了乔特建筑公司。在最初三年，威廉姆一天工作16个小时，一周工作7天。他自己控制编写公司经营计划、培训指南、雇员手册、雇佣申请表。他负责谈判所有的合同，解雇和培训人员，并对公司的经营发展负有首要责任。1993年，威廉姆被建筑交易组织评为年度企业家。

1992年，乔特建筑公司支付给威廉姆·乔特100万美元的薪金，并且在纳税申报表中扣除了这部分费用。国内收入署认为薪金中有734 000美元不属于合理薪酬，而应归属于不可扣除的股息。联邦法官受理了该案件，并支持乔特建筑公司，认为威廉姆·乔特所提供的劳务是无价的，值得获得薪金中的每一美分。[3]

S型公司

当雇佣关系发生在S型公司及其独资股东之间时，国内收入署对合理性薪酬这一问题就存在完全不同的见解。拥有S型公司的个人不但要就公司全部所得缴纳公司所得税，而且还要和其他个人一样就薪金所得缴纳个人所得税，但这部分薪金可以作为费用在公司所得中予以扣除。由于每一美元的薪金都要按照15.3%的FICA综合税率来纳税，所以拥有S型公司的个人在缴纳联邦工资税上与其他个人并不是无差异的。[4] 因此，个人就有动机通过S型公司支付不合理的低薪从而使工资税成本最小化。在最近的一些案件中，国内收入署认为在S型公司现金分配中有一部分应归属于独资股东的薪金，这一看法获得了法庭的认同，从而成功地挑战了上述避税策略。[5]

---

① *Rapco，Inc.* v. *Commissioner*，85F. 3d 950（CA-2，1996）. See also *Exacto Spring Corporation* v. *Commissioner*，196 F. 3d 833（CA-7，1999）.

② Ibid，p. 955.

③ *Choate Construction Co.*，TC Memo 1997-495.

④ S型公司股东不按照公司经营所得缴纳个体经营税。

⑤ 见 Joseph M. Grey，P. C.，119 TC 121（2002），aff'd，93 Fed. Appx. 473（CA-3，2004）。

不合理的低酬金　　佩特里先生是 S 型公司——PML 公司的独资股东和首席执行官。近来，国内收入署审计了 PML 公司 2005 年的纳税申报表，发现在申报表中扣除了支付给佩特里先生 35 000 美元的 CEO 薪金。该公司在 2005 年的应税所得是 741 240 美元，分配给佩特里先生的股东所得是 40 万美元。在 2005 年的纳税申报表 1040 上，佩特里先生申报了薪金和 100% 股权的 PML 公司的应税所得。国内收入署将佩特里先生的薪金与其他可比较公司的 CEO 薪金进行了对比，认为佩特里先生的薪金应是 125 000 美元。于是，国内收入署将佩特里先生来自 PML 公司 9 万美元的应税所得归类为酬金，并相应估算了其社会保险税和医疗税。

雇佣的家庭成员

虽然税法并没有禁止封闭持股公司雇佣与所有者有关的雇员，但是支付给这些雇员的酬金必须与其所提供的服务是相称的。由于这一规定，公司所有者能够有效地将收入转移到在其公司里工作的家庭成员的身上。我国并没有对投资者的家庭成员薪酬问题作出规定，因而这可以成为我国所得税纳税人的一个税收筹划空间。

雇佣的家庭成员　　杨女士拥有一家独资公司，适用于 35% 的等级税率。她有两个孩子，分别是 14 岁和 17 岁。这两个孩子在暑假和放学后，都为杨女士工作。其中，较小的孩子除了做一些文书杂务，还为母亲跑腿；较大的孩子开一辆送货篷车。杨女士根据二人每周的实际工作量支付给他们合理的工资。今年，较小的孩子赚取了 3 100 美元，较大的孩子赚取了 5 950 美元，共为家里节省了 3 108 美元的所得税。

杨女士经营扣除的节税额 （9 050 美元的工资×35%）		$ 3 168
下列各项的税收结果	较小的孩子	较大的孩子
工资收入	$ 3 100	$ 5 950
标准扣除（单身）	（3 100）	（5 350）
应税所得	—0—	$ 600
税率（单身）		0.10
孩子酬金的税收成本		$ 60
为家庭节税		
杨女士的节税额	$ 3 168	
较大孩子的成本	（60）	
	$ 3 108	

上例中的收入转移还存在第二项税收效益。9 050 美元的经营扣除减少了杨女士个体经营的净收益，从而减少了自我雇佣税。然而，杨女士不用为其

18 岁以下孩子的工资缴纳 FICA 税或失业税。[1] 因此，两个孩子的工资没有为公司带来额外的工资税成本。

国外劳动所得扣除

在离开工资和薪金这个话题之前，我们还应该思考以下个人的特例：这些个人属于美国公民，但在其他国家居住或工作。这些**移居国外者**可能存在较高的生活成本，这些成本来自海外派遣、国外所得税等等。基于财务上的考虑，美国跨国公司可能在国外设立办事处。为了使这些公司在劳动力市场上具有竞争能力，也为了鼓励这些公司雇佣美国居民到国外工作，税法允许扣除移居国外者的工资和薪金的应税所得。2007 年国外劳动所得扣除限额为 85 700 美元。[2] 移居国外者不能要求可扣除收入应纳国外所得税的税收抵免。[3]

以上内容讨论了美国公民居于国外时应如何纳税这一问题，我国也同样存在公民居于国外的情况。对于中国公民，无论其是否居于国外，他的习惯性居住地都属于中国，因而在中国境内有住所，负有无限纳税义务，即无论是否在国外纳税，其实际收到的净所得均按我国税法规定缴纳个人所得税。

国外劳动所得扣除　　PBG 公司在葡萄牙设立了分支机构，该机构由西蒙先生经营。西蒙先生是美国居民，从 1994 年开始在里斯本居住。PBG 公司支付给他 95 000 美元的薪金，这部分薪金要在葡萄牙缴纳 14 280 美元的所得税。西蒙先生可以从 1040 表的应税所得中扣除 85 700 美元的国外劳动所得。这样，就只有 9 300 美元的薪金需要在美国纳税。他也可以要求国外税收抵免，抵免额就是应税薪金在葡萄牙所缴纳的所得税。

雇员额外福利

目标 3

认识最常见的雇员非应税额外福利。

通常，雇员的应税薪金包括来自于提供给雇主劳务所获得的所有经济利益，即使这些经济利益并不产生直接的现金流。[4] 然而，税法允许雇员扣除收入中的法定**额外福利**。这些额外福利不仅免缴所得税，也免缴工资税。公司要像支付基本薪金那样解释所支付的额外福利。如果薪金和工资在本期可以扣除，则雇员的额外福利也是可以扣除的。[5] 本章的这一部分列举了 7 种非应税额外福利，并讨论了雇主和雇员如何将这些收益分配在薪酬中以获取共同

---

① §3121(b)(3)(A) and §3306(c)(5).
② §911(a)and(b). 免税额每年根据通货膨胀情况进行调整。
③ §911(d)(6).
④ Reg. §1.61-21.
⑤ Reg. §1.263A-1(e)(3)(ii)(D).

利益。

健康和意外保险

雇员可以扣除雇主所提供的健康和意外保险额。[①] 也就是说，雇主为雇员所支付的保险费对雇员来说是免税的。如果雇主有一套医疗自保赔偿计划，那么参与的雇员并不将这项保险的推算价值确认为收入。额外福利对美国工人来说是极其重要的。数百万工人没有负担个人医疗保险，而是依靠雇主的保险获得保障。工人接受还是拒绝一项工作可能就取决于未来雇主是否提供综合健康和意外保险。税法通过薪酬的非应税性来鼓励雇主提供健康和意外保险。这项税收优惠是有成本的；财政部每年都要损失1 000亿美元税收，这是政府税收预算的最大支出项目之一。

团体定期寿险

雇员可以扣除雇主所提供的团体定期寿险的价值，最高扣除限额为5万美元。如果超过了5万美元，雇员就要就余额纳税。余额要根据财政部统一标准的保费表来确定，并不是根据雇主缴纳的实际保险单来确定。[②]

团体定期人寿保险

康先生46岁，是ABC公司的雇员，该公司为康先生提供了20万美元的人寿保险。根据财政部的保费表对46岁的人的规定，康先生每1 000美元的余额每月就要缴纳15美分的税款。康先生总共超额150 000美元，这样每年应纳税额为270美元（150×0.15美元×12个月）。ABC公司必须在康先生的W—2表上报告这270美元的薪酬税收成本。

受抚养者的看护辅助项目

雇员可以扣除雇主提供的受抚养者的看护保险额。[③] 这样，雇主就为雇员的孩子或其他受抚养者提供了实地日间看护，这项额外福利是非应税的。雇主可以与第三方直接签订受抚养者的看护合同，也可以直接支付给雇员受抚养者看护费用，最高扣除限额为5 000美元（已婚个人单独申报就是2 500美元）。如果超过了5 000美元，雇主必须就余额纳税。

其他的非应税额外福利

大部分公司都会为雇员提供多种额外福利。公司往往根据业务性质和工人组成来提供额外福利。这些额外福利可能包括公司车辆使用费、误餐费、雇主提供的泊位费和公共交通费、搬迁补偿费、商业俱乐部会员费、专业培训费、公司举办的聚餐和圣诞聚会费。上述列举的每一项都是非应税额外福利，但并不是全部的非应税额外福利项目。这些项目必须严格遵守《国内税收法典》和财政部规章。[④]

---

① §106. 这项扣除是指雇主所提供的长期医疗保险价值。§213 (d) (1) (D) .

② Reg. §1.79-3. 雇主团体定期人寿保险的实际成本是一项§162费用。Reg. §1.162-10, and Rev. Rul. 69-478, 1969—2 CB 29.

③ §129.

④ 见§132及附加规定。

相对于美国的保险税收情况，我国税法规定，对于企业和个人按照省级以上人民政府规定的比例提取并缴付的医疗保险金、基本养老保险金、失业保险金，不计入当期的工资、薪金收入，免予征收个人所得税。而超过规定的比例缴付的部分计征个人所得税。因此，足额提取以上保险额，能够降低税收成本。至于其他的非应税额外福利，比如误餐费，我国则有较严格的税收规定，若按照顺法意识进行税收筹划，则有较小的税收筹划空间。

额外福利和自我雇佣者

雇员的许多免税额外福利都不适用于个体经营者。因此，在购买某种商品时，雇员支付税前金额（按照非应税薪酬），而自我雇佣者支付的是税后金额。例如，自我雇佣者花 750 美元购买 5 万美元家庭人寿保险，这 750 美元是不可扣除的。这种不利情况同样适用于个体合伙人和 S 型公司的股东。如果合伙企业为所有者和员工购买团体定期人寿险，所有者的保险费要纳税。[①]如果 S 型公司购买了团体定期寿险，股东和雇员的保险费都属于应税薪酬，而不是非应税额外福利。[②]

关于医疗和事故保险，对个体经营者、合伙人、S 型公司股东予以特别考虑，允许他们在线上扣除个人和家庭成员的保险费。[③] 我国没有 S 型公司，缴纳个人所得税的合伙企业、个人独资企业、个体工商户等有经营费用扣除的纳税人，也不允许扣除不为其工作亲属的保险费及其他费用。

| 健康保险的扣除 | Vernon 有限责任公司有 38 名员工和 5 名所有者，均为公司工作。公司为雇员和所有者购买团体医疗保险，这项保险是非应税的薪酬。今年，公司的所有者之一乔治女士将 2 650 美元的医疗保险费作为收入项目。可是，还允许她在线上扣除 2 650 美元，这样，这项额外福利对调整后总所得的净影响额就为零。 |

用额外福利进行薪酬筹划

额外福利是一种非常流行的薪酬形式。原因之一就是，雇主提供这项利益的所花费的成本要少于单独为每一个员工提供这项福利的总成本。这种差异源于雇主的规模经济：比如，团体购买健康保险和看护服务时，人均成本小于个人购买时的人均成本。

| 额外福利的成本与价值 | Contex 公司有 1 200 名员工，它与商业保险公司签订了团体保险计划。刘先生参加了该计划，每年的保险费为 2 400 美元。如果刘先生没有参加团体保险计划，那么他每年就要支付 3 600 美元的私人医 |

---

① Rev. Rul. 91-26，1991-1 CB 184.

② §1372 防止了拥有 S 型公司 2% 以上股票的股东从应税收入中扣除雇员的额外福利。

③ §162（l）.

疗保险费。Contex 公司经营一家学龄前儿童日间看护机构，免费为雇员照顾学龄前儿童，为此公司每年为每个孩子支付 1 750 美元的费用。如果没有这个机构，刘先生每年要为他的儿子支付私人日间看护费 2 100 美元。刘先生的这两项额外利益总计 5 700 美元，而 Contex 公司只需花费 4 150 美元就可提供这两项服务。

自助福利计划

雇员有不同的财务需求和消费偏好，他们对雇主提供的非现金福利有不同的价值观。

额外利益的价值   在前例中，刘先生对 Contex 公司的儿童看护服务估价为 2 100 美元，因为他愿意为其支付 2 100 美元看护费。而另一个公司职员布雷恩女士没有孩子，因此她对看护服务的估价为 0 美元。布雷恩女士会偏好其他形式的额外利益或者附加薪金，而不是这种对她来说没有任何价值的看护费。

雇主可以通过自助福利计划来最大化为雇员所提供的额外福利价值。在自助福利计划下，雇员可以根据雇主所提供的福利菜单选择自己偏好的非现金福利，当然也可以简单地选择额外的应税工资。[①] 通过参加自助福利计划，雇员可以将非应税福利和应税福利进行合并，从而在满足个人需求和偏好的条件下获得税后最高薪酬。

协商非应税额外福利

雇主知道雇员可以从非应税额外福利中节省可观的税款。正是因为非应税福利代替了应税薪酬，雇主才能够获得部分节税额，从而减少薪酬成本。下例解释了这个重要的观点。

薪金的支付   莱顿公司同金女士谈判签订一年期的雇佣合同，金女士最初要求 20 万薪金。莱顿公司的边际税率为 35%，金女士的边际税率为 33%。莱顿公司和金女士关于薪金的税后价值计算如下：

	莱顿公司	金女士
支付薪金	$ (200 000)	$ (200 000)
雇主或雇员工资税（2007）	(8 945)	(8 945)
所得税节省额（成本）：		
薪金扣除额×35%	70 000	
工资税扣除额×35%	3 131	
薪金所得×33%		(66 000)
税后（成本）价值	$ (135 814)	$ 125 055

---

① §125 中介绍了自助筹划。

现在，假设莱顿公司同金女士还价。该公司愿意支付 185 000 美元的薪酬，并为金女士及其家庭成员提供一套完整的医疗和牙齿保险，在便利车库中免费停车，内部健康中心会员等福利。假设这些非应税额外福利对金女士来说价值 12 000 美元，而对莱顿公司来说只增加了 9 000 美元的成本。[①]

减少的薪金加上额外利益

莱顿公司薪酬包（薪金加额外福利）的税后成本和金女士薪酬包的税后价值计算如下：

	莱顿公司	金女士
支付薪金	$(185 000)	$(185 000)
额外福利（成本）价值	(9 000)	(12 000)
雇主或雇员工资税（2007）	(8 728)	(8 728)
所得税节省额（成本）：		
薪金扣除额×35％	64 750	
额外福利扣除额×35％	3 150	
工资税扣除额×35％	3 055	
薪金所得×33％		(61 050)
税后（成本）价值	$(131 773)	$127 222

用非应税额外福利替代薪金，为莱顿公司减少税后成本 4 041 美元，为金女士增加税后薪酬 2 167 美元。这样，双方通过协商，均从非应税额外福利中获利。

雇员股票期权

公司雇主经常将股票期权作为核心雇员薪酬的主要组成部分。**股票期权**是在一定期限内以一定价格（执行价格）购买公司股票的权利。从雇员的角度来看，股票期权是一种廉价获取公司权益的机会。从雇主角度来看，股票期权是一种非现金费用，实际上，可能是一种注资形式。另外，在公司长期经营成功的情况下，股票期权给予雇员财务利益，这也促使雇员以各种可能的方式努力经营公司。

股票期权普及到每个人！

以前，股票期权只有高级主管可以享有，后来逐渐普及，并根据公司职员的等级来发放。1989 年，百事可乐公司授许每个雇员价值其薪金10％的股票期权，而到现在，4 000 多家公司已经设立了内容丰富的期权计划，约有 1 000 万的雇员参加。"现在，基础广泛的股票期权成为高科技公司的通用做法，并受到许多其他行业公司的欢迎，这

---

① 雇主提供的泊车位和内部运动设施都属于非应税额外福利。§132(f)and(j)(4) .

些公司通过股票期权的形式将一部分公司权益转化为薪酬。"①

目标 2

描述股票期权的税收结果。

通过考察 BRT 公司及其雇员贝尔先生的案例,分析补偿性股票期权的税收结果。第 1 年,BRT 公司同意贝尔先生以每股 30 美元的执行价格购买 2 000 股 BRT 公司股票,期权执行日为未来 8 年内的任何一天。在执行日,BRT 公司股票每股价值 28 美元。由于执行价格超过了市价,期权并没有获得事先确定的价值,因此贝尔先生不确认获得股票期权所带来的收益。② 贝尔先生所承担的风险就是在期权有效期内,股票价格没有超过每股 30 美元。如果存在这种情况,期权是没有价值的,贝尔先生将很容易遭受损失。

如果贝尔先生预期在期权有效期内 BRT 公司股票回升至每股 75 美元,那么他以 60 000 美元所购买的 2 000 股股票就价值 150 000 美元。贝尔先生需要将 90 000 美元的议价收益(市价超过成本的金额)确认为普通收入。③ 这些结果列示在图 15.1 中,纵轴为 BRT 公司的股票价格,横轴为 8 年期权期。

图 15.1 的阴影区代表了贝尔先生股票期权的价值,它随着 BRT 公司股票价格的升高而升高,图中,BRT 公司股票从 28 美元上升到 75 美元。直到贝尔先生将股票期权转换成实际股份,贝尔先生才确认收益。贝尔先生 2 000 股股票的税基是 150 000 美元:6 万美元的执行价格加上 9 万美元执行期权确认的所得。

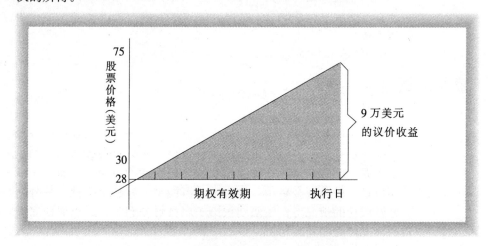

图 15.1　贝尔先生股票期权的税收结果

注意,在第 8 年里,贝尔先生除了要花 60 000 美元购买股票外,还需缴纳 90 000 美元酬金的所得税和工资税,这样贝尔先生就会发生负现金流。贝尔先生也可以通过出售股票来获得现金流入。只有售价超过 75 美元时,这项出售才产生额外所得。另一方面,当贝尔先生执行股票期权时,BRT 公司获

---

①　Employment Policy Foundation,"The Economic Impact of Expensing Stock Options", September 17, 2002.

②　Reg. § 1.83-7.

③　雇主必须报告雇员表 W—2 上来自于期权执行的收入。

得 60 000 美元现金的实收资本。此外，公司可以在第 8 年扣除 90 000 美元作为已付薪酬的议价收益（bargain element）。[①]

我国股票期权的纳税义务发生时间、应税所得额的规定都和美国相似，只是相对于美国的普通所得，我国将所谓的议价收益按照工资、薪金所得征税，有其特定的计算方法。计算时，薪酬分配时间不是期权期，而是我国境内的工作期间月份数，且不超过 12 个月，其支付时间的延伸增加了雇主的可使用资金；其与行权月份薪酬所得的区分为雇员带来了税收利益，因而我国股票期权税收筹划就具有一定的价值。

会计与税收差异

为了编制财务报表，公司必须在期权期内记录作为薪酬的股票期权预期价值。[②] 但在计税时，不允许公司在期权执行以前扣除这部分薪酬。会计处理的差异引起了应税收入超过账面收入的暂时性差异，这种差异一直持续到期权执行年。

来自于股票期权的税收和会计差异

4 年前，佩里诺公司向员工发放了股票期权，并在收益表上记录了 2 840 000 美元的估算价值。这项费用在税法上是不可扣除的，这就导致了应税所得超过账面收入的暂时性差异。今年，该公司的雇员执行了期权，并将 103 100 美元的议价收益（市价超过期权执行价的金额）确认为总收入。103 100 美元的议价收益扣除是最初临时性差异的抵减额。

激励性股票期权

在税法里，有一种特别的雇员股票期权，被称为激励性股票期权（ISO）。尽管 ISO 的限定性要求是狭义和复杂的，但是与非限制性期权相比，ISO 所享有的优先权却是简单易懂的。[③] 当雇员执行 ISO 时，他并没有将议价收益确认为应税收入。[④] 雇员购买股份实际花费的成本就是税收成本，而当且仅当在应税交易出售股份时，才能确认收入。此外，任何处置中确认的利得都是资本利得。

回到贝尔先生的例子中，假定贝尔先生购买的 2 000 股 BRT 公司的普通股符合 ISO 的定义。在第 8 年，贝尔先生一直没有确认任何收入，即使在花费 60 000 美元购买市价 150 000 美元的股票时，也没有确认收入。假设贝尔先生持有该股票 15 年，15 年后，以 225 000 美元出售该股票，那么贝尔先生的资本利得为 165 000 美元（225 000 美元的实际交易价—60 000 美元的购买

---

① Reg. § 1. 83-6.
② SFAS 第 123 号（2004 年修订），以股票为基础的报酬支付。
③ 在 § 422(b) 中，定义了激励性股票期权。
④ § 421(a) .

成本），其中包括 90 000 美元的非应税议价收益。

ISO 与非法定期权

下表将贝尔先生来自后续交易的所得税成本和不符合 ISO 股票期权标准的非法定期权的税收成本进行比较。假设资本利得税率为 15%，普通收入税率为 35%。

	ISO	非法定期权
第 8 年（期权执行时）		
确认普通收入	—0—	$ 90 000
税率为 35% 时的税收成本	—0—	31 500
2 000 股的购买成本	$ 60 000	$ 150 000
第 15 年（出售股票时）		
售价	$ 225 000	$ 225 000
成本	(60 000)	(150 000)
确认的资本利得	$ 165 000	$ 75 000
税率为 15% 时的税收成本	$ 24 750	$ 11 250

这张表展示了 ISO 与非法定股票期权相比所具有的两个优势：一是直到出售时才纳税的税收展期，二是将议价收益从普通收入转变成资本利得。然而，准备执行 ISO 的个人必须谨慎。非应税议价收益是选择性最低税调整项，在计算选择性最低税所得时，要将其加到应税收入中。[①] 这样，在有选择性最低税的年度，个人就会避免执行 ISO。我国税法中并没有与 ISO 类似的股票期权，但对于股票期权行权后所获得的收益却有专门规定。我国没有资本利得的概念，对于股票期权的出售所得，按照财产转让所得征收个人所得税。另外，员工因拥有股权而参与的利润分配，按照"利息、股息、红利所得"征税。

AMT 和 ISO

克雷格女士计划在 2007 年执行 ISO。她的议价收益（市价超过成本的数额）为 79 900 美元。她估计自己联合纳税申报表上的应税所得为 405 000 美元，选择性最低税所得（不包含议价收益）为 412 000 美元。这样，克雷格的一般所得税为 113 956 美元，暂定最小税额仅为 111 860 美元，无选择性最低税。如果克雷格执行 ISO，议价收益不会带来应税所得的增加，却会使选择性最低税所得增加到 491 900 美元，暂定选择性最低税增加到 134 232 美元，应纳选择性最低税则为 20 276 美元（134 232 美元—113 956 美元）。

ISO 的一个负面特征就是雇主不能从期权的议价收益中获得税收扣除。因此，当雇员执行 ISO 时，雇主没有税收利益的驱动力。ISO 授予年所产生的账面和税收差异不能在执行年度抵消，这样就导致了应税所得大于账面收

---

① §56(b)(3).

入的永久性差异。

我国企业为吸收、稳定人才，也经常向高管人员承诺其在公司满足一定条件时，可按事先约定价格认购公司股票或本企业持有的其他公司有价证券，这种限定性薪酬起到了延期支付薪酬的作用。

在损失风险下，也并存着相应利益，国税发［1998］9 号文件规定，个人认购股票等有价证券而从雇主处取得的折扣或补贴，因一次收入较多，全部计入当月工资、薪金所得计算缴纳个人所得税有困难的，可经批准后，在不超过 6 个月的期限内平均分月计入薪酬所得。因此在累进税率下，我国个人有较大的税收筹划空间，比如选择收益获得时间来获得税收利益。

公司的股票期权扣除　　　　下表比较了两种情况下 BRT 公司的现金流量。一种情况是贝尔先生获得 ISO 作为酬金，另一种情况是贝尔先生获得非法定期权作为薪酬。

	ISO	非法定期权
第 8 年（贝尔先生的期权执行时）		
发行股票所获得的实收资本	$ 60 000	$ 60 000
议价收益的扣除	—0—	$ 90 000
BRT 公司的边际税率	0.35	
扣除的节税额	—0—	31 500
第 8 年的净现金流量	$ 60 000	$ 91 500

贝尔先生在第 15 年出售股票对 BRT 公司没有造成影响。

与雇佣相关的费用

对于个人来说，通常没有与雇佣相关的实际费用支出。常见的费用支出有为雇主工作时付出的工会费、专业或贸易杂志订购费、制服费、为了维持和提高工作技能的再教育费以及交通费。雇主通常都会补偿雇员的雇佣相关费用，因此可以将这些费用假定为企业的一种经济负担。在这种情况下，雇员既不将这些现金补偿作为收入列报，也不将其作为费用扣除。也就是说，整个补偿费用对雇员的应税所得不产生影响。

如果雇佣关联费用没有获得补偿，将对税收结果产生不良影响。国会认为个人不能够扣除这些费用。如果这些费用对于雇员成功履行义务的确是必要的，那么雇主就应该愿意提供补偿。基于这一观点，国会将雇员关系费归类为**杂项分项扣除**，只有在总额超过调整后总收入的 2% 时，杂项分项扣除才属于可扣除项。[①] 由于这一限制，许多个人并没有因为税收利益而要求雇主

---

① §67.

向雇员支付相关费用。在我国，若雇主的应税所得是根据收入与成本费用的差额缴纳，则与雇佣相关的费用就统一属于可扣除的成本费用，除非超过限额或国家另有规定。比如，教育费只有在符合职工教育经费的提取比例规定时才准予扣除。

非补偿性雇佣相关费用　　　　杰瑟普女士在一家广告公司工作，她支付了 1 500 美元参加一个电脑制图研讨会。这项非补偿性雇佣关系费是杰瑟普女士今年唯一的杂项分项扣除。如果杰瑟普女士的调整后总收入为 69 400 美元，她就只能扣除 112 美元的研讨会费用。

杂项分项扣除	$1 500
调整后总收入限额（$ 69 400×2%）	(1 388)
允许扣除额	$112

　　如果杰瑟普女士的调整后总收入不小于 75 000 美元，则杂项分项扣除就少于 2% 的调整后总收入限额。这样，雇员相关费用就不能扣除，她的研讨会的税后成本就为 1 500 美元。

搬迁费用

　　如果雇员或个体经营者因工作需要而选择新的主要工作地，那么所发生的非补偿性搬迁费在税收上是可扣除的。[①] **搬迁费用**包括将家庭和个人所有物品从以前居住地搬到新的居住地所发生的费用，也包括两地之间所发生的旅行费用（途中所发生的餐饮费除外）。搬迁费用在计算调整后总收入时在表内扣除。

　　如果雇员收到了雇主的搬迁费用补偿款，并且该补偿款符合税法上可扣除的定义，那么它就是非应税的。超额的补偿款应作为雇员的薪酬纳税。

搬迁费用　　　　BV 公司的雇员卡尔先生从圣地亚哥办公室搬迁到圣安东尼奥办公室。他将家庭物品从加利福尼亚搬到得克萨斯的新家，支付给搬家公司 3 800 美元。另外，他还为全家从加利福尼亚到得克萨斯支付了 2 400 美元的飞机票款。

　　·如果卡尔先生没有收到 BV 公司的补偿款，他就可以在计算调整后总收入时扣除 6 200 美元的费用。

　　·如果卡尔收到 BV 公司 5 000 美元补偿款，他就可以在计算调整后总收入时扣除 1 200 美元费用。

　　·如果卡尔收到 BV 公司 7 000 美元补偿款，他须将 800 美元超额补偿款确认为应税薪酬。

---

① §217. 个人可扣除的搬迁费用需要满足以下两个条件：一个是两地距离，另一个是新工作的持续时间。

我国企业，特别是国有企业，一般在与员工解除劳务合同时，发放一次性经济补偿金。财税部门专门对个人的这项所得进行了税收规范。然而，随着市场经济的发展，特别是外资企业的进入，搬迁费用也将会成为一个焦点。我国免税税收优惠中的"按照国家统一规定发给干部、职工的安家费"指的是国发［1978］104号文的规定，并不是美国税法中的搬迁费用范畴。也就是说，对于搬迁费用，我国没有明确的规定，但依照我国税法精神，它应归属于个人薪酬所得。对于搬迁费用，可以根据免税税收优惠中的生活补助福利费项目结合当月薪酬情况进行税收筹划，即若个人当月薪酬超过扣除标准，雇员可要求雇主以福利费名义发放搬迁费用（具体可参照国税发［1998］155号）。

退休计划

在人们生命中的某个时候，大部分人都需要对退休进行筹划。众所周知，按照美国平均人口寿命，在65岁之前退休的个人还可存活20～30年。现在，人们就应该为维持退休后的生活水平做出实际行动，特别要提到的一点就是将一部分目前收入投资到能够带来未来收益的金融资产上。在本章的这一部分，我们将学习税法是如何鼓励人们为退休而储蓄。通过获得退休计划的税收利益，个人可最大化他们投资的未来价值，增强未来长期保障。[①]

退休计划是最需要优先考虑的　　　雇员福利筹划专家认为，如今工人最优先考虑的是退休计划而不是医疗保健。"婴儿潮"加速了人们的退休，使得人们需要计算充足的退休存款额。许多公司开办了投资教育计划，帮助雇员评估投资选择、研究增加退休收入的策略。然而，最好能够使雇员的退休计划所获得的额外福利不纳税。[②]

合格退休计划的税收利益

目标5
比较合格退休计划和不合格退休计划的税后财富累计额。

税法对退休储蓄计划安排给予了大量税收优惠，这些享有税收优惠的退休计划一般被称为合格退休计划。尽管退休计划的法定要求、财务安排、合法结构方面有所不同，但它们都对参与者提供了两个基本的优惠政策：

· 个人（或雇主代表雇员）将劳动收入作为退休进行储蓄在目前是不纳税的。

· 由于计划本身是免税的，因此计划产生的收益在目前也是免税的。

我国的合格退休计划主要指基本养老保险，也享有以上两条税收优惠政策。

---

① 尽管人们预期在退休年度里能够获得社会保障福利，但是他们并不能为增加这些福利而进行个性化的税收筹划。

② §132(a)(7)对非应税合格退休计划做出了规定。

两项税收优惠随时间推移而增加的价值十分可观。在下例中，进一步强调了这一点。

合格退休计划存款

昆西先生和罗斯女士都适用于35%的等级税率，他们每年将20 000美元的税前劳动所得存入退休金账户。二人享有9%的年回报率，并承担相同的财务风险。唯一的差异就是，昆西先生的资金属于合格退休计划资金，而罗斯女士的资金属于不合格的退休计划资金。

	昆西先生	罗斯女士
税前年缴款	$20 000	$20 000
所得税费用	—0—	(7 000)
税后年缴款	$20 000	$13 000
缴款的税前回报率	0.09	0.09
缴款的税后回报率	0.09	0.058 5
25年后的资金余额	$1 694 018	$698 353

昆西先生的资金余额并不代表退休后可使用的财富。税法允许他对退休储蓄递延纳税，而不是完全免税。但昆西先生取款时，该项存款是要纳税的。相反，罗斯女士的资金余额是税后金额，在取款消费时，不必纳税。下例比较了两种情况的最终结果。

合格退休计划取款

在第25年年末，昆西先生和罗斯女士都从退休资金账户中取出余额。假设昆西先生全部取款的税率为35%：

	昆西先生	罗斯女士
25年后的资金余额	$1 694 018	$698 353
取款的所得税成本	(592 906)	—0—
可使用的税后财富	$1 101 112	$698 353

税后财富的比较有力地证明了递延纳税的作用。此外，昆西先生并不是一次性纳税，而是根据在退休年度的取款次数分次纳税，这就延长了递延纳税期。根据这项筹划，昆西先生可以选择取款方式，比如按年或按某一固定天数取款。① 这样，昆西先生每年收到的退休金都要纳税。

税法并不限制递延期，因此人们可以按照退休计划进行投资。参加退休计划的人必须在自己70岁那年的4月1日之前开始获得法定**最小分配额**。②

以上案例解释了美国合格退休计划税收优惠的暂时性，但在我国，以上两项免税优惠却是永久性的。

---

① 领取养老保险的人在其寿命期内可以按特定的年数或月数取款。

② 见§401(a)(9)和§408(a)(6)。如果参与者没有收到最小分配额，他就必须对§4974未分配部分缴纳50%的消费税。如果雇主为退休计划缴款，而员工在达到70岁之前都在为雇主工作，那么雇员可以将收到分配额的日期推迟到退休时。

提前取款

国会之所以允许个人延期缴纳合格退休计划所得税，是因为他们希望参加者能够有计划地为退休存款。为了鼓励人们在退休后再取款，《国内税收法典》对从合格退休计划中提前取款的行为规定了 10% 的罚款。[①] 一般来说，除非个人的年龄达到了 $59\frac{1}{2}$ 岁，否则取款行为都属于提前取款。这项规定也有一些例外情况。比如，这项处罚不适用于完全或永久残疾的人、满 55 岁并与计划提供者解除雇佣关系的人以及计划拥有者去世后的继承人或受益人。

10% 的罚金只适用于作为参与者收入的那部分取款。从合格退休计划中取款的个人可以将取出的款项在 60 天内存入另一个合格计划中，这样就避免了所得税和提前取款的罚金。

取款的滚存　哈里斯女士，48 岁，其雇主阿克顿公司为她提供了 14 年的合格退休计划。今年，她从阿克顿公司离职到苏姆公司工作。在与阿克顿公司解除雇佣关系时，哈里斯女士共获得了 35 000 美元的现金存款余额。哈里斯女士用 12 000 美元购买了一辆新车，并将 23 000 美元的剩余金额作为**滚存缴款**全部存入苏姆公司的合格退休计划账户。这样，她就需要将 12 000 美元的分配额确认为应税收入，按照 25% 的边际税率纳税。取款的总税收成本为 4 200 美元。

所得税（$12 000×25%）	$3 000
提前取款的罚金（$12 000×10%）	1 200
总税收成本	$4 200

合格计划的类型

合格退休计划分为三种类型：

（1）雇主提供给雇员的计划。

（2）个体经营者适用的计划（基欧计划）。

（3）适用于确认薪酬和劳动所得者的个人退休账户（IRA）。

本章的这一部分将对三种类型的退休计划进行详细说明。正如你所看到的，合格退休计划有不同的形式和规模。但是不管结构和操作差异如何，合格退休计划都有一个共同的特征，那就是都有延税储蓄作用。

美国人关注退休计划，《国内税收法典》也为其提供了多种税收优惠。而我国对退休计划的关注则远没有美国那么热忱。在农村，人们主要依靠赡养、储蓄、不懈劳动度过晚年；在城市，人们主要依靠退休金、再就业收入等生

---

① §72(t).

活，个人一般没有太大的自由选择权。但随着我国城市化进程以及社会保障体系的发展，个人退休计划也变得越来越重要。目前，我国个人退休计划还处于实际免税阶段，延税储蓄作用还未在我国得到体现。

雇主提供的退休计划

目标6

区分固定收益计划和固定缴款计划。

雇主提供给雇员的最常见额外福利就是退休计划，退休计划可以是一个，也可以是多个。可用于计税的**雇主提供的退休计划**必须满足法定要求列表。[①] 这些法定要求反映了两个政策目标。第一个目标就是雇主提供的计划能够为雇员带来最小风险。为了满足这个目标，法律要求：

·合格退休计划必须是书面的、永久性的安排，由雇员及其家庭成员以外的独立受托管者对计划资产进行投资。

·合格退休计划必须要有资金支持；雇主代表雇员所作的年存款计划需由现金和其他有价资产组成。

·如果雇员为雇主提供了不多于6年（固定缴款计划）或7年（固定收益计划）的劳务，那么雇员就必须享有不可收回（既定）的100%合格退休计划福利。

雇主提供的退休计划对所有参保雇员来说是公平的，这是第二个目标。也就是说，退休计划不可偏向于高级管理人员、作为所有者的雇员以及高薪者。这样，所有雇员都和高级主管一样享有参加合格退休计划的权利。

固定收益计划

如果雇主提供的退休计划能够使雇员在退休后获得固定数额的福利，那么这种退休计划也可以说是一种养老保险计划。公司根据未来所领取的退休福利金来确定现在应缴纳的年参保额。[②] 即使这些缴款额没有被雇员确认为收入，也可以作为工资费用扣除。[③] 公司必须遵守税法所规定的合格退休计划的最低缴款标准。[④] 由于这个最低标准的存在，公司无论是发生年度亏损还是现金流困难，都要缴纳养老保险金。基于上述规定，公司应将雇员的养老金计划作为一项长期财务义务。

为固定收益计划提供资金　　BN公司为其雇员提供了合格固定收益计划。一位独立保险精算师认为，在本年度BN公司雇员养老保险额的现值为428万美元，BN公司应向退休信托基金缴纳这一款项。参加这项计划的雇员并不将这笔存款作为应税薪酬，而BN公司也可以在1120表上扣除428万美元的养老保险费。

---

① §401到§415。

② 1974年，国会创办了退休福利担保局（PBGC）。即使雇主没有足额缴款或终止退休计划，PBGC仍为固定收益计划提供保险，并为参保雇员领取既定养老金提供担保。合格退休计划必须为这些保险支付保费。

③ 雇主为合格退休计划缴纳的款项不必缴纳FICA工资税。见§3121(a)(5)。

④ §412规定了雇主为固定收益计划缴纳的最低资金标准。

雇主可以通过合格的**固定收益计划**来提供养老保险年金，该年金的上限为退休人员 3 年最高年薪额的平均值与通货膨胀调整基数二者的较小者。[1] 2007 年，通货膨胀调整基数为 180 000 美元。如果公司打算提供更多的养老金，则必须通过不合格退休计划来实现。不合格退休计划将在本部分的结尾讨论。

固定收益计划的缴款限额　　安德伍德先生担任 BN 公司的主管，年薪 190 000 美元，预计其年薪在退休之前将递增。安德伍德先生参加了该公司的合格退休计划。尽管安德伍德先生预计 3 年最高年薪均值在 225 000 美元以上，但是在 2007 年，BN 公司为他所缴纳的养老保险金只能低于或等于 180 000 美元。

固定缴款计划

如果退休信托基金为每个参保雇员都单独设置一个账户，那么雇主提供的退休计划就是一种固定缴款计划。雇主每年要向每个雇员的账户中存入固定金额的款项。这个固定金额的上限为年薪和通货膨胀调整基数中的较小者。[2] 2007 年，这个基数为 45 000 美元。年缴款额对雇员来说是非应税的，对雇主来说是可扣除的。

固定缴款计划的缴款限额　　刘易斯女士是 JH 公司的中层管理人员，2007 年，她获得了 110 000 美元的薪金并参加了该公司的合格固定缴款计划。2007 年，JH 公司最多可向刘易斯女士的计划账户存入 45 000 美元。

税收讨论

2007 年末，IBM 公司将停止 120 000 个员工的退休金计划，转而采用 401（k）计划。截至 2010 年，这项变动将使退休相关费用减少 25 亿美元。

由于在**利润分享计划**下，公司总是将当期收益的一定百分比存入退休信托基金，所以一般来说，利润分享计划是一种固定缴款计划。如果存在经营损失，公司就可以不向退休信托基金缴款。正是出于这点，利润分享计划更适用于收益和现金流不稳定的新建公司。由于雇员所获得的退休存款额取决于公司长期经营的成功性，所以雇员要与雇主共同承担经营风险。

员工持股计划（ESOP）是第二种固定缴款计划，如果公司长期财务状况良好，持股雇员可以获得既定股利。雇主对员工持股计划的缴款额首先投资于该公司的普通股。[3] 这样，参加员工持股计划的雇员就成为股东，而退休福利的价值就取决于雇主所拥有股票的市场价值。当雇员从公司退休时，他们就获得了存在于自己员工持股计划账户中的股票分配。员工持股计划账户的股票累计分配额属于应税收入，而股票市价超过分配额的部分是非应税的。[4]

---

[1]　§ 415(b).

[2]　§ 415(c).

[3]　§ 409.

[4]　§ 402(e)(4)(B).

参与员工持股计划	凯姆先生受雇于 BD 公司，在 29 年的雇佣期内，BD 公司每年都向凯姆先生的员工持股计划中存款。今年，凯姆先生退休，他从退休账户中一次性分得 14 987 股 BD 公司普通股股票。员工持股计划累计股票基数为 79 250 美元，市价 299 600 美元。凯姆先生将 79 250 美元确认为普通收入，将 220 350 美元在出售时确认为未实现价值增值。

401（k）计划也可称为薪金扣除计划或现金递延规划，这也是一种常用的合格退休计划。在该计划下，每一个参与雇员都可以授权雇主，让雇主将自己的一部分当期工资或薪金转移支付到退休账户中，转移金额由个人来确定。转移的薪酬对雇员来说具有延缓纳税的作用，而对雇主来说是可以扣除的费用。[①] 2007 年，雇员可以存入 401（k）计划中的最高薪酬额为 15 500 美元。[②] 雇主也经常同意支付额外的薪酬，其金额和 401（k）计划的缴款额相等。

401（k）计划的缴款	托利女士担任 PW 公司的财务分析师，她在 2007 年获得了 92 000 美元的薪金。她将 15 500 美元存入 401（k）计划中，这是 2007 年能够存入该计划的最高缴款额。因此，托利女士就只有 76 500 美元的薪金需要纳税。PW 公司允许员工向 401（k）计划缴存工资额的 5%。因而，公司向托利女士的退休金账户中缴存了 4 600 美元的存款（92 000 美元×5%），这使得延迟纳税缴款额达到 20 100 美元。

合格退休计划的变化时代

目标 7
解释雇员采用不合格延期薪酬计划的原因。

30 年前，40% 的美国私人部门劳动者参加了传统的雇主提供的退休计划。目前，这个比率只有 19%。30 年间，参加固定缴款计划的工人从 17% 上升到 56%。显然，经济趋势正在向着有利于利润共享计划和 401（k）计划的方向发展。原因之一就是，随着退休雇员寿命的增长，雇主不断精明地利用退休金计划所提供的长期财务承诺。

税收讨论
在 2004 年调查的 500 家大型公司中，70% 的公司提供延期薪

原因之二就是传统退休计划的参加者只有在公司中工作二三十年，才会得到最高的退休福利。参加者在符合完全退休标准之前从公司离职，就可能获得相当小的现金分配额。相对而言，固定缴款计划的参与者很快就有权获得计划账户里的全部金额。今天，劳动力以流动为特征。与其父辈不同的是，雇员不愿一辈子都为同一公司工作。相反，他们愿意更换雇主，更偏好固定缴款计划。

不合格延期薪酬计划

合格退休计划看起来好像是双赢的：雇主可以扣除代雇员缴纳的存款，雇员可以将收入确认延迟到取款时。但是正如我们在讨论养老金计划、利润

---

① 在缴款年度薪酬要缴纳工薪税。见 §3121(v)(1)(A)。

② §402(g)(1)(B)。

分享计划及 401（k）计划时所学习到的那样，雇主所提供的延税薪酬基数是有限额的。此外，由于税法对公平性的要求，雇主对于参加合格退休计划的雇员不具有自主选择权。最后，大部分雇主还需要专业性帮助，以处理联邦法规以及政府对合格退休计划规定中的难点。因此，即使是员工较少的公司维持这些计划也可能需要花费昂贵的成本。

合格退休计划的这些负面作用促使许多雇主建立不合格退休计划。通过不合格退休计划，雇主可以提供给关键性雇员（比如享有高工资的公司执行官）非限制性**延期薪酬**，还可以不向其他雇员提供延期薪酬计划。延期薪酬计划最简单的形式就是签订合同，在合同中，雇主同意在未来某一特定日期为雇员支付一部分薪酬。该项付款并没有实际提供资金：雇主只是将延期薪酬作为负债的增加，并没有为保证该项负债的履行而保留任何现金或财产。

同意这项计划的雇员并不会将延期薪酬确认为收入，因为他们并没有实际收到或推定收到任何付款。[①] 雇员将在雇主实际支付延期薪酬的年度确认收入。而雇主在财务报表上要将延期薪酬作为负债的增加和当期费用来确认。但是在税收上，雇主不可以扣除延期薪酬，只有当雇主实际付款并且雇员将其确认为收入时，才可以作为费用扣除。[②]

延期薪酬	贾维斯先生，现年 49 岁，目前是 NY 公司的首席财务官，获得 2007 年度的薪金 300 000 美元。在 12 月的会议上，NY 公司董事会给予贾维斯先生 150 000 美元的奖金，分 3 年支付，首次付款年度定在贾维斯先生 60 岁退休时。NY 公司在资产负债表上增加了 150 000 美元的负债，但并没有为该项负债准备任何现金或财产。贾维斯先生并没有将该项奖金确认为 2007 年度的收入，而 NY 公司也没有将其作为费用在 2007 年的纳税申报表 1120 上扣除。只有在该项薪酬被实际支付的 3 年内，NY 公司才能要求扣除，贾维斯先生才能够确认收入。

选择通过延期薪酬计划退休储蓄的雇员必须权衡其税收利益与计划固有的财务风险。在这种情况下，雇主并不提供实际资金，雇员不能保证能够收回该项欠款。雇员的退休金与雇主的财务状况具有相同的安全系数。但是如果雇主经营失败而不能够履行负债义务，雇员就会发现自己失去了延期薪酬权，退休金收入为零。

自我雇佣者的基欧计划

通过自我雇佣获得收入的个人可以按年付款给基欧计划（基欧是一位国会议员的名字，这委员支持该项立法，这项法律创建了基欧合格退休计划）。[③]

---

① Rev. Rul. 60-31，1960-1 CB 174. See also § 409A.

② § 404(a)(5)．延期薪酬计划通常要求雇主对雇员负债支付利息。在实际付款年度以前，雇主不可以扣除利息。

③ § 401(c) and § 404(a)(8)．

在计算调整后总收入时，这些付款可以在表内扣除，因而个人不必对投资于基欧计划的经营所得缴纳所得税。[1] 由于基欧计划是合格退休计划，所以该计划中的财务资产所产生的收益也是免税的。相应地，独资公司所有者和合伙人也可以利用基欧计划来累积延期节税额，其方式和雇员利用雇主提供的退休计划是相同的。

和雇主提供的退休计划一样，基欧计划也必须由独立托管人来管理。商业银行、信用合作社、经纪公司以及其他财务机构都可以作为托管人来维持和管理个人客户原有的基欧计划。基欧计划可以是固定收益计划，也可以是固定缴款计划，但通常后者较为流行。如果个人选择固定缴款基欧计划，他的缴款额将是 20% 的个体经营收入和年通货膨胀调整基数（2007 年为 45 000 美元）中的较小者。为了计算这个限额，自我雇佣收入要扣除个人自我雇佣税的一半。

基欧计划的缴款

阿贝格先生拥有一家独资公司，在 2007 年获得净利润 63 000 美元。缴纳自我雇佣税 8 902 美元。在计算调整后总收入时，扣除 1/2 的自我雇佣税 4 451 美元。阿贝格先生自我雇佣收入计算如下：

来自独资公司的净利润	$63 000
自我雇佣税扣除	(4 451)
自我雇佣收入	$58 549

阿贝格先生 2007 年度向基欧计划缴款限额为他的自我雇佣收入的 20% 和 4 500 美元中的较小者。因此，他的最大可扣除基欧计划缴款额为 11 710 美元（58 549 美元 × 20%）。

对雇佣员工进行经营的自我雇佣者来说，基欧计划存在着不利的一面：该计划必须无差别地向这些雇员提供福利。也就是说，所有者不能用基欧计划递延其自身收入应缴纳的税款，除非也允许其雇员对他们的薪酬采取相同做法。所有者来自基欧计划的节税额被提供给雇员基欧计划所带来的成本增加侵蚀掉了。显然，没有雇员的自我雇佣者是基欧计划最理想的申请人。

尽管我国没有所谓的基欧计划，但对于个体经营者也不乏财政优惠。比如福建省针对残疾人个体工商户设置了基本保险金打包财政优惠补贴，即如果他们参加基本养老保险，就可获得一定比例的补贴，这部分补贴就成为养老金税收筹划中的潜在收益。

个人退休账户

为了为退休做准备，人们可以将自己作为雇员的薪酬或作为个体经营者的收入存入到个人退休账户（IRA）中去。个人退休账户通常在商业银行或

---

[1] 然而，他们的确为这部分收入缴纳了自我雇佣税。*Gale v. United States*，768 F. Supp. 1305（ND lll.，1991）.

其他财务机构开设，它是一种托管账户，具有延迟纳税作用。① 个人退休账户资金是免税的，因此该账户中的金融资产所产生的收益在取款之前是不纳税的。2007 年，个人可以存入个人退休账户的资金总额为 4 000 美元，但如果人们在年末满 50 岁，他就可以再多存入 1 000 美元。② 年缴款额一般不能超过个人薪金或自我雇佣收入。如果夫妻联合申报，年缴款额不能超过两人联合薪金总额或联合自我雇佣收入总额。③

向个人退休账户缴款	我们把时间设定在 2007 年。古普塔 53 岁，单身，年薪 64 300 美元，向个人退休账户最多可存入 5 000 美元。斯威斯先生，26 岁，单身，自我雇佣收入 2 810 美元，向个人退休账户最多可存入 2 810 美元。罗林先生，35 岁，年薪 38 500 美元；罗林夫人，30 岁，从业余工作中获得工资 2 400 美元。罗林夫妇联合申报纳税，他们的总薪酬超过了 8 000 美元，因此他们向个人退休账户最多可存入 4 000 美元。

个人退休账户缴款的扣除

在计算调整后总收入时，个人退休账户缴款可能可以全额扣除，也可能不可扣除，还可能部分扣除。如果人们在向个人退休账户缴款的同时，还积极参与其他合格退休计划（雇主提供的退休计划或基欧计划），那么就要根据扣除个人退休账户之前的调整后总收入来计算个人退休账户的线上扣除额。2007 年的计算规则归纳如下④：

如果调整后总收入小于：

$83 000（已婚联合申报）；

$52 000（单身或户主申报）；

个人退休账户缴款可全额扣除。

如果调整后总收入大于：

$103 000（已婚联合申报）；

$10 000（已婚单独申报）⑤；

$62 000（单身或户主申报）；

个人退休账户缴款不可扣除。

如果调整后总收入在两者之间：

$83 000 和 $103 000（已婚联合申报）；

—0— 和 $10 000（已婚单独申报）；

$52 000 和 $62 000（单身或户主申报）；

---

① §408 规定了个人退休账户的合格要求。

② §219(a)．2005—2007 年，缴款不能超过 4 000 美元；2008 年，缴款不能超过 5 000 美元；2008 年之后，5 000 美元的缴款限额将根据每年的通货膨胀情况进行调整，但年增加额不能超过 500 美元。§219(b)(5)．

③ §219(c)．

④ §219(g)．调整后总收入限额随通货膨胀逐年调整。

⑤ 如果已婚单独申报的个人在一年内始终分居，那么根据个人退休账户规定，可以将其认定为单身纳税人。§219(g)(4)．

续前表

个人退休账户缴款可部分扣除。部分扣除额可按照一定百分比计算，这个百分比等于调整后总收入超过分段扣除段下限的余额除以 10 000 美元。

个人退休账户缴款的分阶段逐步扣除

2007 年，霍华德夫妇每人可以最多向个人退休账户缴款 4 000 美元。两人都积极参与了其雇主设立的利润分享计划。在计算个人退休账户缴款扣除额之前，联合申报的调整后总收入为 96 700 美元。由于调整后总收入落在分段扣除段内，所以个人退休账户缴款额可部分扣除。

扣除个人退休账户之前的调整后总收入	$96700
已婚联合申报的分段扣除段下限	(83 000)
落在分段扣除段内的调整后总收入	$13 700
$13 700÷$20 000＝0.685 分段扣除百分比	
夫妻每人可向个人退休账户缴款	$4 000
	0.685
分段扣除段的扣除额	$2 740

因此，霍华德夫妇每人可扣除 1 260 美元的个人退休账户缴款，而他们的调整后总收入为 94 180 美元。

扣除个人退休账户之前的调整后总收入		$96 700
夫妻每人可向个人退休账户缴款	$4 000	
分阶段逐步扣除段的扣除额	(2 740)	
可扣除缴款额	$1 260	
	2	
个人退休账户扣除额		(2 520)
调整后总收入		$94 180

没有参与其他合格退休计划的人的个人退休账户扣除

如果个人向个人退休账户缴款，而没有积极参与其他合格退休计划，那么可以全额扣除个人退休账户缴款额，但也存在一个重大例外。当提交联合纳税申报表的个人的配偶参加了其他合格退休计划时，个人的扣除额可按照一定百分比计算，若调整后总收入不超过 150 000 美元，这个百分比等于调整后总收入超过分段扣除段下限（2007 年为 156 000 美元）的余额除以 10 000美元。[①]

没有参加其他合格退休计划的配偶的个人退休账户扣除

2007 年，多德夫妇（两人都满 60 岁），每人每年最多可向个人退休账户中缴款 5 000 美元。多德先生是基欧计划的积极参与者，多德夫人并没有参加其他任何合格退休计划。夫妇联合申报纳税。

• 在个人退休账户扣除之前，二人的调整后总收入为 42 000 美

---

① §219(g)(7).

元，该数额小于联合申报的分段扣除段下限。所以，二人的缴款额均可全额扣除，这样，他们的调整后总收入就等于 32 000 美元（42 000 美元—10 000 美元的个人退休账户扣除额）。

- 在扣除个人退休账户之前，二人的调整后总收入为 109 780 美元，该数额大于联合申报的分段扣除段上限。这样，主动参与其他合格计划的多德先生所缴纳的个人退休账户缴款额就不可扣除；而没有参与其他任何合格退休计划的多德夫人就可全额扣除个人退休账户缴款额。因此，他们的调整后总收入等于 104 780 美元（109 780 美元—5 000 美元的个人退休账户扣除额）。

- 在扣除个人退休账户之前，二人的调整后总收入为 200 000 美元。假设多德夫人也参加了其他合格退休计划，那么联合申报的分段扣除段上限为 150 000 美元，而 200 000 美元的调整后总收入超过了这个分段扣除段上限，因此二人的个人退休账户缴款额均不可扣除，这样他们的调整后总收入就等于 200 000 美元。

从个人退休账户中取款

如果个人不仅属于高收入者，而且还参加了其他合格退休计划，那么他的个人退休账户缴款额是不能够扣除的。但是这些投资于个人退休账户的高收入者却可以获得这样的税收利益：个人退休账户产生的收益可以延迟纳税。当个人退休并从个人退休账户中取款时，归属于不可扣除存款的那部分取款额是非应税的投资回报，而不是递延应税收入。这部分非应税取款额是按照一定百分比计算的，这个百分比等于年初未收回投资额除以本年的个人退休账户价值。本年的个人退休账户价值等于年末个人退休账户余额与本年取款额之和。[①]

从个人退休账户取款

波特先生向个人退休账户缴款 44 000 美元，其中有 19 000 美元是不可扣除的。2006 年，波特先生年满 63 岁，从公司退休，他从个人退休账户中取出 15 000 美元，个人退休账户的年末余额为 73 220 美元。2007 年，波特先生又从个人退休账户中取出 17 500 美元，个人退休账户年末余额为 60 200 美元。在这两年里，个人退休账户所产生的收益是免税的。波特先生必须将年取款额确认为应税收入，计算如下：

	2006	2007
个人退休账户年末余额	$73 220	$60 200
＋年度取款额	15 000	17 500
本年个人退休账户值	$88 220	$77 700
不可扣除缴款额	$19 000	$19 000
前一年的回收额	（—0—）	（3 231）

---

① §408(d) .

未收回投资额	$19 000	$15 769
未收回投资与本年		
个人退休账户值的比率	0.215 4	0.202 9
年度取款额	$15 000	$175 000
	0.215 4	0.202 9
非应税投资回收额	$3 231	$3 551
应税收入（取款额—非应税回收额）	$11 769	$13 949

如果波特先生继续从个人退休账户中取款，那么他可以将每次取款额中的一部分看做非应税投资回报。当波特先生将个人退休账户清算完毕时，他总共可有 19 000 美元的不可扣除缴款额。由于这些缴款额所产生的投资回报是免税的，因此被称为免税基数。

作为一般性规定，在 59 岁半之前从个人退休账户中取款，就要支付 10% 的罚金，这在本章的前半部分已经做过介绍。然而，在某些情况下，这项罚金可以取消，比如，个人从个人退休账户中取款以支付高等教育费用（学费、学杂费、课本费、生活费、仪器设施费）。符合"首次购房者"条件的个人可以从个人退休账户中取款 10 000 美元用于购房。尽管有一部分或全部取款要作为收入纳税，但是应税取款额不用缴纳提前取款带来的罚金。[1]

罗斯个人退休账户

与传统的个人退休账户相比，罗斯个人退休账户是一种相对较新的存款工具，它有三个显著特征。[2]

· 在任何情况下，罗斯个人退休账户的缴款额都是不可扣除的。

· 如果按照税法规定从罗斯个人退休账户中取款，那么就完全不用纳税。从首次缴款日开始，5 年后才可以从罗斯个人退休账户中取款，否则就属于不合法取款。另外，所有者年满 59 岁半，才能从罗斯个人退休账户中取款。在传统个人退休账户中，这个年龄要求在许多情况下可以取消。

· 与传统个人退休账户及雇主资助的合格退休计划相比，罗斯个人退休账户更不易受到最低分配要求的限制。因此，罗斯个人退休账户所有者并不必到 70 岁半就可以从账户中取款，而可以让该账户在所有者死亡前一直产生免税收益。

每个人都不可能获得投资的税收优惠。按照超过调整后总收入分段扣除范围的一定比例，减少罗斯个人退休账户的最高年缴款额。已婚联合申报的分段扣除范围为 10 000 美元，它等于分段扣除的调整后总收入上限166 000美元减去分段扣除的调整后总收入下限 156 000 美元；已婚单独申报的分段扣除范围为 10 000 美元，它等于 10 000 美元的调整后总收入减去 0 美元的调整后总收入[3]；单身个人或户主的分段扣除范围为 15 000 美元，它等于 114 000

---

① §72(t)(2)(E) and (F).
② 在§408A中，对罗斯个人退休账户的管理做出了税收规定。
③ §219(g)(7).

美元的调整后总收入减去 99 000 美元的调整后总收入。

罗斯个人退休账户　崔恩先生，现年 52 岁，单身，向罗斯个人退休账户中缴款。由于他的调整后总收入为 105 670 美元，所以缴款最高限额为 2 775 美元。

调整后总收入	$105 670
分段扣除的调整后总收入下限（单身）	(99 000)
分段扣除范围内的调整后总收入	$6 670
$6 670÷$15 000 ＝0.445 分段扣除百分比	
最高缴款额	$5 000
	0.445
分段扣除缴款额	$2 225
缴款限额（$5 000—$2 225）	$2 775

传统个人退休账户有 2 225 美元的缴款额不可扣除，而罗斯个人退休账户除了这 2 225 美元外，还有 2 775 美元缴款额不可扣除。因而，崔恩先生的个人退休账户年最高缴款额等于 5 000 美元。

如果个人可以在传统个人退休账户和罗斯个人退休账户中进行选择，那么他就需要确定哪种投资方式能够最大化退休后税收收入。这种比较性选择是比较复杂的，还要估计个人在退休后的税收状况。但是，如果传统个人退休账户的缴款额不能扣除，那么就应该选择罗斯个人退休账户，因为罗斯个人退休账户可以获得免税（而不是延税）收益。

我国基本养老保险基金纳入单独的社会保障基金财政专户，实行收支两条线，专项管理，专款专用。基本养老保险基金应存入国有商业银行，社会保险经办机构和财政部门应在经协商确定的银行开设专用账户。该笔存款的存取都是免税的。此外，个人及企业还可参加商业性补充养老保险，该保险则需按照薪酬所得纳税。

结　论

在第 15 章，我们探讨了雇主和雇员之间薪酬分配的税收结果。这些薪酬既包括现金又包括非现金额外福利，而后者中有很多项目可以从领受者的收入中扣除。在提供给少数公司重要雇员的薪酬包中，雇主经常提供股票期权。通过了解各种形式的薪酬的经济含义和税收结果，雇主和雇员可以经过协商来提高各自的税后收入。

从税收筹划的长期性和有效性来看，合格退休计划被税法赋予了最多的筹划机会。通过合格退休计划获得税收递延，这是使财富最大化的最确定的常规手段。年轻的成年人在开始工作时，就应立即利用雇主提供的养老金计划或利润分享计划。拥有独资企业的企业家应该考虑定期向基欧计划缴款。每个工作者，无论年龄大小，都应该每年为退休而储蓄，为此他们应该考虑使用个人退休账户。①

会计与税收差异的来源

永久性差异
- 激励性股票期权
- 不可扣除的薪酬

暂时性差异
- 非法定股票期权
- 不合格递延薪酬

关键术语

议价因素	国外劳动所得扣除	绩效薪酬
自助福利计划	额外福利	提前取款
延期薪酬	激励性股票期权	利润分享计划
固定收益计划	独立承包人	合格退休计划
固定缴款计划	个人退休账户	滚存缴款
雇员	基欧计划	罗斯个人退休账户
员工持股计划	最低分配额	401（k）计划
雇主提供的计划	杂项分项扣除	股票期权
移居国外者	搬迁费用	

税收筹划案例

1. 乔斯先生，26 岁，适用 28% 的边际税率。今年，他获得了 BL 股份有限公司的一份工作。他打算工作 8 年后，自己开设公司。在计算开设公司费用时，乔斯先生有两种选择：

- 选择 1：参加公司的 401（k）计划，每年存入 5 000 美元的薪金。该计划年盈利率为 10%，这样他 8 年后将有 57 179 美元的计划余额（5 000 美元按照 10% 的复利计算，8 年后的金额）。

- 选择 2：完全以现金形式获得工资，缴纳所得税，每年将 3 600 美元（5 000 美元减去 1 400 美元的税款）进行投资，回报率为 10%。由于年投资回报是应税收入，所以实际的投资回报率仅为 7.2%。这样，他 8 年后的资金余额为 37 202 美元（3 600 美元复利为 7.2% 的 8 年期的投资）。

如果假定税率一直为 28%，那么哪种选择能够使乔斯先生在开始经营时，获得最大税后现金流？

---

① 2001 年，国会颁布了一项促使个人为退休而存款的措施：低层和中层收入者享有不可返还的税收抵免。该抵免额等于纳税人选择的合格退休计划缴款额的一定百分比，这里的合格退休计划包括 401（k）计划和个人退休账户。用来计算抵免额的年缴款额最多为 2 000 美元，这 2 000 美元缴款额适用的最高抵免百分比为 50%。这是 2006 年度的抵免规定。见 §25B。

2. B 夫妇，年龄分别是 64 岁和 65 岁，二人退休后依靠社会保险和组合投资的利息和股息生活。他们平均年应税收入为 25 000 美元。B 夫人存入个人退休账户的资金可以全部扣除。夫妇俩打算从个人退休账户中取款 75 000 美元，用于修缮房屋。为了能够获得最多的个人退休账户现金，他们应如何安排一次性或连续性取款时间？

3. RS 先生今年（第 0 年）可获得 5 200 美元的红利。他的雇主提供给他两项选择。一种是获得 5 200 美元的现金，一种是获得 4 500 美元的延期薪酬，后者享有 6% 的年利率，由雇主支付。当 RS 先生 10 年后退休时，他可以获得 8 059 美元（4 500 美元的本利和）的延期薪酬。在下列各种情况下，哪种选择能够使净现金流的净现值最大？用 5% 的贴现率计算。

a. 目前，RS 先生的边际税率为 28%；退休后，RS 先生的边际税率为 15%。

b. 目前，RS 先生的边际税率为 28%；退休后，RS 先生的边际税率为 28%。

4. P 女士，51 岁，打算今年为退休存入 5 000 美元。她考虑了三种投资方式。第一，将钱存入不可扣除的传统个人退休账户，获得 10% 的年收益率。第二，购买年利率 10% 的存单。第三，购买年合格股息为 10% 的公司股票。在每种情况下，P 女士都将税后收益再投资（每种投资的税后报酬率都将增长）。她打算在 15 年后清算投资，并将款项用于购买公寓。

确定哪种投资能够使税后终值最大。按照附录 A 中的贴现系数，计算初始投资年度的终值。即用贴现系数的倒数乘以初始投资额。例如，贴现率为 9% 的 100 美元的投资 5 年后的终值为 154 美元〔100 美元 ×1.538（1÷0.650 的贴现系数）〕。在计算中，假定 P 女士的普通收入的边际税率为 20%，15 年的投资期中，P 女士享有 10% 的合格股息优惠税率。

第六部分

税收遵从程序

纳税遵从程序

通过本章的学习，你应该能够：

1. 计算逾期申报纳税滞纳金。

2. 描述纳税申报表的法定时效。

3. 辨别国内收入署审计的三种类型。

4. 讨论国内收入署征收疏忽罚款或民事欺诈罚款的原因。

5. 辨别税务诉讼程序的三个司法层次。

6. 界定名词"受让方责任"。

7. 解释无过错配偶规定的目的。

联邦所得税、工薪税、自我雇佣税和交易税都是自行申报的税种，《国内税收法典》规定，个人有义务计算这些税种的应纳税额，提交正确的纳税申报表，并保留充分的记录以支持申报表上的估计数额。[①] 事实上，由于税法十分复杂，大多数纳税人都聘请税务从业人员帮助他们编制纳税申报表。尽管纳税人完全在专业人员的帮助下依法履行责任，但他们自己还是必须承担违规行为的后果。

本书的最后一章概况了联邦税务遵从系统，阐述了税款缴纳和提交所得税纳税申报表的程序规定以及国内收入署的审计过程。本章不仅讲述了国内收入署可能征收的罚款，还介绍了纳税人与国内收入署打交道的过程中所享

---

① § 6001 and § 6002.

有的权利情况。本章结尾对税务案件的审判程序进行了讨论，借助该程序，个人和公司可以在联邦法院对国内收入署的审计结果提出抗议。

申报纳税规定

大部分个人都根据日历年度申报纳税所得，他们须在来年的 4 月 15 日之前提交 1040 表；另外，还有少数个人采用会计年度申报纳税所得，他们须在纳税年度结束后第 4 个月的 15 日之前提交 1040 表。公司可以采用日历年度申报纳税，也可以采用会计年度申报纳税，它们须在纳税年度结束后第 3 个月的 15 日之前提交 1120 表。法律允许个人和公司纳税人申请自动延长每年提交所得税纳税申报表的时间。[①]

无纸化纳税申报表　　通过国内收入署电子申报程序，纳税人可以体验完全无纸化的纳税申报过程。在整个过程中，纳税人通过电子程序来编制、签署、提交纳税申报表，并将多退少补的税款通过电汇划入、划出其银行账户。在 2005 年的申报纳税期内，国内收入署共收到了 7.3 亿份电子纳税申报表，占所提交纳税申报表的 50％ 以上。国内收入署希望，截至 2007 年，80％ 的纳税申报表都通过电子申报程序提交。

我国的纳税申报方式主要有三种：直接申报、邮寄申报、数据电文电报。其中数据电文是税务机关确定的电话语音、电子数据交换和网络传输等电子方式，例如目前纳税人的网上申报就是数据电文申报方式的一种形式。我国的数据电文申报就是一种无纸化纳税申报方式。而今，我国政府正在加快信息化建设步伐，推行金税工程。

个人和公司一般都必须在每年的纳税申报截止日前缴纳税款。国内收入署认为，纳税人延迟缴纳的每一笔税款都相当于从美国政府那里获得了借款。因此，它要向纳税人收取从纳税申报截止日到税款实缴日之间的利息。[②] 年利率等于联邦短期利率加上 3 个百分点；利率按照每日复利计算，且每季进行调整。[③]

数百万纳税人以代扣代缴或分期扣缴的方式多缴纳了年所得税。从理论上讲，这些纳税人向联邦政府发放了贷款。然而，在纳税申报截止日后的 45 天内，政府都不需为此支付利息。[④] 也就是说，在法定宽限期内，纳税人不会获取任何退税利息。而在少数情况下，国内收入署还可能没有按时寄送退税单，这时纳税人就可获得政府支付的利息。个人多缴税款的年利率等于联邦

---

①　§ 6081. 个人可以要求自动展期 4 个月，公司可以要求自动展期 6 个月。
②　§ 6601.
③　§ 6621(a)(2) and § 6622.
④　§ 6611(e)(1).

短期利率加上3个百分点；公司多缴税款的年利率等于短期利率加上两个百分点。[1] 对于延期纳税，我国并不征收利息。

逾期申报纳税滞纳金

目标1

计算逾期
申报纳税
滞纳金。

如果纳税人不能按时提交所得税纳税申报表，国内收入署就会对其征收逾期**申报滞纳金**。滞纳金的计算是非常复杂的，一般来说，它等于应缴未缴税款按月乘以5％（或不足5％）。5％的罚息只会持续适用5个月（直到罚款等于应缴未缴税款的25％）。5个月后，罚息降低到应缴未缴税款额的0.5％，这一罚息持续适用45个月。[2]

逾期申报滞纳金

图米先生没有要求展期申报2006年度的纳税申报表，并且直到2007年7月29日他才提交1040表。该报表列示了45 890美元的应纳税款，其中包括其老板代缴的42 000美元税款。图米先生在逾期申报时根据应缴未缴税款额附寄了一张价值3 890美元的支票。由于在4月15日图米先生才缴齐税款，所以国内收入署对图米先生按照3 890美元的延期缴纳税款征收了4月16日—7月28日期间的利息。此外，国内收入署还要向图米先生征收应缴未缴税款罚息778美元。

应缴未缴税款额		$3 890
拖欠期		
4月16日—5月15日	0.05	
5月16日—6月15日	0.05	
6月16日—7月14日	0.05	
7月15日—7月28日	0.05	
	0.20	
		$778

如果图米先生可以为逾期申报行为提供合理理由，则国内收入署可以同意免除罚款，但不可免除罚息。

逾期申报的合理理由

戴维·麦克马汉是一位投资经纪人，他雇佣了税务律师詹姆斯·罗素报送他的个人所得税纳税申报表。罗素先生在申请了自动延期申报后，就通知麦克马汉先生他已提交了第二次延期申请。数月后，麦克马汉先生发现他的律师并未提交第二次延期要求。国内收入署对其核定了141 028美元的逾期申报纳税滞纳金。为此，麦克马汉向法院提起诉讼。麦克马汉先生辩驳道：他对税务专家申请自动延期的信赖可以成为逾期申报的合理理由。法院不同意其观点，指出"纳税人应

---

[1] §6611(a) and §6621(a)(1). 在公司多缴税款超过10 000美元时，政府利率等于短期利率加0.5％。

[2] §6621.

確保在法定期限内提交适当的报表——不论是纳税申报表还是展期请求表——否则，要承担不可推脱的责任"。因此，麦克马汉先生必须承担缴纳罚金的义务。①

值得注意的是，逾期申报罚款还有一个有趣的特点。我们知道，滞纳金要根据逾期申报表上的应缴未缴的税款进行计算。但是，如果纳税人多缴纳了税款，他的纳税申报表上显示的不是应缴未缴税款，而是应退税额。在这种情况下，即使纳税人逾期申报纳税，政府也不能对其征收罚款。此外，政府还从纳税人处获得了一笔无息贷款，直到纳税人进行纳税申报时，才归还这笔款项。②

我国纳税人也可以按照《税收征收管理法》相关规定延期缴纳税款，但最长不超过 3 个月。而对于逾期缴纳税款，我国同美国一样要征收滞纳金。《税收征收管理法》第 32 条规定：纳税人未按照规定期限缴纳税款的，扣缴义务人未按照规定期限解缴税款的，税务机关除责令限期缴纳外，从滞纳税款之日起，按日加收滞纳税款万分之五的滞纳金。

申报处理

每年，国内收入署都会收到由个人、公司、合伙企业及受托人提交的 14 000 多万份所得税纳税申报表，这些申报表涌向国内收入署设在全国的 10 个服务中心。这些服务中心相当于信息处理设施，在这里检查每份报表数据计算的准确性，并将其联网到国内收入署的计算机系统中去。系统将每份纳税申报表和纳税人提交的信息表进行交叉核对，例如雇主提交的 W—2 表，获得利息、股息、租金以及其他所得的纳税人提交的 1099 表，以及由合伙企业和 S 型公司提交的附表 K—1。如果申报表存在数字上的误差或错误，服务中心就会计算附加税款或退税款，并给纳税人寄信。服务中心有责任将个人支票或汇票存入美国国库，审定退税支票并将其寄出。

法定时效

国内收入署解讫纳税人付款支票并如期寄回退税额，证明了纳税申报表已经经过了处理，但这并不意味着国内收入署已经认同纳税申报表的正确性，因此许多纳税人都感觉不公平。法定时效为国内收入署提供了审核时间，使国内收入署有权在申报到期日（或申报表报送日）起三年内，对纳税申报表进行审计，以检查纳税申报表存在的错误，并估计纳税人另需缴纳的税款。③对于纳税人及扣缴义务人的纳税申报，我国税务机关要对其进行纳税评估。纳税评估原则上在纳税申报到期之后进行，评估的期限以纳税申报的税款所属当期为主，特殊情况可以延伸到往期或以往年度。

税收讨论

通常，基于成本效益原则，国内收入署并不验证纳税文件上的姓名和社会保险号，尽管纳税人有可能属于非法移民劳工。

目标 2

描述纳税申报表的法定时效。

---

① *McMahan v. Commissioner*，114 F. 3d 366 (CA—2，1997)．
② 如果纳税人要求政府返还其多缴纳的所得税，他需要自纳税申报表到期后的 3 年内向国内收入署提交书面申请。
③ § 6501.

三年期法定时效　　　埃普斯夫妇在 2007 年 3 月 16 日提交了他们 2006 年度的纳税申报表 1040，直到 2010 年 5 月 15 日，国内收入署还可以对该报表进行审计并估计额外税款。普罗克特先生请求延期提交 2006 年的纳税申报表，他于 2007 年 8 月 2 日申报纳税。一直到 2010 年 8 月 2 日，国内收入署还可以审查该申报表并估计纳税人所需缴纳的额外税款。

如果在填报纳税申报表时，纳税人漏报了一笔收入，且其金额超过了申报收入总额的 25%，那么法定时效可从正常的 3 年延期至 6 年。如果国内收入署认定申报具有欺诈性（此概念本章稍后讨论），那么该申报表的法定时效将无限期延长，以接受审计。

延期法定时效　　　杨女士是一位个体咨询师，于 2007 年 4 月 8 日提交了 2006 年的纳税申报表。纳税申报表上申报了 52 000 美元应税所得，其中不包括 13 200 美元的营业收入。杨女士 13 200 美元的漏报数额超过了 52 000 美元申报总额的 25%。

$13 200 > $13 000（$52 000 × 25%）

因此，2007 年 4 月 8 日—2013 年 4 月 15 日，如果国内收入署认为杨女士有隐瞒收入的欺诈行为，那么它就可以随时对杨女士进行审计，并估计额外税款。

考虑到被审计的可能性，纳税人应该在报送申报表后，对收据和已付支票等所有证明文件至少保留 3 年。对能证明财产税基的记录，任何包含税收信息的法律文件（例如关于财产出售的规定，离婚判决等）以及申报表的复印件应永久保存。我国从事生产经营的纳税人账簿、记账凭证、报表、完税凭证、发票、出口凭证以及其他有关涉税资料的保管期限，一般为 10 年。

审计过程

国内收入署在审计公司纳税申报表时，主要以公司的业务规模为基础，以 1120 表上报告的应税所得和净值为尺度。个人纳税申报表通常通过高度保密的计算机程序来选定，该程序分析每张报表的内容并对其分配一个 DIF（判别函数系统）值。理论上，DIF 值能够衡量纳税申报表产生额外税款的潜力，额外税款指审计后纳税人应缴的附加税款。DIF 值越高，纳税人少缴税款的可能性就越大，这种可能性就被隐含在纳税申报表的错误中。这样，纳税申报表 DIF 值越高，就越会被选中审查。尽管判别函数系统甄选过程的细节是高度保密的，但税务专家仍然可以从中看出一些端倪，他们普遍认为高度投机的投资活动、异常性大额项目的扣除以及易操纵或滥用项目（例如差旅费和招待费，非经营坏账，次要业务产生的损失）的扣除等这些情况的

DIF 得分偏高。类似地，反映高收入的申报表比反映中等收入的申报表更容易被选定接受审计。我国纳税评估有一系列通用分析指标及其使用方法，比如主营业务收入变动率，其值越大就越可能超出预警值，就越存在税务稽查的必要性。我国纳税评估基本上都是针对从事生产经营的纳税人进行的。

审计范围　　　　根据 2005 年的国内收入署数据资料簿，2004 年，国内收入署共收到了 1.3 亿份个人纳税申报表，其中 120 万份被审计，审计覆盖率为 0.93%。在受审报表中，应税所得处于 25 000～50 000 美元之间的申报表所占比例仅为 0.60%，而应税所得超过 100 000 美元的申报表占到 1.41%。1040 表的附表 C 中收入总额超过 100 000 美元的占 3.65%。

目标 3

辨别国内收入署审计的三种类型。

审计类型

一般审计是由美国国内收入署地区办事处以外的工作人员进行的。它是一种最简单的审计，叫做通讯核查，可以完全通过电话或邮件的方式进行操作。较复杂的审计在地区办公室（由税务审计人员实施的**办公室审计**）或纳税人的经营地进行（由税务审计人员实施的**现场审计**）。办公室审计的重点是审计申报表上的一些可疑项目。现场审计范围更广，可能会对一年或几年来所调查的纳税人账簿和记录资料作一个完整的分析。我国的纳税检查类型包括重点检查、分类计划检查、集中性检查、临时性检查、专项检查。

在审计过程中，如果国内收入署提出要与纳税人面谈，或是纳税人要求面谈，则国内收入署必须为面谈安排合适的时间和方便的地点。在与国内收入署打交道时，个人可以自己，也可以委托律师、注册会计师或登记代理人代办。律师和会计师的执业执照由国家议会机构颁发；登记代理人也要在通过税收法律考试之后从国内收入署领取执业证。

欠缴税额和利息的核定

在接到审计通知后，不必恐慌。只要你努力按照法律规定编制了纳税申报表，并保留了充分的记录，就不用害怕。最好的审计结果就是税款数额没有变化，或是甚至可以得到退税额（含利息）。当然了，申报表被选定接受审查，也是因为其存在错误的可能性较高。因此，结果也可能是国内收入署认为申报表上存在导致少报税款的错误，在这种情况下，纳税人会被估定一项欠税额（应缴的额外税款），同时还要加上从纳税申报表提交之日起至欠税缴纳日之间的利息。

企业可以把因欠缴联邦所得税而支付的利息作为经营费用扣除，然而财政部规章规定，不管应税所得的来源如何，个人因欠缴联邦所得税而支付的欠税利息都属于不可扣除的利息。[①]

---

① Reg. §1.163—9T(b)(2)(i)(A).

欠税利息	玛丽亚·卡多纳拥有一家独资公司,专门为客户设计院落设施。本年度,玛丽亚收到了国内收入署发来的欠税通知单,通知她2005年欠缴所得税42 760美元,利息6 157美元。欠缴原因在于少报了2005年附表C中的净利润。玛丽亚必须把6 157美元的利息支出作为不可扣除的个人费用处理。[1]

我国纳税评估中发现的计算和填写错误、政策和程序理解偏差等一般性问题,不具有偷税等违法嫌疑的,无需立案查处,可提请纳税人自行改正。

纳税人的权利

1989年,国会通过了《纳税人权利法案》(Taxpayer Bill of Rights),该法案规定税务部门要以专业、迅速、礼貌的态度平等地对待每一位公民或居民,并且向纳税人提供依法纳税所需的技术支持。国内收入署出版了100多份免费资料册,其中包括国内收入署第910号出版物——《免费税务服务指南》(Guide to Free Tax Services),该书对国内收入署所提供的多种帮助进行了介绍。《纳税人权利法案》确保为个人及其财务信息保密,如果国内收入署要索取有关资料,纳税人有权了解将如何使用该资料以及纳税人拒绝提供资料的后果性质。但是,该法案包含一项重要的免责条款:国内收入署可以与国家税务机构、司法部、其他联邦机构以及税收条约规定范围内的外国政府共同享有纳税申报资料。

1996年,国会颁布了《纳税人权利法案Ⅱ》,它是在1989年立法的基础上扩展而成的。1998年,通过了《国内收入署改革和改组法案》(The IRS Reform and Restructuring),其中包括了《纳税人权利法案Ⅲ》。《纳税人权利法案Ⅲ》被称作"有史以来颁布的最广泛的纳税人保护规定"[2]。1998年的立法还规定开设了全美纳税人倡议者办事处(the office of National Taxpayer Advocate),其目的是协助纳税人解决问题以及帮助那些因国内收入署行动而受困的纳税人。全美纳税人倡议者由地方性纳税人倡议者组成,独立于国内收入署,独立进行税务审计、评估、征缴。

对国内收入署任务的表述	作为维持公共关系努力的一部分,国内收入署承担的任务为:帮助纳税人了解纳税责任、履行纳税责任,不偏不倚地、公正地对所有人适用税法,以达到向纳税人提供高质量服务的目的。

---

① *Edward A. Robinson* Ⅲ, 119 TC 44 (2002).

② Gerald A. Kafka, "Restructuring and Reforming the IRS and Code—Congress Takes a Quantum Leap," *Journal of Taxation*, September 1998, p. 134.

违法处罚

疏忽

目标 4

讨论国内收入署征收疏忽罚款或民事欺诈罚款的原因。

在审计过程中，税务审计人员可能会得出这样的结论：纳税人没有真正努力计算出正确的税额。在这种情况下，国内收入署可能会对纳税人进行行政处罚。《国内税收法典》包括许多种处罚，每种处罚的设计都是为了防止特殊类型的不端行为。使用比较频繁的一种是疏忽罚款，其金额等于纳税人因疏忽未遵从税法规定或因故意无视规则和章程而导致少纳税款数额的20%。①

我国税务评估发现纳税人有偷税、逃避追缴欠税、骗取出口退税、抗税或其他需要立案查处的税收违法行为嫌疑的，要移交税务稽查部门处理。稽查部门在税务检查中查处纳税人欠缴税款，根据情节类别来确定处罚。比如，纳税人属于偷税情况，则税务机关除了追缴税款、滞纳金以外，还要处以欠缴金额50%以上5倍以下的罚款，构成犯罪的还要依法追究刑事责任。偷税的详细内容可参照《税收征收管理法》第63条及《刑法》第201条的规定。

疏忽

国内收入署税务人员审计了波尔女士的申报表1040，发现了三处错误，共导致其少报税款 45 000 美元。税务人员认为其中两处错误可以归因于她对法律的误解，但对于第三处错误她并没有合法的理由来解释。由第三个错误造成的少报税款金额为 13 000 美元。税务人员可以对其处以 2 600 美元（13 000 美元的 20%）的疏忽罚款。此外，波尔女士还必须补缴 45 000 美元欠税额以及对该欠税额征收的利息。

"诚实的错误"和疏忽之间的区别是模糊的。对个体的疏忽处罚取决于主观因素，例如：所考虑问题的复杂性，个人的教育和从业经历，证明文件的存在性以及审计过程中个人的合作程度。尽管对专业建议的信赖并不是一个有保证的防御措施，但不可否认的是，接受税务专家建议的个体相对于完全依靠自己判断的个体而言，更不可能招致疏忽处罚。当国内收入署征收疏忽罚款而被纳税人诉诸法院时，国内收入署要在诉讼中承担举证责任。换句话说，若要法院支持处罚，国内收入署就须提供疏忽成立的证据。②

一个不太可能的故事

本杰明·史密斯是纽约州教育委员会的一名老师，还是一名领有执照的律师。在 1992 年和 1993 年的纳税申报中，他申报了 8 美元的总收入，并根据法律扣除了 57 938 美元的经营费用。当国内收入署要求提供这些费用的书面证明时，史密斯先生解释说他把业务记录和收据保存在一个 U 型拖车里，不幸的是，拖车没有跟他的汽车拴牢，翻倒并摧毁了所有证据。因他未能提供任何有关这一事故的证据，国内收入署禁止他进行业务费用的扣除，并给予他疏忽处罚。税务法院发

---

① § 6662(a) and b(1) .

② § 7491(c) .

现："原告是名律师。他宣称自己已经自行执业多年。尽管他辩称自己并不精通相关的税务问题，但我们相信：身为法律界人士，他应该能认识到证实其费用发生的重要性。原告被给予充分的时间和机会去取得和重建必要的记录，但他选择了不这样做。"税务法院同意国内收入署的决定：史密斯在纳税申报中是存在欺骗行为的，并构成了疏忽罪。[1]

民事欺诈

最严厉的行政处罚是国内收入署征收的民事欺诈罚款，它等于足以构成欺诈的少纳税款金额的75％。[2] 欺诈可以定义为通过故意低估税额意图欺骗政府，欺诈的特征是故意在申报时遗漏大额所得，扣除虚构费用和损失等。当发现纳税人保留了两套财务记录，即一套为了纳税所用，而另一套反映纳税人的真实收入时，税务审计人员往往会对其处以欺诈罚款。纳税人变造或销毁交易记录和文件，隐瞒资产或无法交代大额现金收据和存款都属于重大诈骗行为。

民事欺诈　　　国内收入署税务人员审计了洛先生的1040表，发现他每月都会从一个虚假姓名的银行账户获得大量现金。他告诉税务人员现金是一个朋友作为礼物送给他的。当被要求透露朋友的身份时，洛先生变得言词粗鲁，并且拒绝回答。经过进一步调查，税务人员发现62 000美元的现金来自于未申报的草坪服务营业收入，据此他拖欠23 220美元的联邦税。由于税务人员认为洛先生是有意不申报收入，意图欺骗政府，所以国内收入署对其处以一项17 415美元的欺诈罚款（23 220美元的20％）。

由于处罚具有严肃性，因此证明欺诈成立的举证责任落在了国内收入署的身上。[3] 为了支持欺诈处罚，国内收入署必须拥有更多更具优势的证据；它必须拿出明确而令人信服的证据证明发生了欺诈。[4]

一个明显的欺诈案件　　　威廉·塔利先生举行研讨会，鼓励大家建立一个免税组织，据塔利先生说，通过该组织他们可以在无税收成本的情况下，开展各项金融交易。塔利先生没有对研讨会收费，但他向同意其建议的那些人收取了3 000美元费用，为他们建立免税组织。塔利先生通过自己的免税组织经营这项业务。这样，他在自己的1040表中并没有披露620 500美元的业务利润。国内收入署发现了这部分漏报收入，估定了

---

① *Benjamin H. Smith*，TC Memo 1998—33.

② §6663.

③ §7454(a)．

④ *McGirl*，TC Memo 1996—313.

企业所得税的欠缴额，并对其处以一项民事欺诈罚款，金额为税款欠缴额的 75%。法院了解到该案件的实情："原告为达到欺骗性和故意逃税欠税的目的，构造清晰的、令人信服的证据，导致漏报收入超过了其 1992 年所得的 90% 并且 1992 年的纳税申报税款缴纳不足，这些情况构成了欺诈。"因此法院维持了对原告的这一惩罚。①

刑事欺诈

如果税务审计人员查出了令人震惊的舞弊事件，国内收入署可能会将这件事情交给它的刑事侦查科。刑事侦查科将会指派一位专门人员来确定政府是否有足够的证据起诉纳税人刑事欺诈，又称为偷税。偷税是一项重罪，可处以严厉的罚金（处以个人 100 000 美元以下，公司 500 000 美元以下罚款）以及由联邦监狱监禁。② 一个人是否逃税必须由法院判决裁定，并且应有确凿无疑的证据证明要控告有罪。③ 如果刑事侦查结果认为此案件不符合严格的证据标准，证据过于微弱以至于不能起诉，国内收入署可能会对其进行民事欺诈处罚。

我国的偷税是指纳税人伪造、变造、隐匿、擅自销毁账簿、记账凭证，或者进行虚假的纳税申报，不缴或者少缴应纳税款的行为。以上例子中的洛先生、塔利先生都有偷税欺诈嫌疑。此外，我国还专门针对出口退税的骗取行为做出了专门规定。骗取出口退税也有民事和刑事两种处罚，详见《税收征收管理法》第 66 条和《刑法》第 204 条。

对纳税申报编制者的处罚

《国内税收法典》规定，对不遵守法定专业操守的纳税申报表编制者要予以处罚。④ 我国税务代理业不太发达，因此税务法律责任主要都是针对纳税人和扣缴义务人设定的。在美国，纳税申报表编制者是指任何编制申报表，并获取报酬（或雇佣他人编制报表）的人，而不管其是否具有职业律师、会计师或登记代理人资格。按规定，编制者需要做到以下几点：

- 为客户签署纳税申报表。
- 申报表中包括他们的身份证号码。
- 向客户提供填好的申报表副本。
- 保留所有申报表的副本以及列有所有客户姓名和身份证号码的清单。

此外，编制者被禁止背书或转让退税支票。如果编制者违反上述任何一条程序规则，且无任何理由，便会被处以罚款。比如，编制者没有在纳税申报表上签字，他就可能被处以 50 美元的罚款。一年中，编制者因相关报税问

---

① *William J. Tully*，TC Memo 1997—310.

② § 7201.

③ *Bonansinga*，TC Memo 1987—586.

④ § 6694—§ 6696. 美国律师协会和美国注册会计师协会在税务实践中都有指导其成员从事专业税收实务的准则。

题，最高可被处以 25 000 美元罚款。

如果编制者对所得税纳税申报表所持有的立场导致了税额低估，而且编制者知道或应该知道这种立场不具有法律意义上可持续的现实可能性，则国内收入署就可能对其处以 250 美元的罚款。如果这种主张是故意漠视法律，那么罚款将会提高至 1 000 美元。很明显，这些处罚是为了防止税务顾问代表客户采取过于主动的立场。尽管罚款这种手段十分温和，但它们能造成有害的宣传，可能严重损害纳税申报表编制者的职业声誉。

对抗审计结果

如果纳税人不认同审计的全部或部分结果（包括处罚），可以就争议问题向国内收入署的地区申诉部门办事处提请上诉。为了公正、公平地解决争议问题，申诉部门将会在纳税人（通常是纳税人的代理人）和国内收入署上诉官员之间举行行政复议，国内收入署上诉官员都经过了特别培训。在解决争议问题时，申诉办公室具有很大的自由度，它可以在争议者之间商议一个折中的解决方式。国内收入署第五号出版物——《你的上诉权以及当你不同意时如何准备抗诉》（*Your Appeal Rights and How to Prepare a Protest If You Don't Agree*），详细地解释了纳税人的申诉权利和上诉程序。

我国也有行政复议程序，它是指当事人不服税务机关及其工作人员作出的税务具体行政行为，依法向上一级税务机关（复议机关）提出申请，复议机关经审理对原税务机关具体行政行为依法作出维持、变更、撤销等决定的活动。可参见《中华人民共和国行政复议法》、《税务行政复议规则（试行）》等法律规范。

诉讼

审判法院

如果在行政复议中，纳税人和政府没能化解分歧，纳税人可以向联邦法院提起诉讼寻求司法复核。（如果我国纳税人认为税务机关及其工作人员的具体税务行政行为违法或不当，侵犯了其合法权益，可依法向人民法院提起行政诉讼。）美国三分之一的审判法院对联邦税务案件有初审权。纳税人可以拒绝缴纳国内收入署确定的欠税额，向美国税务法院提交诉状要求其受理。另外，纳税人也可以先缴纳欠税额，然后立即向美国地区法院或向位于华盛顿特区的美国联邦索赔法院起诉政府要求退税。税务诉讼程序如图 16.1 所示。

对纳税人的法律顾问来说，选择适当的法院是一件重要的事情。每个法院的操作程序都不相同。根据争议的性质来看，也许选择其中某个法院比其他法院更有利。税务法院只审理判决联邦所得税、赠与和遗产税等税务案件，并且税务法庭的法官都是公认的税法专家。相比之下，地区法院和联邦申诉法院的法官要主持涉及很多法律问题的案件，并且他们通常在税务领域没有特殊专长。

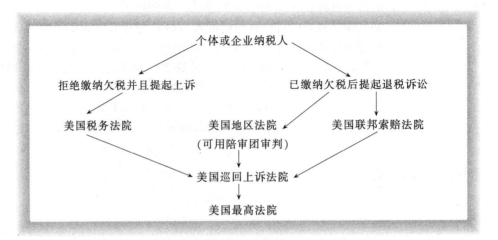

图 16.1 税务诉讼程序

如果纳税人想要寻求陪审团审判，就必须到地区法院起诉。在税务法院和联邦索赔法院中，将由一名法官或陪审团对此案作出判决。如果争议的是事实问题而非对法律的技术性应用问题，那么纳税人的律师可以寄希望于博得陪审团（他们毕竟也是纳税人）的同情，并建议将此案交给陪审团审理。当然，这一策略是否可行取决于手头的特定问题。例如，如果一个长期患病儿童的父母争辩说，非传统的治疗费用应当符合可扣除医疗费用的条件，那么在此情况下，找陪审团审判看来是一项明智的选择。然而，如果一个商人设法证明从他个人持股公司获得的 350 000 美元的薪金是一项合理的薪酬，或许他最好在税务法院法官面前抗辩。

上诉法院和最高法院

目标 5
辨别税务诉讼程序的三个司法层次。

在审判法院败诉的一方当事人（纳税人或政府），可以就裁决向 13 个巡回上诉法院中的一个上诉法院提起上诉。审判法院的地理位置决定哪个上诉法院对该案件具有管辖权。这些上诉法院在受理上诉时一般不审查下级法院对案件事实的认定，但是他们将会考虑下级法院的法律适用是否正确。上诉法院维持或推翻审判法院的判决之后，败诉的一方可以向美国最高法院上诉此案件。最高法院可能同意受理案件（发出准予申请的令状），也可能不同意审理（发出拒绝申请的令状）。当最高法院拒绝受理案件时，上诉法院的裁决就是终审判决。在一个平均期限内，最高法院所审理的联邦税务案件不会超过 12 件，并且这些案件之所以被受理，是因为其涉及重要的法律原则或者因两个以上的上诉法院对税务问题的适当判决存在冲突。

一个案例：洛丽·威廉斯诉美国政府案

为了对税务诉讼过程的讨论进行总结，下面将考察洛丽·威廉斯女士向最高法院上诉的过程。

案例实情

在洛丽·威廉斯与杰罗尔德·雷宾（Jerrold Rabin）的婚姻持续期间，

没有缴纳与其业务有关的 41 000 美元的联邦就业税。政府对雷宾先生未缴纳的税款估定了欠税额并且扣押了其所有财产，其中包括与他妻子共同拥有的个人住宅。然而，在登记扣押权前的一个月，雷宾先生在离婚协议中已将自己对该住所享有的权益转移给了洛丽·威廉斯。9 个月后，她要协议出售该住所。虽然威廉斯女士个人并不对其前夫的 41 000 美元的欠税额承担责任，但是她还是在反对之下缴纳了该项税款，她之所以这样做是因为这是取消政府对住宅扣押权的唯一方式，以便她可以将住所的全部产权转让给购买者。

审判法院的决议

威廉斯女士在替她前夫缴纳税款之后，认为政府"错误或非法地估计和征收"了税款，要求退税。国内收入署拒绝考虑她的主张，并回应道，威廉斯女士不可以要求退还一项为他人核估的欠税额，即使是她缴纳了该项税额。然后，她向地区法院起诉政府，要求退税。[1] 地区法院接受了政府的主张，认为威廉斯女士没有资格要求退税。在作出此项裁决时，地区法院借鉴了第五和第七巡回上诉法院的判决先例。[2]

洛丽·威廉斯的上诉

洛丽·威廉斯就审判法院的裁决向第九巡回上诉法院提起上诉，这个法院分析了一个非常类似的案件，在这个案件中，第四巡回上诉法院作出了对纳税人有利的裁决。[3] 第九巡回上诉法院认同了第四巡回上诉法院的分析，因而推翻了地区法院的裁决，宣判洛丽·威廉斯有权要求退税。[4]

政府的上诉

现在轮到政府向最高法院提请上诉了。为了解决各上诉法院的在判决中所存在的争议，最高法院受理了此案。最高法院肯定了第九巡回上诉法院的判决，认为任何缴纳税款的人都有权要求退税[5]，这项决议得到了六名法官的赞同，遭到了三名法官反对。鲁斯·巴德·金斯堡（Ruth Bader Ginsburing）法官代表多数法官写了判词，认为并无明文规定退税请求权只能给欠税人。在本案中，为了出售该处住宅，威廉斯女士只能替前夫缴纳欠税额，除此之外她别无选择。由于国会并不想把像威廉斯女士那样的人们陷于没有法律补偿和权益要求的困境，因此国内收入署考虑了她的主张。

使法律系统对纳税人更友善

尽管与国内收入署有分歧，但每一个纳税人都有权向法院争取自己的权利，然而很多人都不愿意承担为诉讼所付出的情感支出和财务成本。为了使

---

[1] *Lori Rabin Williams* v. *United States*，Civil No. 91—5286 WMB（DC CA，September 2，1992）.

[2] *Snodgrass* v. *United States*，834 F. 2d 537（CA—5，1987）and *Busse* v. *United States*，542 F. 2d 421（CA—7，1976）.

[3] *Martin* v. *United States*，895 F. 2d 992（CA—4，1990）.

[4] *Williams* v. *United States*，24 F. 3d 1143（CA—9，1994）.

[5] *United States* v. *Williams*，514 U. S. 527（1995）.

法律系统更易被一般人所接近，国会在税务法院成立了**小额税务案件法庭**。①如果存在争议的欠税额小于 50 000 美元，纳税人可以要求一次由司法人员主持的非正式的听证会。诉讼费用仅为 60 美元，且纳税人可不请律师。审判人员听取纳税人对事件的陈述并作出判决之后，此项争议就已得到解决，无论纳税人还是政府都不能再向其他任何法院提起上诉。

如果纳税人在税务案件审判中胜诉，纳税人有权要求政府补偿诉讼费用。② 这些费用包括法院费用、律师费用、专家证明人费用以及在准备证明案件时，为研究、分析、检测和报告等支付的必要费用。除非国内收入署能够使法院相信在该案件中他们的立场是十分正当合理的，否则必须补偿纳税人这些诉讼费用。如果国内收入署在对纳税人的审计中没有遵从他们自己发布的规则、法规和程序，那么可根据法律推定国内收入署的立场是非正当的。此外，法院考虑的另一个因素是国内收入署不断进行诉讼是为了骚扰或妨碍纳税人还是出于政治动机。

诉讼费用补偿　　　圣·戴维是一家向公众提供医疗服务的非营利性保健公司。国内收入署质疑圣·戴维的慈善公益目的，试图取消它的免税地位，为此，该公司在法庭上对此提出反驳。支持公司一方的得克萨斯地区法院认为"圣·戴维出于慈善目的是毋庸置疑的，并无任何相反的证据，或者这些相反证据至少是不真实的"③。由于国内收入署在本案中的立场是十分不正当的，因此，法院随后命令政府支付公司的诉讼费 95 万美元。

小额税务案件法庭的存在以及纳税人获得诉讼费用补偿的权利，反映了国会对那些真诚的相信自己正确而认为国内收入署错误的人们的体恤。但另一方面，国会很难容忍那些对国内收入署提出愚蠢起诉而浪费大家时间和金钱的人。《国内税收法典》授权税务法院对持无根据立场出庭或仅仅为延迟案件而提请上诉的纳税人判处 25 000 美元以下罚款。④

荒谬扣除要求　　　1996 年 12 月，道格拉斯·赖利提交了他从 1992—1995 年拖欠的所得税纳税申报表，这几年报表列示的调整后的总收入分别为 53 029 美元、60 406 美元、7 154 美元、16 399 美元。每张申报表所列的意外损失扣除金额分别为 50 729 美元、58 056 美元、4 704 美元、13 899 美元。他解释说，意外损失是指其妻子在 1974 年或 1975 年因中止妊娠造成的"不孕"损失。因国内收入署不允许该项损失扣除，赖利先生向税务法院提起上诉。税务法院维持了国内收入署的决议，认为这

---

① § 7463.
② § 7430. 纳税人有权利收回在与国内收入署打交道时发生的合理的管理费用。
③ *St. David's Health Care System Inc. v. United States*, 90 AFTR 2d 2002—6878 (DC TX, 2002).
④ § 6673.

明显是他为抵消应纳税所得而计算的一项"毫无根据"的扣除。"尽管法院告诫说此类主张显然是无理的，但原告继续要求审判。这样就浪费了法院和被告方（国内收入署）的时间和资源。因此我们将会酌情要求原告向美国政府支付 1 000 美元罚款"①。

在我国，税务行政赔偿属于国家赔偿中的行政赔偿，它主要包括侵犯人身权的赔偿、侵犯财产权的赔偿，具体可参见《国家赔偿法》。

国内收入署征税过程

如果纳税人已穷尽其各种上诉渠道，最后还必须向政府缴纳税款欠缴额（包括利息和罚款），那么国内收入署就可采用各种必要手段对纳税人征收所欠税款，包括没收纳税人的资产并将其拍卖，从纳税人的银行账户中划款，以及扣取纳税人的薪金或工资。尽管如此，国内收入署也知道石头里挤不出水。如果纳税人没有足够的财力支付欠税额并且愿意配合，国内收入署可能就某项少许金额商议一种解决方式（妥协要约）。此外，国内收入署还可能允许纳税人在一段时间内分期偿还债务。

目标 6

界定名词"受让方责任"。

有时会出现这样一个问题：谁对偿还联邦税款欠缴额负有法律责任。如果纳税人是一个公司（法人），那么欠缴额必须以公司共同资产来补偿，股东无须对公司的未缴税款负责。但当公司不复存在时，这种股东负有限责任的情况将会出现例外。在这种情况下，股东要以在公司清算时收到的资产价值为限，对该公司的包括联邦税在内的未清偿债务承担**受让方责任**。②

受让方责任

摩根女士拥有 KLM 公司 30％ 的股份，根据国家法律，该公司已在 2005 年解散。在 KLM 公司完成股权清算之后，摩根女士收到了一笔该公司分配的现金 55 000 美元。国内收入署审计了 KLM 公司 2003 年、2004 年和 2005 年的纳税申报表，并且确定该公司少纳所得税 114 800 美元。国内收入署可以就该项欠款向摩根女士追缴 55 000 美元。

无过错配偶规定

目标 7

解释无过错配偶规定的目的。

个人一旦在他们的 1040 表上签字，就要对与该表相关的任何税款欠缴额负责。在联合申报的情况下，夫妻双方必须在报表上同时签字，从而各自互相承担连带责任。③ 因此，国内收入署可以对夫妻任意一方核征在随后的报表审计中所确定的全部欠税额。但偶尔当一方在不了解纳税申报表相关知识的情况下就签字同意对合并报表的欠税额负责时，这条规定会对该方造成严重

---

① *Douglas Michael Riley*，TC Memo 1999—363.

② § 6901.

③ § 6013(d)(3).

困难。但根据无过错配偶规定①，这类人的责任也许可以被免除。该项免除需要满足以下三个条件：

（1）欠税必须是由配偶一方造成的错误项目（例如漏报的收入或虚假的扣除）所致。

（2）无过错一方必须使人相信，在签署申报表时，他或她不知道并且也没有理由知道纳税申报表低估了税款。

（3）考虑到所有的事实和情况，让无过错方对拖欠的税额承担责任是不公平的。

在分析第三个条件时法院非常重视的一个因素是个人是否会直接或间接从纳税申报所漏报的收入中获得极大的好处。如果法院认为存在重大受益情况，即使无过错配偶对漏报明显是不了解的，其责任免除也将会被否定。当然正常的夫妻生活支出不被看做是一项重大受益，但是异常奢侈浪费的生活方式可能揭示夫妻共同享有漏报收入。此外，法院考虑的另外一个因素是，寻求免除责任的一方是否被配偶遗弃或与配偶离婚。

无过错配偶的责任免除　　　韦林尼夫妇于 1989 年结婚，1997 年离婚。他们提交的 1989—1995 年的合并纳税申报表中没有申报应税所得。在他们婚姻持续期间，韦林尼先生在他父母的餐厅工作。韦林尼夫人从未看到过一张工资单，并且她丈夫告诉她餐厅与她无关。韦林尼夫人没有工作。韦林尼夫妇没有一个共同的存款账户，韦林尼先生用现金或汇票支付他们的账单。他们住在旧区，生活节俭，很少外出就餐或旅游。

1995 年，韦林尼先生因贩毒被联邦毒品管制局逮捕，之后，韦林尼夫人通过报纸知道了其丈夫的违法活动。随后，国内收入署发现他没有报告任何贩毒所得，并对其 1994 年和 1995 年报表估定了 36 417 美元的税款欠缴额。考虑到韦林尼夫人受到的教育有限，并且独立于家庭财产之外，她事实上不了解也没有理由了解任何有关韦林尼先生少报税款的情况，另外即使她从漏报的收入中得到好处，那么受益程度也很小，因此法院认为让韦林尼夫人对欠税额承担责任是不公平的。税务法院判决韦林尼夫人有资格作为一名无过错配偶，享有责任免除的权利。②

结　论

第 16 章对纳税遵从程序作了一个简短的总结。阅读本章之后，作为企业和个体纳税人应该具有更强的权利和义务意识。你应该意识到，不遵守税法可招致罚款处罚，在极端的情况下会引发刑事诉讼。最后，应该了解国内收

---

① §6015.
② 37 *Barbara A. Vriner*，TC Memo 1995—465.

入署和联邦法院在执行税法时所发挥的作用。本章是我们学习联邦税制的最后一章，它所包含的信息对作为纳税人的美国公民和居民的您将大有裨益。

关键术语

民事欺诈	无过错配偶原则	偷税漏税
通讯核查	申报纳税滞纳金	《纳税人权利法案》
刑事欺诈	疏忽	受让责任
税款欠缴额	妥协要约	美国巡回上诉法院
判别函数系统值	办公室审计	美国联邦索赔法院
注册代理人	小额税务案件法庭	美国地区法院
现场审计	专家	美国最高法院
所得税纳税申报表编制者	法定时效	美国税务法院

税收筹划案例

1. JR 先生本年的税务状况十分复杂。他进行了一些高额投资交易，这些交易涉及许多悬而未决的税务问题，他已经吩咐他的会计人员采取欺诈手段妥善处理这些交易。JR 先生也想为其一项经营活动进行家庭办公扣除，扣除额将仅有 1 293 美元。你能解释他放弃家庭办公扣除的战略原因吗？

2. 国内收入署最近对 CMP 公司评估了一项金额为 290 800 美元的所得税欠缴款。该项欠税由涉及对受控外国公司投资的复杂会计问题所致。CMP 公司打算借助法院对该项欠税提起诉讼。CMP 公司位于第三巡回上诉法院管辖范围内。当地地区法院、税务法院和第三巡回上诉法院都不认为这是会计问题。联邦索赔法院和第八巡回上诉法院就该问题以前作出过有利于政府一方的判决。然而，第九和第十巡回上诉法院以前对相同问题的裁决有利于纳税人一方。讨论 CMP 公司关于选择审判法院的诉讼策略。

附录 A 一美元的现值

期间	3%	4%	5%	6%	7%	8%	9%	10%	11%	12%	13%	14%	15%	20%
1	0.971	0.962	0.952	0.943	0.935	0.926	0.917	0.909	0.901	0.893	0.885	0.877	0.870	0.833
2	0.943	0.925	0.907	0.890	0.873	0.857	0.842	0.826	0.812	0.797	0.783	0.769	0.756	0.694
3	0.915	0.889	0.864	0.840	0.816	0.794	0.772	0.751	0.731	0.712	0.693	0.675	0.658	0.579
4	0.888	0.855	0.823	0.792	0.763	0.735	0.708	0.683	0.659	0.636	0.613	0.592	0.572	0.482
5	0.863	0.822	0.784	0.747	0.713	0.681	0.650	0.621	0.593	0.567	0.543	0.519	0.497	0.402
6	0.837	0.790	0.746	0.705	0.666	0.630	0.596	0.564	0.535	0.507	0.480	0.456	0.432	0.335
7	0.813	0.760	0.711	0.665	0.623	0.583	0.547	0.513	0.482	0.452	0.425	0.400	0.376	0.279
8	0.789	0.731	0.677	0.627	0.582	0.540	0.502	0.467	0.434	0.404	0.376	0.351	0.327	0.233
9	0.766	0.703	0.645	0.592	0.544	0.500	0.460	0.424	0.391	0.361	0.333	0.308	0.284	0.194
10	0.744	0.676	0.614	0.558	0.508	0.463	0.422	0.386	0.352	0.322	0.295	0.270	0.247	0.162
11	0.722	0.650	0.585	0.527	0.475	0.429	0.388	0.350	0.317	0.287	0.261	0.237	0.215	0.135
12	0.701	0.625	0.557	0.497	0.444	0.397	0.356	0.319	0.286	0.257	0.231	0.208	0.187	0.112
13	0.681	0.601	0.530	0.469	0.415	0.368	0.326	0.290	0.258	0.229	0.204	0.182	0.163	0.093
14	0.661	0.577	0.505	0.442	0.388	0.340	0.299	0.263	0.232	0.205	0.181	0.160	0.141	0.078
15	0.642	0.555	0.481	0.417	0.362	0.315	0.275	0.239	0.209	0.183	0.160	0.140	0.123	0.065
16	0.623	0.534	0.458	0.394	0.339	0.292	0.252	0.218	0.188	0.163	0.141	0.123	0.107	0.054
17	0.605	0.513	0.436	0.371	0.317	0.270	0.231	0.198	0.170	0.146	0.125	0.108	0.093	0.045
18	0.587	0.494	0.416	0.350	0.296	0.250	0.212	0.180	0.153	0.130	0.111	0.095	0.081	0.038
19	0.570	0.475	0.396	0.331	0.277	0.232	0.194	0.164	0.138	0.116	0.098	0.083	0.070	0.031
20	0.554	0.456	0.377	0.312	0.258	0.215	0.178	0.149	0.124	0.104	0.087	0.073	0.061	0.026

附录 B 一美元的年金现值

期间	3%	4%	5%	6%	7%	8%	9%	10%	11%	12%	13%	14%	15%	20%
1	0.971	0.962	0.952	0.943	0.935	0.926	0.917	0.909	0.901	0.893	0.885	0.877	0.870	0.833
2	1.913	1.886	1.859	1.833	1.808	1.783	1.7592	1.736	1.713	1.690	1.668	1.647	1.626	1.528
3	2.829	2.775	2.723	2.673	2.624	2.577	2.531	2.487	2.444	2.402	2.361	2.322	2.283	2.106
4	3.717	3.630	3.546	3.465	3.387	3.312	3.240	3.170	3.102	3.037	2.974	2.914	2.855	2.589
5	4.580	4.452	4.329	4.212	4.100	3.993	3.890	3.791	3.696	3.605	3.517	3.433	3.352	2.991
6	5.417	5.242	5.076	4.917	4.767	4.623	4.486	4.355	4.231	4.111	3.998	3.889	3.784	3.326
7	6.230	6.002	5.786	5.582	5.389	5.206	5.033	4.868	4.712	4.564	4.423	4.288	4.160	3.605
8	7.020	6.733	6.463	6.210	5.971	5.747	5.535	5.335	5.146	4.968	4.799	4.639	4.487	3.837
9	7.786	7.435	7.108	6.802	6.515	6.247	5.995	5.759	5.537	5.328	5.132	4.946	4.772	4.031
10	8.530	8.111	7.722	7.360	7.024	6.710	6.418	6.145	5.889	5.650	5.426	5.216	5.019	4.192
11	9.253	8.760	8.306	7.887	7.499	7.139	6.805	6.495	6.207	5.938	5.687	5.453	5.234	4.327
12	9.954	9.385	8.863	8.384	7.943	7.536	7.161	6.814	6.492	6.194	5.918	5.660	5.421	4.439
13	10.635	9.986	9.394	8.853	8.358	7.904	7.487	7.103	6.750	6.424	6.122	5.842	5.583	4.533
14	11.296	10.563	9.899	9.295	8.745	8.244	7.786	7.367	6.982	6.628	6.302	6.002	5.724	4.611
15	11.938	11.118	10.380	9.712	9.108	8.559	8.061	7.606	7.191	6.811	6.462	6.142	5.847	4.675
16	12.561	11.652	10.838	10.106	9.447	8.851	8.313	7.824	7.379	6.974	6.604	6.265	5.954	4.730
17	13.166	12.166	11.274	10.477	9.673	9.122	8.544	8.022	7.549	7.120	6.729	6.373	6.047	4.775
18	13.754	12.659	11.690	10.828	10.059	9.372	8.756	8.201	7.702	7.250	6.840	6.467	6.128	4.812
19	14.324	13.134	12.085	11.158	10.336	9.604	8.950	8.365	7.839	7.366	6.938	6.550	6.198	4.843
20	14.877	13.590	12.462	11.470	10.594	9.818	9.129	8.514	7.963	7.469	7.025	6.623	6.259	4.870

图书在版编目（CIP）数据

税收筹划原理：经营和投资规划的税收原则（第十一版）/琼斯，罗兹-卡塔纳奇著；梁云凤译．
北京：中国人民大学出版社，2008
（经济科学译库）
ISBN 978-7-300-09333-8

Ⅰ．税…
Ⅱ．①琼…②罗…③梁…
Ⅲ．税收筹划
Ⅳ．F810.423

中国版本图书馆 CIP 数据核字（2008）第 066419 号

经济科学译库
税收筹划原理——经营和投资规划的税收原则（第十一版）
萨莉·M·琼斯
　　　　　　　　　　　　著
谢利·C·罗兹-卡塔纳奇
梁云凤　译

出版发行	中国人民大学出版社		
社　　址	北京中关村大街 31 号	**邮政编码**	100080
电　　话	010－62511242（总编室）		010－62511398（质管部）
	010－82501766（邮购部）		010－62514148（门市部）
	010－62515195（发行公司）		010－62515275（盗版举报）
网　　址	http://www.crup.com.cn		
	http://www.ttrnet.com（人大教研网）		
经　　销	新华书店		
印　　刷	河北涿州星河印刷有限公司		
规　　格	185 mm×260 mm　16 开本	**版　次**	2008 年 7 月第 1 版
印　　张	28 插页 3	**印　次**	2008 年 7 月第 1 次印刷
字　　数	581 000	**定　价**	49.90 元

教师反馈表

    McGraw-Hill Education，麦格劳-希尔教育公司，美国著名教育图书出版与教育服务机构，以出版经典、高质量的理工科、经济管理、计算机、生命科学以及人文社科类高校教材享誉全球，更以网络化、数字化的丰富的教学辅助资源深受高校教师的欢迎。

    为了更好地服务中国教育界，提升教学质量，2003 年**麦格劳-希尔教师服务中心**在京成立。在您确认将本书作为指定教材后，请您填好以下表格并经系主任签字盖章后寄回，**麦格劳-希尔教师服务中心**将免费向您提供相应教学课件，或网络化课程管理资源。如果您需要订购或参阅本书的英文原版，我们也会竭诚为您服务。

书名：	
所需要的教学资料：	
您的姓名：	
系：	
院/校：	
您所讲授的课程名称：	
每学期学生人数：	_____人_____年级 学时：
您目前采用的教材：	作者：_____ 出版社：_____ 书名：_____
您准备何时用此书授课：	
您的联系地址：	
邮政编码：	联系电话
E-mail：（必填）	
你对本书的建议：	系主任签字 盖章

Mc Graw Hill Education

麦格劳-希尔教育出版公司教师服务中心

北京-清华科技园科技大厦 A 座 906 室

邮编：100084

电话：010 - 62790298 - 108

传真：010 - 62790292

教师服务热线：800 - 810 - 1936

教师服务信箱：instructorchina@mcgraw-hill.com

网址：http://www.mcgraw-hill.com.cn